プロローグ

哲学はいかにして自然（Nature）を思考してきたのか――これが本書を導く問いである。

フリードリヒ・ニーチェ（一八四四―一九〇〇年）が言うように、哲学は「何よりも諸概念を作り出し、創造する〔…〕のでなければならない」（Nietzsche 1980, Bd. 11, S. 486-487. 以下、注記のないかぎり強調は原文）。そのニーチェを受けてジル・ドゥルーズ（一九二五―九五年）も次のように哲学を定義している。「哲学は諸概念を創造することに存する学問である」（Deleuze et Guattari 1991, p. 10）と共に、自らが創造する「諸概念を通して思考する」（*ibid.*, p. 187）。こうした定義に従えば、「自然」が問題となる場合、哲学が「自然」を思考することと哲学が「自然」の概念を作り上げることは一体になる。実際、ニーチェ自身、「「自然」の純粋な概念」の獲得を自らの「任務」（Nietzsche 1980, Bd. 9, S. 525）として引き受けていた。では哲学は、どのような「自然」の概念を作り上げることによって自然を思考するのだろうか。

自然を思考するといっても簡単なことではない。というのも、そこには両義的な事態が存在しているからである。一方で、そもそも哲学はその端緒において、万物の始源＝原理（ἀρχή）を問うことから始まったはずであり、マルティン・ハイデガー（一八八九―一九七六年）が言うように「自然＝ピュシス（φύσις）それ自身が始源＝原理である」[1] なら（Heidegger 1976, S. 270）、哲学は始源＝原理としての自然を思考することから始まったと言わねばならない。他方で、ヘラクレイトス（前五四〇頃―

前四八〇年頃）が言うように「自然は隠れることを好む」（B一二三）[2]のだとすると、自然は哲学がそれを思考することからも自ずと隠れようとするはずである。つまり、哲学は自然を思考することから始まったが、その事実は、哲学がこれまで自然を正しく思考することができたし、現在も正しく思考することができていることを直ちに意味するわけではない。

　哲学は自然を思考しなければならないにもかかわらず、自然は自ずと哲学から逃れ去る。自然がこのように哲学から逃れ去るということをも思考することができない限り、哲学が自然に思考するような自然、つまり哲学が思考していると思い込んでいるだけの自然は、決して思考されるべきものとしての自然ではない。それはむしろ、哲学が真に自然を思考することを妨げる自然についての誤ったイメージにすぎないだろう。

　以下では、自然をめぐる通常の我々の思考を方向づけると共に、哲学の中にさえ入り込んでいるそのようなイメージを〈自然のイメージ〉と呼ぶことにするが、様々にあり得る〈自然のイメージ〉の中でも、本書で取り上げるのは次の二つである。

　第一に、〈自然／人為〉（nature / artifice）という区分を前提とした、人為から切り離された純粋無垢な自然そのものという〈自然のイメージ〉である。実際、自然は人為的なものとの対比で捉えられがちだろう。つまり〈自然か人為か〉という二分法が我々の思考にはまとわりついており、こうした二分法を元にして我々は自然を思考しようとすることが多い。しかしながら、人為から切り離された純粋無垢なものというイメージは、哲学によって本来思考されるべき自然のあり方に対応しているだろうか。

　純粋無垢な自然なるものが問題になる場合、例えば技術が人為の一種として自然に対比させられることがしばしばである。しかし自然が純粋無垢なものとして見出されるのは、あくまでそれが人為＝技術によって介入された後でしかないとしたらどうだろうか。つまり純粋な自然が見出されるのは、あくまで回顧的で事後的な仕方でしかないのではないだろうか。そうだとすると、自然そのものがそれ以前に純粋無垢に存在していたなどとどうして言うことができるだろう。自然が自然としてのありのままの姿を現わすのはあくまで人為を通してでしかないとすれば、そのようなありのままの姿というもの自体が回顧的な錯覚による一種の虚構でないという保証がはたして存在するだろうか。

　こうした疑問を解消できない限り、そもそも自然と人為を明確に切り離して考えることを自明の前提にはできない。そうすると、人為から切り離された純粋無垢なものという〈自然のイメージ〉は、我々が自然を真に思考するのを妨げるものでしかないだろう。〈自然／人為〉――あるいはその変奏としての〈自然／人工的なもの〉、〈自然／文化〉、〈自然／人間〉など――という二分法的な図式が、通常の我々の自然をめぐる思考を自然と方向づけているとするなら、それに逆らいつつ、この二分法とそれに基づく〈自然のイメージ〉を問い直すことが改めて必要となるはずである。

　第二に、すべての部分――この場合、我々自身もまたその部分の一つである――を包括すると共に、そのような部分に決して分割されることのない〈全体〉にして、統一性や調和を備えた〈一なるもの〉として自然を捉えるように促す、〈一なる全体〉という〈自然のイメージ〉である。例えば、美しき調和や秩序を備えた一つの大きな有機体全体のように自然を考えようとする傾向は、人が自然を思い描く際にしばしば見られる。しかし、はたして自然とはそのようなものとして存在しているのだろうか。あるいは、そもそもそうした自然が存在したことなどこれまであったのだろうか。

　こうした疑念が抱かれるのは、仮に自然を調和的な一つの有機的全体として見ることが可能だとしても、反対に、自然を無秩序や混乱として見ることも十分に可能だからである。地球の歴史を考えてみれば分かるように、自然に何らかの形態や秩序があるとしても、長い歴史を通して見れば自然がそうした形態や秩序を絶えず根本的かつ自然に変化させてきたことは紛れもない事実である。仮に地球が有機体のような一つの全体だとすると、そこに生じたのは、有機体には耐えることも受け入れることもできないような根本的な変動の数々であり、それは有機体の統一性も全体性も崩壊させてしまうようなものだろう。するとそこに見られるのは、歴史を貫いて存続するような統一的な秩序や調和というより、むしろ統一性も全体性も存続できないような一種の無秩序や混乱だろう。また、仮に自然の形態や秩序を変化させて、自然を調和なき混乱や無秩序に陥れたのが人間だとしても、人間を生み出したのもまた自然なのだから、結局は同じことであり、いずれにしても自然の内には混乱や無秩序が自然と含まれていることになる。

バルーフ・デ・スピノザ（一六三二—七七年）が、自然そのものの内には「秩序」も「混乱」も存在しないと断言していたこと（E1Ap）を思い起こそう。[3] 秩序も無秩序も、調和も混乱も、我々が自然に投影しているだけの単なる想像物でしかないとすると、調和的な一つの全体としての自然などというものは存在しないし、そもそも存在したこともなかったことになる。その場合、自然を〈一なる全体〉として思考することは、ありもしなかったものを事後的に捏造しようとする回顧的錯覚の罠に自然と陥ってしまうことになるだろう。

哲学は自然を思考しようとするにもかかわらず、同時にまた自然を取り逃がしてもおり、それを思考することができていないということもあり得る。哲学は自然を思考しなければならないが、それを自然に思考できるわけではない。哲学が自然（Nature）を正しく思考するということは、自然に行なわれることではなく、むしろ自然を思考し損なうように仕向ける自然＝本性（nature）に逆らって、言わば反自然的に行なわれなければならないのである。

そこで自然を思考することを改めて問題にするならば、我々の自然をめぐる思考を方向づけようとする〈自然のイメージ〉によるのではない仕方で、そうしたイメージに還元されないものを〈自然〉として思考するように導かれることになる。そして、そうした〈自然〉を思考するためには、まずは自然がどのように思考されてきたのか――例えば〈自然のイメージ〉がどのように現われてきたのか、それがどのように受容されてきたのか、あるいはどのように批判され斥けられてきたのかを、哲学史に即して確認しなければならない。つまり、自然をめぐる哲学史を検討することを通して、我々はいかに自然を思考するのかという問いに答える手がかりを得ることができるだろう。本書ではそれゆえ、自然をめぐる哲学史を取り上げ、その検討を通じて、哲学が自然を取り逃がすことなく思考することがいかにして可能なのか、そしてその場合、哲学はどのような「自然」の概念を作り上げることによって自然を思考するのかを考えてみたい。

本書の歩みは全体として前半と後半の二つに分かれる。前半が一九世紀までの過去編、後半が二〇世紀以降の現代編となる。

前半に当たる第Ⅰ部から第Ⅲ部では、古代ギリシアから一九世紀までの自然をめぐる哲学史を取り上げる。第Ⅰ部では、第一の〈自然のイメージ〉に関連する〈自然〉と〈人為〉という区分の受容と問い直しの対立、そしてその反復の歴史として、古代から一七世紀までの哲学史を概観する。このイメージの問い直しは、一七世紀に一つの帰結を迎えることになる。第Ⅱ部では一八世紀の哲学史に焦点を当て、第一の〈自然のイメージ〉の問い直しが一八世紀という時代の中でさらに徹底化されると共に、〈一なる全体〉としての自然という第二の〈自然のイメージ〉もまたそこに浮上してくる様を確認する。第Ⅲ部では、この第二の〈自然のイメージ〉がそもそも一七世紀に批判されており、その意味では既に無効化されていたことを示した後で、一八世紀から一九世紀にかけて第二の〈自然のイメージ〉が——多少の紆余曲折を伴いつつ——決定的に斥けられていく様子を見届ける。その到達点がニーチェである。

　前半と後半の間には幕間を置いた。これは前半のまとめであると共に後半への助走でもある。過去の哲学史を踏まえた上で、現代の哲学がいかに自然を思考するべきなのかを確定するために、二〇世紀の或る哲学者を一つの事例として取り上げる。それがジャック・デリダ（一九三〇—二〇〇四年）である。自然をめぐる哲学史という文脈でデリダを取り上げるのは意外と思われるかもしれないが、これは決して理由のないことではなく、むしろ必然的であることが分かるはずである。

　後半に当たる第Ⅳ部から第Ⅵ部では、主に二〇世紀以降の自然をめぐる哲学史を扱う。第Ⅳ部では、一九世紀末から二〇世紀後半にかけての哲学史を通じて、自然の最たるものとしての生命と、人為の最たるものとしての技術の関係を考察することで、第一の〈自然のイメージ〉の妥当性が二〇世紀に完全に失効する様子と共に、〈自然かつ人為〉という逆説的な表現をせざるを得ない〈自然〉のあり方を明らかにする。また二〇世紀半ばから現在にかけて生じた〈自然〉をめぐる歴史上の或る変化に着目することで、第二の〈自然のイメージ〉の失効を確認すると共に、哲学の思考する非人間的な〈自然〉が現実そのものになったこと、その意味で歴史や現実の方が哲学に追いついたことを示す。第Ⅴ部では、〈自然かつ人為〉であるような非人間的な〈自然〉を思考する哲学、つまり二〇世紀後半以降の現代に相応しい自然哲学の可能性とその条件について、ジルベール・シモンドン（一九二四—八九年）の哲学——その個体化論と技術論——を手がかりにして考える。そして、人間と自然に先立つ「自然」、〈一〉以上のものとしての「自然」という、やはり逆説的な仕方で言い表わされる自然を思考する哲学が、現代的な自然哲学として可能であることが導かれる。第VI部ではドゥルーズを取り上げ、彼の哲学が最初から最後まで一貫して自然哲学を構築するための試みだったことを示すと共に、そこで提示される自然の概念こそが、哲学の思考すべき〈自然〉として現在における一つの到達点であること、しかしドゥルーズの自然哲学が未完でもある以上、それを継承しつつ、より徹底化することで、いかなる自然の概念を構築すべきなのか、現代の、そして来たるべき自然哲学をどのような仕方でさらに展開すべきなのか、その方向性を示唆する。

目次

序　幕

自然というものを思考しようとする際、自然と自然ならざるもの、つまり自然と人為の関係をどう理解すればよいだろうか。第I部では、ギリシアから一七世紀に至る自然をめぐる哲学史を通してそのための見通しを与えることが問題になるが、導入として或る文学作品を取り上げてみたい。ウィリアム・シェイクスピア（一五六四―一六一六年）の『冬物語』（一六一一三年）である（この作品への注目は、ソルボンヌで長らく古代哲学講座の教授を務めたピエール＝マクシム・シュル（一九〇二―八四年）の諸論考に負う（Schuhl 1938 (1969), p. 58, note 1; 1969, pp. 119-122, 194）。彼はギリシア哲学、特にプラトン哲学を専門とする哲学史家であるが、技術や機械をめぐる問題にも造詣が深く、後で見るようにベーコンについての著作もある）。

『冬物語』の筋立てをまとめてみよう。舞台はシチリアとボヘミア。シチリア王レオンティーズは、妻のハーマイオニと、シチリアを訪問中のボヘミア王で子供の頃からの親友であるポリクシニーズの不義を疑い、家臣カミローに命じてポリクシニーズをひそかに殺害しようとする。カミローはその命令に従うことができず、ポリクシニーズに主君の陰謀を伝えたため、ポリクシニーズは彼を伴ってシチリアを逃れ、ボヘミアへの帰国の途につく（第一幕）。妊娠していたハーマイオニは不義の罪で幽閉中に女の子を出産する。レオンティーズはその子を他国に捨てるよう家臣アンティゴナスに命じる（第二幕）。レオンティーズの幼い息子は裁判にかけられている母を案じて亡くなってしまう。デルフォイの神託により、不義などなかったという真実が明らかにされるが、ハーマイオニも亡くなったという知らせが、アンティゴナスの妻ポーライナによって伝えられる。友も家族もすべて失ったレオンティーズは自らの過ちを悟り後悔に打ちひしがれる（第三幕）。そして一六年後、捨てられて偶然ボヘミアにたどり着き、羊飼いのもとで育てられた、レオンティーズとハーマイオニの娘パーディタが美しく成長し、ポリクシニーズの息子フロリゼルと出会って恋に落ちるところから物語は再び動き始める（第四幕）。パーディタとフロリゼルの身分違いの恋を案じるポリクシニーズは、家臣となったカミローと共に変装して正体を隠し、パーディタの住む村の毛刈り祭りに赴き彼女に会う。パーディタはポリクシニーズにローズマリーとヘンルーダの花をプレゼントしてから次のように言うが、注目すべき場面はここである（第四幕第四場）。

パーディタ　この季節のいちばん美しい花はカーネーションと、自然の私生児とも呼ばれる縞《しま》石竹《せきちく》ですけれど、あのような花は私どものひなびた庭には咲いておりませんし、私も欲しいとは思いません。

ポリクシニーズ　お嬢さん、どうしてそういう花をうとんじるのかな？

パーディタ　あの花のまだら模様は偉大な創造的自然に人工のわざ＝技術（art）が加わったもの、そう聞いておりますので。

ポリクシニーズ　そうかもしれない。だが、そのわざそのものも自然によって作り出され、おかげで自然はよりよくなる。だから、あなたの言う自然に加えられた人工のわざ＝技術も、実は自然が作り出すわざ＝技術なのだ。いいかな、お嬢さん、我々人間も野育ちの幹と育ちのいい若枝を結婚させ、高貴な芽によって卑しい木に子供を宿らせることがある。これもまた自然を改良する――というよりむしろ――自然を変える人工のわざだが、そのわざ＝技術そのものが自然なのだ（The art itself is nature）。

パーディタ　はい、そうです。

ポリクシニーズ　ならばあなたの庭に縞石竹を咲かせなさい、私生児などと呼んではいけない。

パーディタ　でも私はわざわざ土を掘ってあの花を植えようとは思いません〔…〕。（シェイクスピア 二〇〇九、一三六―一三八頁。訳文は Shakespeare 2016 に従って少し変更した（以下同様））

この二人の会話では何が問題になっているのだろうか。パーディタは縞石竹を好まないが、それは縞石竹のまだら模様がいかに美しいものだったとしても、それが自然にできたもの（「偉大な創造的自然」によるもの）ではなく、人為的に（「人工のわざ＝技術」によって）作られたもの、つまり技術という人為的なものが自然の営みに介入することで生み出されたものでしかないからである。それに対してポリクシニーズは、接ぎ木を例にとりながら、人為的なもの（「自然に加えられた人工のわざ＝技術」）自体がそもそも自然の所産（「自然が作り出すわざ＝技術」）であり、それによって自然そのものがより良きものに変わるということを理由に、パーディタの考えを戒《いまし》めようとする。

パーディタの「自然」と「人工のわざ＝技術」をめぐる考え方が、自然と人為を明確に区別し、後者に対する前者の優位を認めるようなタイプの自然観に対応していることは明白だろう。それに対して、ポリクシニーズの方はむしろ、自然を変える技術をも自然の所産とし、そのような技術を自然

（の一部）と看做すことで、言わば自然と人為の間に或る種の連続性を認める立場を取っていることになる。さらに言えば、自然がより良くなるのは、それ自身が自然の所産たる人工のわざによって、すなわち技術によってなのだとすれば、この場合の技術とはもはや自然を単に模倣するものでしかないわけではない。自然が自ら技術を作り出すのでなければなし得ないようなことをその技術が可能にするというからには、技術は自然を単に模倣する以上のことを行なっていることになるからである。言い換えれば、この場面でのポリクシニーズは、自然と人為の間に不連続性を打ち立てる境界と、後者に対する前者の優位を問い直す者として発言している。

『冬物語』第四幕第四場では、このようにパーディタとポリクシニーズの会話を通して、自然と人為の関係をめぐる二つの考え方の対立が描かれているが、さらにこの対立は、同じ作品の別の箇所でも顔をのぞかせている。[1] それはその最後の場面である。

　この作品の筋立てに戻ろう。パーディタとフロリゼルの身分違いの恋をポリクシニーズが認めないので、カミローのアドバイスによって、二人はシチリアに駆け落ちすることを決意する（第四幕第四場）。そして最後の第五幕で筋立ては山場を迎える。シチリアでパーディタとフロリゼルはレオンティーズに迎えられ、そこに二人を追ってきたポリクシニーズとカミローもやってくる。自らの過ちを悔いていたレオンティーズはポリクシニーズと和解し、また持ち物からパーディタがレオンティーズの捨てた娘であることが判明したので、パーディタとフロリゼルの恋も認められる。そしてポーライナの持つ亡きハーマイオニの生き写しの彫像と言われるものを全員で見に訪れると、楽師たちの音楽が鳴り始めると共に、その彫像が動き出してみなを驚かせる。実はハーマイオニは死んでおらずポーライナによって匿《かくま》われており、レオンティーズはハーマイオニと、またハーマイオニは生き別れたパーディタとも再会して幕は閉じられる。

この最後の場面では何が問題になっているのだろうか。ハーマイオニの彫像があたかも生きているかのように見えるのは、それが実は彫像ではなく、生きている本物の人間だからである。つまり、芸術＝技術（art）によって作られるのは、たとえいかに生き写しであろうとも、生命を欠いた彫像にすぎず、自然が作るのと同じように生命を作ることはできない。シュルはその論考「パーディタ、自然と技術」で次のように指摘している。こうして「自然と技術の対立が、伝統的な、また純粋に美学的な形で、〔『冬物語』という〕劇の結末の「活人画」の中に再び現われる」（Schuhl 1969, p. 121）。彼が言おうとしているのは、ハーマイオニの復活と全体の和解というこの最後の場面で、自然と技術の関係をめぐる或る考え――つまりパーディタが代弁するような自然と技術を対立させるような考え――が再び登場しているということである。

このように『冬物語』では、自然と技術の間に不連続性を見てとり、両者を対立させる考え方と、自然と技術の間に連続性を認める考え方の両者が登場し、第四幕第四場では前者が後者によって論破される様が、そして結末に当たる第五幕第三場では前者が再度登場する様が描かれている。最後の場面でそのような自然／技術観が再び現われるということは、いったん退けられたように見えるこの自然／技術観が復活したことを意味しているのだろうか。それとも、まったく別の意味を持っているのだろうか。この点に関してシュルは明確な結論を述べていないが、自然をめぐる哲学史と関係づけるなら、これらの場面の意味をどのように考えることができるだろうか。こうした問いに答えるために、自然をめぐる哲学史についての考察を古代ギリシアまで遡って行なうことにしよう。

第Ⅰ部

〈自然〉と〈人為〉

古代から一七世紀へ

第一章　古代ギリシア哲学の自然と人為（1）
——プラトンの場合

1　自然が先か、技術が先か

哲学史の中で自然と人為の関係を考察しようとする場合、最初に取り上げるべき哲学者の一人はおそらくプラトン（前四二八／七—前三四八／七年）だろう。というのも、彼の哲学において既に、自然が先か、それとも技術が先かという形で、自然と人為の関係に関する問いが提起されているからである。この点に関して、プラトンは実際にどのような議論を行なっているのだろうか。『法律』を取り上げることにしよう。

『法律』はプラトン対話篇の中でも最晩年のものとされており、国政や法律を主題とする大作である。ここでは自然と人為の関係に関するプラトンの考えを確認することが目的なので、『法律』全体を取り上げることはせず、それが登場する第一〇巻に的を絞る。

第一〇巻では、神聖なもの、とりわけ神々に対して不信心な振る舞いに出る若者たちへの対処が問題になっている。プラトンの代弁者として登場する「アテナイからの客人」は、そうした振る舞いの

プラトン

原因である神々についての誤った考え方を反駁することでこの問題に答えようとするが、その途上で、さらにそうした誤った考え方の背景として一つの思想が伏在することを指摘している。この思想こそ、まさに我々が問題としている自然と技術の関係に関わるものである。それによれば、すべての事物は、自然によって生じるか、技術によって生じるか、偶然によって生じるかのいずれかであるが、その中でもっとも重要で見事なのは自然や偶然のわざによって生じるものであり、技術によって生じるものでは決してない。つまり「技術（τέχνη）は、自然（φύσις）によって産み出された最初の重要な仕事を受け取り、諸事物を加工して作り上げるが、それらはすべて些末で、技術的対象と形容されるものである」（八八九A）。

この場合の自然と技術の関係は次のようになっている。初めに、火・水・土・空気といった自然の諸元素があり、それらは自然と偶然によって存在する。次に、それらが自然と偶然によって遭遇・結合した結果として様々な物体が生まれ、さらに、そこから動植物も、そして魂も生まれる。こうしたすべての生成は、まさに自然と偶然によるものであり、決して技術によるものではない。では、そこに技術はどう関わるのだろうか。誤った思想ならこう答えるとアテナイからの客人は言う。「これに対して、技術は後になって、これら自然と偶然という二つの働きのもとで現われた」（八八九C—D）。

自然と技術の関係についてのこうした考えが、自然と人為の間に根本的な断絶を想定し、前者を一次的なもの、後者を二次的なものとして位置づけるという見解に対応していることは容易に理解できるだろう。そして『法律』のプラトンが拒絶しようとするのは、まさにこうした見解なのである。プラトンは、アテナイからの客人に次のように語らせている。そのような見解は、最初にあったものと後になって生じたものを完全に取り違えており、後になって生じたものを万物の生成と消滅の第一原因と看做してしまっている。そのために神々の本性の理解についても過ちを犯してしまったのだ、と（八九一E）。言い換えれば、最初にあったのは自然ではなく技術の方であるにもかかわらず、人々はそれを誤って逆に捉えているというのである。

しかし、なぜそう言えるのだろうか。アテナイからの客人曰く、右のような誤った見解を唱える人は、魂に関して正しい認識を持っていない。最初にあったものとは、自然物としての物体ではなく魂である。魂はすべての物体に先立ち、また物体のあらゆる変化を支配する。というのも、或る物体が他の物体によって動かされ、その他の物体もさらに別の他の物体によって動かされ……という諸物体の運動の系列を考えていけば、その最初にあったものは自分で自分を動かしたものと考えざるを得ないが、物体にはそうしたことが不可能である以上、この最初にあったものとは物体ではないもの、自らを動かすことで運動を最初に生じさせることができるもの、すなわち魂に他ならないからである。「魂は、天や地や海にあるものすべてを、自分自身の持つ運動によって導いている」（八九六E—八九七A）。自らを動かすことのできる魂が、他のものによって動かされるだけの物体に先立ち、すべての運動や変化の原因として物体を支配しているというわけである。

ところで、魂が物体に先立つ以上、魂に属するものは物体に属するものより先にあったことになる。ということは、魂に属する判断や知性の方が、物体に属するその硬さや柔らかさ、重さや軽さといった性質より先にあったということである。そしてプラトンによれば、技術もまた魂に属している。最初の大きな作品や活動は、それらが最初のものに属する以上、自然ではなく技術に由来することになり、それに対して、自然によって存在するものは、実は後になって生じたものにすぎず、技術がそれに先立つ限り、技術にその起源を持つことになる（八九二A―B）。すなわち、自然が技術の起源であるというよりは、むしろ技術の方が自然の起源であり、自然が技術に先立つというよりは、むしろ技術の方が自然に先立つ。これがプラトンの展開する議論である。

プラトンはさらに、「最善の魂こそが宇宙全体を配慮しており、宇宙全体を最善の道へと方向づけている」（八九七C）と主張し、そのような最善の魂としての神々の存在を認めることで、神々についての誤った考え方を論駁し、当初の問い、すなわち神々に対する不敬への対処について回答を与えようとしている。こうした神々に関わる議論の成否はともかくとして、我々の観点から重要なのは、自然によって存在するもの、つまり通常言われるような意味での自然物を「自然」と名づけるのは誤りだとプラトンが断言していることである（八九二B）。最初にあるものの生成が「自然」と呼ばれるのであれば、魂についてこそそう言われるべきであり、それゆえ魂に属する技術の方が、通常の意味での自然物よりもむしろ「自然」なものである。しかしそうだとすれば、そこでは自然／技術という区分や対立自体がもはや妥当性を失っていることになるのではないだろうか。

2　自然である技術、技術である自然

自然なものとしてあるのは自然ではなく技術であり、技術的なものこそが自然である。だから自然／技術という区分や両者の対立はプラトンにおいて無効化され、そうした区分を前提とする限りでの技術に対する自然の優位はプラトンによって転倒されていると言って良い。しかも自然と技術をめぐるこうした考えは、プラトンの哲学にとって、神々に対する若者たちの不信心な振る舞いへの対処のための論拠という、『法律』での局所的な議論の文脈で意味を持つだけではない。

プラトンの対話篇では、技術（τέχνη）という語は多義的な仕方で登場し、様々な場面で主題となる。場合によっては、プラトンが或る種の技術に対する否定的で軽蔑的な評価をソクラテスに語らせており、プラトン自身もそう考えているように見える場面があるのも事実である。[2] しかしながら、『法律』においてそうだったように、技術が自然との関係において問われるような場面では、技術に対してはむしろ肯定的な評価が与えられると共に、技術が自然との対比においてではなく、むしろ自然と分かちがたく結びつけられつつ、それに先行する独自の身分を持つものとして捉えられている点は間違いなく一貫している。この点に関してプラトンの専門家であるシュルは以下のように指摘している。

> プラトンと同じだけの注意を持って、もっとも控えめな職人が使用する手法に対して強い関心を寄せた——一八世紀にディドロがしたように——多くの偉大な思想家を見出すことは、いずれにせよ難しいと思われる。何人かの偉大なソフィストたちが先駆者だったとしても、おそらくプラトンは技術学（technologie）の真の創始者だったのである。（Schuhl 1960a, p. 99）

実際、こうした自然に対する技術の先行性をめぐるプラトンの考えの一貫性については、例えば後期対話篇の一つである『ソピステス』でも確認することができる。ソフィストが何であるかの定義を問うことで開始されるこの対話篇では、ソフィストの技術に着目しつつ、途中で〈在るもの〉と〈在らぬもの〉をめぐる考察へと対話は移行していく。最後に再びソフィストの技術への問いに立ち戻っていくが、そこでは「作る」という技術そのものの本質に関わるような事柄が問題になっている。この最後の場面に着目しよう。

そこでは、対話の当初に設定した技術の分割——「作る技術」と「獲得の技術」への分割——が再度取り上げられ、前者の「作る技術」に即してソフィストの技術が検討される際に、プラトンは登場人物の一人である「エレアからの客人」に次のように語らせている。「作る」と呼ばれる働きは、「それまでは存在しなかった何かが後で生じてくることの原因となるようなすべての力」（二六五B）のことであり、まさにそれが「作る技術」の為すわざである。こうした技術は「神の技術」と「人間の技術」に分割されるが、前者は、「すべての死すべき動物と、種子や根から地上に生えてくる植物、また地中で凝縮した、溶解され得るか溶解され得ないすべての生命なき物体」に関わり、それらが「それまでは存在しなかったのに後で存在する」（二六五C）ようになることを可能にする。つまりこの神の技術が、動植物も単なる物体も含めた自然の万物を作り上げるものである。人間の技術は神の技術を前提とし、それと類比的な仕方で捉えられる。「自然によって作られた事物と呼ばれているものは、神の技術によって作られており、人間たちがそれらを元にして組み立てるものは、人間の技術に属している」（二六五E）。

このようなプラトンの技術観の特色は、通常言われる意味での自然が技術を前提としている限り、自然の中に技術的なものが初めから既に含まれていることを認める点にある。言わば自然は既に技術的であり、先なるものである限り技術は既に自然的である。そうである以上、『ソピステス』でのプラトンにとっても、自然と技術の間、自然的なものと技術による産物としての人為的なものとの間には本質的な差異はないことになる。

自然がそもそも技術的であり、そして技術がそもそも自然的であるならば、自然的なものも人為的なものも、自然的であると同時に人為的であるという意味では同じタイプのものでしかない。シュルは『法律』におけるプラトンの議論の帰結について次のように簡潔にまとめている。「技術（art）は自然自身と同じく、自然によって存在する」（Schuhl 1934 (1952), p. 65）。そしてこの帰結と同様に、次のようなもう一つの帰結を導くこともできるはずである。すなわち、自然は技術自身と同じく、技術によって存在する。ここでの技術を人為に置き換えても話は同じである。人為は自然と同じく、自然によって存在し、自然は人為と同じく、人為によって存在する。

このようにプラトンにとって、自然と技術の間には、言い換えると自然と人為の間には、両者を截然と隔てるような障壁は存在しない。[3] そうである以上、法や慣習を人為的なものとしてそれらに自然を対置し、法や慣習が正しいか否かという区分は自然なものではないと考える相対主義者や懐疑主義者は、プラトンからすれば誤りを犯していることになる。むしろプラトンは自然／人為という区分自体を問いに付し、そうした区分自体の不自然さを際立たせることで彼らに対抗しようとしたのである。このように、自然そのものの核心に或る種の人為性が潜んでいること、逆の見方をすれば、そのような人為性がそもそも自然性を有すること――こうした事態に立脚することが、プラトン哲学が相対主義や懐疑主義に抗する哲学たる所以となる。

相対主義や懐疑主義に抗するために、それらが前提としている自然／人為という区分を無効にするのであれば、プラトンの哲学自体が或る意味では相対主義化してしまうことになるのではないかという疑念も生じるだろう。しかしながら、相対主義や懐疑主義のプラトン哲学に対する関係と、後者の前二者に対する関係は対称的ではない。自然／人為の区分を前提とした上で、人為に属するものの相対性を承認することと、そうした区分そのものを問いに付すことは、そもそも別のことだろう。というのも、自然／人為という区分を問いに付し、自然と技術が本質的に異なるものではないことを示すような議論の結果として、それ自身は相対化され得ないようなもの、つまり自然的であると同時に人為的であるようなものの存在を認めざるを得ないからである。

こうした帰結には、プラトン主義を徹底化することでそれを転倒させてしまうような、言わば反プラトン主義的要素が既に含まれていると見ることもできるが[4]、いずれにせよ、ここまでの考察から導かれるのは、プラトンによって自然／人為という截然とした区分が問いに付されているということであり、さらに技術であると同時に自然であるものの承認がプラトンの哲学に少なくとも潜在的には見られるということである。シェイクスピアの『冬物語』の登場人物に当てはめれば、自然と人為の間に不連続性を打ち立てるような境界と、前者の後者に対する優位を問い直す者として登場するポリクシニーズにプラトンは対応している。

第二章　古代ギリシア哲学の自然と人為 (2)
——アリストテレスの場合

1　自然の模倣としての技術——アリストテレスの技術論

自然は人為——より具体的には「技術（τέχνη, art, technique）」——とは異なり、それと明確に区別される。そしてこれら二つは単に区別されるだけでなく、さらには対立し合う。このような仕方で自然と人為の関係を理解しようとする立場に対して、プラトンは自然と人為の間の連続性を認めて疑義を呈していた。では、そのような立場を具体的に哲学史の中から取り出そうとすれば、具体的にどのような哲学者の内にそれを見ることができるのだろうか。

人為的なもの、とりわけ技術と自然の不連続性、両者の区別や対立という考え方を哲学史の中に探ろうとすれば、アリストテレス（前三八四—前三二二年）にその典型を見出せると言われることが多い。つまり、自然と技術の間に連続性は認められず、両者は異質なものとして区別され、さらには対立し合うという見解を、アリストテレス、特にその『自然学』に帰すということがしばしば行なわれてきた。この時、同様に重要なのは、自然と区別され対立させられる技術を、アリストテレスは自然

アリストテレス

に対してあくまで二次的なものとして位置づけているとされることである。

では、〈自然／人為〉という二分法的な図式をアリストテレスに見出すことはできるのだろうか。アリストテレスは『自然学』第二巻第八章で次のように述べている。「一般に〔…〕技術（τέχνη）は自然（φύσις）を模倣する」[5]（一九九a一五—一七）。こうした文言を見る限り、自然と技術の関係に関して、技術は自然に対して優位にあるどころか、対等ですらないとアリストテレスは考えているかのようである。技術は自然の行ないを単になぞるだけであり、その限りで自然より劣ったものとして位置づけられる。技術は自然に対して決して対等な地位を持つものではなく、あくまでその「模倣」でしかないような、単に二次的な従属物にすぎない、というように。[6]

このように自然と技術の区別、両者の間の不連続性と対立、そして後者に対する前者の優位という考え方の一つの典型として、アリストテレスの名が挙げられることが多いのは事実である。そこで以下ではもう少し詳しくアリストテレスの自然／技術論を検討したい。『自然学』第二巻を取り上げるが、ここで重要なのはあくまで自然と技術の関係なので、その点に限定して検討を行なう。

『自然学』第二巻では、「存在するもの」は、自然によって存在するものと、自然によって存在するのではないものに分けられるという点から議論が始まる。

存在するものの内で、或るものは自然によって存在し、他の或るものは他の原因によって存在する。動物とその諸部分、植物・土・火・空気・水のようなこれら諸事物の単純な物体は、自然によって存在すると我々は言うし、また似たような諸事物に関しても、それらは自然によって存在すると我々は言う。ところで、これらすべての諸事物は、自然によって作られたのではない諸事物とは明らかに異なっている。というのも、自然によって存在するものの各々は〔…〕自分自身の内にその運動と静止の原理を有するからである。これに対して、寝台や衣服、この種の他のものは何であれ、〔…〕技術の産物である限り、変化へのいかなる生まれつきの衝動も有していない。（一九二b八―一九）

「自然によって存在する」と言われているものが自然に生じたものとしての自然物であることは、挙げられている例からも明白である。それ以外のものは、これも例から明らかなように、人間の技術によって人為的に制作された人為物として、自然物から区別されている。そしてその違いは、運動と静止、生成と消滅など、自身の変化の原理を自らの内に有しているか否かに求められる。つまり自然物が自身の変化の原理を自らの内に含んでいるのに対して、人為物はそれを自らの内に含んでおらず、自らの外に求めるしかない。

　さらにアリストテレスは、「自然」という言葉の意味を分類しながら議論を進めていくが、その際、物事がそれのためにあるような目的の存在を認め、自然とはそのような目的のことだと主張している（一九四a二八―二九）。そして「原因」という言葉の分類を行なう中で、この目的を原因の一つとして位置づけ、自然物の運動や生成も何かのためのものであるとして、そうした〈……のために〉

という目的＝自然が原因として存在すると説く。「自然は諸原因の内で、〈何かのために〉として存在する」（一九八b一〇―一二）。つまり自然物が自然にそうある――あるいは自然にそうなる――のは何らかの目的のためであり、それこそが当の存在や生成の原因に他ならない。自然はここでいわゆる「目的因」として位置づけられており、そうして自然の合目的性の存在が主張されるわけだが、しかし、なぜそのように言えるのか。そうした疑念を見越して持ち出されるものの一つが、例の技術の定義「技術は自然を模倣する」である。

この定義に従えば、技術とは自然の模倣だが、そうである以上、「人為物が〈何かのために〉存在するとすれば、自然物にとっても同様であることは明らかである」（一九九a一七―一八）とアリストテレスは言う。技術が何らかの目的に従って制作を行なうというのは一般に承認しやすいだろう。同様に、技術が模倣する当の自然においても、その生成は何らかの目的に従って行なわれていることになるというのがアリストテレスの推論であり、技術が自然を模倣するなら、技術に当てはまることは当然ながら自然にも当てはまるというわけである。こうして、自然に従って生じた自然物に関しても、技術によって作られた人為物に関しても、〈……のために〉という目的がその生成や制作の原因であるからには、生成や制作の順序において後に来るもの＝実現される目的は実は先なるものとしてあり、いずれの場合も目的が原因として既に含まれているということが導かれる。

2 アリストテレスの自然／技術観は一貫しているか

以上が自然と技術の関係に関わる限りでの『自然学』第二巻の議論の概要である。目的因や自然の合目的性の導入とその正当化をめぐる議論を承認できるかどうかは問題となり得るが、それはここでの本題ではないので追求せず、これ以外の著作にも目を向けることで、自然と技術の関係に関する一般的なアリストテレス理解——その哲学では技術が自然に対して二次的なものとして自然から区別されているという——に理由がないわけではないことを次に確認しておこう。

例えば『形而上学』第七巻や第一二巻でも同様の見解が提示されており、そこでもアリストテレスは自然と技術、自然の産物としての自然物と技術の産物としての人為物を区別している。『自然学』と同様、『形而上学』でも——「偶然」や「偶発」を除けば——、生成するものは自然によって生成するか、技術によって生成するかのいずれかであり（一〇三二a一三—一四、一〇七〇a五—六）、いずれも何らかの目的のための・目的に従った産出であるという点では同じだが、やはり両者の間には或る違いがあるとされる。

自然という語は、「そのものとしての各々の自然的存在においてある第一の運動の出発点」（一〇一四b二〇）のことを意味しており、「そのものとしてのそれ自身の内に運動の原理を有する諸事物の実体である。というのも、質料が自然であるのは、それがこうした原理を受容することができるゆえであり、また発生や成長が運動であるのは、それらがこうした自然に由来するゆえであると言われるからである」（一〇一五a一五—一七）。ここでも自然物とは、自らの発生や成長といった運動がそれによって・そこから行なわれる原理をそれ自身の内に有するもののことであり、技術はこうした自然との対比によって定義されねばならない。「技術は他のものの中にある発生の原理であり、自然は事物そのものの中にある発生の原理である」（一〇七〇a七—八）。自然物はその運動の原理を自らの内に有しており、技術の産物である人為物はその運動の原理を自らの内ではなく外に、つまりその技術を行使する者、すなわち技術者の内に有している。

このように『自然学』でも『形而上学』でも、その発生や制作の原理の存する場所が内か外かという点に即して自然と技術が区分されるという点は一貫している。『ニコマコス倫理学』第六巻でも事情は変わらない。

どんな技術も〔事物の〕創造に関わる。言い換えれば、技術を行使することとは、存在することも存在しないこともできる諸事物の中の或るもの、その起源が制作する者の中にあって、制作される物の中にはない或るものが、どのように生み出されるかに注意を払うことでもある。なぜなら、必然的に存在または生成する諸事物は技術には属さないし、自然に生じる諸事物も技術には属さないからである。というのも、そうした諸事物はそれ自身の内にその原理を持っているからである。（一一四〇a一〇―一七）

さらに〈自然の模倣としての技術〉という考え方は、アリストテレスの他の著作――偽書と言われるものも含めて――にも見られる（『気象論』第四巻第三章（三八一b五）、『宇宙について』第五章（三九六b一二）など）。このように見てくると、自然と技術の関係に関して、アリストテレスが前者と後者を明確に区分し、前者を一次的なもの、後者はそれを模倣するだけの二次的なものと位置づけたという一般的な理解にも妥当性があるように見える。

そのようなアリストテレス理解の一例を挙げておこう。今ではほとんど忘れられたフランスの哲学者オクターヴ・アムラン（一八五六―一九〇七年）は、アリストテレス講義の中で、『自然学』の例の文言を「技術（art）は自然の模倣でしかない」と訳して引用しつつ、次のように説明している。

人為的な事物はまさしく、それが硬直しており、以後のいかなる定めの方へも〔それ自身によって〕向かわないという劣等性によって、言い換えれば、それがどんな自発性も欠いているという劣等性によって、自然的存在から区別される。[7]（Hamelin 1920, p. 302）

アリストテレスに帰されるこのような考え方は、言わば常識的な見解として受け入れやすいものかもしれない。実際、人は一般に、アリストテレスに倣って自然と技術を区別し、対立させ、技術に対して自然を優位に置くことが多いだろう。だが、そうした自然と技術の区別と対立、そして技術に対する自然の優位という考え方は、そもそも妥当性を持ち得るのだろうか。例えばアリストテレスの師であったプラトンは、前章で見たように、このような考え方への批判をあらかじめ行なっていたのではないだろうか。だとすれば、アリストテレスは最初から既に反駁されてしまっているということなのだろうか。この問いに関してはまた後で立ち返ることにしよう

第三章 古代ローマ期から中世までの自然／技術

自然と技術の関係に関して、第一章ではプラトン的な理解を、第二章ではアリストテレス的な理解を確認してきた。これら二つが対立するものであることは明白だろう。それでは、プラトンやアリストテレス以後、自然と技術の関係に関する理解はどうなっていったのだろうか。本章では古代ローマ期から中世にかけての哲学史を通してそれを確認したい。もっとも一〇〇〇年以上にわたる長期間の歴史の中で登場した様々な学派の哲学を網羅的に対象とすることは到底できないので、ここではいくつかの事例のみを取り上げるにとどめる。しかしそれらの事例を通して、この問題に関する或る事実が浮かび上がるだろう。

1 キケロ

古代ローマ期の一例として、最初にマルクス・トゥッリウス・キケロ（前一〇六―前四三年）の著作『神々の本性について』を取り上げよう。これは複数の登場人物による対話形式で書かれた三部構成の著作だが、そこでは自然と技術の関係をめぐる考え方が象徴的な仕方で描かれている。

第一部で、登場人物の一人であるアカデメイア派の懐疑主義者コッタは、別の登場人物エピクロス派のウェッレイウスを批判して次のように言う。「いかなる技術（ars）も自然（natura）の巧みさを模倣することはできない」（一・三三）。こうした文言は、一見したところ技術を自然に対して二次的なものと看做すアリストテレス的な自然／技術観を反映するもののように思われる。実際、シュルはこのキケロの言葉を引いて「自然は、自然を無駄に模倣し、自然を表面的に真似ることしかできない技術に対立する」と説明している（Schuhl 1938 (1969), p. 42）。

しかし第二部では、ストア派のバルブスが、ストア派の創始者であるキティオンのゼノンの言葉を引き合いに出して次のように語る。人間の手による「技術」によって実現されるものは、「自然」によって実現される方がより見事に実現される。その意味で創意工夫に溢れる「自然」とは「職人＝技術者（artefex）」そのものであり（二・二二）、技術者としての自然よりも巧みな技を発揮できるものは他に存在しない（二・五七）。ここに見られるのは、自然は技術的なものをあらかじめ含んでおり、その限りで自然は既に技術的であるというプラトン的な自然／技術観である。そもそも第一部のコッタの台詞も自然の「巧みさ（solertia）」について述べていたが、「巧みさ」とはまさに技巧・わざ・技術について言われることである以上、見ようによってはコッタの台詞自体、アリストテレス的というよりプラトン的なものだと言うこともできる。

ところで、右の台詞はいずれもキケロ本人のものではなく、キケロ以外の登場人物たちの言葉として語られたものである。では、キケロ本人はどう考えていたのだろうか。キケロ自身もこの対話篇に登場人物の一人として登場するが、議論の途中で口を挟まずに中立的な立場を守っているだけでな

キケロ

く、最後に次のような述懐を行なってこの対話篇は閉じられている。「〔コッタに論破された〕ウェッレイウスはコッタの議論が真実に近いと感じていて、私〔登場人物としてのキケロ〕にはバルブスの議論が真実の姿のかなり近くにあると思われた」(三・四〇)。

アカデメイア派の影響を受けており、またその対話篇の多くで、エピクロス派・ストア派・アカデメイア派の順で議論が構成されているという事実から、キケロがエピクロス派のウェッレイウスを支持しないのは明白だとしても、アカデメイア派のコッタを支持すると思われた彼が、ここではむしろストア派のバルブスを支持するという奇妙な状況は、作者としてのキケロと登場人物としてのキケロの間で、また作者としてのキケロにとってのコッタとバルブスの間で読者を宙吊りにする。だが、そのこと自体が、自然と技術の関係をめぐるプラトン的な考え方とアリストテレス的な考え方が、単純に一方のみを選択することができないままキケロの中でもつれ合っている様を表わしている。

2　ストア派——セネカ

では、一方の当事者であるストア派ではどうだったのだろうか。古代ローマ期のストア派を代表する哲学者であるルキウス・アンナエウス・セネカ（前一頃―六五年）を取り上げたい。ここで注目すべきは『自然研究』よりはむしろ『倫理書簡集』である。というのも、友人ルキリウスに宛てたこの書簡集の中で、技術に対する評価と、技術と自然の関係が問題になっているからである。

書簡九〇でセネカは、高層住宅の建築に関わる技術を考案したのは哲学ではないという主張を行ない、さらに鉄製の道具の制作、鉄鉱山や銅山の発見、あるいは香水の送風拡散式噴霧器や人工貯水池の発明等を哲学者に帰すことを拒否しつつ――というのも、それらは賢人たる哲学者の仕事ではなく技術者の仕事なのだから――次のように言う。

> 自然は人間に対して、命を長らえるために苦労して探し求めねばならないようなことを要求しなかった。人間が生まれた時から、すべてはその手にあった。〔…〕万事は必需品の要求に制限されていた。〔しかし〕我々がそれらを高価なものに、多くの大がかりな技術の協働を求める驚くべきものにすっかり変えてしまった。（九〇・一八）

人間は自然が与えてくれるものだけで満足できず、技術をもってさらなる贅沢を追い求めるようになった。我々はかくも多くの技術なしには暮らせないほど、自然に背いてしまったのである。しかしセネカによれば、自然に反してそこから逸脱した人間も、再び「自然に即して生きること」（五・四）は可能であり、その時には技術と技術者はもはや不要となる。「君が自然に従うなら、君は職人＝技術者たち（artifices）を求めないだろう」（九〇・一六）。シュルはこの文言を引きつつ、セネカの主張を次のようにまとめている。「哲学者〔セネカ〕は、技術の進歩に自然への回帰を、〔…〕人間の手によってまったく冒されていなかった自然への回帰を対置し、いかなる管も取り込めなかった川、いかなる水路もその流れを隷属させることのない川の美しさを賛美して歌う」(Schuhl 1938 (1969), pp. 41-42)。

元々の自然と、技術によるそこからの逸脱という形での、自然と技術の区別と対比という図式がここに明白な形で見られることは言うまでもない。つまり、ここでのセネカの議論は、前章で見たようなアリストテレス的な自然／技術観——自然と技術を区別し、前者を一次的なもの、後者を二次的なものとして位置づける——を反復している。

セネカ

しかしながらここで重要なのは、セネカによってアリストテレス的な自然／技術観が受容されていたことだけではない。もう一つ重要なのは、それに相対するような自然／技術観もまたそこに潜んでいることである。セネカ自身の著作に即して確認しよう。

別の著作『幸福な生について』でセネカは、「自然に即して生きる」というストア派的な格律を生の幸福と結びつけて次のように述べている。「幸福な生とは自らの自然に合致した生のことである」(三・三)。自らの自然から逸脱することなく、自然に則って生きることに幸福が存するというわけであり、そのように生きることは、自らの「生の作者」(八・三)になることであるともセネカは述べている。一見すると、こうした主張からは、幸福な生を送る上で、自然ならぬ人為や作為や技巧の排除が当然ながら導かれるように思われる。

しかしながら、奇妙な事態がここでも生じている。自らの「生の作者（artifex vitae）」になるということは、自らの「生の職人＝技術者（artifex vitae）」になるということでもある以上、人為を排して自然に従って生きることは、その生に対して自らが技術者として振る舞うことと同義になってしまう。つまり、技術者を求めないはずの自然な生が可能であるためには、自らがその技術者になるという形で技術に訴えかけざるを得ないのである。技術を排した生の核心にこそ技術が宿っているというこの逆説的な事態は、アリストテレス的な自然／技術観を反復するセネカの身振りの中に、同時にプラトン的な自然／技術観もまた入り込んでいることを示している。すなわち、セネカにおいてもまた、自然と技術の関係をめぐるプラトン的な考え方とアリストテレス的な考え方が、もつれ合いつつ解きほぐせないままに共存しているのである。

3　新プラトン主義――プロティノス

次に取り上げるのは古代ローマ期の哲学者であるが、流れとしてはギリシア哲学と中世哲学を繋ぐ位置にあるプロティノス（二〇五―二七〇年）である。プラトン哲学を独自の仕方で継承しつつもプラトンから離れたとされる彼の新プラトン主義において、自然と技術の関係はどのように位置づけられているのだろうか。その著作『エネアデス』を見ることにしよう。

『エネアデス』第五巻第八章第一節でプロティノスは、芸術作品の有する美を、その制作者の内にある芸術（τέχνη）に由来するものと看做し、さらに芸術の有する美を芸術作品の有する美よりも高次の

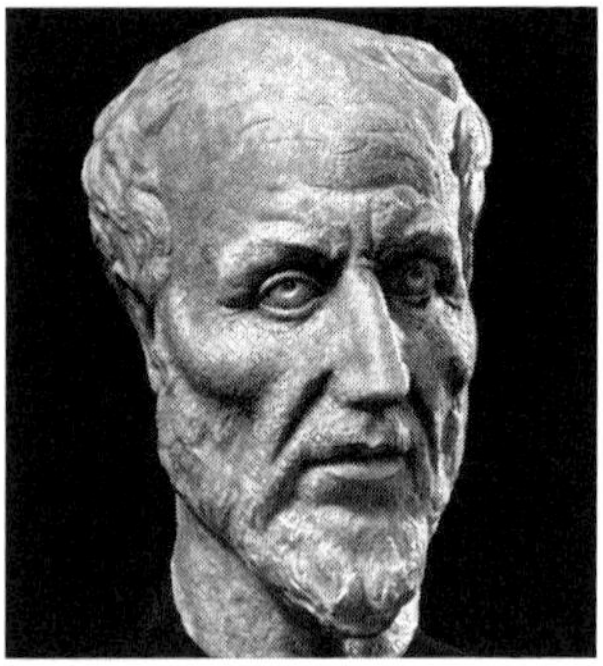

プロティノス

ものとして位置づけている。その上で彼は、芸術は自然を模倣することで制作を行なうにすぎないという理由で芸術を軽蔑する者に対して、以下の三つの根拠を提示して反論する（五・八・一）。第一に自然の諸事物自体も既に何か他のものの模倣であること、第二に芸術は自然の諸事物にとどまらず、諸事物がそこに由来する諸原理にまで遡ること、第三に芸術は自然的諸事物に欠けているものを補うことでそれ自身によって諸事物を制作できること、この三点である。

芸術は自然を模倣することで制作を行なうにすぎないというのがアリストテレス的な自然と技術の関係の捉え方であるのは明白である以上、とりわけ第三の理由から言えるのは、芸術は自然の単なる模倣ではなく、それ以上のものだということだろう。そしてこの場合の芸術（τέχνη）は、作品の制作という観点からは技術（τέχνη）でもある。だとすれば、プロティノスは右のように言うことで、アリストテレス的な自然／技術観を批判していることになる。言い換えれば、プロティノスはプラトンと同様に、アリストテレスが前提としているような自然／人為という区分を問いに付していることになるのではないだろうか。

だが、話はそれほど単純ではない。同じ『エネアデス』第五巻第八章の別の箇所でプロティノスは、技術によって制作された作品であろうが自然の作品であろうが、それらを制作するのは「知恵」であると述べ、技術者の営みを、自然の諸事物がそれによって制作された「自然の知恵」に従属するものと看做している（五・八・五）。ここでのプロティノスは、先ほどとは異なり、技術を自然に対して二次的なものと看做すアリストテレス的な見解を反復しているように見える。

実際どうなのだろうか。プロティノスは『エネアデス』の別の箇所（三・八・四）で、観照的な活動は実践的な活動より優れたものだと主張する『ニコマコス倫理学』第一〇巻第七章（一一七七a―b）のアリストテレスを反復するように、制作のような技術的活動が観照（θεωρία）に対して二次的なものであることを認めているのである。ところでプロティノスにとって、自然自体がロゴスであり、観照を行なうものだとされる。「自然はロゴスなので、自然は観照であり観照の対象である」（三・八・三）。自然そのものが観照なのだから、観照に対して制作を二次的なものと看做すことは、結局のところ自然に対して技術を二次的なものと看做すことに等しい。確かに自然も制作を行なうが、それは「自然が〔観照する〕ロゴスであるという理由だけで」（Bréhier 1928 (1990), p. 56）そうなのであり、観照するから制作するのであってその逆ではない。この場合の彼のいわゆる新プラトン主義は、プラトン主義というよりはむしろアリストテレス主義に近いと言うことができるだろう。

プロティノスの場合、プラトン的な立場からアリストテレス的な自然／技術観を批判しながらも、同時にそれをひそかに受け入れている面もある。その意味で、セネカと同様、ここでもまた、自然と技術の関係をめぐる二つの捉え方が対立し合いながら絡み合っていることが理解できる。

4　中世哲学――トマス・アクィナス

古代ギリシア哲学における自然と人為の関係に関する二つの理解の仕方が、キケロ、セネカ、プロティノスといった後の時代の哲学者たち一人一人の中で、対立しつつ微妙に絡まり合う形で共に存続していることを見てきた。では、さらにその後はどうだったのだろうか。その歴史的期間が古代ローマ期以上に長期にわたり、しかもそれがいくつかの時期に分かたれ、それぞれの時期に多様な学派が生まれた中世の哲学に関して、それを網羅的に取り扱うのは不可能であるし、そのようなことはもとよりここで意図されていない。いったんその大部分が忘却されたアリストテレスの哲学が、イスラム世界を経由して西洋の哲学世界に本格的に再登場したのが一二世紀後半であることを考慮して、ここではその直後のトマス・アクィナス（一二二四／五―七四年）の哲学を一例として取り上げよう。

例えば初期の著作とされる『自然の諸原理について』で、トマスは次のように述べている。「技術（ars）は、既に自然によって完成された状態にもたらされているものにしか働きかけない」（Thomas Aquinas 1976, I, 7）。名前は挙げられていないものの、アリストテレスの『自然学』が背景にあることは明白だろう。自然によって既に完成されているものを事後的に補足する形でしかその作用は及ばない、その意味で技術は自然に対して二次的なものにすぎないというわけである。

こうしたアリストテレス的発想は、トマスにとって単に一時的なものではなかった。晩年のものとされる『アリストテレス『政治学』注解』の序言は、『政治学』ではなく『自然学』に言及するところから始まる。「哲学者〔アリストテレス〕が『自然学』第二巻で教えるように、技術は自然を模倣する」（Thomas Aquinas 1971, I, Prologus, 1）。この自然と技術の関係は、少し後で次のように敷衍される。「技術の働きが自然の働きを模倣すること、技術によるものが自然にあるものを模倣することは必然的である」（*ibid.*, I, Prologus, 1）。

トマスはやはりアリストテレスの身振りを反復しているのだろうか。次の段落で彼がさらに次のように述べている以上、そう考えざるを得ない。

〔…〕自然は技術によるものを完成させるのではなく、そのいくつかの原理を準備するだけであり、言わば技術者たち（artifices）にその働きのモデルを提供する。技術は自然のものを仔細に見てそれに依拠し、自身の働きを完成させるためにそれを使用する。しかし技術は自然のものを完成させることはできない。（*ibid.*, I, Prologus, 2）

自然が技術の働きのモデルを与え、技術の働きは自然に依拠することで完成するが、自然の働きは技術には決して依拠しない――アリストテレス主義の継承、あるいはその徹底化がここには見られる。

トマス・アクィナス

しかし、ここでも話はそれだけではなく、技術が別の次元で再浮上する。エティエンヌ・ジルソン（一八八四―一九七八年）によると、トマスの哲学では神に固有の「技術」が存在している。

各々の被造物は、神の本質の分有・神の本質との類似の或る種の様態である。それゆえ、神が自身の本質を或る被造物によって模倣可能なものとして認識する限り、神はその本質をこの被造物に固有のモデル・イデアとして認識する。神の一性におけるイデアのこの多数性とは、まさに神の技術（art divin）——諸物によって引き起こされるのではなく、諸物の原因であり、神自身のように一なる技術——である。（Gilson 1932 (1998), p. 164）

多数の被造物を創造するにもかかわらずそれ自身は一なるものにとどまり続ける神の創造の業（Œuvre）とは、神の持つ固有の「技術（art）」によるものである。そして「各々の被造物を創造主に再び結びつける人格的関係は、全自然の全体に及ぶ」（*ibid.*, p. 158）のだから、「神の技術」はたとえ間接的であるにせよ自然そのものにも及ぶ。それゆえ、自然は人間的な技術に先行するが、神の技術は自然にも人間の技術にも先行することになる。しかもトマスにとって人間は神の道具であるとはいえ、そうであるのはあくまで神の「協力者（coopérateur）」ないしは「援助者（coadjuteur）」（*ibid.*, pp. 174, 364）としてである以上、神の本質を模倣する人間の技術を自然に対して単に二次的なものと位置づけることにも困難が生じかねない。こうした技術の先行性を認めるような議論は、アリストテレスというよりはむしろ、自然の起源であるような技術を承認するプラトンの議論に近いと言うこともできるだろう。

自然と技術の関係をめぐっては、アリストテレス主義の継承、あるいはその徹底化としてのトマスの中にも、極めて弱いものであるにせよプラトン的なものが還元不可能なものとして残り続けている。ここでは少数の事例を確認しただけにすぎないが、古代ギリシア以後の哲学史に見ることができるのは、自然と技術の関係をめぐって相対立するはずの考えが、せめぎあいつつひそかに共存しているという事態である。もちろんそれがこの時代を貫いてすべての哲学に共通するなどと言うことはできないが、少なくともそのような事態を通して一つの系譜を描き出すことは可能である。

では中世以降の哲学史で、この問題はどうなるのだろうか。何らかの決着がつくのだろうか。

第四章　自然の逆説
——フランシス・ベーコンと自然／技術の問題(1)

1　シェイクスピアからベーコンへ

最初に紹介したシェイクスピアの『冬物語』では、パーディタとポリクシニーズの会話を通して自然と技術をめぐる考え方の対立が描かれていた。この対立は近代ではどうなるのだろうか。シュルが以下のように述べていることを手がかりにしよう。

議論されてきた、しかも極めて好奇心をそそる仕方で議論されてきたこの〔自然と技術をめぐる考え方の〕対立が、シェイクスピアの喜劇〔『冬物語』〕のもっとも見事な節の一つに見出されるのは極めて注目すべきことであり、この喜劇は、イギリスの未来の大法官の方でこれらの問題を省察していたまさにその時期のものである。(Schuhl 1969, p. 120)

『冬物語』は一六二三年に刊行されたが、初演は一六一〇年ないし一一年と言われている。そしてシュルの言う「イギリスの未来の大法官」、すなわち『冬物語』初演のしばらく後の一六一八年に大法官となる哲学者フランシス・ベーコン（一五六一—一六二六年）は、『冬物語』初演の少し前に主著の一つ『学問の進歩』を出版しており（一六〇五年）、まさにアリストテレス的な自然／技術観の問い直しを同じ時期に進めつつあった。つまりシュルが示唆しようとしているのは、シェイクスピアとベーコンの、そして『冬物語』と『学問の進歩』の同時代性である。それゆえ、シェイクスピアと、そのベーコンとの同時代性を持ち出すことによってシュルが示そうとしているのは、文学と哲学という異なるジャンルの言説、しかしまったく同時代の言説の中に、アリストテレス的な自然／技術観やそれとの対決、そしてアリストテレス的な自然／技術観とは異なる、新たな自然／技術観の登場が共通して見られるという事実である。

このようなシェイクスピアとベーコンの「一致」は、シェイクスピアの正体をめぐる「シェイクスピア問題」に一つの解決——シェイクスピアの正体はベーコンだという、おそらく現在では支持されない解決——を与えるわけではないにせよ、「少なくとも、詩人〔シェイクスピア〕が、彼の時代の哲学的諸観念の運動にぴったりと付いてきていたことを証明している」(*ibid.*, p. 122)。つまり『冬物語』の場面で描かれている対立は、自然と技術をめぐる哲学上の対立にそのまま対応しており、パーディタがポリクシニーズによって論破される場面で示唆されているのは、自然と技術を区別し対立させるアリストテレス的な自然／技術観が、ベーコン的な自然／技術観によって問い直され、その有効性に疑問符が打たれようとしている様なのである。[8]

アリストテレスに由来する「技術／自然という分割」をベーコンが問い直したことについては、ベーコンについて論じる者たちがその重要性を等しく指摘してきた点でもある。[9] シュルの言葉を引用しよう。

古代思想において自然（nature）と技術（art）の対立が有していた著しい重要性はよく知られている。この対立を捨て去ることが近代思想の始まりをしるす特徴の一つであることもよく知られている。フランシス・ベーコン以上にこの進展に寄与した者は誰もいない。(*ibid.*, p. 120)

自然／技術という観点からすれば、近代という時代、あるいは少なくとも近代哲学は、まさにベーコンによって始まるということである。それゆえ近代以降の哲学を考察するにあたってベーコンを取り上げないわけにはいかない。

2　近代哲学の創始者ベーコン？

近代以前から近代へと歴史が大きく移り変わろうとする、まさに時代の過渡期に身を置いていたベーコンという哲学者が顧みられることは、彼の三五年後に生まれたルネ・デカルト（一五九六―一六五〇年）と比較すると、今日ではかなり少ない。しかしそのことは、彼の哲学の意義よりもデカルトのそれの方がはるかに大きいことを意味するのだろうか。事実、「近代（あるいは近代哲学）を切り拓いたデカルト」というような言い方がしばしば為されるように、一般にデカルトが近代（や近代哲学）の端緒に位置づけられるのに対して、ベーコンはあくまでそれ以前のルネッサンスに――あるいはせいぜいのところルネッサンスから近代への過渡期に――位置づけられることがほとんどである。

例えばミシェル・フーコー（一九二六―八四年）の『言葉と物』（一九六六年）を取り上げてみよう。この著作では、ルネッサンス後期から（フーコーが『言葉と物』を執筆しつつあった）一九六〇年代半ばにかけての、およそ四〇〇年間にわたる西洋の知の基本的枠組みの内に生じた二度の歴史的断絶が、主に三つの領域――近代に限定して言えば「労働」と「生命」と「言語」――に即して具体的に描き出されている（例えば古典主義時代から近代への移行としては、富の理論から経済学へ、博物誌から生物学へ、一般文法から言語学への移行が、一八世紀から一九世紀に向かう世紀の曲がり角に生じており、こうした移行において、各々の領域の前者と後者の間には不連続性があるとされる）。この四〇〇年に属していた様々な哲学もまたそうした知の布置の内に位置づけ直されるが、フーコーによれば、ベーコンとデカルトは両者とも「類似」に対する批判を行ないながら、その批判はまったく別の種類のものであり、デカルトの批判が一七世紀初頭から一八世紀末にかけての古典主義時代として規定される時期に特有の思考の構図の中に位置づけられるのに対して、ベーコンの批判はそれ以前のルネッサンス的な思考の構図の内にとどまるものにすぎない（Foucault 1966, pp. 65-66）。

ベーコンとデカルトの生年の差は三五年、没年の差は二四年にすぎない。それどころか、デカルトが類似に対する批判を行なっている『規則論』は一六二八年頃に執筆されたと言われ、ベーコンが同様に類似への批判を行なう『ノヴム・オルガヌム』（『新オルガノン』）は一六二〇年の著作であるから、両者の年代差は実質的に一〇年にも満たない。にもかかわらず、フーコーによれば、デカルトとベーコンはまったく異質で異なる知の枠組みに属しているのである。

デカルトが属するとされる古典主義時代は広い意味での近代に含めることも可能であるから、フーコーの時代区分を受け入れるなら、デカルトの哲学が近代に属するのに対して、ベーコンの哲学は、あくまでそれ以前のものでしかないということになるだろう。フーコー自身は複数の時代の間での不連続性を帯びた知の変遷を描き出そうとしているだけで、時代間の優劣を問題にしているわけではないが、近代以前と近代の間の断絶と、前者に対する後者の優位を強調しようとする者なら、ベーコンの哲学を近代以前のものとして、近代的なデカルトの哲学に比して劣ったものと切り捨てるかもしれない。事実、哲学史研究では、その歴史的意義という点で、ベーコンの哲学はデカルトも含めた近代哲学に及ぶものではないと看做されがちである。

単純な進歩史観による議論は論外だとしても、はたしてベーコンの哲学は本当に近代以前のものなのだろうか。なるほど、あくまで一般的な観点からはそう考えられるかもしれない。しかし或る特定の観点からすれば、ベーコンは近代のとば口に入れず、その手前にとどまっていたというよりはむしろ、彼の哲学こそが近代のとば口に対応しており、あるいはまさに近代のとば口そのものだったと言うこともできる。とはいえ、この場合に重要なのは、ベーコンの哲学において現在でもまだ比較的取り上げられることの多い主題、すなわち主著の一つ『ノヴム・オルガヌム』で提示される「イドラ(idola)」をめぐる議論や、「帰納法(inductio)」をめぐる議論のことではない。

我々の言う或る特定の観点とは、既に示唆しておいたように、自然／技術の関係をめぐるものであり、この観点からすれば、近代(もしくは近代哲学)は、まさにベーコンによって始まる。さきほど引用したシュルの言葉を再び引いておこう。「古代思想において自然と技術の対立が有していた著しい重要性はよく知られている。この対立を捨て去ることが近代思想の始まりをしるす特徴の一つであることもよく知られている。フランシス・ベーコン以上にこの進展に寄与した者は誰もいない」

(Schuhl 1969, p. 120)。もしシュルの主張が正しいのだとしたら、デカルトの哲学は、ベーコン的な枠組みを越え出るものであるどころか、むしろそうした枠組みの内側で、それを後から反復しているにすぎないことになるだろう。ではベーコンは、どのような意味で自然と技術の対立を捨て去り、またそうすることで近代思想の始まりをしるしながら、どのようにその進展に寄与することになったのだろうか。

ベーコンの哲学にとって最大の課題とは何だったのかを確認しておこう。全体で六つの部からなる『大革新（*Instauratio Magna*）』という未完の哲学的プロジェクトの第二部に該当し、実質的にはその中心的な部分をなすと言っても良い主著『ノヴム・オルガヌム』の正式な表題『ノヴム・オルガヌム、あるいは自然の解明についての正しい諸指示』が示唆しているように、「自然の解明（interpretatio naturae）」を行なうことにその目的はある。

フランシス・ベーコン

では、なぜ「自然の解明」を行なわねばならないのか。それは、「自然がその懐の内に、優れて役に立つ、多くの隠れたものをなおも隠し持っている」（Bacon 1875-79 (1996), Vol. 1, p. 208）からである。にもかかわらず、それらは「未だに発見されていない」（*ibid.*）。というのも、「自然の解明」とは「必要な方法に従って諸事物から引き出される推論」のことだが（*ibid.*, p. 161）、それが行なわれるために必要な方法を人はまだ獲得していないからであり、しかもベーコン以前の哲学はむしろ、この自然の解明を妨げる形でしか営まれてこなかったからである。

それが探究され尽くした主題であるかのように、自然について断固述べようとあえてした人たちは、このことを単なる確信から行なったにせよ、あるいは受けを狙って職業上行なったにせよ、哲学と諸学に極めて大きな損害を与えてきた。というのも、信頼を勝ち取るための彼らの力は、また〔自然の〕探究を消滅させて打ち砕くための効力と同じだけのものを持っていたからである。(*ibid.*, p. 151)

旧来の哲学によって自然の解明が行なわれてこなかったがゆえに、それを正しく導くための指示を提示する必要がベーコンには生じた。そのために構想されたのが、アリストテレス的なオルガノン(論理的な道具・方法)に代わる、探究のための新しい方法としての新オルガノン、すなわち『ノヴム・オルガヌム』である。

ところで、この「自然の解明」ということに関連して言及されることが多いのは、ベーコンの著作の各所に見られる次のような考えかもしれない。彼曰く、「人間」とは「自然の従者=奉仕者かつ解明者(Naturae minister et interpres)」(*ibid.*, p. 157. Cf. p. 144)であり、人間がそれに「服従するのでなければ、自然は征服されない[10](Natura [...] non nisi parendo vincitur)」(*ibid.*, p. 157)。言い換えれば、人間はその従者・奉仕者となることで自然を解明すると共に、この解明を通して自然を征服することでその主人になることができる。ここに人間による「自然への支配(imperium in naturam)」(*ibid.*, p. 216)という図式を見出すなら、それは、後にデカルトが『方法序説』(一六三七年)で明言するような、「自然の主人かつ所有者（maîtres et possesseurs de la nature）」としての人間という着想（Descartes 1964-74, tome 6, p. 62）を先取りするものだと言えるかもしれない。

ここでいったんデカルトに目を向けておくと、彼がこのような着想を抱いたのも、その「形而上学（métaphysique）」によって基礎づけられた「自然学（physique）」とその自然への実際の適用を通して、人間は自らを取り巻くすべての物体が持つ「力と作用を、我々の職人たちの様々な職人技（métiers）を知るのと同じように判明に知り、同様にしてすべての物体をその適切なあらゆる用途に用いることができる」からである（*ibid.*, pp. 61-62）。自然を把握し、職人のようにそれに働きかけることで、人間は自然を自らのために活用できるというデカルトの見解は、しばしば指摘されるように、自然と人間の関係をめぐるベーコンのそれとも通底している。それゆえ、そこに見出されるのは、デカルトの歴史的な新しさというよりは、むしろ歴史的には同じ思考の枠組みの中での、デカルトによるベーコンの反復だろう。

3　自然は人為を通して初めて明らかになる

だが、こうしたベーコンやデカルトに見られる思考や見解を肯定的に捉えるにせよ、否定的に評価するにせよ、哲学史的な観点から真に重要なのは、肯定か否定かという選択肢のいずれが正しいのかということではない。その是非を越えてむしろ問題となるのは、なぜそのように自然の解明を通して人間が自然を支配できるとベーコンが（そしてデカルトも）考えるに至ったのかという、その理由の方である。

ベーコンの場合、ここで前提となっているのは、人間が解明者＝介入者（interpres）として自然を解明（interpretatio）＝自然に介入（interpretatio）することができるということ、すなわち、人間が自然に対して働きかけることができるということである。ところで、働きかけることができるのは、働きかけるものに対して根本的に異質ではないもの、働きかけるものとの間に完全な断絶が存在しないものに対してである。人間が自然に対して働きかけることができるとすれば、そのような人間の働きかけと働きかけられる自然との間には、やはり何らかの同質性や連続性が存在しているのでなければならない。そして、この自然に対する人間の働きかけという場面の核心にあるものこそ、以下で見るように、まさに「技術（ars）」なのである。なお付言しておけば、デカルトが人間を「自然の主人かつ所有者」と看做す時、そこで中心的な役割を果たすのが、「少しも労せずして、大地の諸々の産物とそこに見られるあらゆる便宜を享受させる、無数の人為＝技術（artifices）の発明」（Descartes 1964-74, tome 6, p. 62）であることを彼も指摘している以上、人間と自然の媒介として技術を位置づけるという点に関しても、デカルトはやはりベーコンを反復していると言わねばならない。つまりこの点でもデカルトとベーコンはまったく同じ思考の枠組みに属しているのである。

人間は技術によって自然に介入できる。というのも、技術がそもそも自然と決して異質なものではないからである。これがデカルトに先立って、ベーコンがより明確に主張していたことである。ここにこそベーコンの真の革新性があり、まさにそれゆえに、近代や近代哲学はベーコンから始まったと言うことができる。ベーコンによれば、自然と技術は完全に区別されたものとして対立するのではなく、むしろ両者の間には或る種の連続性が存在する。既に触れたように、ベーコンは、自らの同時代人であるシェイクスピアが、その作品中の登場人物（『冬物語』のポリクシニーズ）に語らせるという仕方でそのことを示唆したのとまったく同様に、アリストテレス的な自然／技術観を、つまり自然と技術の間に明確な境界線を引いて両者の根本的な異質性や不連続性を承認し、さらには技術に対して自然を優位に置こうとするような自然／技術観を、自らの哲学においてはっきりと問い直した上で、むしろ自然と技術の間の連続性を承認していた。まさにそうした連続性が存在することによって、人間が自然に介入することが可能になると彼は考えていたのである。

ベーコンの著作に即してより具体的に見ていこう。既に述べたとおり、ベーコンにとっては、自然を解明することはそのまま自然に介入することだった。だが、〈自然の解明〉即〈自然への介入〉とはどういうことだろうか。まず言えるのは、ベーコンにとって自然（natura）とは、そのありのままの状態では、自らの姿を人間に正しく現わすことはないということである。換言すれば、自然が人間に真の姿をより良く現わすのは、そのありのままの状態から脱するように、人間が自然に介入して働きかける時だけである。そしてもう一つ重要なのは、その人間による自然への働きかけの仕方こそが「技術（ars）」と呼ばれるということである。『ノヴム・オルガヌム』におけるベーコンの言葉は、まさにこのことを巧みな比喩を用いて示している。

> 市民生活において、各人の気性やその精神と感情の隠れた性向は、その人が混乱に陥った時に、他の場合よりも良く明らかになるのと同様に、自然の隠れた働きは、その通常の進行においてよりも、諸技術の圧迫を通じて（per vexationes artium）より良く自らをあらわにする（se prodo）。
> (Bacon 1875-79 (1996), Vol. 1, p. 203)

自然の真の姿は、それがあるがままの状態にある時よりも、そこに介入する技術によって圧迫されて揺り動かされる時の方が、より明らかに現われ出る。その著作の至るところでベーコンはこうした主張を繰り返している。「事物の本性〔自然〕は、その本来の自由な状態よりも、技術の圧迫を通じての方がより良く自らをあらわにする」[11]（*ibid.*, p. 141）。ベーコンは、ギリシア神話の登場人物である海神プロテウスを自然の比喩として利用した表現をしばしば行なうことで自然のこうした性格を説明しようとしている（*ibid.*, p. 500; *ibid.*, Vol. 3, p. 333）。

プロテウスは何にでも変身できるのでそのままでは真の正体が不明であり、その予言の教えを請おうとする者は、プロテウスが昼寝をしている時に力ずくで取り押さえなければならない。既に何度も引き合いに出したフランスの哲学史家シュルは、ベーコンについての著作も執筆しており、そこでは次のように述べている。「プロテウスは、人がそれを束縛するのに成功した時にのみ、その真の姿を現わしたのである」（Schuhl 1949, p. 42）。プロテウスを力ずくで捕らえて決して離さない場合にのみ、人間はその正体を見ることができるのと同様に、人間がそれに介入し、それを圧迫して揺さぶることによってのみ、自然は人間に対してその真の姿を現わす。そして自然がそのように圧迫され揺さぶられるのは、まさに人間が「技術」を用いることによってである。自然がその真の姿を現わすことができるのは、技術によって、技術を通して、ただその時だけでしかなく、技術の介在を抜きにしてはそもそも自然がその真の姿を人間に現わすことはあり得ない。

ベーコンに従うなら、ここには自然に関する一つの逆説がある。自然は自らを自然に現わすことはない。自然がその正体をあらわにするのは、自然／人為という区別や対立を仮に受け入れるなら、自然と対立し、自然とは区別されるはずの、技術という人為的なものを通してなのである。言い換えるなら、自然が自らの真の姿をさらけ出すのは、ただ人為的な仕方で、不自然な仕方においてのみであり、自然な仕方においてでは決してない。さらには次のように言うこともできるだろう。自然がその真の姿を現わすのは、そのありのままの状態においてではないとすれば、ありのままの状態にある自然こそがかえって不自然なものであり、むしろ人為的なものによる圧迫を通じてのみ現われる自然、普通の意味では不自然な自然こそが自然な自然、つまり本当の自然である、と。

とはいえ、そうなのだとしても、まず問題は、技術が自然の真の姿を明らかにすることが可能であると、どうしてベーコンが考えたのかである。事はベーコンの哲学そのものの根幹に関わるが、既に示唆したように、そこには自然／技術というアリストテレス的分割に対する根本的な批判があった。ベーコンはアリストテレスとは異なり、自然と技術の決定的な区別や前者の後者に対する優位を受け入れず、自然のものと技術のような人為的なものとの間の連続性を肯定し、さらには、自然に対する人為的な介入の可能性を認めていた。そのことはいかなる帰結をもたらしたのだろうか。

第五章　非自然的なものの自然性
——フランシス・ベーコンと自然／技術の問題（2）

1　自然と人為の連続性

ベーコンについてさらに考察を進めよう。彼は『ノヴム・オルガヌム』で次のように言う。自然の諸事物が人間のわざによって作り出されることはないとこれまでは思われてきた。熱を例にとれば、自然な太陽の熱と人間が人為的におこすことのできる火の熱は根本的に種類の違うものであり、自然において生じるのと似た現象を人為的に生み出すことはできない、というように。自然の諸事物を組み合わせてくっつけるという単なる「合成（compositio）」のみが「人間のわざ（opus hominis）」であり、そうした事物の発生そのものに関わる「混合（mistio）」は「自然だけのわざ（opus solius naturae）」である以上、「技術（ars）による自然の諸事物の発生や変化を望んではいけない」（Bacon 1875-79 (1996), Vol. 1, p. 184）。しかしながら、まさにこうした考え方に対してこそベーコンは異を唱えようとしていた。というのも、実際の技術の進展を見据えていた彼の眼には、そのような考えは既に妥当性を失いつつあるように見えたからである。

技術ということでこの時のベーコンの念頭にあったのは、一五世紀頃に生み出され、ベーコンの時代の西洋世界に普及しつつさらに進展していたあの三大発明、すなわち印刷術・火薬・羅針盤である。これらの技術的発明は、「諸事物の様相と状態を地上全体で変化させた〔…〕。そこから数限りない諸事物の変化が続いたが、その変化はあまりに重大なので、何らかの国家も宗派も星〔占星術〕も、そうした機械的技術（mechanica）が及ぼしたものに比べれば、人間に関わる事柄に対してそれ以上の効力と影響を及ぼしたようには見えない」（*ibid*., p. 222）。では、このような技術的発明とその普及によって生じた諸事物の重大な変化とはどのようなものであり、また、それはどのような影響を人間にもたらすことになったのだろうか。

ベーコンからすれば、人間のわざに対する自然のわざの優位という従来の考えは既に揺るがされている。自然の諸事物は人間のわざによって作り出されることがないどころではない。むしろ技術の進展によって、自然において自然に生じるのと似た現象を人為的に生み出すことが可能になっている。例えば、古代人は稲妻と雷鳴から成る自然の雷を模倣することはできないと看做していたが、そのような雷を模倣する技術を、後の世では砲術家と花火師が発見した（Schuhl 1938 (1969), p. 57. シュルはここでベーコンへの参照を行なっている。対応する箇所は『諸学問の尊厳と増大について』の第二章第一三節と第五章第二節（Bacon 1875-79 (1996), Vol. 1, pp. 623, 632)）。つまり稲妻と雷鳴という自然現象に似た現象を人為的に作り出す方法が発明されたのである。

既に挙げた熱など、他の自然現象に関しても同様のことが言える。ベーコンによれば、人間が自然の諸事物に働きかける主要な様態の一つが熱（と冷たさ）であるが、彼はこの熱に関して、「仮に、人為的な熱と力によって、自然のわざが、種において再現され、効果において完成され、豊富さにおいて多様化され得たなら」という仮定を立てている（*ibid.*, p. 356）。これは単なる仮定だろうか。決してそうではない。ベーコンにとって、「人類自身が持つ、全世界に対する力と支配（potentia et imperium in rerum universitatem）を革新し増幅させようとする」者は、自らの持つ力を特定の国の内部でのみ及ぼそうとする人間や、国の持つ力を人類の内部でのみ及ぼそうとする人間に比べると、より賢明で高貴であるとして肯定される（*ibid.*, p. 222）。ところで右の仮定が示す事態、つまり人為的な熱と力によって自然のわざが再現・完成・多様化されるという事態こそ、まさに人間がその「力（potestas）」を真に増大させる場合であるともベーコンは主張している（*ibid.*, p. 356）。そうである以上、そのような事態は当然否定されてはならないことになる。つまりベーコンにとっては、自然の熱と人為的な熱との間に本質的な違いは存在しないのである。

自然現象に似た現象を人為的な現象によって作り出すことができるなら、両者の間に本質的な違いはあるのだろうか。自然の諸事物と人為的な諸事物の間に断絶はあるのだろうか。そんなものは存在しない、というのがベーコンの答えである。『諸学問の尊厳と増大について』では次のように明言している。「人為的なものは自然のものと形相や本質によって異なるのではなく、ただ作用因によってのみ異なる（artificialia a naturalibus non Forma aut Essentia, sed Efficiente solummodo, differre）」（*ibid.*, p. 496）。ここにベーコンの基本的な発想、言わば反アリストテレス的な発想がある。自然の諸事物と人為的な諸事物の間に本質的な違いは存在せず、両者は連続的である。シュルの明快な説明を引こう。

ベーコンにとっては、人為的なもの（l'artificiel）と自然のもの（le naturel）の間には、本質的な差異はもはや存在しない。現象を生み出すのに必要な諸条件が、自然に結合されるにせよ、人間

の手によって結合されるにせよ、現象は同じ現象である。(Schuhl 1938 (1969), pp. 57-58)

そうである以上、自然のものを人為的なものに対して優位に置く根拠も理由も存在しない。あるいはさらに、事態はまったく逆であるとも言える。「以前から人間の力の内にあったわざ〔…〕、とりわけもっとも洗練され、もっとも完成されたわざ」(Bacon 1875-79 (1996), Vol. 1, p. 284)である限りでの人間のわざが、自然のわざを再現することができ、さらには完全で多様なものとすることもできるなら、むしろ人間のわざの方が自然のわざより優れていると考えることもできるからである。

例えばベーコンは、『ノヴム・オルガヌム』第二部冒頭で、「人間的な力のわざ＝働き(opus humanae Potentiae)」と「人間的な学のわざ＝働き(opus humanae Scientiae)」を区別している。前者は技術のことを意味していると考えられるが、それらはいずれにしても、次に引用する彼の言葉からも明らかなように、それまでは存在しなかったようなもの、未知の本性を持つものを新たに存在せしめ、それを自然の所与に付け加えることに存している。

まず「人間的な力」であるが、「所与の物体の上に、一つの、あるいはいくつかの新しい本性を生ぜしめて付け加えること」が、その「わざと目的である」(*ibid.*, p. 227)。そして、「人間的な学」については、「所与の本性について、形相〔…〕ないしは〔本性を〕生み出す本性(natura naturans)〔…〕を発見すること」がその「わざと目的」であり(*ibid.*)、こうした学によって「諸形相を認識する者」は、「未だ産み出されたことがない諸々のもの、自然の諸転変によっても、諸経験の営みによっても、偶然によっても、現実へともたらされることがなかった諸々のもの、また人間の思考には決して思い浮かばなかったような諸々のものを、見出して生み出すことができる」(*ibid.*, p. 229)。技術にせよ学にせよ、人間の営む両者の働きは共に、自然のわざを単になぞって模倣しているだけであるどころか、自然のわざの所産に新たなものを加えることで、自然のわざだけでは現実化し得なかったものを生み出すことができるという共通点を持っている。

技術の一つの例としてベーコンは、製紙術による人為的な産物としての紙の持つ特殊性に注意を促している。それというのも、紙は人為的なものの中でもとりわけ特殊なものだからである。同じように人為的なものだが、もろくて割れやすい陶器や磁器とは異なり、紙は粘り強く、かつ切り裂くことや引き裂くことができる。しかし紙は、別の人為的なものである布のように糸で織られているわけではなく、自然物である動物の皮膚や植物の葉とも似て、それらのように繊維から成っている。そのような紙の特殊性について述べた上でベーコンは、人為的なものに関して次の点を強調している。「人為的なものの中でも、自然の模倣にもっとも近いもの、あるいは反対に、自然を力強く支配し転倒させるものが選ばれなければならない」(*ibid.*, p. 286)。

「自然の模倣」ということで念頭に置かれているのが、『自然学』第二巻でのアリストテレスの言葉「技術は自然を模倣する」であるのは明白だが、ここでのベーコンの主張の力点は、それとは反対のこと、つまり人為的なものによる自然のものの支配と転倒の方にあることは言うまでもないだろう。自然の事物と人為的な事物の間の本質的な区別を否定し、両者の連続性を肯定するベーコンは、「〔人間の〕わざによって、自然が征服されて押さえつけられる」こと(*ibid.*, p. 136)、そして「人間の力が自然の通常の進行から解放され、自由にされる」こと(*ibid.*, p. 258)を決して否定しようとしなかった。すなわち彼は、人為的なものの介入に基づいた、自然の全面的な変形や、その根本的な次元にまで至る変容の可能性を承認していたのである。

　ここでシェイクスピア『冬物語』の次の言葉を思い出してみよう。「自然に加えられた人工のわざ〔技術〕（art which adds to nature）も、実は自然が作り出すわざ（art that nature makes）なのだ」。自然のものに対する人為的なものの二次性を理由に縞石竹を好まないパーディタに対して、人為的なもの自体が自然の所産であると考えるポリクシニーズはそう語っていた。シュルも指摘するように（Schuhl 1969, p. 121）、このようなポリクシニーズの見解がベーコンの見解と完全に重なっていることは、ポリクシニーズの言葉と次のベーコンの言葉の間の奇妙なまでの一致が端的に示している。「技術、すなわち自然に加えられた人間[12]（*ars*, sive additus rebus *homo*）」（Bacon 1875-79 (1996), Vol. 1, p. 497）。

　さらにポリクシニーズは次のようにも語っていた。「自然を改良する——というよりむしろ——自然を変える人工のわざ（art which does mend nature, change it rather）だが、そのわざ＝技術そのものが自然なのだ（The art itself is nature）」。人為的なものこそが自然をより良いものにすることができるし、さらには自然を根本的に変容することができるとポリクシニーズは考えている。すなわち彼は、自然を改良しその本性を変容することのできる技術を自然の所産とすることに加えて、そのような技術そのものをも自然と看做すことで、自然と技術の間に連続性を認めると共に、技術を単なる「自然の模倣」以上のものとするのである。このようなポリクシニーズの立場が、これまで見てきたような技術をめぐるベーコンの立場とやはり合致していることも明白だろう。

2　自然の中の非自然的なもの

ベーコンが自然誌＝自然の歴史（naturalis historia, natural history, histoire naturelle）の中で、とりわけ技術に関わる歴史を最重要視していたことも、以上のことから理解できる。彼は自然誌＝自然の歴史を、自然の持つ三つの状態に即して三種類に分類している（Bacon 1875-79 (1996), Vol. 1, pp. 395, 497; Vol. 3, pp. 330-333）。すなわち、自然の通常の正常な進行に関わる歴史、自然の逸脱や異常な状態に関わる歴史、そして技術に関わる「技術誌＝諸技術の歴史（historia artium）」である。

この技術誌＝技術の歴史について、シュルは次のように述べている。

ベーコンは〈自然誌＝自然の歴史〉の中に〈技術〉史を統合することで、先行する思想の持つ伝統的な枠組みの一つを打ち壊す。その時までは、技術と自然を対置し、自然に対する技術の弱さ〔非力〕を強調することが、常套の考え方だった。（Schuhl 1949, p. 45）

つまりベーコンにとって、自然誌の中での技術誌の重要性は、自然／人為という区分の妥当性、そして人為に対する自然の優位を問いに付すことと密接に関係していたということである。付け加えておくと、既に見たようにベーコンにとって技術もまた自然である以上、この場合の「技術誌」は〈自然としての技術〉の歴史、または〈技術としての自然〉の歴史という意味で理解されねばならない（それゆえ「技術誌」は「技術‐自然誌（史）」や「自然‐技術誌（史）」と表現する方が内容上はより適切かもしれない）。

『大革新』というプロジェクトの第三部に該当し、主に一〇のアフォリズムから成る小論『自然・実験誌〔自然と実験の歴史〕への準備』（一六二〇年）でのベーコンは、「機械技術・実験誌＝機械技術と実験の歴史（historia mechanica et experimentalis）」（Bacon 1875-79 (1996), Vol. 1, p. 395）とも名づけられるこの「技術誌」に関して、次のように述べている。技術誌とは、まさに「人為的なもの」の歴史に関わるものであり、そこで「自然は人間の支配のもとで人間の軛《くびき》を受け入れる。というのも、それら「人為的なもの」は人間なしには作られなかっただろうから。しかし人間のわざと奉仕的な務めによって、物体のまったく新しい側面と、言わば別の世界（universitas）、すなわち別の劇場が認められる」（*ibid.*）。技術誌において、自然は人間のわざを通して、それまでには見せなかったような新たな相貌を見せ始め、そこで新たな世界が開かれる。これはつまり、人為的なものによって自然そのものが根本的に変容されることを意味しているだろう。「人間の手によって変容・加工された自然を研究しなければならない。人間の手はこの自然を束縛し、自らの軛のもとに置き、その介在がなければ決して創造されなかったであろう所産を自然に産出させる」（Schuhl 1949, p. 41）。人為的なものが介入することによって変容された自然は、それまでは生み出すことのできなかったものを新たに生み出すことができるようになったのである。

だがこのことは決して技術誌だけに関わるものではない。技術誌は、確かに他の二つの歴史、つまり正常な状態にある自然の歴史と異常な状態にある自然の歴史とは区別される。しかしベーコンが次のようにも述べている以上、この区別はあくまでも便宜上のもの、単に相対的なものにすぎないと考えることができるだろう。

〔…〕我々は、これら三つ〔の歴史〕が区別されて扱われることをあらかじめ求めたりしない。〔…〕人為的なものが、その種〔自然の通常の正常な進行〕(species) と正しく結合される場合もあれば、より良い仕方でそれとは区別される場合もある。(Bacon 1875-79 (1996), Vol. 1, p. 395)

ここでもベーコンの主張の力点は、あくまで前者、つまり人為的なものと自然の通常の進行、つまり一般的な意味での自然のものとの結合にあったと考えなければならない。自然がその真の姿を現すのは、あくまで人為的なものによる圧迫を通じての他にはない。そうした確信をベーコンが抱いていたのは既に見た通りである。ところで彼によれば、技術誌とは、「締めつけられ圧迫された自然の歴史＝自然誌、人間の技術と奉仕的な務めによって、それ自身の元の状態から押し出され、圧力をかけられて加工されるような自然の歴史＝自然誌」(*ibid.*, p. 141) のことである以上、正常な進行状態にある自然の歴史がそれとして明らかになるのも、まさに技術誌によって・技術誌を通じて以外にはない。言い換えるなら、技術（という自然）の歴史の中で、「〔人為的なものによって〕変容された、ないしは加工された自然 (nature altered or wrought)」(*ibid.*, Vol. 3, p. 330) としてのみ、通常の意味での自然が現われるということである。

ベーコンの自然誌について次のように説明するシャンタル・ジャケ（一九五六年生）の言葉は、それゆえ的確だと言える。

ベーコンは自然誌＝自然の歴史 (histoire naturelle) の伝統的な考え方に対して重大な革新を導入する〔…〕。彼は自然誌＝自然の歴史の中に、技術 (technique) と工芸＝機械技術 (arts mécaniques）の諸実験を統合する。彼はこうして技術（art）と自然の間の分裂に終止符を打ち、カテゴリーの改訂を行なう。〔…〕人為的なものは、自然のものに対立するどころか、自然のものの変容物の一つである。したがって、自然の概念が、諸々の被造物と、偶然・時間・技術によって蒙られた〔被造物の〕変容の総体を包括する以上、この概念は深く変更されている。換言すれば、自然の概念は、物理法則に従って自然発生的に産出された所産と、技術的手法に従って人為的に産出された所産を含む。ベーコンは自然誌＝自然の歴史の内容に技術の歴史を統合することで自然誌＝自然の歴史を拡張するだけでなく、さらにはその方向を変える。（Jaquet 2010, p. 42）

しかし、ベーコンはどのような方向に自然誌＝自然の歴史を変えたのだろうか。そして自然の概念はどのように「変更」されたのだろうか。ジャケの指摘は正当ではあるが、残念ながら彼女はそれ以上の議論を展開していない。自然の模倣としての人為という、とりわけアリストテレスに見られる伝統的な考え方から離脱し、自然に対する二次的な補足物として人為的なものを理解することをやめるなら、その時、自然と呼ばれるものはどうなるのだろうか。

「一切を自然に対する技術の競争の勝利に置いている」（Bacon 1875-79 (1996), Vol. 1, p. 213）、つまり自然に対する技術の勝利を最優先するとまで言い切るベーコンは、それゆえ自然誌＝自然の歴史の中に技術誌を統合する身振りを見せつつ、実のところは逆に前者を後者に包括することで、人為的なものに対する自然のものの優位を転倒しようとしている。だとすれば、ベーコンの本質的な貢献とはまさに以下の点を浮き彫りにしたことにある——自然（nature）は、それが技術によって介入される場合にのみ、自らの本性（nature）を初めて現わすことができ、それ以前に自然のありのままの本性が無垢な形で存在していたわけではない。そして、ありのままの本性が無垢な形で存在していないということはつまり、技術という人為的なものの介入以前には、人為的なものなしに純粋に自然のものとしてある自然などというものは、そもそも存在していなかったということである。

極論だろうか。決してそうではない。しかしこの点に関しては深入りせず、ここでは以下の点を確認するにとどめよう。自然が人為的なものという非自然的なものによる介入によってしか自らの本性を現わさないのであれば、その本性をあらわにすることができる非自然的なものもまた、自然の中に自然に含まれているのではないだろうか[13]。ベーコンの哲学の根本にあり、彼の自然の解明の前提となる考え方とはこのようなものである。一般には自然のものと区別されるはずの人為的なものもまた自然のものとして自然の中に含まれる。自然は既に人為的なものをその本性の内に含んでおり、その限りで、自然／人為という区分が二者択一的なものであるなら、人為的なものを含む自然はその手前に位置しているのである。

第六章　デカルト、ライプニッツ、そしてスピノザ
——ベーコンの反復者たち?

1　ベーコンの反復者デカルト

前章では、自然/人為という伝統的なアリストテレス的分割に対する批判の登場を、ベーコンの哲学、特にその技術および技術誌をめぐる考察の内に確認した。また前々章では、ベーコンとの間に断絶が認められることの多いデカルトの哲学もまた、自然と人間の関係に関してはベーコンの反復にすぎず、ベーコン的な着想を規定する思考の枠組みの中にそのまま位置づけられることを示唆しておいた。しかもデカルトにとって、自然と人間の間に介在する役割を果たすのは、ベーコンが重視していた技術だった。では、デカルトがベーコンの反復であるという事態は、自然と人為をめぐる考え方についても成り立つのだろうか。

技術を通して「自然の主人かつ所有者」となる人間という、『方法序説』での自然・技術・人間の関係をめぐるデカルトの考え方は、実は自然と人為というより大きな主題に関して彼が抱いていた発想と密接に連関している。結論から言えば、その発想はベーコンのそれと完全に同一である。つまり

自然／人為というアリストテレス的な分割を退ける点で、デカルトはベーコンとまったく軌を一にしている。デカルトの他の著作、一六三三年頃に執筆されたと言われる『世界論』及び『人間論』と、一六四四年に出版された『哲学原理』を取り上げて確認しよう。

一六三三年頃に執筆されたが、生前には刊行することが控えられた『世界論』の第七章で、デカルトは読者に対して次のように注意を促している。「私はここで、〈自然〉（Nature）ということによって、何らかの〈女神〉（Déesse）、あるいは他の想像上の力のようなものを理解しているのではまったくない」（Descartes 1964-74, tome 11, pp. 36-37）。自然と神を切り離し、自然を決して神格化しないという、こうした自然の非神格化（dédivinisation）については、フェルディナン・アルキエ（一九〇六―八五年）も次のように指摘している。「デカルトほど自然を非神格化しようと望んだ人は誰もいなかった。デカルトは自然が女神ではないと繰り返すのをやめない」[14]（Alquié 1984, p. 56）。人間を超えた何か神秘的で深遠なものとして自然を捉えるという自然の神格化に対して、デカルトははっきりと距離を取ろうとしている。

では、そのように非神格化された自然は、人為とどのような関係にあるのだろうか。『世界論』の一部として構想されたデカルトの『人間論』は、想像上の架空の世界を想定しておいて、そこでの人間の身体、精神、そして両者の結合の仕方を、建前上はあくまで寓話として記述しつつ、実際はそれらについてのデカルト自身の見解を提示しようとする著作である。ただし未完であり、実際には人間身体の仕組みとその働きを解剖学的知見に基づいて記述するにとどまっている。現在の観点からすると、当時の科学的レベルに立脚した個々の記述に関しては問題がまったくないわけではないが、今はそのことは重要ではない。注目したいのは『人間論』の冒頭である。そこでデカルトは、人間身体を神によって作られた機械と看做した上で以下のように述べている。

我々は時計や人工的な泉〔噴水〕や水車や他の似たような諸機械を見ており、それらは人間によって作られたにすぎないが、それでも、いくつもの多様な仕方で、それ自身で動く力を持っている。そして、神の手になるものと想定される機械〔人間身体〕の内に〔人工的な機械と〕同じだけの多くの種類の運動を想像し、〔人為的な機械と〕同じだけ多くの技巧（artifice）をそこに帰属させることはできず〔…〕、それ以上のものがあり得ると私には思われる。（Descartes 1964-74, tome 11, p. 120）

ここでデカルトが言おうとしていることで重要なのは、機械と言っても、人間が作った時計のような人為的な機械もあれば、神が作った人間身体のような機械もあるということ、そしてその運動の多様さに関しては程度の差があるにしても、両者共に「技巧」を含んでいるという点では本質的な違いはないこと、そして、むしろ一般には自然のものと考えられている人間身体の方が、人為的なものと考えられる機械よりも多くの「技巧」を含んでいるということである。

デカルト

「技巧」という言い方の内には、既に何らかの「技術」的なものが想定されている。それが機械の行なう精妙な働きを意味するにせよ、機械を製作した者の巧みなわざを意味するにせよ、デカルトは、技術をもって機械の製作にあたる職人として人間を理解しているのとまったく同様に、自然のものとしての身体という機械を作る神を一種の職人として理解していることになる。職人が技術をもって製作するという意味では、自然のものも人為的なものも言わば等しく技巧によって成り立つ機械であり、そこに根本的な違いはない。そして自然のものである身体の方が、人為的な（artificiel）機械よりも多くの技巧＝人為（artifice）を含んでいる以上、逆説的にも自然のものの方が人為的なものより人為的なものということになるだろう。ここでもシュルがまったく正当に指摘するように、ベーコンと同様、「デカルトもまた自然を技術に近づけている」（Schuhl 1938 (1969), p. 62）。

こうしたデカルトの考えは、約一〇年後の『哲学原理』第四部でさらに別の仕方で表明される。デカルトの言葉を引こう。

> 技術によって＝人為的に作られた諸々のもの（arte facta）と、自然の諸物体（corpora naturalia）の間に、私は次のこと以外のいかなる違いも認めない。それは、技術によって＝人為的に作られたものの働きは、大抵の場合、感覚によって容易に知覚し得るほど大きな道具によって果たされるということである。〔…〕逆に、自然の働きは、あらゆる感覚を逃れてしまうほど微小な何らかの仕組みにほとんど常に依存している。（Descartes 1964-74, tome 8-1, p. 326）

自然のものと人為的なものの間にあるのは単に、その働きや仕組みが感覚的に知覚できるかどうかという違い、微視的なものか巨視的なものかという程度の違いにすぎない。つまりそこに本質的な違いはないのである。

ラテン語で執筆された『哲学原理』は後にフランス語に翻訳されたが、仏訳にあたってデカルト自身の手が入っているとされ、相当の加筆も行なわれている。問題になっている第四部の二〇三に関しても同様で、そこでは以下のようにある。

職人たちが作る諸機械と、自然だけが合成する様々な物体の間に、私は次のこと以外のいかなる違いも認めない。それは、機械の働きはもっぱら或る種の管やバネや他の諸道具の仕組みにのみ依存するが、それら諸道具は〔…〕いつもかなり大きいので、それらの形や運動が見えるのに対して、自然の諸物体の働きを引き起こす管やバネは通常、我々の感覚で知覚するにはあまりに小さいということである。そして機械学のすべての規則が自然学に属することは確実であり、したがって人為的であるあらゆるものはさらにまた自然のものである[15]（*toutes les choses qui sont artificielles, sont avec cela naturelles*）。（*ibid.*, tome 9-2, pp. 321-322）

自然のものと人為的なものの間には微視的なものと巨視的なものという程度の違いしかないことが引用の前半部では繰り返されているが、それだけでなく、さらに決定的な文言が後半部で付け加えられていることが見て取れるだろう。『人間論』では、自然の方が人為的なものより人為的であると言われていたが、『哲学原理』仏訳でのデカルトによれば、普通の意味での自然のものとまったく同様に、人為的なものもまた自然のものである。この仏訳での追加は、自然／人為というアリストテレス的な分割を退けるという点で、デカルトがベーコンとまったく軌を一にしており、両者の間に根本的な断絶は存在しないことを裏付けている。デカルトにとっての自然は人為と切り離されるのではなく、むしろ最初から人為を含んでいる。シモンドンが的確に指摘するように、「〔…〕技術（art）は〈自然〉の模倣のようなものと理解されるどころか、デカルトの思想は、〔…〕技術から分離された元のままのものとしての〈自然〉の否定に対応している」（Simondon 2014, p. 181）。自然は人為であり人為は自然であるという、自然と人為をめぐる思考の枠組みは両者に通底しており、その意味でやはりデカルトはベーコンを反復しているのである。[16]

2 ライプニッツもデカルトの反復者なのか

デカルトよりさらに後の世代のゴットフリート・ヴィルヘルム・ライプニッツ（一六四六―一七一六年）は、この点に関してベーコンやデカルトとはやや異なる見解を示しているように見える。例えば『モナドロジー』（一七一四年執筆）の六四節では次のように言われている。

一つの生物の各々の有機的身体は、一種の〈神的機械〉（Machine divine）、あるいは〈自然の自動機械〉（Automate Naturel）であり、それはあらゆる〈人為的な自動機械〉（Automates artificiels）を無限にしのぐ。人間の技術（art）によって作られた〈機械〉は、その諸部分の各々において〈機械〉ではないからである。〔…〕しかし〈自然による機械〉（Machine de la Nature）、つまり生ける身体は、そのより小さな諸部分においてもやはり機械であり、それが無限に続く。

それが、〈自然〉と〈技術〉の間の、つまり〈神〉の技術（art Divin）と〈我々〉〔人間〕の技術の間の差異をなすものである。（Leibniz 1875-90 (1978), Bd. 6, S. 618）

人為的なものは機械であるとしても、それを構成する諸部分は単なる部品であって機械ではない。それに対して、神の作る自然のものとしての生物の場合、その身体を構成する諸部分の各々は単なる部品ではなく、それ自体も一つの機械であり、各々の諸部分を構成するそのより小さな諸部分にしても、その各々は単なる部品ではなく、やはり一つの機械である。こうして、より微視的な次元のより小さな部分に下降しても、それが部品ではなく機械であるということはどこまでも終わりなく続く。この点にライプニッツは人為的なものとは異なる自然のものの特殊性を見ているわけである。

ライプニッツの場合、こうした考えは一貫しており、一六九五年の論考でも同様のことが主張されている。ライプニッツ曰く、「自然の諸事物と人為的な諸事物を混同して、自然の尊厳という極めて重要な〈観念〉を持たなかった」者たちは間違っている。その者たちが考えるように、「自然の諸機械と我々〔人間〕の諸機械の間にある差異は大小のものでしかない」のではなく、「神の知恵による最小の生産物や機械的仕組み（mécanisme）と、限界を持つ〔人間の〕精神による技術の最大傑作の間にある、真の絶大な距離」を認めなければならない。「この差異は単に程度に存するのではなく、類そのものに存す

ライプニッツ

る」（Ebd., Bd. 4, S. 481-482)。

ここでは神の所産たる自然のもの――あくまで生物の有機的身体に限定されてはいるが――と、人間の所産たる人為的なものの間に、架橋できないほどの決定的な断絶が認められているように見える。これはアリストテレス的伝統の踏襲なのだろうか。確かにその側面はあるが、単にそれだけではない。生物の生ける身体も人為的なものも共に「機械」であり、自然のものにも「機械的仕組み」があると言うのなら、この機械という言葉は同じ意味で使われているのだろうか。それともまったく異なる意味で、単に類比的にそう呼ばれているだけなのだろうか。

仮に後者なのだとしても、ここで問題となるのは、生物の身体を作り上げる自然の働きと、人為的なものを作り上げる人間の働きが、いずれも「技術（art)」――〈神〉の技術と人間の技術――と呼ばれていることである。だとすると、これはデカルトが『人間論』で提示していた見解と根本的には変わらない。つまり、自然のものと人為的なものの間には程度の違いしかないと看做されるにせよ（デカルト)、程度の違い以上のものがあると看做されるにせよ（ライプニッツ)、自然のものが技術的なものによって始まるのであれば、自然のものの中にも或る種の技術的なもの――その担い手が人間であるか神であるかは別にして――が初めから既に含まれているという見方は両者に共通している。「神の技巧＝技術（artificium Dei)」によって自然のものが成立する以上（別の論考でライプニッツはこの「神の技巧＝技術」に言及している（Ebd., S. 505))、自然が技術――たとえ神によるものであれ――を、つまり少なくとも伝統的な意味では自然のものではないと看做されるものを前提にしていることに変わりはない。

そうすると、ベーコンやデカルトの場合と同様、ライプニッツにおいても、自然／人為という区分自体に既に揺らぎが生じていると考えることができる。『モナドロジー』六四節における「(自動)機械」の問題に即して、ライプニッツにおける自然と人為の関係をミシェル・セール(一九三〇―二〇一九年)は次のように説明している。ライプニッツにとって、普通の意味での人為的なものが有限であるのに対して、「自然のもの(le naturel)は、完全で、それ自身において稠密で、無限の人為的なもの(l'artificiel)」であり、「自然(nature)は人為(artifice)だが、〔有限な人為に対して〕無限な人為である」(Serres 1968 (1990), pp. 491-492)。

有限か無限か、人間によるものか神によるものかという違いは確かにある。また自然による機械が人為的な機械のモデルになるという点で、ライプニッツの場合には前者の優位が認められているのも事実である(「ライプニッツは伝統を完成させつつそれを転倒する。すなわち、有限に対する無限の優位によって、自然のものこそが人為物のモデルであり、有限は無限の不完全で制限されたイメージである」(*ibid.*, p. 492))。しかし、たとえそうであるにせよ、あるいは、むしろそうであるからこそ、自然は人為的なものであり、しかも単なる人為的なものに対して、より高次の人為的なものだと看做すこともできる。だとすれば、自然のものであるあらゆるものもまた人為的なものであるという『人間論』のデカルトを、ライプニッツはやはり何らかの形で継承していることになるだろう。このように自然も人為であるという点に変わりはないとすれば、ライプニッツもまた自然と人為をめぐって、或る程度まではベーコンやデカルトと同じ思考の枠組みに属している、あるいは少なくとも部分的にはそれを共有していたと言うことができるだろう。

3　もっともラディカルな者スピノザ

以上のように、デカルトが（そしてライプニッツも）ベーコンを反復している以上、ベーコンとデカルトの間にエピステーメーの歴史的断絶を見ようとするフーコーの見立ては、少なくとも「自然」及び「自然」と「人為」の関係については妥当しない。そしておそらく、この点に関して一七世紀にもっともラディカルだったのは、時系列的にデカルトとライプニッツの間に位置するスピノザだと考えられる。というのも、その哲学では自然か人為かということ自体がそもそも問題にされていないからである。

例えば彼の政治哲学でも、その特異性は、社会や社会性に関して、それが自然的であるのか人為的であるのかという二者択一を問題にしない点にある。エティエンヌ・バリバール（一九四二年生）の言葉を引こう。

> スピノザはこれら〔社会や社会性は自然的であるとか人為的であるとかいう〕古典的な道筋を攪乱し、別の道筋を開く。そこでは「自然」と「〔人為的な〕制度」という二者択一はずらされており、そのことによって社会的関係の問題を別の仕方で提起することを余儀なくされる。[17]（Balibar 2018, p. 141. Cf. p. 153）

主著『エチカ』ではどうだろうか。そこにも「技術（ars）」、「技巧＝技術（artificium）」、「人為的なもの（artificialis）」という言葉は確かに登場する。第三部定理二備考（E3P2S）、第四部の序言

（E4Praef）、第四部定理五七備考（E4P57S）である。しかしながら、いずれの箇所でもスピノザはそれらのものと自然を対立するものとはまったく考えていない。

最初の箇所では、自然物としての人間身体の構造が人間の技術によって作られる人為物の構造を「技巧＝技術」においてはるかに凌駕すると述べられ、人為的な技術だけではなく自然も「技巧」を含むことが示唆されている。二番目の箇所では、一般的観念に基づいて自然物の完全さや不完全さを語ることを批判する文脈で、その前段階として「人為的なもの」が議論のために導入されるだけで、自然と人為の区別自体が問題になっているわけではない。最後の箇所では、人間の感情が「自然の力能と技巧」を表わすことが主張されており、自然が「技巧」を含むことが明確に示されている。

それゆえスピノザが『エチカ』で述べる「自然」について、ドゥルーズが次のように指摘するのは完全に正しい。「〔…〕〈自然〉の平面は、自然的と言われる諸事物と人為的と言われる諸事物をまったく分離しない。〔…〕人為は完全に〈自然〉の一部をなしている」（Deleuze 1981, p. 167）。このように、自然か人為かという二者択一を問題としないスピノザは、『エチカ』において、自然のものであれ人為的なものであれ、すべてのものがそこにおいてある「神」のことをまさに「自然」――「神すなわち自然（Deus seu Natura, Deus sive Natura）」（E4Praef; E4P4Dem）――と呼んだのである。これは、自然をめぐる哲学史において何よりも象徴的なことではないだろうか。

スピノザ

第七章 自然／人為という区分の手前で

1 自然／人為という区分に先立つもの

プラトンとアリストテレス、キケロやセネカ、あるいはプロティノスやトマス、そしてベーコン、デカルト、ライプニッツといった哲学者たちに見られる自然と人為の関係を順に確認してきた。そこから理解できるのは、プラトン的な自然／技術観とアリストテレス的な自然／技術観の対立が様々な哲学者によって引き継がれており、一人の哲学者の中でさえ二つが共存していることもあるということ、そして一七世紀に至ると、ベーコンによって、アリストテレス的な自然／技術観が放棄されると共に、プラトン的な自然／技術観――というより、その徹底化による反プラトン主義的でさえあるような自然／技術観――が展開されるようになったことである。

このことから何を理解しなければならないのだろうか。それは、〈自然〉ということで問題になるものとは、それが自然／人為という区分に抗し、それを問いに付すという批判的作業を伴いつつ示されるものである以上、この区分を前提とした上で理解される通常の意味での自然にも人為にも決して還元されないもの、そうした区分の手前にあり、それに先立つもののことに他ならないということである。このことは既にプラトンやベーコンに即して示唆しておいたが、再度立ち返ってみよう。

プラトンやベーコンにおける自然と技術の関係についての検討から得られた帰結は以下のことだった。プラトンの議論から導かれたのは、技術という人為的なものが自然に先立っており、最初にあるものの生成に関わるという意味での自然的なものとは人為的なものだということである。またベーコンの議論から導かれたのは、自然とは初めから既に技術という人為的なものをその内に含んでおり、その意味では人為的なものはそもそも自然的なものだということである。そして、両者が共に自然／人為という区分を問いに付している限り、二つの主張は決して両立不可能ではなく、同じ一つの事柄を反対の方向から別の仕方で述べようとしているにすぎない。

そこから以下のことが導かれる。自然（nature）は、それが自然自身以外のもの、例えば非自然的なものとしての人為的なものによって介入される場合にのみ、自らの本性（nature）を初めて現わすことができるのであって、それ以前に自然のありのままの本性が無垢な形で存在していたわけではない。そして、ありのままの本性が無垢な形で存在していないということはつまり、人為的なものの介入以前に、人為的なもののない純粋に自然なものとしてある自然などそもそも存在していなかったということである。

仮にありのままの純粋な本性を持つものがあったとしよう。しかしそれが、自らとは異質なものによってしかその純粋な本性をあらわにすることができないのであれば、そもそもそうした本性が純粋なものとして存在していることを、その純粋な本性を持つものは自ら裏切らざるを得ないことになる。純粋な本性はその純粋さを自らによっては示すことはできず、不純なものの助けを借りなければならない。しかしその時、その純粋さは当然ながら既に損なわれてしまっている。だとすれば、考え方を転倒させて以下のように考えなければならないのではないか。不純なものによる介入によってしかその純粋さをあらわにできないものの本性には、最初から既にその不純なものが含まれている。つまり純粋な本性というものが可能なのは、不純なものを本来的に含む限りにおいてであり、純粋な本性はそれが同時に不純なものであることによって初めてそのような本性になることができるような、或る種の逆説を不可避的に孕んだものとしてしかあり得ないのである。

こうしたことはそのまま自然と人為的なものの関係に当てはめることができる。人為的なものに対する自然的なものの優位の転倒は、単に二つの項の優劣を逆転させるにとどまらない帰結を導く。自然が人為的なものという非自然的なものによる介入によってしか自らの本性を現わさないのであれば、その本性をあらわにすることができる非自然的なものもまた、自然の中に自然に含まれているはずである。自然とは既に人為的なものをその本性＝自然の内に含んでおり、その限りで、自然／人為という区分はそもそも存在しない。

二〇世紀のフランス科学認識論を代表するジョルジュ・カンギレム（一九〇四―九五年）はかつて次のように述べていた。「おそらく自然的対象は自然的には自然的ではない（un objet naturel n'est pas naturellement naturel）」（Canguilhem 1968 (1994), p. 16, note 11）。自然は最初から自然的であるのではなく、自然的であると同時に人為的であり、同様に、人為もまた最初から人為的であると同時に自然的である。すなわち、自然／人為という区分を前提としなければ、自然的なものが自然的であるのと同様に、人為的なものの自体もそもそも初めから自然的だと言うことができるし、また人為的なものが人為的であるのと同様に、自然自体もそもそも初めから人為的なものだと言うこともできる。そして、このことが同じ一つの事態を表わしているのだとすれば、そこで問題になっているのは、自然的であると同時に人為的であるようなもののことである。自然的なものも人為的なものも共に自然的であると同時に人為的であるという意味では、この自然的であると同時に人為的であるものは、自然か人為かという二者択一から逃れ去るものでなければならない。

　こうして我々は、自然／人為という二者択一的な区分の手前に位置する、自然的であると同時に人為的であるようなものの存在を認めることになる。それでは、自然／人為という区分の手前にある、この自然的であると同時に人為的であるようなものとは何だろうか。まさにこれこそが、我々が真の意味での〈自然〉として捉えたいものに他ならない。

　通常言われる意味での自然も人為も、共に自然的であると同時に人為的である。だがこの時、最初に登場する自然という言葉は、次に登場する自然という言葉とまったく同じ意味なのだろうか。同様に、最初に登場する人為という言葉は、次に登場する人為という言葉とまったく同じ意味なのだろうか。もちろん、いずれも異なる意味でなければならない。というのも、区分の手前に位置するものをその区分を構成する項の一つとして位置づけることはできないからである。それゆえ、自然／人為という区分の手前にあるものを〈自然〉と呼ぶことに問題がないわけではない。

　しかしながら、我々が問題にしている〈自然〉とは、それ自体としては自然／人為という区分の内には位置づけられず、この区分の手前にあってそれに先立つもの、そしてこの区分とそれを前提とした自然や人為がそこから事後的に抽象される形で生じるもの、その意味では自然と人為および両者の区分――もちろん誤謬として生じるものではあるが――の始源にあるものである。ところで自然（φύσις）とは、プラトンやアリストテレスに従うなら、生成するものの始まりにあるもののこと、つまりまさに始源（ἀρχή）のことである以上、自然と人為という区分の手前にあるこの始源こそ、本来の意味での〈自然〉、真の意味での〈自然〉と呼ばれるべきものだと言うことができる。

2 〈自然〉を偽造によって物語ること、その概念を与えること

最後に、本章の議論を始めたシェイクスピアに立ち戻り、残していた問題に答えを与えることで第I部を締めくくることにしよう。

残していた問題とは次のことである。『冬物語』では、自然と技術の間に不連続性を見てとり、両者を対立させる考え方（ポリクシニーズ）の両者が登場した。第四幕第四場では前者が後者によって論破される様が、結末に当たる第五幕第三場では前者が再度登場する様が描かれていた。最後の場面で、自然と技術を対立させる考え方が再び現われるということは、いったん退けられた自然／技術観が物語の中で復活したことを意味しているのだろうか。それともまったく別のことを意味しているのだろうか。『冬物語』の最後の場面、つまりハーマイオニの復活と全体の和解という場面を、自然と技術を対立させるようなアリストテレス的考えの再登場と看做すことは、確かに可能かもしれない。しかし、むしろ最後の場面も含めて『冬物語』の全体は、自然／人為という区分が、そうした区分に還元され得ないものによって内側から浸食される形で問い直されつつある様を、一つの物語として描き出しているのではないだろうか。

そのことを明らかにするために、この物語に立ち返ろう。まず指摘すべきは、そもそも親友であっ

たレオンティーズとポリクシニーズ、夫婦であったレオンティーズとハーマイオニが和解し、また王女であったはずの捨て子パーディタもシチリアに帰還して元の王女に返り咲くという、すべてのものが落ち着くべきところに落ち着いたように見える物語――言い換えれば、その結末が当初の自然な秩序の再建や回復のように見えるこの物語が、実は様々な思惑に満ちた裏切りや嘘によって不自然に、言わば作為的＝人為的に進行するものに他ならないということである。それを示すためにドゥルーズの映画論を援用してみよう。彼が映画に即して展開する議論の中で提示される概念は、適宜変更を加えればここでも有効性を持つ。

シェイクスピア

ドゥルーズは『時間‐イメージ』（一九八五年）の中で、映画の中の登場人物の語り（narration）に関して、真実を求めそれを語ろうとするような語り（narration véridique）と、偽りを語って欺瞞を行なうような語り（narration falsifiante）という二つのタイプを区別している（Deleuze 1985, pp. 167-179）。重要なのは、後者のタイプの語りで重要な役割を果たす、登場人物としての「偽造者（faussaire）」、そしてそれによって引き起こされる「偽造（falsification）」（*ibid.*, p. 18; Deleuze 1990, p. 172）である。

偽造者は嘘をつき、偽りを語り、物を（例えば芸術作品を）偽造し、他の登場人物を裏切ることで物語を動かす。しかも偽造者は一人ではなく、必然的に他の偽造者たちとの関係の内にあり、或る偽造者の嘘や偽りや裏切りは他の偽造者たちのそれらと入り交じって伝染していく。ドゥルーズが例に挙げる映画『オーソン・ウェルズのフェイク（*F for Fake*）』（一九七三年）の登場人物たちとその欺瞞のように。[18]

偽造者は一連の偽造者たちと不可分になり、これら偽造者たちに変貌する。唯一の偽造者は存在せず、偽造者が何かを暴露するとすれば、それは自分の背後に別の偽造者が存在するということである〔…〕。偽造者は、その変貌物である〔他の〕偽造者たちの系列の内にしか存在しない〔…〕。他者を裏切る宿命にあるような或る登場人物が常に存在するが〔…〕それは他者が既に裏切り者だからであり、またその系列全体にわたって裏切りが偽造者たちの間の絆だからである。
(Deleuze 1985, pp. 175, 189)

こうした「偽造者」という点に着目するとき、『冬物語』はどのように読まれるだろうか。例えば、登場人物の一人としてオートリカスというごろつきが第四幕から唐突に現われる。彼は他の登場人物に嘘をつくことで、意図せずして話を結末に向けて進める役割を果たすことになる人物だろうと、読者はまず思わされる。にもかかわらず、先に述べた全体の筋立ての中で彼にまったく触れなかったことから理解されるように、その存在感はやや希薄であり、結末に至るために決定的な役割を果たすというより、その役割を他の登場人物たちと交代で受け持つだけである。つまり彼は物語全体に嘘や偽りや歪曲を展開し増殖させるための複数の偽造者の一人にすぎない。他の偽造者とは、例えばより主要な登場人物であるカミローやポーライナである。

物語を動かすにあたって大きな役割を果たすことになるカミローやポーライナの行為は、一見するとその主人に対する忠節を表わすものである。ところが実のところ、彼らはレオンティーズやポリクシニーズら主人たちを二重・三重に裏切って騙そうとしている。

ポーライナはハーマイオニが死んだという嘘の知らせを、デルフォイの神託によって真相が明らかになった後で、レオンティーズに対する嫌がらせのように伝えているし、ハーマイオニが実は生きていることを、自らの過ちを悔やむレオンティーズに対して理由もなくあえて一六年間も秘匿している。カミローはシチリアではレオンティーズの命令に背き、彼を裏切ってその殺意をポリクシニーズに伝え、ボヘミアでポリクシニーズの家臣となってからは、今度はポリクシニーズの意に反して、パーディタとフロリゼルにシチリアへ駆け落ちするよう勧めるが、それは実際のところ彼が故郷シチリアへの望郷の念を抑えられなくなったためであり、パーディタとフロリゼルが駆け落ちするや否や、そのことを直ちにポリクシニーズにも伝え、それに便乗してシチリアに戻ることに成功する――こうして見れば、この物語の結末は、「偽造者」たちの系列に含まれた様々な打算や欺瞞や嘘が絡まり合った末にもたらされた、かなり不自然なものにすぎないことが分かる。

不自然なのはそれだけではない。そもそもこの物語全体を動かし始めたのは、レオンティーズが抱いた、ハーマイオニとポリクシニーズの不義への疑いであるが、実はその疑いは、何のきっかけも明白な証拠もないまま、まったく唐突かつ不自然に始まっている。何の裏付けも根拠もないその不義をレオンティーズはなぜか露ほども疑わず、それが子供の頃からの親友に対する殺意に直ちに変わってしまうほど強固なものになるなど、まさに物語の発端からしてあまりに不自然だと言わざるを得ない。つまり、カミローやポーライナという裏切り者によって裏切られるレオンティーズ自身が、物語を開始するために自らを不自然に裏切ってしまわざるを得ないような裏切り者だったのであり、まさにドゥルーズが言う意味での「偽造者」そのものなのである。

物語の開始時点でも結末でも不自然さをもたらす偽造者は、その途上でもまったく同様に登場し、やはり同様の不自然さをもたらしている。例えば第四幕第一場冒頭で、通常の合唱隊の代わりに唐突に語り始めるのは、第三幕から第四幕への物語上の時間経過である一六年を一気に飛び越したその「時間（Time）」そのものである。幕と幕の間に位置する「時間」の経過が、物語の外部から「法〔掟・定め〕（Law）を覆す」（シェイクスピア 二〇〇九、一一五頁）ように、その物語の登場人物の一人として自ら語り出すという不自然な構造は、この「時間」もまた、いったん中断された物語を不自然な仕方で再開することで物語を歪曲し、真実と虚偽の間を行き来して両者を決定不能に追い込む登場人物である「偽造者」の一人として、その系列に属していることを示していないだろうか。

さらに言うと、デルフォイの神託が登場することから、物語の背景となっている時代は古代と解することができるが、結末で重要な役割を果たすハーマイオニの彫像（とされるもの）は、舞台が古代なら当然まだ存在していないはずのイタリアの芸術家ジュリオ・ロマーノ（一四九九―一五四六年）による作品として紹介されている。しかもこのジュリオ・ロマーノは、イタリアの芸術家であるとはいえ、物語の舞台の一つであるシチリアとはそれほど縁が深くないことからも、物語の背景となっている時代と地域、つまり物語上の時間と空間は、現実の時間と空間を攪乱するかのように、現実と虚構、真実と虚偽が入り交じるような仕方で構成されている。

また、あたかも生きているかのようなハーマイオニの彫像が、実は本当の生きた彼女自身だったという事実は、彫像を作る芸術＝技術（art）が、生という自然（nature）、まさに自然の中の自然に屈したことを示しているようにも見えるが、逆に、ハーマイオニの生という自然の中の自然が、実はそもそもハーマイオニの生き写しの彫像＝自然の模倣だったということ、つまり自然の模倣としての技術こそが実はそもそも自然なものであることを示しているようにも見える。このような両義性は、自然か人為か、自然なものか非自然的なものかという二者択一が、初めから既に揺るがされていたことを意味している。[19]

　このように物語の様々な局面で、自然か人為か、真実か虚偽かといった排他的二者択一が、無数の偽造者たちによる虚偽の連鎖によって、「真実でも虚偽でもなく、〔真か偽か〕決定不可能な二者択一」(Deleuze 1985, p. 189)、「真実と虚偽の間の決定不可能な二者択一」(*ibid.*, p. 172. Cf. p. 173) に取って代わられてゆく。結末で落ち着くべき自然に至ったように見えるこの物語の全体が、実は不自然に動かされており、真と偽、自然と人為、自然なものと非自然なものが決定不可能となるような事態に導かれてしまうなら、結末で提示される自然と技術の対立も、言わば見せかけでしかないことになる。「何もかもでたらめだ (This is mere falsehood)」とデルフォイの神託を最初に聞いた時には信じられなかったレオンティーズは言うが（第三幕第二場。シェイクスピア 二〇〇九、九七頁）、実はこの物語自体が最初から最後まで「でたらめ」、一つの偽造の物語に他ならなかったのである。

ジュリオ・ロマーノ

　真実と虚偽、自然と人為といった区別を無化しつつ進行する『冬物語』は、その偽造によって、そうした区分の手前にあるものを物語っている。人為から切り離された純粋な自然なるものは存在せず、自然は初めから自然と非自然化しており、非自然的なものを自然と含んだ自然が初めから常に既に存在していることを、この物語はその語りそのものによって描き出している。そして哲学は、そのような物語によって物語られたものに対応するものについての概念を、例えば「偽造」として与えることによって〈自然〉を思考するのである。

第Ⅱ部

問い直される自然／人為と〈一なる全体〉という自然の浮上

狭間としての一八世紀

第Ⅰ部ではシェイクスピアの『冬物語』を話の糸口として、古代ギリシアから一七世紀に至る哲学史を概観しつつ、自然と人為の関係がどのように捉えられてきたかを確認した。その結果判明したのは、古代ギリシア以来、自然／技術という区分や二者択一を前提とするのか、あるいはそれを前提とせず拒絶するのかという形で、二つの考え方の対立が――複数の哲学者たちの間のみならず、場合によっては一人の哲学者の内部でさえ――継続していたこと、そして一七世紀に至ると、ベーコン、そしてデカルトやライプニッツらが共通してそうした区分や二者択一を拒絶することで、この対立に言わば決着を付けたことである。その上で、哲学的に自然を思考しようとするなら、ベーコンらに倣って、自然／技術という区分を受け入れるのではなく、その手前で、そうした区分に還元されないものとしての〈自然〉を思考する必要があることを示唆しておいた。

それでは、以後の哲学史では事態はどうなるのだろうか。一八世紀とそれ以前とでは、自然の捉え方に関して共通性があるのだろうか。それともそこには何らかの違いが存在するのだろうか。第Ⅱ部では一八世紀を対象として、哲学における自然の位置づけがどのようなものだったのか、そこに連続性や不連続性が見られるのかを検討してみよう。

第一章　ディドロの技術論
——一八世紀における自然と人為(1)

1　ベーコンからディドロへ

自然を正しく思考するためには、自然／人為という区分を問いに付さずに済ますことはできない。そうした区分を自明の前提として置いたまま「自然か人為か」という二者択一を受け入れるという、我々の持つ自然な傾向に逆らってこそ、自然は真に思考される。第I部ではそのことを示すために、「自然か人為か」という二者択一とそれに対する問い直しが生じる様を、古代ギリシアから一七世紀に至る哲学史を概観しつつ描き出した。

その手始めとしてプラトンを取り上げた際、一般的な意味での自然に対する技術の先行性という彼の考えを確認したが、その時に我々はシュルの『プラトン研究』から次のような言葉を引いておいた。「プラトンと同じだけの注意を持って、もっとも控えめな職人が使用する手法に対して強い関心を寄せた——一八世紀にディドロがしたように——多くの偉大な思想家を見出すことは、いずれにせよ難しいと思われる」(Schuhl 1960a, p. 99)。プラトンを「技術学」の創始者と看做すシュルのプラトン観が表明されている文言だが、ここでドゥニ・ディドロ（一七一三―八四年）の名前がプラトンと共に引き合いに出されていることについて、先ほどはまったく触れなかった。この第II部では、第I部を受けて自然をめぐる一八世紀の哲学史を取り上げるが、最初に手がかりにしたいのは、自然と人為に関連する文脈で、プラトンと並列的にディドロが位置づけられているという事実である。

　自然に対して技術を二次的なものとして位置づけたと言われるアリストテレスに対して、技術に固有の価値を認めることでそうした区分をそもそも問題視していたプラトンとベーコンを優位に置くというのがシュルの立場である。彼はその論考「パーディタ、自然と技術」でシェイクスピア『冬物語』に関して次のように述べている。「詩人〔シェイクスピア〕はこのように、『法律』第一〇巻におけるプラトンの論法に極めて近い論法を示している」（Schuhl 1969, p. 121）。『冬物語』で提示される論法とは、既に確認したように、技術そのものが自然を完成させるその本質的な一部だと看做すことで、自然と技術を対立的に捉えようとする者に反省を促すタイプのものである。その論法の帰結が、シェイクスピアの同時代人たるベーコンの持っていた自然と技術の関係をめぐる考えと正確に対応していることも既に見た。すなわち、アリストテレス的な自然／技術という区分や、そうした区分に伴う、技術に対する自然の優位を問い直し、自然と技術の間に連続性を導入したのがまさにベーコンだった。

　そうすると事態は次のようになる。シュルによると、自然と人為の分割を問い直すようなベーコンの議論と「極めて近い」議論をプラトンも既に提示していた。つまりベーコンの議論はプラトンによって既に先取りされていた。そもそもプラトン研究からキャリアを開始したシュル自身、別の論考で以下のような同様の主張をより明確な仕方で反復しているように、このことには十分自覚的である。

> アリストテレスは、ソフィストたちに続いて、〈自然〉と〈技術〉を根本的に対立させる。しかし、ベーコンは、プラトンがそうしたように、しかし逆の意味で〈自然〉と〈技術〉の連続性を示し、それはシェイクスピアによってその『冬物語』に引き継がれる。（*ibid.*, p. 194）

シュル自身は何の説明もしていないが、「逆の意味で」というのは、技術が自然を完成させるが、その技術自身がそもそも自然の一部であるという形で技術を自然化するのがベーコンであるのに対して、プラトンはむしろ自然の起源に技術を置き、自然を技術の産物とすることで、自然の技術化を行なっているということだろう。しかし両者の間に矛盾があるわけではない。それは一つの同じ事柄を逆の方向から語っているにすぎず、帰結としては同じことになる。自然がそもそも技術的であり、そして技術がそもそも自然的であるなら、自然的なものも人為的なものも、自然的であると同時に人為的であるという意味では同じタイプのものでしかない。

そしてディドロの名前がプラトンと共に挙がるのは決して根拠のないことではない。プラトン的な観点を継承したのは、一七世紀初頭のベーコンであり、それを引き継いだのが一八世紀フランスの百科全書派だったというのがシュルの見立てである（Schuhl 1960a, p. 93）。「ベーコンの遺産相続者である百科全書派たちと共に、技術の復権が始まる」（Schuhl 1938 (1969), p. 132）（シュルは例として、百科全書派の影響下でのフランス国立工芸院（現在も存在している）の創設を挙げている）。そして百科全書派の中でもとりわけディドロこそ、もっとも技術の復権に与った者だという。例えば『百科全書』第一巻（一七五一年）で「技術（Art）」の項目を担当したのは、中心的な編纂者だったディドロ自身である[1]（Diderot 1976, pp. 495-509)。

では、いかなる意味でディドロはベーコンの遺産を相続したのだろうか。ディドロに即して確認しておこう。『百科全書』の「技術」の項目で、ディドロはベーコンを繰り返し引き合いに出している。その際には、名前を明示することもあれば明示しないこともあるが、いずれにしても一貫しているのは、ディドロがベーコンに対して常に高い評価を与えていること、また自らをあたかもフランスにおけるその後継者のごとくに理解していることである。

ベーコンのいかなる点が評価されているのだろうか。言うまでもなく、技術（誌）をめぐる彼の哲学的考察である。「イギリスの第一級の天才の一人であるベーコン」は「機械的技術の歴史（histoire *des arts mécaniques*）を真の哲学のもっとも重要な部門と看做していた」（*ibid.*, p. 496)。技術（誌）を重視し、「哲学者として〔…〕榴弾、地雷、大砲、爆弾、軍用火器製造術の装置全体を〔…〕予言」していた点で、ディドロにとってのベーコンは、自身の同国人であるモンテーニュなどに比してはるかに偉大な哲学者として位置づけられている（*ibid.*, p. 507)。

ベーコンの場合、技術（誌）をめぐる考え方は、自然をめぐる考え方とそのまま連動していた。既に見たように、ベーコンにとって技術と自然は截然と区別されず、両者はそれぞれ〈自然としての技術〉と〈技術としての自然〉として、あくまで不可分で相互的な関係の内にあるものだった。〈自然としての技術〉の歴史として規定される技術誌は、それゆえ初めから自然誌を含むものでなければならず、逆に、〈技術としての自然〉の歴史である自然誌もまた、初めから技術誌を含んでいる。技術誌が一種の自然誌であると同時に、自然誌もまた一種の技術誌であり、それらはまったく異なる二つのものではなく、言わば互いに一方が他方を含み合うような関係にある。

ベーコンを評価するディドロにおいても、自然か技術かという二者択一的な区分の手前で、両者は位置づけられている。例えば、次のような言葉は、「人間」とは「自然の従者＝奉仕者かつ解明者(Naturae minister et interpres)」だとベーコンが言った時に想定していた自然と人間――すなわち技術も含めた人為――の関係を、ディドロが文字通りそのまま反復していることを示している。

> 人間は自然の従者＝奉仕者あるいは解明者でしかない（L'homme n'est que le ministre ou l'interprète de la nature)。人間は自らを取り巻く諸々の存在を、あるいは実験的に、あるいは反省的に認識する限りにおいてのみ、理解して行為する。（*ibid.*, p. 497）

ベーコンと同様にディドロにとっても、自然／人為という二分法の手前で自然（誌）と技術（誌）を考えなければならず、両者は決して排他的なものではない。だからこそディドロは、「自然の歴史(histoire de la nature）は技術の歴史（histoire des *arts*）なしには不完全」（*ibid.*, p. 499）であり、「植物界、鉱物界、動物界などに関する自然誌家たちの仕事」は「その認識が真の哲学にとってはるかに重要である機械的技術の諸実験によって」成就されるとまで主張するのである（*ibid.*)。

2　ディドロの技術論――技術による自然の完成

そもそもディドロにとって技術はどのようなものとして捉えられているのだろうか。『百科全書』

の「技術」の項目では、技術の目標は、「自然によって与えられた基礎の上に特定の諸形態を刻印すること」（Diderot 1976, p. 497）、すなわち所与としての自然物に何らかの形相を与えてそれを人為的に変形することとして規定されており、さらに、そのような「技術を自然の産物に立ち返らせる〔復帰させる〕」ことがもっとも有益だと主張されている（*ibid.*, p. 499）。ということは、自然に対して行なわれた人為的な変形の作業の所産が、今度は我々にとっての新たな所与である自然物となり、それに対してさらに新たな人為的変形が加えられていくという作業が繰り返されることで、自然の歴史と技術の歴史が、というよりはむしろ〈自然と技術〉の歴史が進展していくことになる。ディドロの考え方はここでもやはり、ベーコンからプラトンに遡行して見出すことのできる、〈自然かつ技術〉であるようなものの歴史、「技術‐自然誌（史）」または「自然‐技術誌（史）」と呼び得るような歴史をめぐる考え方と軌を一にしている。

ところで、ここまで取り上げてきた『百科全書』の項目「技術」が公刊されてすぐ後の一七五三年に発表された『自然の解釈についての思索』で、ディドロは次のように述べている。そこでは以上の議論に反する見解を提示しているように見える。

> 人が自然（nature）のより厳密な模倣（imitation）を行なおうとするのでない限り、技術（art）の産物は、ありふれた、不完全な、弱いものであるだろう。自然はその諸作用において頑固で緩慢である。遠ざけたり、近づけたり、統一したり、分割したり、軟化させたり、凝縮させたり、硬化させたり、液化させたり、溶解させたり、同化したりすることが問題である時、自然は非常にゆっくりとした度合いでその目的に向かって進む。逆に、技術は急ぎ、疲れ、弛緩する。自然は

金属を大雑把に整えるのに数世紀をかける。技術は一日で金属を完成させようとする。自然は宝石を作るのに数世紀をかける。技術は宝石を一瞬で模造しようとする。〔…〕〔しかし〕適用の時間〔の長さ〕によって増大させられた作用の強度による産物は〔そうでない場合と〕同じものであるから、その結果も同じものだろうと思い込むなら、それは間違いである。〔本当に〕変化させるのは、段階的で、緩慢で、連続的な適用〔自然〕だけである。他のどんな適用〔技術〕も破壊的なものでしかない。(Diderot 1981, pp. 64-65)

この引用を見る限り、ディドロが述べようとしていることは、自然を一次的なものと看做し、技術はその自然を模倣するだけの二次的なものにすぎないという、アリストテレス的と一般に言われるような考え方の反復だと思われるかもしれない。

ディドロ

しかし、続きを見れば、必ずしもそういうわけではないことが分かる。ディドロは言う。自然の鍾乳洞を見て、「〔…〕土、水、岩の性質によってその性質が異なるような、雪花石膏や大理石や他の石の人工的な採掘場を作ることに、人が時と共に成功すると推測しなかった博物学者がどこにいるだろうか」(*ibid*., pp. 65-66)。技術の産物は決して自然の産物に劣るわけではない。問題はそうした「見通し」に、「勇気、忍耐、労働、出費、時間、そしてとりわけ〔…〕大きな企図に対するあの古来の関心」(*ibid*., p.

66）が決定的に欠けていたことである。つまり、これまでは人々がそうした技術による生産を行なうための現実的な条件を満たすには至らなかったにすぎない。そうした条件が満たされれば、技術は自然に対して二次的なものにとどまることはなくなるだろう。

その前提となるのがディドロの「自然」観である。『自然の解釈についての思索』の別の箇所で、ディドロは概ね次のように述べている（*ibid.*, p. 93）。自然現象の生産に必要な様々な異質な素材が「要素（*élément*）」、それら要素の「組み合わせ（combinaison）」によって形成される結果が「自然（*nature*）」と呼ばれるが、その組み合わせには「自然な（naturelle）」ものと「人為的な（artificielle）」ものの二つがある。両者はこれまでもあったし、これからもあるだろう。そしてこの二つは別個に存在するのではなく、不可分に結びついているとディドロは看做している。「私は、技術による組み合わせを自然による組み合わせに結びつけた」（*ibid.*）。つまり、ディドロの言う自然とは、諸要素の自然な組み合わせと人為的な組み合わせから成るもの、言い換えれば、自然と人為を共に含むものに他ならないということである。

自然がそうしたものだとすれば、技術は単に二次的なものにとどまるどころではない。場合によっては、技術は自然のなし得ることを自然以上になし得る。その意味で技術は自然の単なる模倣ではなく、むしろ技術が自然を自然として完成させるということも起こり得る。その場合には、技術による自然の完成がまさに自然の自然化と一致するだろう。先に見たように、「自然の歴史は技術の歴史なしには不完全」であり、「自然誌家たちの仕事」は「機械的技術の諸実験によって」成就されるとディドロが言う時に想定していたのは、まさにそうした事態のはずである。

どうしてそれが不可能だと断言できるだろうか。あり得ないと断言する人がいるとすれば、それは自分の持つ限られた能力の範囲内でしか物事を見ようとしない人、自分が現に知っている以上のことについての想像力を欠いた人ではないか——そう考えるディドロは、そのような人たちを念頭に置き、皮肉を込めて言う。

我々が以前はまったく期待もしなかった秘訣を現在手にしているのであれば、そしてまた、過去から諸々の推測を引き出すことが可能なのであれば、我々が今日ほとんど当てにしていない富を、どうして未来が我々のために取っておいてくれないということがあるだろうか。自らの才能の範囲内で物事の可能性を測り、自分が知っている以上のことを何も想像しないような人々に対して、一つの粒子が岩を砕き、最大限に分厚くて驚異的な長さを持つ城壁を倒壊させ、何グラムかの重さで地球の深奥部に閉じ込められているその粒子がこの深奥部を揺り動かし、地球を覆っている巨大な地殻を通って現われ、そして一都市が丸ごとその中に飲み込まれるほどの裂け目を開けることができるということを、何世紀も前に言ったとしたら、これらの人々は、それらの効果を、車輪、滑車、梃子《てこ》、分銅や他の既知の機械の働きと比較し、そのような粒子は空想上のものであって、雷や、地震を起こす原因しか存在せず、そうした恐るべき異変を引き起こす原因のメカニズムは［人間の技術では］模倣不可能だと言ったに違いない。(Diderot 1976, p. 500)

ところが、ディドロがあくまで過去における仮定としてそうした人々の反応を描いているように、実際には彼の時代においてすら、そんなことはもはやなかった。一八世紀後半に始まったとされる産業革命を引き起こした技術革新、例えばワットによる新しい蒸気機関の開発などもそろそろ始まろうかという時代である。[2] ましてや現在では、ディドロが想定していたような粒子は空想上のものどころか現に存在し得るし、技術がそれを模倣することも十分に可能である。何世紀も前には不可能だったことがいつまでも不可能なままであり続けるとは限らない。それが不可能であることをやめて可能なものになるという事態はいつでも起こり得る。どうしてそれを否定することができるだろう。ディドロは言う。「「天が下に新しきものなし」というのは、我々の器官の脆弱さ、我々の道具の不完全さ、我々の生の短さに基づく偏見にすぎない」（Diderot 1981, p. 92）。そして事実、不可能なことが技術によって可能になってきたし、今も可能になりつつあるし、これからも可能になっていくだろう。だから自然の歴史は技術の歴史なしには不完全であり、両者を切り離して考えることはできない。ディドロがベーコンと共に言おうとしていたのはまさにこのことなのである。

以上のことから何が理解されるだろうか。シモンドンが技術論で述べていることに結びつけて整理してみよう。彼が言うには、「一八世紀は技術と自然を対置しない」（Simondon 2014, p. 188）。もちろんベーコンにおいて既にそうだったのだから、その意味では確かに一七世紀と一八世紀は連続的であり、この点に何か新しさや変化があったわけではない。変化があったとしたら、むしろ、当時の人々が技術を通じて自然に関与する仕方が、ベーコンやディドロに見られる自然観──より正確には自然-技術観──を実際に反映するものになったということだろう。

シモンドンによれば、この時代に生じた重要な点の一つは、「おそらく初めて、諸科学に基づいた技術の影響に負う、農業と牧畜における半-革命」である（*ibid.*, p. 187）。具体的には人工飼料の使用や季節や気候に左右されない施設型畜産などの開始のことだが、このような革新は直接に自然に関与する農業や牧畜だけに起こったのではない。一八世紀に生じた化学・物理学・生物学──後者二つはまだそうした名で呼ばれていなかったが——の発展は、「技術者たちに楽観的な大胆さと連続的な進歩への信頼をもたらした」(*ibid.*)。諸科学が技術を裏打ちし、そうして実現された技術による自然への介入が、さらなる諸科学の進展をもたらす。この科学と技術によって労働のあり方も変容する。周知のように一八世紀後半は産業革命が起こった時代でもあり、「一八世紀に労働と技術性が結びつけられた」(Simondon 1958 (2012), p. 164) ことで、科学・技術・産業が不可分に絡み合い始める。自動機械が産業生活の中に統合されるには一九世紀を待たなければならなかったが (Simondon 2016, pp. 410-411)、技術による自然への介入が諸科学と労働と共に大規模な仕方で開始された一八世紀は、「機械の時代 (règne de la machine) がようやく始まる」時代であり (Schuhl 1938 (1969), p. 15)、ベーコンやディドロの自然 - 技術観に対応する時代、というよりむしろそれを具現化した時代なのである。

第二章　ルソーにおける自然と技術
――一八世紀における自然と人為(2)

1　百科全書派対ルソー？

前章ではディドロの技術論を通して、一八世紀において自然と技術の関係がどのように位置づけられていたかを確認した。ところで、ディドロがその代表者である百科全書派と、ディドロの同時代人であり、最終的に絶縁することになるとはいえ友人でもあったジャン＝ジャック・ルソー（一七一二―七八年）は、自然観において対立していたというのが通常の見方である。つまり、技術の役割を重視したディドロに対して、技術以前の自然を重視したルソーという仕方で、その対立は語られることが多い。

例えばシモンドンも技術的対象の歴史を略説しつつ、次のように述べている。

百科全書派の〔技術〕信仰に対立して、ルソーが存在する。彼の思想は、自然の意識に関して、百科全書派グループの中に閉じ込められ得ないものを表わしている。〔…〕ルソーは人為物の制作者としてではなく、宇宙〔自然〕の一様相として生活する。純粋なものが不純なものに対立し、自然なものが人為的なものに対立するように、田園生活は都市生活に対立する。ルソーにとって、百科全書派の企ての中には、聖なるものの冒瀆のようなものがある。(Simondon 2016, p. 380)

あくまで概説的な記述なので、これがルソーに対するシモンドンの理解をそのまま表わしているかどうかは定かではない。しかし、人間が本来接触している自然との関わりに人為的な技術の媒介は不要であり、純粋な自然と不純な人為は根本的に対立するというのがルソーの立場であることは、一般に認められていると言ってよいだろう。そうすると、一八世紀にはディドロ的な自然 - 技術観に対立するものとしてルソー的な自然観が現われ、両者の間に緊張関係が見られたということだろうか。

2　デリダのルソー読解

仮にそうした構図が正しいとしても、ルソーの哲学にそれをはみ出る要素が数多く含まれることを示すような議論が存在するのも既に周知のことだろう。例えば、初期の代表作『グラマトロジーについて』(一九六七年)におけるルソー読解でデリダが行なったのは、まさにそうした議論である。デリダのルソー読解を取り上げてみよう。

『グラマトロジーについて』の第二部「自然、文化、エクリチュール」において、デリダはルソー

（と導入としてレヴィ＝ストロース）の読解を提示する。その際にデリダが着目するのは、ルソーの著作の中でそれまで比較的取り上げられることの少なかった未完の『言語起源論』である。第二部に先立つ第一部第一章で、デリダは以下の点をまず指摘している。すなわち、ルソーが言語に関して、本来的なものとしてのパロール（話し言葉）である声と、そこからの逸脱・堕落であるエクリチュール（書き言葉）としての文字を区別していたということである。デリダが引用している（Derrida 1967a, pp. 42, 54）ルソーの象徴的な言葉を引いておこう。「エクリチュールはパロールの代理（représentation）でしかない」（Rousseau 1959-95, tome 2, p. 1252）。デリダが言うには、「代理的で、失墜し、二次的で、制度化されたエクリチュール、本来の意味での狭義のエクリチュール〔書き言葉〕は、『言語起源論』の中で断罪される。〔…〕普通の意味でのエクリチュールは死んだ文字であり、死の担い手である。それは生を息切れさせる」（Derrida 1967a, p. 29）。またルソーにおいては、それと相関的に、パロールとしての声、「自己の内に立ち戻ることによって聞かれる声」（*ibid.*）が、死せる文字である二次的なエクリチュールに対して、生き生きとした一次的なものとして位置づけられる。

　デリダはこのようなルソーによるエクリチュールの断罪とパロールの称揚を確認した上で、『グラマトロジーについて』第二部第二章以降で、ルソーの様々なテクストに即して詳細な読解を行ない、次の点を明らかにしている。すなわち、ルソーはそのテクストにおいて、自らの意図に反して、意図せざるままに、「自分が語りたくないことを語り、結論したくないことを記述している」（*ibid.*, p. 349. Cf. p. 326）ということである。語ろうとしていることを語るだけでなく、語ろうとしていないこと、そして語ろうとしていることに反することまで知らず知らずの内に語ることで、ルソーは自らの表向きの主張を裏切ってしまう。それは何よりもルソーによるパロールとエクリチュールの位置づけそのものに関わる。デリダによる読解の詳細は省くが、彼がルソーに従いつつ明らかにするのは、「エクリチュールはパロールに先立つと共にパロールに後続し、エクリチュールはパロールを含む」（*ibid.*, p. 339）ということである。ルソーの価値評価に反して、エクリチュール以前のものとされるパロールは、初めから既にエクリチュールとの本質的な関係を担わざるを得ない。しかもそれは、ルソー自身がそのテクストで自らを裏切るように語っていることなのである。

かくしてデリダによれば、本来的で生き生きとした言語としてのパロール／逸脱であり死せる言語としてのエクリチュールという区分の妥当性が問い直されざるを得ないということを、ルソーのテクストは図らずも示している。ここで重要なのは、一次的なものとしてのパロールを「自然的である」もの、二次的なものとしてのエクリチュールを「自然的ではない」もの、言い換えれば「技術によって付加されるもの」（*ibid.*, p. 207）とルソーが看做していることである。つまり、言語のレベルでのパロールとエクリチュールの区別では、前者が自然に、後者が非自然としての技術に対応している以上、根本的に問題となっているのは、本来的なものとしての自然と非本来的なものとしての人為の区別だと言える。しかも、こうしたパロール／エクリチュールという区分が問いに付されなければならないのであれば、そのことは自然／技術という区分にも当然及ぶだろう。

ルソー

デリダが示すこうした逆説的事態はルソーの場合、言語的次元に限定されるわけではなく、その哲学全体に関わる。例えば、「内なる声」（*ibid.*, p. 173）としてのパロールの自己現前は、さらに「原パロール（archi-parole）」の現前、すなわち「我々の内的感情に対する、神のパロールの充実した真実の現前」と結びつけられ、かくして「自然の声（voix de la nature）」、「自然の聖なる声」は「神の書き込みや命令と一つになる」（*ibid.*, pp. 29-30）。そして「自然的な声（voix naturel）」が「心に語りかけ」、「自然法（loi naturelle）のみ」が神のパロールとして「心の内に書き込まれる」こと（*ibid.*, p. 373）をルソーが認めている以上、声＝パロールの身分の問い直しは、それと結びついた自然法の位置づけ、さらには「自然状態（état de nature）」と「社会状態（état de société）」の区別――いかに前者が仮説的なものであろうと（Rousseau 1959-95, tome 3, p. 123. Cf. tome 4, p. 952）――の問い直しにも繋がることになる。

自然と非自然、自然と人為を分割しようとするルソーのテクストに徹底的に付き従うなら、そのテクストは逆にそうした分割が不可能であることを自ら示すに至る。そうした分割を確定しようとすればするほど、この分割の境界線はかえって揺らぎを見せ始めて消失していく。それゆえ、根底から問いに付されねばならないのは、まさに「ピュシス＝自然（physis）とその他者（芸術、技術、法、制度、社会、無根拠性、恣意性などといった、自然の「他者たち」の系列）との間の差異の体系全体、そしてそこで整序されている概念性全体」（Derrida 1967a, p. 152）なのである。自然とその他者との分割、つまり自然と――デリダが列挙しているような――諸々の非自然的なものとの分割の妥当性は、初めから既に失われてしまっている。こうしてデリダは自然とその他者との分割を問い直しつつ、ルソー自身が使用している言葉に基づいて、この分割に先立つものとして、代理と補足という契機を同時に含む「代補（supplément）」という概念を引き出す。代理と補足というのは、代補において、自然の他者としての非自然的なものが、自然を代理すると共に自然を補足するという仕方で自然に関係づけられるからである。

この代補の概念に関しては後で立ち戻るが、「〔…〕諸学問、諸芸術、諸々の見せ物、諸々の仮面、文学、エクリチュールにおいて、文化〔人為〕を自然の変質として描くあらゆるテクストを読み直さなければならないだろう」（*ibid.*, p. 256）と言うデリダのルソー読解から何を理解できるだろうか。我々は前章でディドロに見られる自然‐技術観がいかなるものだったかを確認した。ルソーが自らのテクストで自然と人為、自然と技術を区別しようとすればするほど、逆にテクストそのものがルソーを裏切ってその区別の不可能性を証し立ててしまうということは、そのような自然‐技術観が、ルソー自身の意図にかかわらず、あるいはその意図を凌駕するほど強力な仕方で、ルソーによっても暗黙の内に共有されていたということではないだろうか。

3　ルソーの積極的な技術論

デリダによるルソー読解は、ルソーが自身のテクストを通して「自分が語りたくないことを語り、結論したくないことを記述している」ことを明らかにするものだった。つまり、自然／人為という区分を受け入れ、自然を一次的なもの、人為を二次的なものと位置づけるルソーは、自らの意図を裏切るようなテクストを書くことで、そうした区分の妥当性を問いに付しているということである。だがそのとおりだとしても、ルソー自身は実際に人為的なもの、例えば技術を重視していなかったのだろうか。

実はそうではない。ルソーは、例えば大地を耕して収穫を得る「技術（art）」としての農業に無関心であるどころか、社会状態への移行に関わる不可欠な役割を農業に与えていた。『言語起源論』でルソーは次のように述べている。

〔自然状態の〕最初の人間たちは狩人か羊飼いであって、耕作する人ではなかった。最初の財は家畜であって、畑ではなかった。土地の所有が分割される前には、誰も土地を耕そうとは思わなかった。〔それに対して〕農業は諸道具を必要とする技術である〔…〕。（Rousseau 1959-95, tome 5, pp. 396-397. これはデリダも引用している文言である（Derrida 1967a, p. 359, note 56））

農業という技術と社会の発生の間には対応が見られるということである。ディドロも農業は「技術の中でももっとも本質的な技術」（Diderot 1976, p. 290）だと認め、「農業は法と社会と共に生まれた」（*ibid.*, p. 292）と述べているので、ディドロとルソーの見解はこの点に関しては一致している。さらに農業とも不可分な「技術」としてルソーが重視したのが、デリダも指摘するように、金属を精製・加工する技術としての冶金（métallurgie）である（「〔…〕冶金という契機が社会の起源である。というのも、ルソーによれば、市民社会の組織化を画する農業は、冶金の開始を前提とするからである」（Derrida 1967a, p. 213. Cf. p. 359））。『人間不平等起源論』でのルソーの言葉を引いておこう。

冶金と農業は、それらを発明することがあの大きな革命〔社会状態への移行〕を生み出した二つの技術だった。人間を文明化し、〔自然状態の〕人類を失墜させたのは、詩人にとっては金と銀だが、哲学者にとっては鉄と小麦である。〔…〕人類を農業の技術に専念させるためには、他の諸技術の発明が必要だった。鉄を溶かして鍛えるために人間たちが必要になれば、彼らを養うための他の人間が必要になった。〔…〕或る人たちにとって自分の鉄と引き換えに食料が必要だったように、他の人たちは食料を増やすために鉄を使用する秘訣をついに発見した。ここから、一方では耕作と農業が生まれ、他方では金属を加工しその使用を増加させる技術が生まれた。

(Rousseau 1959-95, tome 3, pp. 171-173)

社会の発生は農業の開始に対応し、農業は冶金術に基づく鉄製農耕具の発明なしには始まらないとすると、ルソーが冶金の重要性を無視できなかったのは当然である。

だが、ルソーにとっての技術の重要性は社会の発生の場面だけにとどまらない。技術を軽視し自然を重視したというルソー像も近年では見直されつつある。ここではアンヌ・ドゥネ＝テュネ（一九五七—二〇一七年）のルソー論に準拠することでそれを確認しよう。

彼女の議論の出発点は、技術に対するルソーの評価が正確に理解されてこなかったということにある。労働、道具、機械、技術といったテーマがルソーの著作の至る所に見られるにもかかわらず、それらの意義は見逃されてきたか、あるいは少なくともそれらに対して整合的で統一的な解釈が与えられてこなかった。しかし「ルソーは産業革命に先立つ時期に、技術の到来の重要性を完全に認識し」、「人間と近代社会にとって技術が持つ決定的で不可逆な特徴を理解する」(Deneys-Tunney 2010, p. 11) ことができた。したがってルソーは単に自然についての哲学者であるだけでなく、技術についての哲学者でもある。実際『人間不平等起源論』の第二部やそれに付されたルソー自身の註では、人間の労働において利用されている様々な技術についての詳しい記述が見られる。

確かにルソーは技術に対して批判を行ない、技術がもたらす弊害を告発している。しかし技術に対するルソーの評価は単に批判的なだけではない。むしろルソーの哲学には、人間と技術を調停しようとする「真の技術哲学」（*ibid.*, p. 12）が含まれている。では、その技術哲学とはどのようなものか。ルソーにとっての技術とは、「〔…〕世界を変形し、そうすることで人間の環境に対する関係を〔道具のおかげで〕変容する」（*ibid.*, p. 76）活動のことであり、この「技術が生まれるのは、人間とその自然環境というこれら二つの自然の間の遭遇からである」（*ibid.*, p. 77）。その意味では、技術もまた自然的なものであって、決して非自然的なものではない。

ルソーによれば、技術の出発点にあるのは、人間が自らの身体を道具として使用することであり、後の様々な技術の発展も潜在的には既にそこに含まれている（*ibid.*, p. 67）。これは何を意味するだろうか。それは「技術が自然に対する単なる付加物や「代補」ではなく、技術が最初は伏在的な、対象化されない形で、自然状態の中に常に既に現前している」[3]ということである（*ibid.*, p. 76. Cf. p. 80）。ドゥネ゠テュネは自然状態におけるこの技術の伏在を人間の持つ「改良可能性（perfectibilité）」と結びつける。改良可能性とは『人間不平等起源論』第二部に登場する概念で、「自己を改良していく能力、状況の助けを借りて次々に他のあらゆる能力を発展させる、我々〔人間〕の間では種の中にも個人の中にもある能力」を指し、それが人間と動物を根本的に分かつ（Rousseau 1959-95, tome 3, p. 142）。そして、技術が自然状態において伏在しているなら、ルソーにとっては「技術もまた自然の一つの表現であり、自然の一部である」ことになる（Deneys-Tunney 2010, p. 80）。

ここから導かれる帰結は、技術によって人間は自らを取り巻く自然に変容をもたらすが、技術が自然的である以上、自然の変容という結果もまた自然的だということである。

ルソーにおいて、人間は自らの欲求を媒介し、また改良可能性の影響を受けて、自分の周りの世界の変容を自らの内に取り入れる。人間は自身が、自らが創造したものの結果のようなものとなる。ここでは本質（つまり自然）と技術（つまり人為）の間の対立はもはや存在せず、そうした対立の弁証法的な乗り越えが存在する。人間はそれ自身が、その内面性そのものにおいて、〔…〕自らが創造するものの産物や結果である。人間は、技術がそのもっとも簡明直截な形態の一つである歴史によって貫かれている。この点でルソーは完全に啓蒙主義者たちと同じ特徴を有している。（*ibid.*, p. 79）

農業を例に取ると、地形や土壌や水の流れ、気温・降水量・風向などを含めた気候のような様々な自然条件がその前提となるのは言うまでもないが、どのような自然条件を選択し、その自然条件を技術的にどのように改良して適切なものにするか、つまり自然に対していかに人為的に介入して新しい自然環境を設定し直すのかも重要である以上、当時の最新の農業で問題になっていたのも自然と技術の対立などではなく、まさに自然としての技術による自然の完成だろう。

ルソーが百科全書派の啓蒙主義者たちを批判したのは、彼らが技術についてもっぱら肯定的で楽観的な見方しか提示せず、技術の持つ否定的な側面を軽視していたからであって、「技術と社会性が人間的主観性の内面性の中にもたらす諸変容は人間自身となる」（*ibid.*, pp. 78-79）という点に関して見解が食い違っていたわけではない。つまり自然と技術は決して対立するものではなく、技術も最初から自然的なものであり、そうした技術を通してこそ自然が完成するという技術観、あるいはむしろ自然‐技術観をルソーもディドロと共有していた。そして、それはルソーが意図せずして語っているどころか、むしろ積極的に語っていたことなのである。

第三章　アリストテレス再考

1　アリストテレスへの回帰

これまでの考察から、自然と人為の間の分割に関するアリストテレス的な考え方に対する根本的な問い直しが、ベーコンと共に一七世紀の初めに開始され――デカルトやライプニッツもこの断絶を反復し――、一八世紀にディドロやルソーによってさらに継続された、という構図が描けそうである。しかしながら、それほど単純な話なのだろうか。

プラトンにおいて垣間見られたような技術であると同時に自然であるものという自然の捉え方は、根本的なところではベーコンの、またベーコンの反復者としてのデカルトやライプニッツの、さらにはディドロやルソーの捉え方と軌を一にしている。その意味では、自然と人為の間に明確な区分を打ち立て、前者を根本的なもの、後者を派生的なものと位置づけるアリストテレス的な考えは、ベーコンがそれを批判するよりもはるか前に、既にプラトンによって問いに付されていたことになる。それゆえ、アリストテレスとプラトンを対比させるという図式が登場するのは、或る意味で当然のことだったかもしれない[4]。またアリストテレスはプラトンによってあらかじめ反駁されてしまっており、べーコンによるアリストテレス的図式への批判も、実はプラトンによる批判の反復にすぎないとも言える。だからこそ、アリストテレス的な伝統との断絶はベーコンによって一七世紀の初めに行なわれたというような単純な構図を受け入れることはできない。

事情がこのようなものだとすると、次のように言えそうである。そもそも自然と技術の区分を問いに付していたプラトンに抗する形で、アリストテレスがこの区分を復活させてより強固なものにし、後にベーコンらがプラトンに倣ってそれを改めて問い直したのだ、と。しかしはたしてそうなのだろうか。そうなのだろうかというのは、次の二重の意味においてである。アリストテレスは自然と技術を明確に区分し、前者を一次的なもの、後者を二次的なものと位置づけたというのは本当なのか。そして、プラトンとアリストテレスの間に本当に対立はあるのか。そのことを明らかにするためにアリストテレスに立ち返り、その自然／技術観を再考してみよう。

2　アリストテレスの言葉「技術は自然を模倣する」は何を意味しているのか

自然／人為や自然／技術という区分に対して、我々は「アリストテレス的」という形容をしばしば用いてきた。実際、自然と人為の区別、両者の間の不連続性と対立、後者に対する前者の優位という考え方の一つの典型例として、哲学史的にアリストテレスが挙げられることが多いというのは、既に述べたところである。アリストテレスの言葉を『自然学』第二巻から再度引用しておこう。「技術（τέχνη）は自然（φύσις）を模倣する」。技術とは単に自然の「模倣」でしかないもの、自然に対して二次的で劣った従属物にすぎず、自然を模倣という仕方で反復するしかないというわけである。

ここには確かに、自然と技術の間に明確な一線を引いた上で、前者を根本的なもの、後者を派生的なものとして位置づけ、後者を前者に対して劣ったものと看做す考え方があるように見える。だが、はたしてアリストテレスにそのような考えを帰すことができるのだろうか。その著作に即して検討すると、実はそう簡単に断言できないことが分かる。

ここまではその一部しか引用してこなかったアリストテレス『自然学』第二巻第八章の文言を正確に引用しよう。「一般に、一方で技術（τέχνη）は自然（φύσις）が行なうことのできないことを成し遂げ、他方で技術は自然を模倣する」（一九九a一五―一七）。しばしば引用され言及される際に注目されるのは、「技術は自然を模倣する」の部分である。しかし、その前に前半の文言があることを忘れてはならない。フランスの哲学史家ピエール・オバンク（一九二九―二〇二〇年）が指摘するには、この引用を構成する二つの部分を切り離すことはできないからである（Aubenque 2011, p. 230）。それでは前半部分は何を意味しているのだろうか。そしてこの文言全体は何を言わんとしているのだろうか。

我々はオバンクの解釈に従うことにするが、アリストテレスにおける自然と技術の問題に関するその解釈は、最初の著作『アリストテレスにおける存在の問題』から近年出版された論文集『アリストテレスの諸問題』第二巻に収録された諸論考まで一貫している。要点は以下の点にある。自然はそもそも最初から完全なものというわけではなく、むしろ何らかの欠損や不調を抱えており、自らだけでは自身の完全性を実現できない。自然は言わば、本性的に＝自然に自己自身から隔たった状態に置かれているのである。そこで技術が自然の模倣という形で、自然を本来あるべき自然たらしめるべく自然に介入する。これがアリストテレスにおける〈技術による自然の模倣〉の真の意味である。
　オバンクの言葉を引用しよう。

アリストテレス的な〔技術による自然の〕模倣は〔…〕低次の存在〔技術〕が、高次の項〔自然〕の中に覚知される少しばかりの完全性、高次の項が低次の存在にまで下降させることのできなかった〔自然の〕完全性を、自らの利用可能な手段によって実現しようとする上昇的関係である。〔…〕埋め合わせるべきものはモデル〔自然〕の或る種の無力さである以上、アリストテレス的な模倣はこのモデルの無力さを前提としている。〔…〕自然を模倣することとは、自然を無益に繰り返すことではなく、自然の不足分の代わりになる＝自然の不調を補うこと（suppléer à ses défaillances）、自然自身に向けてそれを完成させることであり、自然を人間化することでさえなく、単に自然を自然化すること（naturaliser la nature）である。自然を模倣することとは、自然をより自然的にすること、つまり自然をそれ自身と、それ自身の本質と分離させる分割を埋めようとすることである。（Aubenque 1962 (2005), pp. 498-499）

　人為的なものとしての技術は、自然それ自体が行ない得ないことを行なうことができる。それは、技術が自然より優れているということではなく、自然が技術に劣っているということでもない。技術は自然の行ないを単になぞるために自然を模倣するのではなく、自然単独では不可能なことをその代わりに補助的に行ない、不完全な自然を補完するために、自然の模倣を行なっているのである。つまり技術は、自然が自然となり、自然として存在できるように自然を手助けしている。

技術は単なる人為性、反自然ではあり得ず、アリストテレスが言うように、技術は自然の模倣と完成（achèvement）である。〔…〕自然がその調和、その均整、そのテロスを行き渡らせることができなかったところに、技術は人為的なものという回り道によって、減退した自発性の代替物を再構成するために介入する。〔…〕自然がそれ自身の本質を実現するよう自然を助けることが問題である。〔…〕自然がそれであるものになるよう、技術は自然を助ける。（Aubenque 2011, pp. 230-231）

実現されていない自然の本質を、言い換えれば自然の本性＝自然（nature）を実現するように技術は自然に介入する。自然はこうして技術を通して初めて自然となる。第Ⅰ部第二章で最初にアリストテレスを取り上げた際にアムランのアリストテレス講義に言及したが、彼はアリストテレス講義とは別に『自然学』第二巻の仏訳を行なってそれに注釈を施しており、そこで例のアリストテレスの文言について次のようにコメントしている。「技術は自然の働きを継続し（continuer）、その不足分を補って完成させる（compléter）。あるいはまた、技術は自然の働きを模倣する。自然と技術が種として同一の活動の異なる現われではないとしたら、こうした共働と模倣は不可能になるだろう」（Aristote 1931, p. 153）。つまり、一方で技術を自然から劣ったものとして明確な区別をそこに見ようとしているように思われたアムランも、他方で両者は同じタイプの活動であり、それが別の形で表現されているだけであって、両者の間に対立やそれを前提とした優劣のようなものが存在するわけではないことを承認していたのである。オバンクのアリストテレス解釈は、アムランのこの後者の方向性を——この文脈ではアムランへの言及はないものの——引き受けたものだと言えるだろう。[5]

しかしながら、このようなオバンクのアリストテレス解釈に妥当性はあるのだろうか。『自然学』の件の文言にそこまでの解釈を許す余地はあるのだろうか。オバンクはそこで、アリストテレス『プロトレプティコス』（『哲学の勧め』）も合わせて引き合いに出している（Aubenque 1962 (2005), p. 498; 2011, pp. 231, 58)。オバンクが引用していない部分も含めて見てみよう。「自然が技術を模倣するのではなく、技術が自然を模倣するのであり、技術は自然を助けて、自然が無視して放っておいたものを実現するために存在する」（Aristote 2011, p. 146）。わざわざ注釈を加えるまでもないだろう。『自然学』の当該の文言に対応するこの文言は、前者をより詳細に敷衍することでそれを補完して仕上げるような記述であると共に、オバンクの解釈の妥当性を裏付けるものとなっている。

アリストテレスの他の著作にも目を向けておこう。オバンクが取り上げていない『機械学』である。アリストテレスの著作としての真贋が問題となる著作だが、そのことは本質的な問題ではない。というのも、仮にそれがアリストテレスの手によるものではないとしても、アリストテレスの学説が周囲の者にどのようなものとして受け止められていたのかを、この残されたテクストは証し立てているからである。『機械学』の序では次のようなことが言われている。常に一定で一様な仕方で生起する自然現象に反する事柄を生み出そうとするなら、人間は技術に頼る他はない。つまり自然から逸脱するような現象が生み出されるのは、技術によって、人為的な方法によってである。かくして次のことが帰結する。「詩人アンティポンが語るように、「自然が我々を支配するところで、技術が我々を勝利者にする」」（八四七a二〇—二一）。

ベーコンを想起せずにはいられないこの文言によれば、技術によって一律に生じる自然現象とは異質な現象が生み出され、それは時に自然現象を凌駕するものとなる。そうしたことが生じるのも、そもそも自然が支配していたところ、つまり自然のただ中以外にあり得ない。技術は自然に介入し、それを補完することで自然だけでは生み出すことの不可能な現象を自然のただ中に生じさせる。これはまさに、自然が技術の介入による補完を通してその完全性を実現するということだろう。

オバンクの解釈に依拠しつつ、このように『自然学』、『プロトレプティコス』、『機械学』を通してアリストテレスにおける自然と技術を再考する時に浮かび上がってくるのは、ここまで「アリストテレス的」と形容してきたような考え方に反する自然と技術の関係についての考え方、つまり、自然と人為的なものの間には不連続性ではなくむしろ連続性が存在しており、こうした連続性によって、人間は自然の中で技術によって自然に介入できるという考え方ではないだろうか。つまりこの問題に関してそもそも反「アリストテレス的」なのは、当のアリストテレス本人だったのである。言い換えれば、自然と人為の間に断絶が存在しないのと同様に、反「アリストテレス的」なプラトンやベーコンとアリストテレスの間に断絶は存在しない。[6] 自然と技術、自然と人為という区分は一七世紀初めにベーコンによって問いに付されたどころではない。それはプラトンやアリストテレスによって既に問いに付されていたのである。

3　〈自然のイメージ〉への抵抗としての哲学（史）

自然は技術を介してのみ自然であることができる。自然が自然であるために、というより自然が自然となるために、技術は自然の中に初めから必然的に含まれており、その意味で、オバンクも言うように技術はそもそも「自然的な（naturel）」ものである。

やはり自然的なこの技術にとって、自然に超自然を付加することが問題なのではない。明らかに自然の不完全性をではなく、この不完全性がその欠如を表わしている完全性を模倣することで、未成熟で脆弱な自然を自然化することが、この自然な技術にとって問題なのである。人は自然を模倣することで自然を完成させるが、自然は完成された限りでのみ模倣されるに値する以上、そこには一つの循環がある。しかし、この循環は人間の行為に内属している。（Aubenque 2011, p. 258）

逆の言い方をすれば、自然が必然的に技術を含んでいる以上、それはもともと技術的、人為的だと言うこともできる。こうしてアリストテレスにおいても、技術は自然と対立するのではなく、むしろ両者は相互補完的な関係にあることが分かる。

それゆえ先ほど我々が立てた最初の問いへの答えは否となる。アリストテレスは自然と技術を明確に区分し、前者を一次的なもの、後者を二次的なものと位置づけたというのは誤りである。自然と技術を分離し、前者に対して後者を二次的なものにしてしまったと言ってアリストテレスを批判する者は、件の文言の前半部分を無視して文言全体の意味を理解していないのである。[7] 第二の問いに対する答えも否であることは言うまでもない。アリストテレスにおいても、自然は或る意味で人為的であり、逆に人為は自然的であるとも言うことができる以上、プラトンとアリストテレスの間には、この問題に関して少なくとも本質的な対立は存在しないからである。

プラトンとアリストテレス、キケロやセネカ、プロティノスやトマス、そしてベーコン、デカルト、ライプニッツ、ディドロやルソーといった哲学者たちに見られる自然と人為の関係を、彼らのテクストに従って確認してきた。そこから理解できるのは、いずれの哲学者も自然／人為という図式的区分を受け入れるどころか、その哲学においてそうした区分自体を、全面的にであれ部分的にであれ、何らかの仕方で問いに付していたという事実である。哲学史の中でそのような区分を強調した代表者と看做されることの多いアリストテレスでさえ、実はその例外ではなかった。ということは、しばしば「アリストテレス的」と言われるようなこの自然と人為の区分は、そもそもアリストテレス自身のものでは決してなく、アリストテレスにこの区分を帰しつつそれを批判して斥けようとする者は、それが拒絶しようとしているものの背後に、そもそもそこにはいない者の幻を見て、一方的に断罪しているにすぎない。

以上のことが意味するのは、それゆえ以下のことである。第一に、哲学はそもそもギリシア以来、自然／人為という図式的区分に基づいて捉えられた、言わば常識的で自然な〈自然のイメージ〉、つまり人為との対比において理解されるような自然という〈自然のイメージ〉に対する反自然的な闘いであるということ、第二に、そうした自然／人為という区分は、それに対する抵抗者が一体誰なのかということすら哲学の側でも判然としなくなるほどに自然なものとして、繰り返し回帰して哲学の内部にも侵入してくるがゆえに、哲学の歴史とは、そのように回帰し続ける図式に対して行なわれる反自然的な抵抗の反復の歴史であるということ、これである。

哲学が概念の創造に存する活動なのだとすれば、哲学とは、自然な〈自然のイメージ〉に抗して、反自然的な仕方でこのイメージに還元されないものの概念を提示するという闘争や抵抗の活動であり、哲学史とはそのような闘争と抵抗の反復によって織り成されてきた歴史であることになる。そして、この概念によって言い表わされているものは、自然／人為という区分に抗して、それを問いに付すという批判的作業を伴いつつ示されるものである以上、そうした区分には収まらないものとして位置づけられねばならない。つまりこの場合に問題となるのは、自然／人為という区分を前提とした上で理解されるような通常の意味での自然や人為には決して還元されないもの、自然／人為という区分の手前にあり、それに先立つものとしての〈自然〉に他ならない。

第四章　〈一なる全体〉としての自然 (1)
――ディドロ『ダランベールの夢』

1　〈一なる全体〉としての自然――もう一人のディドロ

哲学と哲学史は、場合によっては哲学（史）の内部に入り込んでくることもある、自然／人為という二者択一的区分に基づいた自然という〈自然のイメージ〉に逆らって、自然と人為の手前で〈自然〉を思考し、それを概念にもたらそうとする試みとその反復の歴史のことである。ディドロもまた自然／人為という二分法の手前で自然誌かつ技術誌であるものを構想していたとすれば、そして哲学史が自然／人為という区分に抗して〈自然〉を思考するという営みの反復の歴史であるならば、彼もまたこの歴史の継承者の一人である。

しかし、ディドロは自然に関してもう一つの考え方を提示している。それが見られるのは有名な対話篇『ダランベールの夢』である。これまで取り上げてきた『百科全書』の項目「技術」や『自然の解釈についての思索』よりかなり後の一七六九年に執筆されたこの著作は、「ダランベールとディドロの対話」、「ダランベールの夢」、「対話の続き」と題された三つの対話から成る三部作として構成さ

ダランベール

れている。ここでは二番目の「ダランベールの夢」に注目したい。

　詳細は省くが、一番目の「ダランベールとディドロの対話」では、著者本人であり登場人物でもある唯物論者ディドロが、もう一人の登場人物である友人の感覚論的懐疑論者ジャン・ル・ロン・ダランベール（一七一七—八三年）を論破しながら、自らの主張に同意させようと説得する形で対話が進む。自然の中の万物は物体も含めて等しく感覚を有していると主張し、物体と非物体、非生物と生物、鉱物・植物・動物を連続的に捉えようとするディドロとの対話を終えてダランベールが辞去するところで幕を閉じる。帰宅したダランベールは疲れて床に就くが、夜通しうなされているので、彼を案じて看病していたレスピナス嬢と、翌朝往診に訪れた医師ボルドゥが、眠るダランベールの傍らで対話を行なうのが二番目の「ダランベールの夢」である。

　ディドロに議論で打ち負かされた形になったダランベールは、眠りながら一晩中うわごとを発し、レスピナス嬢は付きっきりで看病していた。翌朝やってきたボルドゥに、彼女はダランベールのうわごとを書き取ったものを読んで聞かせ、ボルドゥがそれに対して意見や感想を述べる形で対話は進む。ダランベールは二人が対話する横で眠りながらなおもうなされ続け、夢の中でのうわごととして二人の会話に時おり口を挟むが、前の晩の対話で論破されたために、無意識の内にディドロの主張に感化されつつあるダランベールのうわごとは、ディドロの考えをそのまま代弁するような内容になっている。ここで重要なのは、そのようなうわごとの一つとして語られる次のような台詞である。長くなるが引用しよう。

すべての諸存在は、他の諸存在の中で互いに循環し合っており、したがって、すべての種がそのようになっている……すべては絶えざる流れの中にある……どんな動物も多かれ少なかれ人間であり、どんな鉱物も多かれ少なかれ植物であり、どんな植物も多かれ少なかれ動物である。自然の内には明確に区別されるものは何もない（Il n'y a rien de précis en nature）。〔…〕どんな事物も多かれ少なかれ何らかの事物、つまり多かれ少なかれ土であり、多かれ少なかれ水であり、多かれ少なかれ大気であり、多かれ少なかれ火であり、多かれ少なかれあれやこれやの界に属している……それゆえ何ものも特定の一つの存在の本質〔のみ〕から成るのではない……確かにそうではない。いかなる存在もそれを分有していないようないかなる性質も存在しないからである……〔…〕すべては自然の内にあること、〔諸存在の〕連鎖の中に空虚が存在するのは不可能であることを、あなたは認めないのだろうか。それでは、あなたは個体（individu）ということで何を言おうとしているのだろうか。そんなものはまったく存在しない、そう、まったく存在しない……ただ一つの大いなる個体しか存在しない、それは全体である（Il n'y a qu'un seul grand individu, c'est le tout）。一つの機械の中と同様、任意の一匹の動物の中と同様、この全体の中に、あなたがしかじかのものと呼ぶだろう一つの部分が存在する。しかし、あなたが全体の中のこの部分に個体という名前を与えるなら、それは、あなたが一羽の鳥の中の翼や翼の中の羽に個体という名前を与える場合と同様、誤った考えに基づいている……。(Diderot 1987, pp. 138-139)

作者ディドロが夢の中のダランベールにうわごととして語らせていることは、ディドロ自身の主張を反映している。つまり、先ほど述べたように、生物も非生物も、つまり物体であれ、植物であれ、動物であれ、人間であれ、万物は自然の内で相互に連関し合っており、自然に不連続性をもたらすようないかなる切れ目も隙間も存在せず、すべては連続的に捉えられるという考え方である。

自然の中の万物が自分以外のすべてのものを少しずつであれ互いに含み合っている以上、万物をそれぞれ明確に区別できるような截然とした境界は自然の中には存在しない。逆に、どんなものも特定の性質のみから成るのではなく、あらゆる性質を少しずつであれ含んでいる以上、万物はそうした性質に即して、個々のものを構成する諸部分へといくらでも分割可能だと言うこともできる。その意味で、自然の中には文字通りの意味での個体（individu）――分割されないもの（in-dividu）――は存在しない。そして、そうした分割可能な諸部分すべてがその内にあるが、それ自身は決して分割されない「全体（le tout）」こそが、唯一存在する本当の意味での個体である――これがダランベールのうわごとという形を借りてディドロが言おうとしていることである。

こうしたディドロの主張のうち、自然の連続性をめぐる側面に関しては、『自然の解釈についての思索』で提示された自然観に繋がるものだと言って良い。そこでは、自然を構成する諸要素の組み合わせには自然的なものと人為的なものがあり、しかも両者は不可分であることが主張されていた。生物であれ非生物であれ、万物は自然の内で相互連関しているという『ダランベールの夢』での自然観は、明らかにそれと連続的である。というのも、第一の対話の冒頭で大理石から成る彫像――まさに技術＝芸術（art）による人為的な産物である――と肉体を持った生ける人間の比較が問題になっているが、ディドロがそこに連続性を認めている（*ibid.*, pp. 90-95）以上、万物の中には当然人為的なものも含まれていなければならないからである。

しかし、『ダランベールの夢』では自然のもう一つの側面が強調されている。それは自然が〈全体〉として規定されているということである。これは『自然の解釈についての思索』で提示された、人為的なものを含む自然をめぐる議論と整合的だろうか。

この自然のもう一つの側面をより詳しく見てみよう。ディドロによれば、一般に個体と思われているものは個体ではない。それはあくまで全体の部分であって、そのような部分より小さい諸部分で構成されていて、そうした諸部分にさらに分割可能であるから、そもそも個体の定義に反している。それゆえ、分割される諸部分に対して、それ自身は分割されない全体こそが本当の個体として存在する。これが先ほどの引用で述べられたことの一つである。

また先の引用では、すべてが自然の内にあることも強調されていた。第三の対話である「対話の続き」で、ディドロはボルドゥに次のように語らせている。「存在するどんなものも、自然に反して存在することも自然の外に存在することもできない（Tout ce qui est ne peut être ni contre nature ni hors de nature)」（*ibid.*, p. 202)。自然の外に存在するものはない以上、存在するものはすべて自然の内にある。言い換えれば自然はすべてをその内に包括するものとして存在する。

ディドロにとって、本当の個体としての「全体」とすべてを包括する「自然」が同じものを意味しているのは言うまでもない。つまり「自然」と「全体」はそこで重ね合わされている。あらゆる部分を包括するがそれ自身は分割されず、いかなる空虚も切れ目もそこに存在しないような「全体」として「自然」は捉えられているのである。さらに言えば、ディドロにとってはただ一つの個体しか存在しないのだから、全体としての自然はただ一つしかなく、その外部は存在しない。全体であることには一つであることが、一つであることには全体であることが、この自然観では含意されている。すなわち『ダランベールの夢』のディドロにとって、自然とはまさに、いかなる外部もない〈一なる全体〉に他ならないのである。

シモンドンは、個体概念をめぐる古代ギリシアからドイツ観念論までの哲学史を略説する中でディドロを一つの事例として取り上げ、ディドロにおける自然を個体との関わりで次のように簡潔に定義している。「〔『ダランベールの夢』における〕自然は、個々の諸存在がそこに吸収＝解消される一つの全体である[8]（La nature est un tout où se résorbent les êtres particuliers）」（Simondon 1964-89 (2017), p. 497）。このようにシモンドンによれば、ディドロが言う「自然」は「一つの全体（un tout）」であり、すべてを吸収＝解消して包括するものとして位置づけられるが、それは『ダランベールの夢』におけるディドロ的な自然についての我々の理解とも完全に合致する。

まとめよう。自然とは、分割可能なすべての諸部分を包括する――そしてすべてを包括する以上、その外部は存在しない――が、それ自身は統一性を備えた有機体のような、分割されることなき〈一なる全体〉である。これが『ダランベールの夢』に見られるもう一つの自然の側面である。

しかしながら、この〈一なる全体〉としての自然という側面は、『自然の解釈についての思索』で提示されていた自然観から少なくとも直接に導かれるものではない。自然はそれを構成する諸要素の「自然な」組み合わせと「人為的な」組み合わせという不可分な二つの組み合わせから成るということは、自然が〈一なる全体〉であることを必ずしも含意していないからである。では、どうして自然は一なる全体、有機体がそうであるような、内的な統一性を備えた全体でなければならないのだろうか。逆に、自然はそうした統一性を欠いた非全体的なもの、一でも全体でもないようなものであってはどうしていけないのだろうか。そうした可能性は排除されていないはずであるにもかかわらず、その可能性を排除することなしに自然を〈一なる全体〉と看做すことは、自然／人為という二者択一的区分に基づいた、人為から切り離された純粋な自然がそうであるのと同様に、やはり一つの〈自然のイメージ〉なのではないだろうか。

2 〈一なる全体〉とその他者

『自然の解釈についての思索』における当のディドロ本人が、そもそも自然は〈一なる全体〉なのかという問いを立てている。同時代の偉大な数学者・天文学者であると共に、生殖や遺伝をめぐる或る種の生物学的考察――或る種のというのは、そもそもこの時代には厳密な意味での生物学はまだ存在していなかったからである[9]――にまで手を広げるに至ったピエール＝ルイ・モロー・ド・モーペルテュイ（一六九八―一七五九年）がバウマン博士というドイツ人の偽名で発表した論考「有機体の形成に関する試論」に対して、ディドロは次のような問いを提起する。

そこで私は彼［バウマンという偽名を使ったモーペルテュイ］に対して、宇宙、つまり感覚的で思惟するあらゆる分子の集まりすべては、一つの全体（un tout）を形成しているのか、それともそうでないのかを問おうと思う。もし彼が、それは一つの全体をまったく形成しないと答えるなら、彼は自然の中に無秩序を導入することで、神の存在をたった一言で揺るがすことになるだろうし、また、すべての存在を結びつける鎖を断ち切ることで、哲学の基礎を破壊することになるだろう。〔反対に〕もし彼が、それは一つの全体であり、その中では諸要素が秩序づけられていること、それは、現実に区別されて判明な、あるいは単に知解可能な〔要素の〕諸部分が、一つの要素の中で秩序づけられているのと同様であること、また諸要素が一匹の動物の中にあるということを認めるなら、この宇宙的な交合の結果として、世界は一匹の大いなる動物にも似ており、一つの霊魂を持っていること、世界は無限であり得るのだから、この世界の霊魂は、諸知覚からなる一つの無限の体系だとは言わないが、〔少なくとも〕そのようなものであり得ること、そして世界は神であり得ることになってしまうだろう。（Diderot 1981, p. 82）

ディドロが取り上げているモーペルテュイの主張は、自然の中のどんな有機体にも感覚や思考が備わっているという考え方である。さらにモーペルテュイは、そうした考えを物質にも拡張する可能性を示唆する一方で、そうしたものすべての外部に神の存在を置くことで無神論に陥るのを避けようとした。ディドロは万物が感覚や思考を持つというモーペルテュイの考えを前提とした上で、そうしたものすべての集まりとしての自然について問いを立てているわけである。この時、選択肢は二つしかない。つまり、そのような感覚や思考を有するものすべての集まりである自然は、秩序を持った「一つの全体」であるか、あるいはそうではないか、この二通りである。ディドロが指摘しようとするのは、どちらの選択肢を取ったとしても、自然から独立した神の存在が否定されてしまうということである。後者の場合には、「一つの全体」を否定することによって、無秩序が招き寄せられることで、秩序を与えるはずの神の存在が不可能になり、前者の場合には、「一つの全体」である「世界」(＝自然)がそのまま「神」と等置されてしまうことで、汎神論のようなものが帰結する。いずれにしても、自然から独立した神の存在は否定されてしまうのである。[10]

　もちろんあくまで独立した神を確保しようとするモーペルテュイにしてみれば、そのような帰結は決して認めるわけにはいかないだろう。ここでは詳細は省くが、後に彼はディドロの議論に反論している。[11] それはともかく、ディドロの側にしてみれば、彼はモーペルテュイの議論に忠実に寄り添いつつ、それを突き詰めることでかえって転倒させるような帰結を引き出したのである。

> 仮にバウマン博士が、彼の体系を〔彼にとっての〕正当な限界内にとどめ、彼の考えを霊魂の本性にまで広げることなく〔…〕動物の形成にのみ適用したのであれば、彼は有機的諸分子に欲望、嫌悪、感情、思考を帰属させることによって、もっとも誘惑的な唯物論のようなものにはまったく陥らなかっただろう。(*ibid.*, pp. 83-84)

モーペルテュイ

　もちろんこれはあくまでディドロから見た仮定の話であり、実際にはそうではなかった。二者択一における選択肢のいずれも当初の前提と反する同じ帰結に導かれることをもってその前提を斥ける、という論法を駆使することでディドロは、モーペルテュイが意図せずしてディドロ的な唯物論の陣営に加わってしまっていることを示そうとしたのである。

さて、今引用したばかりの文章の中の省略した部分で、ディドロは次のように補足的に述べている。「以上から私は、彼の考えを神の存在にまでもたらすことができることを彼に反して証明したと信じる」(*ibid.*, p. 84)。モーペルテュイの考え、つまり思考や感覚を自然の万物に帰すという考えは、モーペルテュイとは異なって、神そのものにまで及ぼすことができる。ディドロがそれをモーペルテュイに反して証明したと言う以上、無限な自然自体が霊魂を持っており、最終的にそれが神と等置されて、神＝自然という汎神論が帰結することをディドロは選択したことになる。ということは、自然が「一つの全体」であるか否かという選択において、ディドロは奇妙にも前者、つまり〈自然は一つの全体である〉という選択肢のみを選び取ったことになるのではないだろうか。しかもこの場合、「一つの全体」は統一的な秩序を備えているためにそのまま〈一なる全体〉となるので、ディドロは〈自然は一なる全体である〉という選択肢のみを選び取っていることにならないだろうか。しかし、もう一方の〈自然は一なる全体ではない〉という選択肢を取れない理由が少なくとも明示的には記されていない以上、これは奇妙なことである。この選択肢を排除することなしに、自然を〈一なる全体〉と看做すことは、そして「全体という観念なしには、哲学もまたない」(*ibid.*, p. 35) と断言することは、はたして許されるのだろうか。

ディドロのように自然を〈一なる全体〉と看做すことには、或る困難が含まれている。ディドロにとって、すべてを包括する全体である自然は一なる「個体 (individu)」として規定されていた。しかしそうだとしたら、その個体を他ならぬその個体たらしめるものについての問いを、つまり「個体化原理 (principe d'individuation)」についての問いを提起することが可能だろう。その場合、仮に個体化原理を当の個体そのものの内部に求めるのであれば、何らかの個体化原理が既得のものとして最初から与えられていると看做す——ただしそれは個体化原理を問わないことに等しいので、結局は何も説明していない——のでない限り、本来は当の個体の個体性を説明すべきその個体自体を個体化原理と同一視することになってしまう。これは明らかに不条理である。しかし、だからといってこの場合には、当の個体そのものの外部に個体化原理を求めることも禁じられている。というのも、この個体がすべてを包括する「全体」である以上、その外部は存在し得ないので、仮にそうしてしまうと、その全体性を否定することになってしまうからである。

いずれにしても、自然を〈一なる全体〉と看做すことには、こうした観点から困難が必然的に付きまとう。だとすれば、やはり〈一なる全体〉としての自然、いかなる断絶も空虚も含まず、調和的な秩序を備えた有機的全体としての自然というものを自明の前提のように受け入れることは、自然／人為という二者択一的区分に基づいた、人為から切り離された純粋な自然というものを受け入れることがそうだったのと同様に、真に自然を思考することを妨げる〈自然のイメージ〉に既に囚われてしまっているということである。そうであれば、〈一なる全体〉とは異なるものとして、言わばその他者として〈自然〉を思考しなければならないだろう。

第五章　〈一なる全体〉としての自然(2)
——前批判期カント哲学

1　ディドロからカントへ

自然は〈一なる全体〉なのか、それともそうではないのか——この問いをめぐってディドロの行なった選択は、前者の問いに肯定的に答えることだった。しかしそれは、自然／人為という分割に基づく一つの〈自然のイメージ〉を拒絶したディドロも、また別の或る〈自然のイメージ〉を、つまり「自然は一なる全体である」というイメージを受け入れてしまっていることを意味していた。哲学史の内部にもそうした様々なイメージがひそかに浸透していることを、ディドロという一つの歴史的事例は示している。ではディドロ以外ではどうなのだろうか。

ここでカンギレムの言葉を引用しよう。彼の論文集『生命の認識』に収録された論考「生気論の諸相」の中の言葉である。

〔…〕人間は自然を二つの仕方で考えることができる。第一に、人間は自らを自然の子供と感じ、自然に対して帰属と従属の感情を抱く。人間は自然の中に自らを見て、自らの内に自然を見る。あるいは〔第二に〕、人間は、異質で不可解な対象を前にしているように自然に直面して自らを保つ。〔前者のように〕自然に対して子供としての感情、共感という感情を抱く科学者は、自然現象を異様で異質なものとは考えず、まったく自然に、生命と霊魂と意味を自然現象に見出す。このような人間は根本的に生気論者である。プラトン、アリストテレス、ガレノス、中世のすべての人々、ルネッサンスの大部分の人々は、この意味で生気論者だった。彼らは宇宙を一つの有機体のように、すなわち法則と同時に目的に従って統制された調和的な一つの体系のように看做していた。（Canguilhem 1965, p. 88. この一節は、生物学者ラードルの著作『近代における生物学理論の歴史』からの抜き書き的な引用である）

ここでは、自然に対する生気論的な（vitaliste）態度と機械論的な（mécaniste）態度の対比が述べられている。前者は、自然を一つの調和的な存在と看做し、それに主観的な帰属感や一体感を覚えるような態度であり、後者は、自然を自らとは異質なものと看做し、距離を置いたところからそれを認識の対象として客観的に捉えようとする態度だと言うことができるだろう。前章で見たディドロは、自然を一匹の大いなる動物のように捉えていたことから、この分類に当てはめるなら、生気論的な態度を取っていることになるのだろうか。

引用した箇所でカンギレムはディドロの名前を挙げていないが、当該論考の末尾で、通常は唯物論者と看做される一八世紀の哲学者の中でも、とりわけディドロの哲学が「生気論的唯物論（matérialisme vitaliste）」として特徴づけられると説明するジャン・ヴァール（一八八八―一九七四年）

の著作（Wahl 1946）を引き合いに出して議論を終えている（Canguilhem 1965, p. 100）。明らかにカンギレムはヴァールに同意しつつその著作への参照を促しているので、カンギレムにとってのディドロは生気論の側に属していることになるだろう。

なおカンギレムのこの分類に従えば、ルソーもディドロと同じく生気論の側に属することになる。というのも、ルソーも「自然」を「母」と看做し（Rousseau 1959-95, tome 1, p. 644）、その「自然全体と同一化する」、「溶け込む」（*ibid.*, pp. 1065-1066）という形で、自然に対する隔たりなき一体感を強調しているからである。ここにはまさにカンギレムの言う生気論の規定「人間は自らを自然の子供と感じ、自然に対して帰属と従属の感情を抱く。人間は自然の中に自らを見て、自らの内に自然を見る」をそのまま見て取ることができる。

では、ルソーの言う自然もまた、ディドロの自然がそうだったように有機的な内的統一と調和を備えた〈一なる全体〉なのだろうか。ポール・オーディ（一九六三年生）は次のように言う。「ルソーの語る〈自然〉は、物理的諸現象を客観的法則に従わせることでそれらを理想的に統一するすべてを包括する実在、類的な全体性とは何の関わりも持たない」（Audi 2008, p. 273）。だが、そうだとしても、ルソー的な自然が「生き生きとした、そしてそのようなものとして非対象的な一つの〈自然〉」であることをオーディは認めている（*ibid.*, p. 264）。しかも「互いに類似しており、また互いに異なる諸々の個体性」が「真の一つの「全体」、一つの「宇宙」」を成すことは決して否定されていない（*ibid.*, p. 311）。類似しかつ異なるもの同士が調和する統一的な全体を形作るとすれば、そこにあるのはやはり〈一なる全体〉としての自然以外の何ものでもないだろう。

既に引き合いに出したフーコーに従えば、一六世紀半ばから二〇世紀後半にかけての西洋における

「エピステーメー（épistémè）」——「或る特定の時代において〔…〕言説的諸実践を統一することのできる諸関係の集合」（Foucault 1969, p. 250）であり、その時代の様々な認識や知識の可能性の条件の歴史がそこであらわになる「場（champ）」（Foucault 1966, p. 13）——には、少なくとも二つの大きな亀裂が走っている。一つはルネッサンスと古典主義時代を分かつ一七世紀前半に、もう一つは古典主義時代と近代を分かつ一八世紀末から一九世紀初頭に位置する。そしてフーコーによれば、この亀裂は哲学史とも決して無関係ではない。すなわち、哲学史にもこの二つの時期にそれぞれ対応する亀裂が走っており、そこに不連続性が見られるということである。

ディドロにこの図式を当てはめるとどうなるだろうか。「デカルト、ライプニッツ、ディドロ、ダランベールは〔…〕古典主義的思考を構成していたもののもとに、まさにとどまっていた」（*ibid.*, p. 260）とフーコーが言うように、一八世紀を生きたディドロが属するのは近代ではなく古典主義時代である。そこで一つの問いが生じる。〈一なる全体〉としての自然というイメージをディドロが受け入れていたのであれば、それは彼が属していた古典主義時代に特徴的なことなのだろうか。言い換えれば、それは古典主義時代に限定されることなのだろうか。例えば、フーコーが古典主義時代と区別する近代では、はたして事態はどうなっているのだろうか。

カンギレムによる分類を前提とする限りは生気論者として位置づけられるディドロに従うと、自然は〈一なる全体〉として規定されることは既に見た。一なる調和的・有機的全体としての自然の内にすべてがあり、個々のものはそうした全体に吸収＝解消される以上、個々のものの一つとして全体に吸収＝解消される人間は、それに対する帰属感と一体感を抱くような仕方でしか存在できない。それでは逆に、この分類におけるもう一方の側、すなわち機械論的な立場から自然を理解した場合、〈一なる全体〉という自然の規定はどうなるのだろうか。

哲学史に或る程度通じている者なら、自然についての機械論的立場ということで最初に思い浮かぶ哲学者は、おそらくデカルトだろう。というのも、哲学史において、あるいは科学史においても、デカルトの機械論的自然観という表現がしばしば用いられるからである。例えば、先ほど名前を挙げたカンギレムの『生命の認識』の中でも、「デカルト的機械論（mécanisme cartésien）」という表現が何度か使用されている（Canguilhem 1965, pp. 57, 175）（「デカルトの機械論（mécanisme de Descartes）」という表現も見られる（*ibid.*, p. 92, note 8)）。いずれもカンギレム自身に固有の見解や評価を表わしているわけではなく、あくまで一般的な文脈で使用された表現だが、それだけに、このような用語で言い表わされるデカルト理解が、ごく一般的なものとして流布・浸透していることをかえって物語っているとも言える。

しかし、ここではフーコーが古典主義時代と区別する近代が問題となるので、生気論的立場と対比される機械論的立場として別の哲学者を取り上げることにしたい。それがイマヌエル・カント（一七二四―一八〇四年）である。というのも、古典主義時代と近代のエピステーメーの断絶に関してフーコーが特権視しているのが、他ならぬカント哲学だからである（「カント以降、問題はすっかり異なるものになった」(Foucault 1966, p. 260)）。理由はもう一つある。物理学を含む近代自然科学の成立に直接対応する最初の哲学として考えられるのが、アイザック・ニュートン（一六四二―一七二七年）の自然科学を出発点としつつ、それを含む近代物理学の学としての妥当性の認識論的な基礎づけを行なったとされるカントの哲学だということである。

2 前批判期カントにおける〈一なる全体〉としての自然

カント哲学の位置づけに関しては様々な解釈があり得るが、ここでは近代自然科学――ニュートンのそれも含めて――の基礎づけとしてのカント哲学という、以下に見るようなジル＝ガストン・グランジェ（一九二〇―二〇一六年）やジュール・ヴィユマン（一九二〇―二〇〇一年）の理解に従っておく。

現代フランスの科学認識論を代表する哲学者の一人であるグランジェは、初期の著作『理性』でカントについて次のように述べている。[12]

カントの仕事は、〔デカルトから〕一世紀半後に合理的＝理性的なもの（le rationnel）の領域を正確に確定する試みである。〔…〕カントはニュートン科学についての省察から出発して、理性（raison）の活動範囲を狭めるのではないにしても、その限界を明瞭に示そうとした。（Granger 1955, p. 16）

グランジェの盟友であり、彼と同様にフランス科学認識論を代表する一人であるヴィユマンによれば、こうした理性の範囲と限界の画定を行なう「〔カントの〕超越論哲学は〔…〕〈合理的力学〉を可能にする認識作用のシステムについての理論」（Vuillemin 1955, p. 360）であり、その理論を打ち立てる際にカントは或る原理に訴えた。その原理とは、「〈数学〉と〈合理的力学〉の妥当性を同時に基礎づける（fonder）に相応しいとカントには思われた原理」（Vuillemin 1963, p. 12. 強調は引用者）である（この「原理」については第IV部で取り上げる）。このような理解に沿って考えれば、カント哲学を、近代自然科学に直接対応するその基礎づけの作業として位置づけることには十分な正当性があると言えるだろう[13]。

そうすると、「古典幾何学とニュートン物理学」をモデルとしつつ[14]（Granger 1955, p. 60）、その条件を明らかにすることで近代自然科学の学問的妥当性を保証しようとしたカント哲学では、「自然」をめぐる事態はどうなっているだろうか。カントは自然についてどのように語っているのだろうか。

手始めに、批判哲学を確立する以前、すなわち三批判書を刊行する以前のいわゆる前批判期にカントが執筆した論考であり、しかも我々が目下問題にしている機械論的立場からの自然観が提示される『天界の一般自然史と理論』（一七五五年）を取り上げることにしよう[15]。「ニュートンの原理に従って論じられた、宇宙全体の構造と機械論的起源についての探究」という別題または副題を持つこの著作で、我々がまず目を向けたいのは、機械論的法則だけで宇宙の発生を論じようとする、その——カント曰く——「もっとも本来的な主題を含む第二部[16]」（Kant 1902-38, Bd. 1, S. 234）ではない。着目すべきは、その序文、あるいは本来的な主題に入る前に宇宙の体系または構造を論じようとする第一部であり、さらに第一部の最初に銘句として引用されているイギリスの詩人アレクサンダー・ポープ（一六八八—一七四四年）の次の言葉である。

この宇宙のすべての諸部分を結びつけてまとめあげ、大いなる全体を保つ、あの大いなる驚異の連鎖を見よ[17]。（Ebd., S. 241）

なぜこの言葉が重要なのかは明白だろう。この言葉の中に見られる「全体（*Ganze*）」という表現が、この論考でカントが行なっている「自然（Natur）」の規定と決して無関係ではないからである。実際、宇宙を大いなる全体と看做すポープの言葉をそのまま引いているという事実が示唆するように、『天界の一般自然史と理論』でカントは明らかに自然そのものを〈全体〉として、しかも以下で確認するように〈一なる全体〉として捉えている。

例えば序文を見よう。そこでカントは、宇宙全体の物質がカオス的な散逸状態にあるという出発点を仮定としていったん置けば、そこから引力と斥力のみに従って、「秩序だった一つの全体（ein wohlgeordnetes Ganze）」（Ebd., S. 226）が自ずと形成されると考えている。この「一つの全体」は、原初にある物質のカオス状態という仮説から導かれた、或る種のフィクションのようなものである。しかしカントによれば、そこに恣意的なものは何もない。それは我々が現実に有する「宇宙の体系とあまりに似ているように見える」ので、結局はそれと「同一」のものと看做さざるを得ず、したがってこの「秩序だった一つの全体」を、我々にとっての現実の「自然の秩序」と同一視することが可能となる（Ebd.）。つまり「自然」とはこのような「秩序だった一つの全体」に他ならないというのがここでのカントの考えである。

カント

このような自然の規定は本論の第一部でも変わらない。

そこでカントは、太陽とそれを中心として規則的に運行する惑星群——地球も含まれる——から成る太陽系という宇宙を「一つの体系（ein System）」（Ebd., S. 246, 247）として捉え、それを太陽系の外部へと類比的に拡大することで、銀河系というより大きな宇宙、さらにはすべての恒星系を含む全宇宙の構造を示そうとしている。つまりあらゆる恒星系の集まりとしての自然全体が「一つの体系」を成しており、それは「諸々の宇宙から成る一つの宇宙である、総体的な秩序を備えた一つの全体（ein zusammengeordnetes Ganze）」として規定される（Ebd., S. 255）。この「一つの全体」は、総体的な秩序を備え、すべての宇宙の宇宙として万物を包括するものである以上、まさに我々が問題としている〈一なる全体〉としての自然に他ならない。

続く第二部でも事態は同様であり、そこでも「全宇宙、自然の全体（das All der Natur）」、あるいは同じことだが、「無限に広がる自然全体」は、「統一的な一つの体系（ein einigen System）」として捉えられることが繰り返し述べられている（Ebd., S. 310, 312）。ここでの「体系」は「統一的」なものであり、またその「体系」は「全体」である以上、第一部においてそうだったように、宇宙の全体である「自然」としての「一つの全体」が、ここでも〈一なる全体〉以外の何ものでもないことに変わりはない。

このように『天界の一般自然史と理論』では、自然が一貫して〈一なる全体〉として規定されているのを見て取ることができる。ここで指摘しておくべきなのは、既に明らかなように、一七五五年のこの論考でのこうした自然の規定が、歴史上の長いスパンで考えればほぼ同時期とも言える一七五三年の『自然の解釈についての思索』や一七六九年の『ダランベールの夢』に見られるようなディドロによる自然の規定にそのまま対応しているという事実である。つまりこの時点でのカントは、自然に関してディドロとまったく同じような着想を共有していたことになる。しかも、そうした〈一なる全体〉としての自然の実在は、或る種のフィクションの形を取って語られつつも、結局のところは疑うべくもない事実であるかのようにそのまま受け入れられているのである。

一八世紀の半ばから後半にかけて、生気論と機械論というまったく異なる立場、完全に対立するはずの立場から、ディドロ（やルソー）と前批判期のカントがそれぞれ〈一なる全体〉という同じ自然像を提示している。この事実は、生気論か機械論かという二者択一を前提する限り、自然を〈一なる全体〉として語るように仕向ける思考の枠組みが一八世紀の哲学史に存在していたことを意味しているのではないだろうか。そうだとすると、一八世紀とは、自然／人為という区分に基づく〈自然のイメージ〉を問いに付すことで〈自然〉を思考するという哲学の営みが、一七世紀を引き受けつつ、技術革新やそれと相関的な産業革命といった現実の変化に見合う形で遂行され、それと同時に、〈一なる全体〉としての自然という別の〈自然のイメージ〉が浮上してきた、そのような時代だったと言うことができるだろう。[18]

ところで、ディドロが生気論的な観点から自然を〈一なる全体〉として規定することに付きまとう難点は、前章の末尾で確認したばかりである。ということは、生気論の立場からは自然を〈一なる全体〉と看做すことはできないことになる。では、機械論的立場からは自然を〈一なる全体〉と看做すことができるということだろうか。しかし機械論的立場からであろうが、すべてを包括する統一的な一つの全体として自然を理解することは、結局自然を「個体」として理解することになるので、生気論と同様の困難を抱えざるを得ない。つまり、自然について機械論的立場を取る場合でも、生気論的立場を取る場合と同様に、自然を〈一なる全体〉として規定することはできない。したがって、〈一なる全体〉としての自然という考えは、いずれの立場からも決して維持できない以上、やはり退けられねばならないはずである。

哲学とはまさにそのような〈自然のイメージ〉との闘い、〈自然のイメージ〉への抵抗だというのが我々の考えである。次の第Ⅲ部では、この「自然は〈一なる全体〉である」というもう一つの〈自然のイメージ〉への抵抗が哲学史の中に現われる様を見届けることで、自然をめぐる哲学史の再考を続けよう。

第Ⅲ部

〈一なる全体〉ならぬ〈自然〉

再び一七世紀から一九世紀へ

第一章　「神すなわち自然」——スピノザと自然の問題

ディドロや前批判期のカントにその典型的な登場が見られる〈一なる全体〉という〈自然のイメージ〉であるが、それに対する抵抗はそれ以前に既に姿を現わしていた。自然と人為をめぐるアリストテレス主義と一般に看做されるものが、既にプラトンやアリストテレス自身によって批判されていたように、〈一なる全体〉をめぐるディドロや前批判期のカントもまた既に批判されていたのである。その様を見ることができるのは、例えば一七世紀のスピノザにおいてである。本章ではスピノザ哲学における自然の問題に焦点を当ててみよう。

1　スピノザ対ニーチェ？

ここでこのような形でスピノザを持ち出すのは、一見奇妙に思えるかもしれない。というのも、自然を〈一なる全体〉として提示した者こそ、まさにスピノザその人であるという見解が哲学史の中にも見られるからである。一例としてニーチェを取り上げよう。

スピノザとニーチェの間に共通の考え方がいくつか存在することはこれまでにも指摘されてきた。実際、意志の自由の否定や目的概念の否定など、スピノザ哲学が示すいくつかの見解に関して、ニーチェ自身が深い共感を抱いていたことはよく知られている。「私の祖先」——もちろん哲学的祖先という意味での「祖先」——として、ヘラクレイトス、エンペドクレス、ゲーテと共にスピノザの名前が引き合いに出されることもある（Nietzsche 1980, Bd. 11, S. 134）。そして、まさに自然をそれぞれの仕方で問題にしたヘラクレイトスやエンペドクレスらとスピノザが併置されるからには、しかもスピノザが「神すなわち自然（Deus seu Natura, Deus sive Natura）」——第Ⅰ部の第六章で我々はスピノザのこの言葉を通りすがりに引いておいた——を問題にするからには、そこに「自然」という共通項を見出すのはそれほど難しくなさそうである。

ところが、話は少し複雑である。スピノザへの共感が見られる反面、手放しでスピノザが礼賛されるわけではなく、スピノザ批判もまた各所で行なわれているが、そのことだけが理由ではない。問題はまさにスピノザの言う「自然」をニーチェがどのように理解したかに関わっている。一八八四年の或る断片でニーチェは、スピノザが『エチカ』第五部で語る「神への知的愛」の背後に、告発されるべきルサンチマンの影を見て取っている。つまり、彼はそこにユダヤ人であるスピノザの偽装された復讐心を読み取ったわけである。しかし、隠されたルサンチマンを嗅ぎつけるようなこのスピノザ解釈の是非はここでの我々の問題ではない。重要なのは、その際にニーチェが、スピノザの言う「神」を「全てとしての一者（Eins in Allem）」（Ebd., S. 319）と看做していることである。スピノザにおいて「神すなわち自然」であるからには、ニーチェから見たスピノザの「神」＝「自然」は、「全てとしての一者」として位置づけられていることになる。言い換えればニーチェは、我々が問いに付しているような〈一なる全体〉として、スピノザ的な意味での「自然」を理解しているということである。

こうした理解は実際、スピノザ的な意味での「神」＝「実体」、外部を持たず、すべてをその内部に含むようなものとしての「神」＝「実体」についてしばしば行なわれる理解の一つだろう。その起源は、例えばゴットホルト・エフライム・レッシング（一七二九—八一年）が「〈一〉にして〈全て〉」（Ἓν καὶ Πᾶν）をスピノザの言う神に結びつけていたことを伝えるフリードリヒ・ハインリヒ・ヤコービ（一七四三—一八一九年）の『スピノザ書簡』（一七八五年）に求められる（Jacobi 1968, S. 54. Vgl. S. 55)。しかしながら、ニーチェにも見られるこのような理解は、スピノザの哲学に即して見た場合、はたして正しいものだろうか。ニーチェのようにスピノザへの共感を隠さないわけではない哲学者においてさえ、スピノザ的な意味での「自然」について根本的な誤解があったとしたらどうだろうか。以下で示したいのは、ニーチェによるスピノザ的な意味での自然についての理解は誤っているということ、スピノザの言う「自然」は決して〈一なる全体〉ではなく、むしろ〈一なる全体〉ならぬものだということである。

まず指摘しておくと、ニーチェの言にもかかわらず、スピノザにおける自然とニーチェにおける自然の間に共通性を見つけるのはまったく難しくない。ニーチェの「自然」概念そのものについては後で取り上げるので、ここではそれの持つ特徴のごく一部に触れるにとどめるが、ニーチェの言う自然には「秩序（Ordnung)」は存在しない（Nietzsche 1980, Bd. 3, S. 468)。彼によれば、自然それ自体は、善でも悪でもなく、美しくも醜くもなく、高貴でも低俗でもない。そのような自然の特徴は、自然を擬人化することによって生み出された虚構にすぎず、自然そのものの内には決して存在しない。

それに対してスピノザは、確かに自然に「秩序」が存在することを認めてはいる。というのも、「諸事物は、それらが〔現に〕産出されたのとは〔…〕別のいかなる秩序＝順序（ordo）によっても、神からは産出され得なかった」（E1P33; E1P33Dem. Cf. E1P33S2）と明言しているからである。しかし、スピノザが「自然の秩序（naturae ordo）」（E1P33Dem）と呼ぶものを自然に認めているということは、ニーチェの身振りと相容れないわけではまったくない。なぜなら、第一に、「自然の秩序」と言われる時の「自然」は、あくまで所産的自然という意味での自然にすぎないからであり、第二に、この「秩序」は一般に秩序とされるもの、つまり無秩序や混乱の反対物としての秩序を意味するわけではないからである。実際、スピノザは自然に「秩序と混乱」が存在することを否定してもいた。彼が強調するのは、人間が自らの尺度に合わせて自然に投影しているだけの「秩序と混乱」、「善と悪」、「美と醜」などは、自然そのものの内にはまったく存在しないということである（E1Ap）。

〔…〕私は自然に対して美も醜も秩序も混乱も帰属させないということを指摘したい。事物が美しいまたは醜い、秩序立っているまたは混乱していると言われ得るのは、ただ我々の〔非十全的な第一種の認識としての〕表象（imaginatio）に関連してのみである。（Ep32）

秩序と混乱、善と悪、美と醜などは人間の持つ表象にとって存在しているだけで、そうしたものが表象知とは無関係に、それ自体として自然の中に存在しているわけではない。仮に自然の「秩序」について語ることができるとしても、パスカル・セヴェラック（一九六八年生）が言うように、「それ自体としては美しくも醜くもなく、調和的でも非調和的でもない自然の秩序」（Sévérac 2011, p. 25）としてでしかない。それは通常の意味での秩序にも無秩序にも還元され得ないような秩序であり、秩序と言うことすらそもそも難しい。ましてそれが所産的自然について言われるものなのであれば、ここで問題にしている自然、つまり能産的自然についてはなおさらそうだろう。秩序と混乱、善と悪、美と醜などは「表象上の存在（entia imaginationis）」でしかなく（E1Ap）、自然自体に内属するものとは認めないと言う時のスピノザは、自然そのものは善でも悪でもなく、美しくも醜くもないと言う時のニーチェと完全に一致した見解を有している。

2　「神すなわち自然」(1)――全体なきもの

そこでスピノザの「自然」そのものに向かうことにしよう。彼が自然について述べていることを正しく理解しようとすれば、スピノザが神＝自然に関して、最終的にはそれを〈一〉としても〈全体〉としても規定しようとしていないことが明らかになる。

『エチカ』第一部定理一五でスピノザは次のように主張している。「在るものはすべて神の内に在り、そして神なしには何ものも在り得ないし考えられ得ない」（E1P15）。存在するものはいかなる例外もなくすべて神の内にあるのだから、スピノザの言う神すなわち自然には外部がない。その意味で、ドゥルーズも言うように、確かに「スピノザの神は、〔…〕〈全て〉－〈一〉（l'Un-Tout）と同じように、存在し、すべてを生み出す神のようなものである」（Deleuze 1968b, p. 103）。しかしながら、「同じように」ということは、そもそも異なるものについて言われることなのだから、すべてをその内に含み、いかなる外部もあり得ないこの〈全体〉にして〈一〉のようなスピノザの神＝自然は、実際には〈全体〉にして〈一〉とは異なるものだということになる。スピノザの言う自然は〈一〉でも〈全体〉でもなく、それゆえ〈一なる全体〉ではない——これはどういうことだろうか。

まず〈全体〉から考えてみよう。スピノザが『エチカ』で「全体（totum）」について論じる時、そこに「自然」を位置づけることができるだろうか。より直接的に言えば、スピノザの言う「自然」は「全体」なのだろうか。ひとまず答えは然りであるように見える。なぜなら、スピノザが『エチカ』の中で「自然」を一種の「全体」と看做しているのは事実だからである。

自然全体（tota natura）は一つの〈個体〉（Individuum）であり、その諸部分つまりすべての物体は、〈個体〉全体（totum Individuum）に変化をもたらすことなく、無限に多くの仕方で変化する。（E2L7S）

このようにスピノザによれば、自然とは「部分（pars）」から成る全体のようなものであり、そのすべての諸部分——この場合は、無限に存在する属性の一つである延長属性のもとに在るすべての物体——が全体としての自然を構成し、この自然という全体自身はその諸部分が変化しても同じものであり続ける。また、物体（corpus）の内には人間の身体（corpus）も当然ながら含まれるのだから、人間身体も自然という全体を構成する諸部分の一つとしてのみ存在することができる。確かにここでの自然は、すべての物体＝身体という諸部分によって構成される〈全体〉として捉えられている。また、延長属性においてだけでなく、思惟属性——無限に存在する属性の中で、人間に認識可能なもう一つの属性――のもとでも事態は同様である。「〈精神〉（Mens）が自然の一部分と看做される限りで」（E3P3S）とスピノザが述べていることからも理解できるように、部分としての諸々の精神の総体が、自然を全体として構成しており、人間精神もそのような自然――思惟属性のもとでの自然――という全体の諸部分の一つとして存在することができる。

延長属性が問題になるにせよ、思惟属性が問題になるにせよ、そうした各々の属性のもとでの自然には諸部分があり、それらすべての諸部分から成る全体として自然は存在する。[1] 話を人間と自然の関係に限定するとしてもそのことに変わりはなく、人間身体も人間精神もそれぞれ延長属性と思惟属性のもとでの自然全体の一部にすぎない（Ep32）。このように人間が自然という全体の一部分であるというのは、『短論文』（「人間は〈自然〉全体の一部分である」（KV2/18））からオルデンブルク宛書簡（「人間たちは、それ以外のものと同様、自然の一部分にすぎない」（Ep30））や『エチカ』に至るまで、スピノザが繰り返し表明する一貫した主張である。『エチカ』から引用すると、「我々〔人間〕は、他の諸部分なしにそれ自身だけでは考えられ得ない、〈自然〉の一部分[2]」であり（E4P2; E4P2Dem; E4P57S）、「人間が〈自然〉の一部分でないということはあり得ない」（E4P4. Cf. E4Ap7）。

では以上のことをもって、スピノザにとっての「自然」とはまさに全体であってそれ以外のものではないと断言できるだろうか。まったくそうではない。というのも、この場合に全体と看做されている自然とは、あくまで「所産的自然（Natura naturata）」という意味での自然にすぎないからである。スピノザの言う所産的自然とは、「神の本性の必然性から、すなわち神の諸属性の各々の必然性から生じるもののすべて、つまり神の内に在りかつ神なしには在ることも考えられることもできない諸事物と看做される限りでの、神の諸属性のすべての諸様態」（E1P29S）を意味する。もし自然について全体という規定が妥当するとしても、その場合の自然とは、実体（substantia）としての自然、「神、すなわち神のすべての属性（Deus, sive omnia Dei attributa）」（E1P29）としての自然のことではなく、その変状（affectio）である様態（modus）の総体という意味での自然のことでしかない。全体と看做すことのできる自然とは、単に所産的自然のことであって、それとは区別されるもう一つの自然、すなわち実体としての自然、「それ自身の内に在りかつそれ自身によって考えられるもの、すなわち永遠で無限の本質を表現する実体の諸属性、つまり〔…〕自由な原因と看做される限りでの神」という意味での「能産的自然（Natura naturans）」（E1P29S）のことではない。[3]

そのことは、スピノザが「全体」という規定を使用するのが、例えば既に引用したように、あくまで特定の属性――先ほどの場合は延長属性――のもとでの諸様態の総体に対してであって、決して実体に対してではないという事実が示している。前後も含めて再度引用しよう。

ここまで我々は〔…〕諸々の最単純物体から成る〔第一の種類の〕〈個体〉を考えてきた。もし今、本性の異なる多くの諸〈個体〉から成る別の〔第二の種類の〕〈個体〉を考えるなら、この〈個体〉は他のいっそう多くの仕方で触発され、にもかかわらずその本性を保ち得ることを我々は見出すだろう。〔…〕もしさらに、我々がこうした第二の種類の諸〈個体〉から成る第三の種類の〈個体〉を考えるなら、我々はそうした〈個体〉がその形相を変えることなく他の多くの仕方で触発され得ることを見出すだろう。そして我々がこのようにして無限に進むなら、我々は、自然全体は一つの〈個体〉であり、その諸部分つまりすべての物体は、〈個体〉全体に変化をもたらすことなく、無限に多くの仕方で変化することを容易に理解するだろう。（E2L7S）

ここで言われているような、延長属性のもとで、すべての物体をその諸部分として持つ――そしてそのすべての諸部分は絶えず変化しながらも、それ自身としては決して変化しない――「自然全体」＝「〈個体〉全体」とは、『エチカ』第一部定理二三で、「必然的にかつ無限として存在する様態」である二つの無限様態のうち、「〔…〕様態化によって様態化した或る属性から必然的に生じる」ような様態（E1P23）、すなわちいわゆる〈間接無限様態〉――「神の或る属性の絶対的本性から必然的に生じる」〈直接無限様態〉とは区別される無限様態――である。実際、スピノザはシュラー宛書簡で、「無限の仕方で変化しながらも、常に同じものにとどまる〈宇宙〉全体の姿（facies totius Universi）」（Ep64）を、間接無限様態の具体例として挙げている。

こうした物体の総体としての「自然全体（tota natura）」＝「〈宇宙〉全体（totum Universum）」は、オルデンブルク宛書簡に見られるように、まさに「全体（totum）」そのものと同一視される。

〔所産的自然としての〕すべての物体は、一定の仕方で規定されて存在する限りにおいて、宇宙全体の一部分として、その〔宇宙全体という〕全体（totum）と一致し、また残りのものと結合するものと看做されねばならない。（Ep32）

すべての物体の総体としての所産的自然とは、それら物体をその部分とする「全体」に他ならない。

だが所産的自然について言われることが能産的自然にもそのまま当てはまるわけではない。例えば思惟属性の方にも目を向けてみよう。スピノザが思惟属性のもとでの無限様態――この場合は〈直接無限様態〉である――の実例として挙げるのは、「絶対的に無限な知性」(Ep64)、つまり神の無限な知性である。ところでまたスピノザによれば、「人間精神は神の無限な知性の一部分である」(E2P11C. Cf. E2P43S)。ここで全体という言葉は使用されていないが、人間精神が部分なのであれば、この場合に全体に対応するのは「神の無限な知性」となるだろう。しかしながら、スピノザが明確に述べるように、「神の本性には知性も意志も属さない」(E1P17S)。たとえ神の無限な知性であったとしても、知性はあくまで思惟属性のもとでの様態にすぎず、それが有限であれ無限であれ、「能産的自然にではなく、所産的自然に関係づけられねばならない」(E1P31)。無限な知性が何らかの〈全体〉として規定されるとしても、それはあくまで様態の総体としての所産的自然にのみ妥当することであって、能産的自然に妥当することではない。

以上のことから理解できるように、スピノザが「全体 (totum)」を問題にするのは、もっぱら所産的自然に関連してである。つまり、自然が「全体」と言われるのは、「実体」のレベルにおいてではなく、あくまで「様態」のレベルにおいてのことにすぎない。言い換えれば、所産的自然が「全体」として規定されるとしても、「神すなわち自然」と言われる「実体」としての「能産的自然」には「全体」という規定は決して妥当しないということである[4]。しかしその理由は何だろうか。

第一に、スピノザが「全体」について論じる時、それは常に「部分 (pars)」との関係においてのみ問題になっている。というのも、スピノザ自身が言うように、「全体はその諸部分なしに在りかつ考えられ得る」ということが「不条理」であることは決して疑えないからである[5] (E1P12Dem)。つまり、全体は常に部分と相関する仕方でしか存在し得ない。そして第二に、実体には「部分」というものがそもそも存在しない。それゆえ部分を持たない実体にとっては、部分と相関的なものでしかない全体もまたあり得ないことになる。

　では、なぜ実体には部分が存在しないのだろうか。延長を神の属性の一つと認めない者に論駁するために、あえて「延長的実体」や「物体的実体」という言葉を用いつつ、スピノザは次のように主張している。延長属性において、「物質は〔仮に実体と看做されれば〕至るところで同じであり、物質が様々な仕方で〔様態に〕変状すると考えられる限りにおいてのみ、その諸部分は区別されるのであり、したがってそれら諸部分は様態的にのみ区別されて実在的には区別されない」(E1P15S)。ここで実体と様態の間の区別ないしは様態間の区別としての様態的区別と、実体間の区別としての実在的区別という、或る意味では伝統的な二種類の区別を踏襲しつつ主張されているように、実体——右の引用では「物質」と言われているもの——は区別されること、つまり部分に分割されることはなく、それゆえいかなる部分も持つことはない。「物体的実体は、それが実体である限り」、そもそも分割可能性を持たず、「分割され得ない」のである(E1P15S)。

　こうした分割不可能性は延長属性に限定されることではない。思惟属性に関しても事は同様であり、そもそも属性の種類を問わず、実体とは分割され得ないものである。「実体のいかなる属性についても、そこから或る実体が分割され得るということが帰結するとは考えられ得ない」(E1P12)。『エチカ』では第一部定理一二でこのように述べられた後、次の定理一三で次のように言われる。「絶対的に無限な実体は分割されない」[6](E1P13)。絶対的に無限な実体は分割されることがないのだから、それにとってはいかなる部分というものも決してあり得ない。そして全体は部分と相関的なものでしかないのだから、部分というものがあり得ない絶対的に無限な実体にとっては、全体というものもやはりまたあり得ない。そうである以上、『短論文』での以下の主張は、『エチカ』では明示されていないものの、少なくとも含意されているとは言えるだろう。

> 部分と全体は、真の存在すなわち実在的存在ではなく、単に〔思考の上での〕理性上の存在にすぎず、したがって、自然の中には全体も部分も存在しない。[7]（KV1/2）

所産的自然が全体であるとしても、能産的自然には部分もなければ全体もなく、この能産的自然自身はそれゆえ〈全体〉としては規定され得ない。ニーチェが「全てとしての一者」と看做しているスピノザの神とは能産的自然としての神なのだから、ニーチェが言うのとは異なり、実際にはそこで問題になっている「神すなわち自然」は決して〈全体〉ではないのである。

3　「神すなわち自然」(2)――〈一〉ならぬもの

それでは、〈一〉という規定についてはどうだろうか。スピノザの言う「神すなわち自然」ははたして〈一なるもの〉なのだろうか。この問題を考えるにあたってはまず、所産的自然と能産的自然が区別されていることを考慮に入れよう。たとえ両者が区別されていたとしても、それらは一つの同じものを異なる観点から見たものにすぎず、あくまで「〈能産的自然〉と〈所産的自然〉は〔…〕ただ一つの同じものでしかあり得ない」（Gueroult 1968, p. 113）という解釈もある。[8] しかし、この区別が実在的区別ではないとしても、それは観点の上での区別、いわゆる理性的区別ではないので、両者の間に「同一性」が存在するわけでもない。[9] 能産的自然と所産的自然は、単に観点の上で区別されるだけのものではなく、そこに同一性も存在しないのであれば、それらは実際には少なくとも単なる「ただ一つの同じもの」ではない。[10] そうすると、〈自然〉を能産的自然と所産的自然の両者から成るものだと考える場合、それは厳密な意味では〈一〉であり得ないことになる。

また仮に所産的自然のみを〈自然〉と考えるとしても、所産的自然自体は、「神の本性の必然性から、無限の仕方で生じる」「無限個のもの（infinita）」（E1P16. Cf. E1P17S）、言い換えれば限りなく〈多〉であるものなのだから、それはむしろ〈一〉の対極にあるものだろう。ましてや、所産的自然が諸様態の総体である限り、様態は実体なしには存在できないし考えられることもできないのだから、所産的自然のみを〈自然〉と考えること自体がそもそもできないはずである。

それゆえ、もし自然が〈一〉であるかどうかが最終的に問題になるとすれば、能産的自然のみを〈自然〉として考慮に入れた場合に限定されることになるだろう。様態は実体なしには考えられないが、実体は様態なしに考えられるのだから、能産的自然のみを所産的自然抜きに考えることは可能である。では能産的自然である実体としての神は、それのみで捉えられた場合、はたして〈一〉なのだろうか。

スピノザは実際、「神の他には、いかなる実体もあり得ないし考えられ得ない」（E1P14）と述べ、そこから神は「唯一（unicus）」であること、言い換えれば、実体は「一つ（una）」だけであることを導いている（E1P14C1, E1P10S. Cf. E1Ap）。神の「特質（proprietas）」とも位置づけられる神のそうした「一性（unitas）」は、『デカルトの哲学原理』や『形而上学的思想』、あるいはフッデ宛書簡などにおいて、神が複数存在すると仮定するなら神のこの上ない完全性が損なわれるという理由からその複数性を否定するという、消極的な仕方で示されることもあれば（PPC1P11; CM2/2; Ep34）、神の存在の必然性に基づいて、より積極的な仕方で示されることもある。後者に関して言えば、例えば『形而上学的思想』第二部第二章では、神の存在が神の本質と不可分であること、つまり神の存在が必然的であることから「神の一性（unitas, eenheit）」が導かれ（CM2/2）、フッデ宛書簡でも同様に、神の存在（existentia）の必然性から、神という「〈存在〉（Ens）」が「一つ（unum）」だけであること、つまりその「一性」が論証されている（Ep35, 36）（スピノザは『デカルトの哲学原理』第一部定理一一の証明でも、神の存在の必然性からその唯一性が導出できることに注意を促している）。

このように「一性」という特質を持つなら、スピノザの言う神、言い換えれば自然は、確かに〈一〉だと言うことができるように思われる。実際、『短論文』では、「自然全体は〔…〕唯一の実体」であり、「一つのものすなわち神」と言われている（KV2/22）。

しかしながら問題は、そのような「一性」が厳密な意味でどのように理解されねばならないかである。実は神の「一性」について語ることの可能性は、スピノザによって否定されてもいるのである。そもそも「神の一性」を論証しようとしていた『形而上学的思想』でさえ、第一部第六章であらかじめ次のように述べることで、神について〈一〉と語ることの不適切さに注意を促していた。

我々が神を他の諸存在から分離する限り、神は一つ（unus）と言われ得るし、またそうした本性のものが複数存在し得ないと考える限りにおいて、神は唯一（unicus）と呼ばれ得ると指摘しなければならない。しかし、事態をいっそう注意深く検討しようと思うなら、神が一つや唯一と呼

ばれるのは不適切でしかないことを我々は示すことができるだろう。(CM1/6)

『形而上学的思想』第一部第六章ではこの点についてこれ以上触れられることはなかったが、これを受けてスピノザが後にイエレス宛の書簡五〇で明言するように、或る事物について、それが〈一つ〉や〈唯一〉であると言うことは、その事物と別の事物を共通の土俵の上で考えることによってのみ可能である。それは例えば、二種類の異なる硬貨を貨幣という同一名称を持つ共通の類のもとに帰属させた上で、それらを数量的に規定するようなものである。そうすると、神が〈一つ〉であり〈唯一〉であると語ることができるのは、神とそれ以外の存在を共通の類の中に位置づけた上で、それらを区別する場合だけだということになる。しかし、そもそもそのようなことが可能なのだろうか。或る事物については、共通の類のもとで、この事物とは区別される他の事物と比較可能であるから〈一つ〉や〈唯一〉と言うことができるのであって、それが帰属する共通の類そのものがあり得ないものに関して〈一つ〉や〈唯一〉と言うことはできない。そして神とはまさにそのようなものことではないだろうか。[11]

同じイエレス宛書簡でスピノザは言う。事物はその存在(existentia)に関してのみ〈一つ〉や〈唯一〉と言うことができるのであり、その本質(essentia)に関して〈一つ〉や〈唯一〉と言うことはできない。ところで神の本質とは神の存在そのもののことなのだから、神の場合には本質に関してはもちろんのこと存在に関しても〈一つ〉や〈唯一〉と言うことはできない。つまり神については端的にそれが〈一つ〉や〈唯一〉だと言うことはできないのである。「神の存在は神の本質であり、また我々は神の本質について何ら一般的な観念を形成することはできないのだから、神を一つや唯一と呼ぶ者は、神について真の観念を有さず、あるいは神について不適切な仕方で語っていることは確かである」(Ep50)。このようにスピノザは、神についてその複数性を拒絶すると同時に、〈一つ〉や〈唯一〉というその「一性」もまた拒絶している。

スピノザ的な意味での神である能産的自然が〈一つ〉や〈唯一〉という「一性」を持たない以上、それは厳密な意味での〈一〉ではあり得ない。[12] 仮に神について〈一つ〉や〈唯一〉と言うことができるとすればそれは、神とは外部がなく、すべてがその内においてあるもののことであるという、ただそのことだけを意味しているにすぎない。しかしながら、それ以外のものが決して存在しないようなものについて、それを〈一つ〉や〈唯一〉と言うことも、スピノザが言うように厳密な意味では「不適切」だろう。[13] したがって、能産的自然に外部がなく、すべてがその内においてあるということは、それが〈一なるもの〉であることを決して意味しないのである。

別の観点からも考えてみよう。スピノザの言う所産的自然が「一つの個体」であるとしても、同じことが能産的自然に当てはまるだろうか。第Ⅱ部でディドロの自然概念を検討した時に示したように、自然がすべてのものを包括する最大にして一つの個体であるとしたら、「個体化原理」についての問いが提起されることになる。その場合には、個体化原理を当の個体そのものの内部に求めるか、その外部に求めるかの二者択一を迫られるが、いずれの選択も困難に陥るため、当の前提そのものが否定された。スピノザの言う能産的自然に関しても同じことが言える。「それ自身が無限の仕方で変化する一つの個体である、一つの〈自然〉」(Deleuze 1981, p. 164) とドゥルーズが言う所産的自然[14]に妥当する規定を能産的自然に当てはめるとしたら、やはり同様の困難に陥るため、当の前提そのものの、つまり能産的自然に「一つの個体」、「一つの〈自然〉」という規定を当てはめることを拒絶せざるを得ないのである。[15] したがってスピノザの神＝自然は一つの個体、一つの〈自然〉ではなく、たとえその外部が存在しないとしても〈一なるもの〉と言うことはできない。

本章の考察をまとめよう。ニーチェは誤解していたが、スピノザが「神すなわち自然」と呼ぶものは決して「全てとしての一者」ではない。言い換えれば、それは決して〈一なる全体〉ではない。スピノザ的な意味での神について、「全体化可能ではない一つの全体（un tout）である神」と表現する論者もいるが（Sévérac 2011, p. 56）、「全体化可能ではない」のなら、それは〈全体ではない全体〉、〈全体なき全体〉としか言えず、「全体化」を拒む〈非‐全体的なもの〉以外ではあり得ない。「一つ」に関しても同様で、〈一〉化を拒む〈非‐一なるもの〉をその根底に見なければならないだろう。

以上のことから導かれるのは、「神すなわち自然」とは、〈一なるもの〉でも〈全体〉でもないもの、〈一なる全体〉ならぬものとしての〈自然〉に他ならないということである。そして、「神すなわち自然」が『エチカ』の論証のプロセス自体がそこにおいて進行する場である――その外部がない以上、それ以外のところで論証が行なわれることは不可能である――からには、スピノザは神から始めるというのは正確な言い方ではないにしても、「神すなわち自然」のただ中で論証を開始せざるを得ないからには、この「自然」はやはりスピノザ哲学そのものの出発点にある。その限りで、〈一なる全体〉としての自然という〈自然のイメージ〉をスピノザは既に批判していたのである。

第二章 〈一なる全体〉としての自然を語らないこと
――カント批判哲学

1　批判期カントにおける自然

スピノザは一七世紀において既に、一八世紀のディドロや前批判期のカントが述べるような〈一なる全体〉としての自然を批判していた。では、一八世紀にも〈一なる全体〉という〈自然のイメージ〉への批判は継続されたのだろうか。実はその批判が見られるのは、当のカント自身においてである。

先に見たように、『天界の一般自然史と理論』でのカントは、〈一なる全体〉としての自然の存在を当然のものとして受け入れるような身振りを示していた。カントはそれ以降、こうした身振りを維持するのだろうか。以後の彼は自然についてどのように語ったのだろうか。そして、そのことは〈一なる全体〉という自然の規定にとっていかなる帰結をもたらすことになるのだろうか。それを確認するために、次に批判哲学期のカントの著作を取り上げよう。

まず『純粋理性批判』（第一版（A版）一七八一年、第二版（B版）一七八七年）である。その「超越論的分析論」(第二版)で、カントは二種類の「自然」の区別を行なっている。すなわち「質料的に見られた自然(natura materialiter spectata)」と「形相的に見られた自然(natura formaliter spectata)」という区別である。前者は「(単に自然一般と看做された)自然」、すなわち「すべての現象の総体(Inbegriff)としての自然」を意味し、後者はそのような意味での自然の「必然的合法則性の根源的根拠」として、この自然に「アプリオリな諸法則を指定する」ような「諸カテゴリー」を意味する(B一六三、一六五頁)。

このような区別は第一版で既に提示されていたものであり、この点でも第一版と第二版の間に本質的な差はない。例えば「超越論的弁証論」の「純粋理性の二律背反」第一節で、カントは唐突に「世界(Welt)」と「自然(Natur)」の区別を語り始める——と同時に両者を或る意味では同じものとも看做している——が(A四一八頁/B四四六頁)、この「自然」に関してカント自身が註を付して以下のような説明を補足している。「自然は形容詞的に(形相的に)解されると、因果性の内的原理に従った、物の諸規定の連関を意味する。これに対して、自然は名詞的に(質料的に)解されると、諸現象が因果性の内的原理に従って全般的に連関する限りにおいて、諸現象の総体を意味する」(A四一八—四一九頁/B四四六頁)。登場の順序は逆になっているが、ここで言われる二つの自然が「超越論的分析論」に見られる二つの自然に対応することは明らかだろう。

こうした二種類の自然の区分は、批判哲学期のカントの他の著作にも一貫して見られる。例えば『プロレゴメナ』(一七八三年)でも、質料的な意味での自然と形相的な意味での自然の間の区分は、「経験のすべての対象の総体」ないしは「可能的経験の対象としての諸物の総体」としての「自然」と、「諸物一般の現存在の諸規定の合法則性」ないしは「経験のすべての対象の合法則性」としての

「自然」の区分として踏襲されている（Kant 1902-38, Bd. 4, S. 295-296）。表現に違いはあれども、カントにとって「現象」と「（可能的）経験の対象（としての諸物）」はこの文脈では同じことを意味する以上、内実としてはこの区別にいささかも変更があるわけではない。

ここで問題にしたいのは、先に取り上げた『天界の一般自然史と理論』との関係で言えば、二種類の自然のうちの前者の意味での自然、つまり「質料的」な意味での自然の方である。なぜだろうか。それを理解するために、批判哲学期の別の著作『自然科学の形而上学的諸原理』（一七八六年）に目を向けよう。

その序文でカントは次のように言う。本来的な意味での「自然科学」とは、「その確実性が必当然的である学」のことであり、これは「延長的自然」を対象とする「物体論」と「思惟的自然」を対象とする「霊魂論」に分類される。そして、こうした「本来的な自然科学は、自然の形而上学を前提とする」（Ebd., S. 468-469）ものであり、この形而上学は、自然科学における「物体論」と「霊魂論」という区分に対応する形で、「物体的自然の形而上学」と「思惟的自然の形而上学」に分類される（Ebd., S. 470）。この分類を踏まえて、『自然科学の形而上学的諸原理』は、それに先立つ『純粋理性批判』との密接な連関を保ちつつ、物体論としての自然科学が前提とする形而上学、つまり「物体的自然の形而上学」の諸原理を提示しようとするのである。

ここではその「物体的自然の形而上学」の詳細には踏み込まず、次のことを指摘するにとどめよう。[17] すなわち、『純粋理性批判』や『プロレゴメナ』と同様、『自然科学の形而上学的諸原理』でも、「質料的な」意味での自然と「形相的な」意味での自然が区別されており、前者に関しては、「我々の感官の対象、したがってまた経験の対象となり得る限りでの、すべての物の総体」（Ebd., S.

467）という、やはり『純粋理性批判』や『プロレゴメナ』と同様の定義が与えられているということである。[18]

我々が質料的な意味での自然を問題にしている理由がここで理解可能となる。『天界の一般自然史と理論』で前批判期のカントが自然史と物理学が入り交じったような観点からその起源と構造を描き出そうとしていた自然とは、批判哲学期で言えば、まさに「本来的な自然科学」としての「物体論」[19]でその対象となるであろう「延長的自然」や「物体的自然」に相当するものである。そして、その「物体論」の前提となる「自然の形而上学」の観点から、形相的な意味での自然とは区別される質料的な意味での自然、すなわち「我々の感官の対象、したがってまた経験の対象となり得る限りでの、すべての物の総体」こそが、「物体論」での「延長的自然」や「物体的自然」に対応するものだと看做すことができる。

先ほど触れたように、カントは「純粋理性の二律背反」第一節で「世界」と「自然」を区別しているが、そこに付した註で、質料的な意味での自然、つまり「諸現象の総体」としての自然に関して、「自然の諸物について語られる場合には、存立する一つの全体（ein bestehendes Ganzes）が思考されている」（A四一八―四一九頁／B四四六頁）と付け加えている。カントのこれらの文言を明らかに念頭に置いて、ジャン＝マリー・ヴェス（一九五〇―二〇一一年）は次のように指摘する。

〔カントの言う〕質料的な〔意味での〕自然は、普遍的に連関し合う諸現象の総体であり、存立する一つの全体（un tout subsistant）を成して、物理的な学（science physique）の対象となる。（Vaysse 2007, p. 130）

つまり、ヴェスの指摘に従うなら、「諸現象の総体」や「存立する一つの全体」である質料的な意味での自然こそが、まさに物体的自然を対象とする本来的な自然科学（数学を前提とした「物理的な学」）の対象に他ならない（「（経験的な意味での）自然ということで我々は、諸現象の現存在に関して、必然的諸規則つまり諸法則に従う諸現象の連関のことを理解する」（A二一六頁／B二六三頁））。それは『天界の一般自然史と理論』で問題になっていた自然、自然史的な宇宙論という形で、やはり物理学的な観点から論じられていた自然に対応するものである。

2　質料的な意味での自然は〈一なる全体〉なのか

そこで問いは次のようになる。「すべての現象」（あるいは「経験のすべての対象」や「すべての物」）の「総体」として規定されるこの質料的な意味での自然は、『天界の一般自然史と理論』での自然がそうだったように、〈一なる全体〉なのだろうか。

ここは二段階で考える必要がある。まず、現象にせよ経験の対象にせよ物にせよ、この場合にそれらの「総体（Inbegriff）」と言われているものが、「全体（Ganze）」と等置され得るものかどうかである。この点に関しては、『自然科学の形而上学的諸原理』の中で、「すべての物の総体」である質料的な意味での自然が次のようにも言い表わされていることから、答えは然りであるように見える。「すべての現象の全体（Ganze）、すなわち一切の非感性的な客観を除いた感性界」（Kant 1902-38, Bd. 4, S.

467)。この言い換えは当然ながら『純粋理性批判』などでの質料的な意味での自然の定義にも妥当する以上、現象と言われるにせよ、経験の対象と言われるにせよ、あるいは物と言われるにせよ、それらすべての「総体」としての自然は、同時にそれらすべての「全体」と等置されることになる。質料的な意味での自然が問題になるような文脈では、カントは「総体」と「全体」をそれほど明確に区別しているわけではない。そうである以上、たとえ両者の区別がカント哲学で問題になることがあるにせよ、質料的な意味での自然、本来的な自然科学の対象としての自然に関して言われる「総体」は「全体」と異なることを意味するものではないと理解できる。

そこで問題は次に、自然について言われる「総体」と「全体」が同じものだとしても、それがさらに〈一なる全体〉でもあるのかどうかということになる。「質料的な自然」が「存立する一つの全体」であるとしても、この「一つの全体」は〈一なる全体〉と同じものなのだろうか。

ここで『純粋理性批判』に立ち戻ると、例えば「超越論的分析論」(第一版)で、「諸現象の連結の必然的な統一、すなわちアプリオリに確実な統一」としての「自然統一(Natureinheit)」(A一二五頁)が認められているからには、答えは然りとなるようにも見える。つまり、すべての現象の総体としての質料的な意味での自然は、統一性を備えた全体、つまり〈一なる全体〉のようなものであるようにも思われる。すると、この質料的な意味での自然とは、『天界の一般自然史と理論』で語られていたあの〈一なる全体〉としての自然と同じものなのだろうか。

だが、この両者を単純に等置することはできない。第一に、批判哲学期のカントは、たとえ質料的な意味での自然について語っている時でも、『天界の一般自然史と理論』とは異なり、それ自身として客観的に実在するような、言わば〈自然そのもの〉について語っているのではなく、あくまで我々の内にある「表象の総体」である限りでの自然について語っているにすぎないからである。例えば『プロレゴメナ』でカントは次のように明言している。「我々は自然を、諸現象の総体、すなわち我々の内なる諸表象の総体として以外には知らない」(Kant 1902-38, Bd. 4, S. 319)。

質料的な意味での自然と〈一なる全体〉を単純に等置することができないというのも、第二に、自然の統一が何に由来するかが問われねばならないからである。カントが「自然統一」と言う時のその統一は、そもそも何に由来するのだろうか。普通に考えれば、選択肢は二つである。一つは、それ以外のものから統一が与えられることによって自然の統一が可能になるというものであり、もう一つは、自然そのものに初めから自ずと統一が備わっている、言い換えれば自然は自己による本来的な統一性を有しており、自然の統一とはその自己統一に他ならないというものである。

前者の選択肢が、ここで我々が問題にしているような〈一なる全体〉と相容れないのは自明である。というのも、自己以外からその統一が与えられねばならないのなら、そのようなものはそれ自体としては統一を欠いているということなのだから、決して〈一なる〉ものではないし、またそれ自身以外のものを想定している以上、既に〈全体〉ですらないからである。

では後者の選択肢が正しいのだろうか。しかし批判哲学期のカント自身が否定するものこそ、まさにこの選択肢なのである。カントによれば、我々が自然にその諸法則を見出すのは、客観的な〈自然そのもの〉が実在し、それがそうした諸法則を我々の経験に対して提示するからではない。

我々は、自然の諸法則を、経験を介して、自然から求めるのではなく、反対に、その普遍的合法則性に応じた自然を、単に我々の感性と悟性に存する経験の可能性の諸条件から求めねばならない。(Ebd.)

事はいわゆるカントにおけるコペルニクス的転回に関わる。「我々自身が諸物の内に置き入れるものだけを、我々は諸物に関してアプリオリに認識する」(B xviii 頁)。つまり、認識のあらゆる対象、あるいは同じことだが、経験のあらゆる対象は、我々の悟性の規則を表現するアプリオリな諸概念に必然的に従う場合にのみ、またそれに必然的に従うからこそ、我々によって初めて認識される。このカントのコペルニクス的転回の意味に関して、フッサールに従いつつドミニク・プラデル(一九六四年生)は次のように説明している。

〔認識の〕対象は認識する主体に従わなければならないのであって逆ではないというコペルニクス的転回(révolution copernicienne)の原理は、カント的な意味での諸現象の、つまり経験においてアクセス可能な諸対象のアプリオリな諸構造(時間性、空間性、実体性、因果性など)が、経験の主体の不変な諸構造に従うということを意味する。[20](Pradelle 2013, p. 17)

我々の経験の可能性の条件を成す諸構造が、それらに適った経験の対象＝現象を我々に与える。それゆえ自然に関しても同様のことが言えるのでなければならない。経験の条件である主体の諸構造が、その経験の対象＝現象の総体を、すなわち我々の内なる諸表象の総体を合法則的な自然として我々に与える。「我々は単に、経験と、経験の可能性の普遍的な、またアプリオリに与えられている諸条件だけに関わっており、そこから、すべての可能的経験の全対象として自然を規定するだろう」

(Kant 1902-38, Bd. 4, S. 297)。

事態がかくのごとくであれば、自然の統一に関しても次のように説明されねばならない。質料的な意味での自然とは、我々の内なる諸表象の総体である限りでの諸現象の総体なのだから、自然の統一とはそれらの統一であることになる。そうした統一が与えられるのは、しかし質料的な意味での自然自身によってではない。『純粋理性批判』第一版でのカントは、自然の統一に関わる諸現象の秩序と規則性について端的に次のように述べていた。

> 我々が自然と呼んでいる諸現象の秩序と規則性は、我々自身が〔自然の中に〕持ち込むものである。そして、もし我々が、あるいは我々の心性の本性がもともと〔自然の中に〕秩序と規則性を置き入れなかったとしたら、我々はやはりそれらを自然の内に見出すことはできないだろう。
> （A一二五頁）

自然に統一があるから我々はその統一を見出すのではない。反対に、我々（の「心性の本性」）が統一を備えており、それを自然に投射するかのように与えているからこそ、統一を持つものとしての自然が我々に対して経験の対象として現われるのである。

質料的な意味での自然は、「その（アプリオリな）諸法則を自然から汲み取るのではなく、逆に諸法則を自然に指定する」ものとしての「悟性」(Kant 1902-38, Bd. 4, S. 320) に従属し、この悟性のカテゴリーが指定する必然的でアプリオリな諸法則に従うことによって初めてそこに統一が与えられる。既に触れたように、このような自然の合法則性の根拠は、質料的な意味での自然とは区別される、

「形相的」な意味での自然と呼ばれるものだった。つまり、この形相的な意味での自然、それ自身としては自然科学の対象ではない自然が、「経験の可能性を成す、一つの意識の内での必然的合一の諸条件」(Ebd., S. 319) として、質料的な意味での自然に統一を与えるものに他ならない。ドゥルーズがカントに関して述べているように、「諸現象の総体」が、「一つの〈自然〉として提示され得る」ものであるとしても、それはあくまでこの自然を「理性的存在の本性」に「合致」させるような「アプリオリな総合によってのみ」(Deleuze 1953, p. 125) そうなのである。[21]

かくして、質料的な意味での自然に関しては、それ自身に自ずと統一が備わっていると考えることはできない。「自然統一が、我々の思惟の第一源泉から独立にそれ自体において与えられている」ことは、カントによって完全に否定されている (A一一四頁)。質料的な意味での自然は、それとは区別される形相的な意味での自然からその統一を与えられるのでなければ、そもそも統一を持ち得ない。しかし、そうである以上、それは決して〈一なる全体〉ではあり得ない。

3　〈一なる全体〉としての自然をいかに語らないか

以上のことから何を理解しなければならないだろうか。カント哲学の体系全体を考慮に入れるなら答えは様々にあり得ようが、それはここでの問題ではない。目下の課題に即して言えば、答えは以下のようになるだろう。

まず言えるのは、自然をめぐるカントの思考には、前批判期と批判哲学期の間で明らかに一つの断絶があるということである。前批判期の『天界の一般自然史と理論』でのカントは、自然史と物理学がないまぜになった観点から自然の起源と構造について記述を行なっているが、それと共に、「自然がその展開において完全であればあるほど、自然の一般的諸法則が秩序と調和に導けば導くほど、自然はそれだけ神の確実な証明となる」（Kant 1902-38, Bd. 1, S. 334）と述べるなど、あからさまに自然神学的な議論を混入させ、自然史的記述と自然神学的記述の両立を試みている。そうした点で、この時点でのカントは、デイヴィッド・ヒューム（一七一一―七六年）の懐疑論のインパクトをいったん経由した後の批判哲学期のカントから見ればかなり素朴な仕方で、言わば「独断的なまどろみ」（Ebd., Bd. 4, S. 260, 338）――ヒュームの懐疑論によってそこから目覚めることになるまどろみ――の中で自然について論じていたと言って良い。しかし、前批判期と批判哲学期の間にあるこのような断絶は周知のものであり、より重要なのは、それが自然の規定そのものに関して持つ意味である。『天界の一般自然史と理論』でのカントは、「秩序だった一つの全体」あるいは「総体的な秩序を備えた一つの全体」という調和的な唯一の全体、つまり〈一なる全体〉としての自然の存在を当然のように受け入れていた。しかも、たとえ仮説から導かれたフィクションという仕方で提示されているのだとしても、最終的にそれがこの現実の自然と同一視されるからには、それがありのまま認識可能であり、我々が自然そのものについてそのまま語り得るということについて、カントはいかなる疑念も抱いていなかったかのようである。ここでのカントは、批判哲学を確立した後のカントからすれば認識不可能なはずのものがあたかも認識可能であり、その実在について正しく語り得ると考えているように見える。

しかし既に確認したように、批判哲学の確立と共に、カントはそうした身振りを放棄せざるを得なくなる。批判哲学期のカントには、前批判期の『天界の一般自然史と理論』でその存在が当然視されていたような自然、〈一なる全体〉としての自然の実在について、素朴に語ることはもはやできない。カントが新たに語るようになった自然とは、それ自身として客観的に実在するような〈自然そのもの〉ではない。そうした〈自然そのもの〉は認識の対象ではなく、そもそも「物自体そのものとしての自然について語る」ことは不可能である（Ebd., S. 297）。自然とは、それが認識の対象である以上、「諸現象の総体」である限りでの、あくまで我々の内にある「表象の総体」である限りでの自然にすぎない。そして、この自然は「存立する一つの全体」であり、また「すべての現象は一つの自然の内にある」のだとしても（A二一六頁／B二六三頁）、自然の統一が当の自然自身によって与えられているのではない以上、この自然は〈一なる全体〉ではあり得ない。

批判哲学の確立は、〈一なる全体〉としての自然の実在を承認すること、そうした自然について認識可能な対象として語ることを、カントに禁じることになった。我々にとって重要なのは、批判哲学期のカントがこのように、〈一なる全体〉としての自然をいかに語らないかということをその哲学によって示していることである。まさにこの点にこそ、ディドロや前批判期カントとの決定的な違いがある。自然をめぐるカント批判哲学の意義がそれだけでないことはもちろんだが、それをここで論じる余裕はない[22]。ただし、このような意義を持つカントの身振りも、別の観点からすれば自然に関する困難を招き寄せることになる。それは、カント以降の哲学における自然をめぐる或る事態とも関わるのだが、それに関しては第Ⅳ部で立ち返ることにしよう。

ここで第Ⅱ部第五章で提起した問いに戻ると、ディドロのように〈一なる全体〉としての自然というイメージを受け入れることは、彼が属する古典主義時代に特徴的なことなのだろうか。カントを例にとるなら、一七五五年の『天界の一般自然史と理論』での彼は、〈一なる全体〉としての自然というイメージを受け入れていた。言い換えれば、その時期のカントは確かにディドロと同じ考え方を共有していた。そして一七五五年というのは、フーコーの区分に従えばもちろん古典主義時代に属する時期である。しかし、そうした事実は、〈一なる全体〉としての自然というイメージの受容が古典主義時代に限定される固有の思考様式であることを意味しているのだろうか。それに対して、批判哲学期のカントが〈一なる全体〉としての自然というイメージを受け入れないことは、それが近代に固有の思考様式であることを意味しているのだろうか。

第三章　一八世紀に哲学史的断絶は存在したのか

1　古典主義時代と近代の間で

批判哲学の確立は、〈一なる全体〉としての自然の実在を承認するのをやめること、そうした自然を認識可能な対象として語るのをやめることを、カントに余儀なくさせた。我々はもちろん否定的な意味で言っているのではない。むしろ逆であり、目下の問題に関するカントの批判哲学の積極的意義は、〈一なる全体〉としての自然——彼自身もある時期まではその実在を認めており、それについてありのままに語ることができると信じていた自然——について語ることができないことを、その哲学自身によって証し立てている点に存する。つまり、その重要性は、こうした自然についていかに語らないかを、あるいは、いかに語れないかを示しているところにある。近代自然科学の学問的妥当性を保証することでそれに直接対応しようとしたカントの批判哲学において、自然は〈一なる全体〉としては語られておらず、むしろそのようなものとして自然を語ることの不可能性が示されている。前章での考察から、我々はこうした点にカント批判哲学の重要性の一つを見出すことになった。

そうすると、ここで次のような問いが浮かび上がる——〈一なる全体〉としての自然について語ることと語らないことの間の断絶が一八世紀後半の哲学史に存在したのか、そして、それはカントの批判哲学と共に一八世紀後半の哲学史に生じたのか、という問いである。

第Ⅱ部で見たように、一七五三年の『自然の解釈についての思索』や一七六九年の『ダランベールの夢』において、ディドロは〈一なる全体〉としての自然について直接に語っており、また前批判期のカントも、それらの著作と同時代と言える一七五五年の『天界の一般自然史と理論』で、ディドロとまったく同様の身振りを見せていた。しかし批判哲学を確立することで、カントはそのような自然について語るのをやめることになった。ということは、一七五五年と『純粋理性批判』第一版の刊行された一七八一年の間に、カントの自然をめぐる捉え方や語り方に関して根本的な転換があり、前批判期での自然の捉え方がディドロとの共通性を、批判哲学期でのそれがディドロとの断絶を表わしていると言うことができる。ディドロとカントの一一歳という年齢差――ディドロの方が年長である――で言えば、それを小さいとも大きいとも取ることが可能だろう。つまり、小さいと取れば、それは両者の同時代性を表わしており、逆に大きいと取れば、両者の歴史的な隔たりを表わしていることになる。

このように考えるなら、哲学史における自然の捉え方や語り方に関わる一つの断絶を一八世紀後半に見ることには、或る程度の妥当性があるように思われる。ここでフーコーによる歴史的診断を思い起こそう。それによると、ルネッサンス以降の西洋のエピステーメーには二つの大きな亀裂が走っており、一つはルネッサンスと古典主義時代を分かつ一七世紀前半に、もう一つは古典主義時代と近代を分かつ一八世紀末から一九世紀初頭に位置づけられる。哲学史もこうした亀裂とは決して無関係ではなく、二つ目の亀裂に関して言えば、哲学史でそれに対応するものとしてフーコーが特権的な地位を割り当てるものこそ、まさに一八世紀末から一九世紀初頭に位置するカントの批判哲学なのである。「カントの批判〔哲学〕は、我々の近代の始まりを印づけて」おり、「〔近代の〕生命・言語・経済についての諸科学〔諸学問〕の新たな実定性は、〔カント的な〕超越論的哲学の創始に対応している」(Foucault 1966, pp. 255, 257)（もちろんこれは、カントが近代のエピステーメーを打ち立てたということではなく、あくまで両者に「対応」があるということである）。

こうしたフーコーの見解も踏まえるなら、自然をめぐる哲学史にも少なくとも一つの亀裂、古典主義時代と近代を分かつ亀裂があり、それを体現するものとしてカントの批判哲学を位置づけることも可能なように見える。その場合、古典主義時代では、ディドロや前批判期のカントのように〈一なる全体〉としての自然について語られ、亀裂を挟んだ近代では、批判哲学期のカントのように〈一なる全体〉としての自然についてはもはや語られなくなると主張したくなるかもしれない。だが、はたして本当にそうだろうか。

哲学史には自然をめぐる捉え方や語り方に関する断絶が存在し、その断絶はカントの批判哲学を目印として一八世紀後半に位置づけられるという見方は正しいのだろうか。この問題を考えるにあたって、そもそもフーコーは「自然(nature)」をその分析の中でどのように位置づけていたのかを確認する必要がある。ここでは便宜上、古典主義時代と近代に話を限定しよう。

古典主義時代における「自然」はまず、「それ自身の歴史、その破局、あるいは単におそらくその錯綜した多元性に起因する」その「無秩序」(*ibid.*, p. 84) を通して、「どんな秩序にも先立って自己自身に類似する」という「謎めいた事実」(*ibid.*, p. 85) を我々に示す。こうした自然の類似についての表象が繰り返される中で、想像力がそこに何らかの秩序を見出すよう、古典主義のエピステーメーが類似と想像力の間に繫がりを打ち立てることで、自然は次第に「秩序づけ可能な同一性と差異の等質空間」（*ibid.*, p. 281）として存在するようになり、自然という秩序を対象とする学問もそれに対応する形で成立する――これがフーコーによる古典主義時代の自然の位置づけである。

ところが、一八世紀末、古典主義時代とは異なるエピステーメーの登場によって事情は一変する。フーコーは一八世紀末以降の「近代のエピステーメーの領域」を三次元の空間――つまり「言語学・生物学・経済学」、「数学・物理学」、「哲学」という三つの平面からなる「三面体（trièdre）」として定義している（*ibid.*, p. 358）。そこで彼が主に問題にするのは言語学・生物学・経済学、及びそれらに対応する言語・生命・労働の概念であり、近代のエピステーメーに関わる限りでは「自然」はもはや問題とはならない。なぜかと言えば、古典主義時代のエピステーメーでは重要な位置を占めていた「自然」が、近代のエピステーメーでは「生物学」に対応する対象としての「生命」に組み込まれて吸収されてしまうからである。古典主義時代には自然の中の一区画として分類されていた生物が、今度は分類可能であるという事実を唯一有するものになることで、古典主義時代の知の配置の中で自然が占めていた位置が近代では抹消されてしまうのである。

> もっとも単純なものやもっとも生気のないものから、もっとも生き生きとしたものやもっとも複雑なものへと連続的に進む、自然の大いなる秩序を展開する可能性がこうして消滅する。自然に関する一般的な学の地盤と根拠としての秩序の探究はこうして消滅する。「自然」はこうして消滅する。（*ibid.*, pp. 280-281）

フーコーはこのように述べて、自然をめぐる考え方に関して古典主義時代と近代の間の断絶を強調するが、その分析にはいささか恣意的なところがないだろうか。例えば、『言葉と物』という著作の記述は、基本的に三つ組み（例えば「言語学・生物学・経済学」や「言語・生命・労働」）によって整理される仕方で極めて体系的に進められている。しかし、それは裏を返せば、この三つ組みの構図に収まり切らないものを切り捨てているかもしれないということでもある。そうした可能性を否定できるだろうか。実際、古典主義時代であれ近代であれ、なぜ西洋の知の布置が三つ組みによって説明されなければならないのかということの根拠は、例えばカントの言うカテゴリーがなぜこの種類と数のものでなければならないのかということの根拠をカント自身が示していないのと同様に、フーコーによってはまったく示されていない。

例えば、物理学を数学と並列して簡単に済ませるのではなく、「言語学・生物学・経済学」と並べて詳細に論じるという選択肢もあるかもしれず、その場合には「自然」を近代のエピステーメーの中に組み込むことができたかもしれない。そもそもフーコーがそうしなかったのは、知の客体かつ主体である「人間」という歴史的形象の存在様態として、「言語・生命・労働」とは異なり、「自然」がフーコーの描いていた構図の中に位置づけにくいということもあったのかもしれない。近代のエピステーメーにおける「最近の発明物」としての「人間」（*ibid.*, pp. 15, 398）というテーゼ――そしてその人間が次のエピステーメーの到来の予感と共に消滅しつつあるというテーゼ――を強調しようとするあまり、近代に関するフーコーの記述は「自然」に正当な余地を残すことができなかったのではないだろうか。

さらに疑問点を挙げることもできる。フーコーは『言葉と物』で次のように述べている。「或る文化の或る特定の時期には一つのエピステーメーしか決して存在せず、このエピステーメーがあらゆる知の可能性の諸条件を定める」(*ibid.*, p. 179)。フーコーがここで想定している文化とは彼自身もそこに属する西洋文化のことである以上、この文言が意味するのは、西洋の或る時代に固有のエピステーメーは一つだけであり、その時代に属する「あらゆる知」を可能にする条件を規定するほどに、この唯一のエピステーメーは強固で一枚岩のものだということだろう。

しかしながら、特定の時代のエピステーメーは、それに対応するあらゆる知の可能性の条件を、いかなる例外もなく完全に規定しているのだろうか。フーコーの言にもかかわらず、必ずしもそういうわけではない。実際のところ、フーコー自身がそこに例外があり得ることを、少なくとも哲学史に関しては認めているからである。例えばニーチェの哲学――間違いなくフーコー自身の哲学のもっとも重要な源泉の一つ――は、彼が実際に生きた時代を考えれば、当然ながら近代のエピステーメーに属していたはずである。ところが、フーコーによればニーチェこそ近代のエピステーメーを破壊するような哲学者の一人であり（Foucault 1994, p. 542; 1966, pp. 333, 353, 396 etc.)、その意味で彼の哲学は近代のエピステーメーを既に逸脱したもの、そこから除外されてしまうものに他ならなかった。[23] フーコーにとってのこのような哲学史的例外はニーチェだけにとどまるものではない（ここで詳細に論じることはできないが、フーコーにとってはハイデガーも明らかにその例外の一人だった（Cf. Foucault 1994, p. 542)）。哲学のみに関してさえそうなのだから、ましてやそれ以外の分野も併せて考えれば、或る時代のエピステーメーにとっての例外的事例はいくらでも見つかるはずである。

このような事情を考慮に入れれば、フーコーが主張するように、特定の時代に固有のエピステーメーがその時代の知の可能性の条件を規定しており、エピステーメーの交代が古典主義時代と近代の間に何らかの不連続性をもたらしたということが正しいとしても、その規定が余すところなく完全に行なわれたということにはならないし、複数のエピステーメーの間にいかなる連続性も存在しなくなったということには決してならない。とりわけ「自然」をめぐる哲学史に関しては――フーコーが近代に関しては自然を生命に還元することで考察から排除してしまっているだけに――なおさらそうだろう。

2　断絶は存在したのか――ヒュームという事例を通して

ここで「自然」をめぐる哲学史に再び目を転じてみよう。我々の考えでは、古典主義時代と近代を分かつ断絶があったとしても、それは少なくとも「自然」に関しては連続性を排除するものではない。実際、〈一なる全体〉としての自然を語らないという選択は、フーコーが近代のエピステーメーの出現に対応するものとして特別な地位を与えるカント以前にも見出すことができる。一例を挙げるなら、哲学史の時系列的にはディドロと完全に同時代のヒュームである。以下では、目下の問いに関連することに限定してヒュームの哲学を検討しよう。時系列的には古典主義時代に属するヒュームにおいて、〈一なる全体〉としての自然というイメージへの抵抗を見出すことができるなら、それは、古典主義時代と近代を分かつエピステーメーの断絶によって「自然」をめぐる哲学史の連続性は決して排除されないことを証し立てることになるだろう。

ヒュームは『人間本性論』第一巻（一七三九年）の第二部第二節で、延長としての空間――彼にとって延長と空間は同じものである――の無限分割の不可能性を示すためにいくつかの論証を提示している。その内の一つは、単位としての〈一〉(unity, unite) が存在することによって複数のものの存在も可能になるという前提のもとで、延長が無限に分割可能だと仮定すると、それ以上分割できない最小単位としての〈一〉が存在しないことになり、そのため、それによって構成されるはずの延長もまた存在できなくなってしまうがゆえに、延長は無限に分割可能であるという仮定が誤っている、とするものである。

そのような論証を提示した後で、ヒュームは次のような反論に備える。すなわち、延長のどんな特定の量――これは量である限り複数である――も一つの単位としてあり、それが無限に分割可能だと看做せば良いのではないか、という反論である。しかしヒュームは次のように述べてこれを斥ける。

〔…〕地球の全体 (The whole globe of the earth)、さらに宇宙全体 (the whole universe) は、単位としての〈一〉(*unite*) と看做されるかもしれない。〔しかし〕そのような単位としての〈一〉(unity) という言葉は、心が取りまとめる対象のどんな量にも適用できるような、虚構的な呼称 (fictitious denomination) にすぎない。[24]（一・二・二）

延長＝空間の無限分割可能性に対するヒュームの批判、そしてそれに対して想定された反論とそれへの再反論が議論として成功しているか否かはここでの我々の関心事ではない。目下の課題に関して注目すべきは、この箇所でのヒュームが、『天界の一般自然史と理論』で「総体的な秩序を備えた一つの全体」としての自然について語り、それを実在する現実の自然とそのまま重ね合わせていたカントをあたかもあらかじめ批判するかのように、「宇宙全体」について言われる単位としての〈一〉をあくまで「虚構的な呼称」でしかないと看做していることである。つまり、ヒュームに従えば、〈一〉なる「宇宙全体」という自然について語ることができるとしても、〈一〉がそうした呼称である限り、そのように語られる自然はあくまで架空のものであって、それがそのまま直ちに実在する現実の自然に対応していると主張することはできないということである。

それだけではない。そもそも〈一〉がそれについて言われている「宇宙全体」に関しても、はたしてそのように「全体」という表現を用いることができるだろうか。遺稿である『自然宗教に関する対話』でのヒュームは、諸部分の統一体としての「全体」に関して、対話中の登場人物の一人クレアンテスに次のように語らせている。[25]

ヒューム

これら諸部分を一つの全体（a whole）に統一することとは、様々な異なる州を一つの王国に統一することや、様々な異なる手足〔成員〕を一つの身体〔団体〕に統一することと同様に、心の恣意的な働き（an arbitrary act of mind）によって行なわれるにすぎず、事物の本性にはまったく影響を及ぼさない。(Hume 1779 (2007), p. ix)

この言葉に依拠しつつ、ドゥルーズはそのヒューム論で次のように述べている。「発見されるべき〈自然〉という一つの全体（tout）も、考案されるべき〈自然〉という一つの全体も存在しない。全体性（totalité）とは一つの〔恣意的に〕取りまとめられたものにすぎない」（Deleuze 1953, p. 21）。ヒューム、そしてそれを受けてドゥルーズが述べていることは、明らかに次のことを意味しているだろう――「全体」もまた、それが心の働きの「恣意的な」所産である限り、或る意味では〈一〉と同様に虚構的な呼称であり、それゆえ、「全体」としての自然が現実の自然にそのまま対応していると看做すことはできない。

ここで「宇宙全体」を「世界」と置き換えても同じことになる。「世界」について語ることは厳密な意味で可能だろうか。ヒュームからすると、世界について語ることが可能であるためには、世界という〈全体〉の観念が与えられており、またその観念がそれに由来するような印象がまず存在しなくてはならない。というのも、「世界という観念は〔…〕全体（le tout）というものを〔…〕表わしている」（Malherbe 1976 (2001), p. 195）からであり、また周知のようにヒュームの経験論では観念は印象に由来するとされるからである。

では、全体を表わす観念がそれに由来するような印象というのは、はたして存在し得るのだろうか。この点に関する答えはもちろん否定的なものとなる。ミシェル・マレルブ（一九四一年生）がそのヒューム論で言うように、「〔世界という観念に〕対応するその印象を我々は持たない」（*ibid.*, p. 214）。なぜなら、「世界という観念とは、どんな所与の経験にも先立ち、個々のいかなる知覚からも引き出され得ないような、潜在的な全体性（totalité）の観念」（*ibid.*）であり、また全体性として「どんな印象やどんな存在もその中にあるもの」（*ibid.*, p. 195）でなければならないが、どんな印象もその中にあるものとしての観念がそれに由来する印象が存在するというのは、この場合当然ながら不条理だからである。

世界という〈全体〉の印象は、直接的な経験において我々には決して与えられておらず、それゆえ〈世界という全体〉の観念、あるいは〈全体という世界〉の観念は、あくまでも「実在性を欠き、所与には対応しないがゆえに、純粋な虚構（fiction pure）」（*ibid.*, p. 214）にすぎない。そうである以上、我々がそのような〈世界という全体〉または〈全体という世界〉について語る時、それが現実の世界に対応しているという保証は存在しない。宇宙全体であれ世界であれ、〈全体〉としての自然を実在する現実の自然と素朴に重ね合わせることはできないのである。

以上のように、〈一〉という表現も〈全体〉という表現も自然に関して用いられた場合には不適切なものとなる。ヒュームが因果性についての懐疑を提起したことはよく知られているが、彼の懐疑の射程はそれにとどまるものではない。「ヒュームは、因果性の概念と同様に、一性かつ全体性としての世界（monde comme unité et comme totalité）という概念をそのままにはしなかった」（Clavier 1997, p. 78）。つまり、ヒュームの懐疑には〈一つの全体〉としての自然についての懐疑を見ることもできる。そしてヒュームが問題にする〈全体〉とは「どんな印象やどんな存在もその中にあるもの」なのだから、その懐疑はそのまま〈一なる全体〉としての自然に対する懐疑になっている。

〈一〉や〈全体〉をめぐるこのようなヒュームの懐疑から帰結するのは、〈一〉にしても〈全体〉にしても、自然——「宇宙全体」であるにせよ「世界」であるにせよ——について言われる時、それらは現実の自然に決してそのまま当てはまるものではないということである。言い換えれば、ヒュームが示しているのは、〈一なる全体〉として自然を語ることの不適切性に他ならない。確かに我々は自然について〈一〉や〈全体〉という言葉を用いて語りがちである。だがそのように語られた自然は、あくまで我々の「心」の恣意的な働きによって作られた想像上のものにすぎず、それが現実の自然そのものに妥当することは決して保証されていない。そして、このように〈一なる全体〉としての自然を現実の自然そのものに重ね合わせることができないことを示すこと、言い換えれば、〈一なる全体〉としての自然をいかに語らないかをその哲学において示すこと——それはまさに前章で我々がカントの批判哲学に見出したものではなかっただろうか。

3　断絶は存在しない

フーコーはヒュームを古典主義時代のエピステーメーに属する哲学者として位置づけている(Foucault 1966, pp. 74, 77, 79 etc.)。哲学もその時代のエピステーメーによって規定される以上、古典主義時代のエピステーメーによって初めて「ヒュームが可能になった」(*ibid.*, p. 74. Cf. p. 77)というわけである。確かにヒュームには、古典主義時代に固有のものとフーコーが看做すような特徴、例えば「言語の批判や一般的で抽象的な語に対するあの不信全体とは切り離せない唯名論」が見出され、それはヒュームと同様に古典主義時代に属する「マルブランシュ、バークリー、コンディヤック」らと共有されている(*ibid.*, p. 133)。

だが、フーコー自身、そのような唯名論には既にカント的な批判哲学の萌芽のようなものが潜んでいたことを認めている。

〔古典主義時代の〕言語と自然の理論の間には、〔カントにおけるような〕批判的タイプの関係が存在する。自然を認識することとは実際、言語から出発して真の言語を打ち立てることであり、この真の言語は、いかなる条件であらゆる言語が可能になるのか、いかなる範囲内であらゆる言語が妥当領域を持ち得るのかを発見することになる。〔カントのような〕批判的問い（question critique）は一八世紀にも確かに存在していた。（*ibid.*, p. 175）

「言語」を「認識」に入れ替えれば、ここでの問題設定の形式がカントの批判哲学のそれと同じであることははっきりしている。

違いは、ヒュームに見られるような、そしてカントのそれに近い批判的問いが――まさにヒュームを引き合いに出しつつ述べられるように――「類似、想像力、自然、人間本性、一般的で抽象的観念の価値」といったことが問題となる「〔古典主義時代の〕特定の知の形態に結びついて」いたために、カントとは異なって「ラディカルな問いかけの自律性と価値を獲得できなかった」（*ibid.*）点にある。そのためにはカントを待つ必要があったとフーコーは言う。

一八世紀の末に、〔カントと共に〕一つの新たな布置が現われることになる。〔…〕批判的問いは完全に一般化される（généralisée）。批判的問いは、自然と人間本性の関係のみに妥当するのではなく、あらゆる認識の可能性そのものを問うのである。（*ibid.*, p. 174）

けれども、ここでフーコーがヒュームとカントの関係について述べているのは、「あらゆる認識の可能性」に関わるカントの批判的問いは、「自然と人間本性の関係のみ」に関わるヒュームの批判的問いの「一般化され」たものであるということである以上、両者の間にあるのは不連続性というよりも、むしろ連続性だということにならないだろうか。本当に厳密な意味での不連続性があるのだとしたら、カントの批判的問いがヒュームの批判的問いの「一般化」によって成立するということ自体、そもそも起こり得ないはずである。というのも、フーコーがここで言う一般化とは批判の対象領域の拡張という意味である以上、拡張前後の領域の間には何らかの連続性が存在しているのでなければならず、それゆえカントの批判的問いとヒュームの批判的問いの間にも連続性が認められねばならないからである。そうすると、フーコーはヒュームとカントの間の断絶を示そうとしているにもかかわらず、かえって両者の連続性をその意に反して浮かび上がらせてしまっていることになる。

我々の見るところ、フーコーは一八世紀末の近代固有のエピステーメーの出現を記述するにあたって、それ以前の古典主義時代のエピステーメーとの不連続性を強調しようとするあまり、両者の間に残る連続性を不当にも考察の圏外に置いてしまった。その連続性の少なくとも一つは、カントとヒュームに共通していることを既に確認したような哲学的身振り、すなわち、〈一なる全体〉としての自然をいかに語らないかということをその哲学において示すという身振りである。これは、圧倒的な不連続性の中の単なる一つの例外にすぎないのだろうか。しかし、一つの例外が認められる時には、おそらくその背後に他の様々な例外も潜んでいる。そして、もし例外的事例がそれだけ潜んでいるなら、特定の時代に固有のエピステーメーが一つだけ存在すると考えるより、複数の異なるエピステーメーが重なり合いつつ――また互いに少なからぬずれを含みつつ――共存していると考える方が良いだろう。

いずれにせよ、仮に古典主義時代と近代を分かつエピステーメーの断絶があったとしても、それは少なくとも「自然」をめぐる哲学史においては連続性を排除するものでは決してない。実際、〈一なる全体〉としての自然をいかに語らないかを示すという選択は、フーコーが古典主義時代のエピステーメーに属するものと看做すヒュームの哲学にも、近代のエピステーメーの出現に対応するものとして特別な地位を与えられるカントにも見出すことができるからである。

まとめよう。フーコー自身が取り上げているヒュームの哲学を一つの例として検討することで明らかになったのは、「一八世紀末頃に西洋のエピステーメーに生じた根本的出来事」(*ibid.*, p. 261) の重要性は認めるとしても、そのことは、「自然」をめぐる哲学史において古典主義時代と近代の間に或る種の連続性が存在していたこととは決して矛盾しないということである。古典主義時代のヒュームであれ、近代の(批判哲学期の)カントであれ、彼らが自然を〈一なる全体〉として語ることを拒んできたことに変わりはない。ということは、その時代の知を規定するエピステーメーがいかなるものであれ、一八世紀の哲学の歴史は、自然を〈一なる全体〉として語ろうとすること——例えばディドロや前批判期カント——と、それに対する拒絶——ヒュームや批判期カント——の歴史として織りなされてきたことになる。では、一九世紀の哲学史では事態はどうなるのだろうか。

第四章　〈一なる全体〉としての自然の復興？
――カント以後

前章と前々章では、〈一なる全体〉としての自然そのものを語ることに対する拒絶が一八世紀の哲学史に登場することを確認した。本章では、その後の一八世紀末から一九世紀前半にかけて、いったん問いに付された〈一なる全体〉としての自然の帰趨を見届けることにしたい。注目すべきは、この時期のドイツで「自然哲学（Naturphilosophie）」の存在が際立つようになったことである。特にそれはドイツ観念論を代表するフリードリヒ・ヴィルヘルム・ヨーゼフ・フォン・シェリング（一七七五―一八五四年）やゲオルク・ヴィルヘルム・フリードリヒ・ヘーゲル（一七七〇―一八三一年）において顕著である。したがって本章の主要登場人物はこの両者となる。

1　有機体としての自然――カントからシェリングへ

まずはシェリングである。哲学者としての活動期間が六〇年と長期間にわたるシェリングだが、その「自然哲学」が前面に出るのは前期哲学期[26]（一七九四―一八〇〇年）の内でも主に一七九七―一八〇〇年頃である（厳密に言えば自然哲学はこの時期に限定されず、以後しばらくの彼の哲学の進展に伴っている）。初期シェリングの出発点となったヨハン・ゴットリープ・フィヒテ（一七六二―一八一四年）が自然哲学を重視せず、その知識学には自然哲学の余地が認められなかったのとは対照的に、シェリングはフィヒテ知識学の影響下で自我の哲学から出発しつつ、むしろそれを自然哲学と両立させようとした。では、その自然哲学における自然とはいかなるものだろうか。シモンドンはフィヒテとの対比でシェリングにおける自然の特徴を次のように要約している。

フィヒテの理論が主張することとは反対に、〔シェリングの言う〕〈自然〉もまた〔フィヒテの自我のように〕生ける活動であって、死せる所産ではない。〈自然〉は自律的でそれ自身を構成する活動性であって、他律的な存在ではない。したがって、フィヒテがどんな直観も自己反省に結びついていると考えたのに対して、シェリングは〈自然〉の直観が存在すると考えている。
(Simondon 1964-89 (2017), p. 517)

シェリングの言う自然は、人間の前にある客体や人間を取り巻く単なる環境のことではない。フィヒテがその知識学で自我に認めた純粋な活動性を、シェリングは自我だけでなく自然にも認める。それゆえ自然とは、自我と同様に自己を産出かつ反省する活動であり、その意味で自然も本質的に「主体（Subjekt）」である。『自然哲学に関する考案』（一七九七年）序論の言葉を引くと、「自然は見える精神でなければならず、精神は見えない自然でなければならない」（Schelling 1856-61, Bd. 2, S. 56）。

シェリング

こうしてシェリングは「我々の内の精神と我々の外の自然の絶対的同一性」（Ebd.）を見て取り、『自然哲学体系への草案序説』（一七九九年）では、根源的な産出力によって自己措定し、そこでは産出と所産が同じものであるような「一つの全体（Ganze）」として自然を規定する（Ebd., Bd. 3, S. 284）。

　このような自己措定する自然は「有機体」をモデルにして構想されている。というのも、「有機体は自分で自分を有機的に組織する」（Ebd., Bd. 2, S. 41）ので、有機体こそまさに自らが原因であると共にその結果でもあるような産出者であり、自らの産出による所産を自らが受け取るという仕方で自己を措定しつつ自己に再帰するものだからである。有機体では産出とその所産の一致という形での自己措定と自己再帰つまり反省が行なわれている。それゆえ、シェリングの言う自然とは言わば巨大な有機体のようなものであり、自らを産出しつつその所産を受け取ることで、つまり自分で自分を有機的に組織化することで存在する。シェリング自身『世界霊魂について』（一七九八年）で次のように述べている。「最終的に世界〔自然〕は一つの「有機体」である」（Ebd., S. 350）。

　自己分化と自己統合を通して不断に自己産出を行なう「平衡的全体性」（Cerutti 2019, p. 63）である有機体としての自然には、通常の意味での有機的自然と非有機的自然の双方が含まれる。「非有機的な自然はそのものとしては存在しない。〔…〕いわゆる非有機的な自然は、現実に有機的に組織化されている〔…〕」（Schelling 1856-61, Bd. 4, S. 206）。非有機的なものも有機的なものの一部であり、自然とは非有機的なものと有機的なものを共に含む「普遍的有機体（der allgemeine Organismus）」――『世界霊魂について』の副題にあるように――なのである。

しかし、自然を一つの有機体として理解したのはシェリングが初めてではない。既に見たようにディドロがそうだったが、ここで重要なのは別の哲学者であり、シェリングの自然哲学でもその者が念頭に置かれている。『判断力批判』（一七九〇年）のカントである。『判断力批判』には、前々章で問題にしたような自然概念――「諸現象の総体、すなわち我々の内なる諸表象の総体としての自然」――とは別の自然概念が見られ、シェリングの自然哲学もそれを踏まえている。[27]

そこで『判断力批判』の時期のカントの自然概念を確認しよう。「判断力批判への第一序論」では次のように言われる。「自然」は「経験的な諸法則にも従う」が、そうした「経験的な諸法則」やそれらに適合する「自然諸形式」の「多様性と異質性は無限に大きい」ため、「悟性は、自然に対する自らの超越論的立法において、それらの可能的な経験的諸法則のすべての多様性を捨象している」（Kant 1902-38, Bd. 20, S. 209-210. Vgl. S. 203）。このことは、自然というものが、悟性によって指定される諸法則に従う限りでの「諸現象の総体、すなわち我々の内なる諸表象の総体としての自然」に汲み尽くされるものではないことを示している。実際、カントがすぐ後でさらに次のように述べる時、『純粋理性批判』での自然には還元されない別の自然のあり方が示唆されているようである。

> 自然は、特殊な〔経験的〕諸法則に関しては、またこれら諸法則の多様性と異質性に関しては、〔悟性の〕認識能力の立法に関するあらゆる制限から自由である。（Ebd., S. 210）

もう一つの自然が具体的に提示されるのは『判断力批判』第二部「目的論的判断力の批判」においてである。この自然が『判断力批判』で問題となるきっかけは、カンギレムも指摘するように（Canguilhem 1968 (1994), p. 148）、『純粋理性批判』では物理学の可能性の条件と認識一般の可能性の条件を同一視したカントが、その同一視が不可能となる限界を或るものに見出してしまったことにあった。それが有機的存在である。カントは次のように述べている。「我々は、自然の単に機械的な諸原理に従っては、決して十分に有機的存在とその内的可能性を知ることはできず、まして説明することはできない」（第七五節）。物理学にニュートンは存在しても生物学にニュートンは存在しない、というわけである。

そこでカントは、それ自身の内に目的を有する存在を意味する「自然目的（Naturzweck）」という概念を導入する。「或る物が自分自身から〔…〕原因かつ結果である場合、それは自然目的として存在する」（第六四節）。こうして、機械論的に説明される無機的で機械的な存在ではなく、「有機的に組織化され、かつ自己自身を有機的に組織化する存在」（第六五節）、つまり有機的存在がそのような自然目的として存在するとされる。シェリングが「有機体は自分で自分を有機的に組織する」（Schelling 1856-61, Bd. 2, S. 41）と述べる時に念頭に置かれているのは、このような『判断力批判』でのカントの議論であり、シェリングの自然哲学はフィヒテ知識学の自我論と『判断力批判』の有機体をめぐる議論を組み合わせることで誕生したと言えるだろう。

2 〈一なる全体〉としての自然の可能性と不可能性——シェリングとヘーゲル

自然目的としての個々の有機的存在は、合目的的に秩序づけられた全体としての自然に差し向けられるとカントは言う。「この〔自然目的という〕概念は、諸目的の規則に従う一つの体系としての自然全体（die gesamte Natur）という理念へと必然的に導く」（第六七節）。このように、諸々の有機的存在の単なる総和ではなく、個々の有機的存在がそれとの体系的連関においてのみ可能になるような統一的全体としての自然が、「有機的自然」（第六五節）というもう一つの自然として登場する。

一つの統一的な全体であるからには、これはまさに〈一なる全体〉としての自然であるが、『純粋理性批判』の場合と同じく、『判断力批判』においても、この自然がそれ自体として客観的に実在し、それについて我々が直接的に語り得ることが承認されるのではない。この「自然全体」については、合目的性という、反省的判断力のアプリオリな、しかし主観的な原理に基づいて、あくまで判断する主体にとってそれが内的合目的性の体系であるかのように判定されるというだけであって、そこに自然全体というものの客観的実在が含意されているわけではない。というのも「全体としての自然（Natur im Ganzen）は、有機的に組織されたもの〔…〕として我々に与えられていない」からである（第七五節）。

〈一なる全体〉としての自然に対するこうしたカントの抑制的態度と比べて、自然を有機的存在として捉えるという点では同意するシェリングはどうだろうか。彼の自然哲学において、当時の諸科学についての知見を交えながら自然がどのような仕方で具体的に論じられているのかについてはここでは考慮せず、次の点だけを指摘するにとどめよう。[28] それは、〈一なる全体〉に対するカント的抑制を、シェリングはその自然哲学であっさり解除しようとする、ということである。〈一なる全体〉としての自然そのものが客観的に実在すること、それについてありのまま直接に語り得ることをシェリングは躊躇なく肯定する。

既に触れたように、根源的な産出力によって自己措定する自然、そこでは産出性と所産が同一であるような自然は「全体（Ganze）」として規定されていた。さらにこの自然はそれ自身が一つの巨大な有機体である以上、内的統一性を持つ〈一なるもの〉としても規定されている。通常の意味での有機体が内的な統一性を持つことは一般に認められるだろう。だからシェリング自身が次のように述べることにも不思議はない。「あらゆる有機体は一つの「全体」である。有機体そのものの内にはそれが統一しているということが含まれている」（Schelling 1856-61, Bd. 2, S. 41）。しかしシェリングにとって、「唯一で真の有機体は、個別の生ける存在ではなく、全体である」（Cerutti 2019, p. 58）以上、個々の有機体のみならず、それらが連関を保ちつつそこに含まれる「全体」としての自然にも彼は〈一なるもの〉としての体系的統一性を認めていることになる。

シェリングにとっての自然とは一つの巨大な有機体であり、内的統一性を備えた一つの全体である。実際、「自然は一つの体系である」（Schelling 1856-61, Bd. 3, S. 278）、そして「一つの有機的全体ではない真の体系は存在しない」（Ebd., S. 279）と彼が明言する時、その自然とは〈一なる全体〉以外の何を意味するだろうか。一八〇一年以降の同一哲学期の言葉を先取りするなら、「一つの全体としての自然」においては、「〈一〉が〈全て〉によって（Eines durch Alles）規定され、〈全て〉が〈一〉によって（Alles durch Eines）規定されている」（Ebd., Bd. 5, S. 324）以上、まさに自然が〈一なる全体〉として捉えられていることは明らかだろう。

シェリングによると、そのような「自然を〈我々が知る〉のではなく、自然がアプリオリに〈在る〉」(Ebd., Bd. 3, S. 279)。悟性が指定する諸法則に従う限りでの自然がそのことによって統一を与えられて我々の認識の対象になるのではない。自分で自分を有機的に組織化する有機体としての自然それ自体が存在することと、自然をそうしたものとして認識することは、言わば同じ事柄である。「自然そのものは必然的かつ根源的に、我々の精神の諸法則を、単に表現しているだけでなく実現しており、自然はその限りでのみ自然であり、自然と呼ばれる」(Ebd., Bd. 2, S. 55-56)。自然はそれを認識する精神の諸法則を具現化するものとして実在しており、その諸法則に従って自然を認識することは、その自然の実在をありのままに受け取ることに等しい。グザヴィエ・ティリエット(一九二一—二〇一八年)も指摘するように、「〔シェリングの〕自然哲学は〈自然〉の演繹にして構成であり、アプリオリな学である。つまり〈自然〉の各現象は、有機的〈全体〉すなわち一つの〈自然〉一般の理念によってあらかじめ規定されている。それはつまり、〈自然〉は一つの体系を成しており、〔…〕我々は自然をそのものとして承認できるということである[29]」(Tilliette 1969 (1992), tome 1, p. 177)。

シェリングは明らかに自然を〈一なる全体〉と看做し、その実在について語り得ることを肯定している。しかしながら、たとえ我々が自然について語り得るのだとしても、そもそも自然を〈一なる全体〉として規定できるのだろうか。そこで次にヘーゲルに目を向けてみよう。シェリングに見られた〈一なる全体〉としての自然の肯定は、ヘーゲルにも見られるだろうか。彼がシェリングとは異なって、自然と精神を同一性において捉えず、むしろ両者の差異を強調しつつ固有の自然哲学体系を提示したのは周知のことだが、シェリングよりやや遅れて、そしておそらくはシェリング以上に当時の最先端の諸科学を消化吸収した上で展開されるヘーゲルの自然哲学全体についてここで詳細に論じることはできないので、以下の点を指摘するだけにとどめよう[30]。

ヘーゲルの自然哲学が展開されるのは、『エンツュクロペディ』（一八一七／二七／三〇年）の第二部である。それは全体として「力学」、「物理学」、「有機体的自然学」という三部門——各部門もさらに三部に分割される——から成り、「力学」から「物理学」を経て「有機体的自然学」に向かう構成になっている。その緒論でヘーゲルは言う。「自然は、自体的には一つの生きた全体（ein lebendiges Ganzes）である」（Hegel 1986, §251, S. 36）。この言葉を見る限り、ヘーゲルもまた自然を〈一なる全体〉として理解しているように見えるが、彼は次のようにも述べている。

自然は自体的には、つまり理念においては神的である。しかし、あるがままには、自然の存在はその概念に対応していない。自然はむしろ解消されない矛盾である。（Ebd., §248, S. 27-28）

自然は理念においては〈一なる全体〉だが、自然は「理念のそれ自身からの離反」（Ebd., §248, S. 28）でもある限り、現にあるそのあり方としては〈一なる全体〉ではない。自身が矛盾としてある自然は、この矛盾を自分自身の内では解消できない。ヘーゲルの自然哲学の記述は、地球という有機体——物体である死んだ有機体——から、生きた有機体としての植物が分離しつつ発生し、さらにそこから本当の有機体としての動物が分離しつつ発生する様を描いているが、いずれの場合もそれらは厳密には〈一なる全体〉ではない。個々の有機体ですら、完結した一つの全体ではなく、それを取り巻く環境という外在性にさらされた限定的な全体にすぎず、真の意味での〈一なる全体〉に到達することは不可能である。

そのため最終的に自然は自己否定を通じて、「その真理へと、つまり概念が持つ主体性へと移行」

しなければならない（Ebd., §376, S. 537）。自然はその時にのみ一つの全体になることができるが、それは「自然の死を越えて」、「精神への移行」（Ebd., §376, S. 537-538）（これは「補論」にある言葉なので、どこまで厳密にヘーゲル自身の言葉であるかは定かではない）が果たされる時であるため、その時もはや自然は自然ではなく、一つの全体となるのは精神である。「自然は〔…〕それ自身において思惟する精神になった時にしか自らを全体化することはできないだろう。それは〔…〕自然としては自らを否定し、自らが精神になることだろう。しかしこうした反省性は、絶えず自らの外にある自然には欠けている」（Bourgeois 2019, pp. 287-288）。自然より精神を高次のものと看做すヘーゲルの場合、「最終的に自己に取り集められた全体性――〈自己〉において自らを単純化＝単一化し（se simplifier）自らを再肯定する全体それ自体」（Cattin 2010, pp. 196-197）という形で〈一なる全体〉が実現されるのは、決して自然においてでも、また自然としてでもない。[31]

ヘーゲル

それに対してシェリングの方は、その同一哲学期（一八〇一―〇八／九年）には、〈一〉であり〈全体〉であるという規定は絶対者としての「神」に帰されることになる。それが端的に見られるのが、次のように言う『自然哲学序説へのアフォリズム』（一八〇五年）である。「神は一性かつ全体性（Ein- und Allheit）である」（Schelling 1856-61, Bd. 7, S. 152）。一八〇四年の講義「全哲学の体系、特に自然哲学の体系」でも、「全体（das All）は絶対的に単一（einfach）である。〔…〕全体は、どんな個別的なものにも先立つ、絶対的に諸部分のない一つの全体（ein Ganzes）である。〔…〕〔また同時に〕〈一〉は全体である」と述べられるように、〈一〉と〈全体〉の不可分性が強調され、この〈一〉かつ〈全体〉が神そのものと重ね合わされる[32]（Ebd., Bd. 6, S. 175-176. Vgl. S. 156-157; cf. Tilliette 1969 (1992), tome 1, pp. 390-392）。そして自然とは、絶対者である〈一〉かつ〈全体〉としての神の実在的な面での現われだとされる。

しかしながら、この時期のシェリングに両義性が見られないわけではない。例えば『芸術哲学講義』（一八〇二―〇三年）では、自然の崇高に触れつつ、その根拠を「カオス」や「無秩序」に求めている（Ebd., Bd. 5, S. 463）。ジャン＝フランソワ・クルティヌ（一九四四年生）によれば、シェリングはそのような「カオスそれ自体の直観を――根本直観（Grundanschauung）として――絶対者の直観の根拠に置く」（Courtine 1990, pp. 104-105）ことで、「そこにおいて全てが〈一〉として、また〈一〉が全てとしてある絶対者の内的本質は、根源的なカオスそれ自体である」（Schelling 1856-61, Bd. 5, S. 465）とまで述べるに至る。しかしこのような「絶対者とカオスの秘密の同一性」（Courtine 1990, p. 107）は、「一つの全体と看做された自然」が、同時にそのまま「既にカオス的なその相貌の内にある自然」（ibid., p. 108）であることを示している。そうすると、そのようなシェリングの身振りは、この自然の内で「全てが〈一〉として、また〈一〉が全てとしてある」ことが、言い換えれば自然が〈一なる全体〉であることが根本から脅かされる可能性を孕むという事態を招き寄せてしまうのではないだろうか。

後期のシェリングではどうだろうか。確かに後期でも神が〈一〉かつ〈全体〉として規定されることに変わりはない。ここでは一例を挙げるにとどめるが、例えば一八二八年の講義『一神論』でも神は「〈全て〉－〈一〉（der All-Eine）」だとされている（Schelling 1856-61, Bd. 12, S. 61, 89-90）。ところで一八〇九年の『自由論』以降、自然が「神の内なる自然」（Ebd., Bd. 7, S. 358）という位置づけを与えられることはよく知られている。すなわち自然とは、「神の内で神ではないもの」（Cattin 2003, pp. 23, 66）、「神と同様に神的であるはずの、〔神にとっての〕一つの他者」（*ibid.*, p. 61）となる。それに対して、神の方も「超自然的なもの（der Uebernatürliche）」だとされる（Schelling 1856-61, Bd. 12, S. 44）。そうすると、超自然的な神と区別される、神の他者としての自然の方は、神と同様になおも〈一なる全体〉であることができるだろうか。

『哲学的経験論の叙述』（一八三六年）では、「存在者（Seyende）以上」であり「存在の主（Herr des Seyns）」である――つまりそれ自身は「存在者」でも「存在」でもない――「神」について次のように言われている。

> 神は実際、それ自身において何ものでもない。神は関係（*Beziehung*）にして純粋な関係以外の何ものでもない。〔…〕神はそれ自身には関わらず、それ自身から解放されており、それゆえ絶対的に自由な唯一の本性＝自然（Natur）である〔…〕。そう言って良ければ、神はまったく自己の外にある〔…〕。（Ebd., Bd. 10, S. 260-261）

それ自体としては何ものでもなく、それ自身から解放されてまったく自己の外にある以上、「神」という「自然」ですら〈一〉や〈全体〉ではあり得ない。ましてや、神の他者である「自然」についても同じことになるだろう。このことは、シェリングにおいて「全てである〈一〉」（Cattin 2003, p.

61）が最後まで重要であり続けるにせよ、同時にまた「自然」を〈一なる全体〉として規定することができなくなっていることを示していないだろうか。

第五章　「カオスすなわち自然」
——一つの到達点としてのニーチェ

1　スピノザからニーチェへ

シェリングにせよヘーゲルにせよ、若き日の盟友フリードリヒ・ヘルダーリン（一七七〇―一八四三年）と共に「〈一〉にして〈全て〉（"Ἓν καὶ Πᾶν"）」をその哲学の開始時のスローガンとしていたことはよく知られている。そのヘルダーリンの小説『ヒュペーリオン』（第一部一七九七年、第二部一七九九年）の最終前稿（一七九五年）への序言には次のようにある。[33]

> 〔…〕〈一つ〉の無限な〈全体〉としての自然と一つになること、こうしたことが〔…〕我々のあらゆる希求の目的である。〔…〕ヒュペーリオンと共に語るなら、美が王女である新たな王国が我々を待っている。（Hölderlin 1994, S. 256-257）

ここで「〈一つ〉の無限な〈全体〉としての自然」と言われているものは、この箇所の直前に登場

ヘルダーリン

する「〈一〉にして〈全て〉」に対応している。「美が王女である新たな王国が我々を待っている」というのは、そうした〈一なる全体〉としての自然との合一が果たされる未来の到来の予感である。

だが「〈一〉にして〈全て〉」であるような自然が最初からそもそも存在していなかったとしたらどうだろうか。ヤコービが『スピノザ書簡』で伝えたように、レッシングはスピノザの神に「〈一〉にして〈全て〉（Ἓν καὶ Πᾶν）」を見出したかもしれない。しかしそうだとしても、スピノザの「神すなわち自然」は決して「〈一〉にして〈全て〉」ではなかったのだから、「〈一〉にして〈全て〉」は初めからそこになかったのである。それは最初から既に失われてしまっているのではないだろうか。そして最初からそもそも存在していなかったものは、これからも存在することがないのだとすればどうだろうか。

ヘーゲルやシェリングの後、決定的な一歩を踏み出すのはニーチェである。スピノザの言う「神すなわち自然」を、ニーチェは〈一なる全体〉のようなものとして批判したが、スピノザ的な意味での「自然」はそのようなものではなかった。そして〈一なる全体〉としての自然を批判するからには、ニーチェにとっての自然とは当然ながら決して〈一なる全体〉ではない。むしろここでこそスピノザとニーチェは合致する。ニーチェこそスピノザ的な自然概念をよりラディカルな仕方で提示した哲学者なのである。

そこで本章ではニーチェの自然概念を検討しよう。完成された著作でさえ謎めいた示唆に満ちていて、決してすべてが体系的に叙述されているわけではなく、また残された膨大な断想群も考慮すれば、或る意味ではいかようにも解釈できるように見えるニーチェの哲学だが、少なくとも「自然」という観点から見ると、或る時期以降の彼の哲学には十分な一貫性を見出すことができる。

本書冒頭でも言及したように、「「自然」の純粋な概念」の獲得を自らの「任務」（Nietzsche 1980, Bd. 9, S. 525）として引き受けることを明言した哲学者こそ他ならぬニーチェだった。そしてそのように明言する断想が書き留められた一八八一年こそ、まさに彼の哲学がその頂点に向けて——たとえ体系的な仕方で完成されることはなかったにせよ——成熟しつつあった時期である。だからこそ、「自然」の純粋な概念を獲得して、「自然の脱人間化（Entmenschung der Natur）」を行ない、その脱人間化された自然に基づいて「人間の自然化（Vernatürlichung des Menschen）」（Ebd., S. 525. Vgl. S. 519, 522, 532; Bd. 3, S. 469）を行なうこと、まさにこうした点にこそ彼の哲学の本質的な部分が賭けられていたと言っても良い。というのも、あの有名な「力への意志」こそ、ニーチェ的な意味での「自然」の別名だからである（Cf. Franck 1998, pp. 256, 401）。ニーチェの哲学が「力への意志」や「永劫回帰」に極まるというのは確かにそのとおりだが、それは「自然」の純粋な概念を獲得することに対応しており、言わば同じ事柄を別の角度から見たものなのである。

2　「カオスすなわち自然」――ニーチェの自然概念

　では、ニーチェにおける「自然」の純粋な概念とはどのようなものなのだろうか。ニーチェに従えば、自然をどのようなものとして考えれば良いのだろうか。自然とは「カオス」であるというのがその答えである。一八八一年の断想でニーチェは、あたかもスピノザの「神すなわち自然（Deus sive Natura）」を想起させるような次のような表現を用いて自然をカオスと同一視している。「カオスすなわち自然（*Chaos sive natura*）」（Nietzsche 1980, Bd. 9, S. 519. Vgl. S. 686）。さらに晩年の断想でも「世界はカオスである」（Ebd., Bd. 13, S. 37）と断定しているように、自然ないしはその別名としての世界をカオスとして捉えるというのが、少なくともニーチェの哲学がピークに差し掛かろうとしていた時期以降に関しては、彼の決して揺らがぬ一貫した態度だったと言って良い。

　しかし自然はカオスであるとニーチェが言う時、その内実を明確にするためには、彼が逆に自然をどのようなものとは考えていなかったのか、既成のどのような自然概念を拒絶していたのかを理解する必要がある。それが端的に表明されるのが、『愉しい学問』（一八八二年）第三巻の一〇九番である。断想としては比較的長いものだが、その主張の要点は以下のようにまとめられる（この断想でも「自然（Natur）」と「世界（Welt）」という表現が共に用いられているが、両者は同じ事柄の言い換えなので、ここではすべて「自然」と表記する）。(1)自然は一つの生物ではない、(2)自然は一つの機械ではない、(3)自然に秩序はない、(4)自然は非理性的なものではない（反対に理性的なものでもない）、(5)自然には法則はない（反対に偶然もない）（Ebd., Bd. 3, S. 467-468）（他に、(6)生と死は対立しない、(7)自然は新しいものを永遠に創造するような永遠の実体ではない、の二つが挙げられているが、ここでは省略する）。つまりニーチェが否定しようとしているのは、自然を一つの生物や機械と看做し、そこに合理的な秩序や法則を見て取ろうとする、あるいは反対に非合理的なものや偶然を見て取ろうとする自然の捉え方である。順にもう少し詳しく見ていこう。

(1)と(2)は対を成している。自然は生物（あるいは有機体）でもなければ機械でもない。一般に人は或るものを、生物＝非機械か、機械＝非生物か、という排他的二者択一によって理解しがちだが、それは自然にも当てはまることなのだろうか。生物とは「大地（Erde）」の表面でのみ見られるような、あくまで派生的なものでしかなく、それを本質的で普遍的なものと看做すことはできない以上、自然を派生的なものにすぎない生物と同一視して理解しようとする者は本末転倒した考えに陥っている。また自然に外部から目的を与えるものは存在しない——というより、ニーチェによればそもそも自然には目的自体が存在しない（「自然には目的は存在しない」（Ebd., Bd. 9, S. 112. Vgl. S. 235））——のだから、外部から目的を与えられて初めて作動することのできる普通の意味での機械のように自然を考えようとする者も、同様に自然を誤って理解している。それゆえ自然は、生物か機械かという枠組みでは捉えられず、むしろそうした区分の手前に位置するものであることになる。

ニーチェ

カオスとしての自然という考えに直接対応するのが(3)である。ニーチェは言う。

> 世界〔自然〕の全面的な性格は、永遠にわたってそれ

がカオスだということである。それも必然性が欠如しているという意味でのカオスではなく、秩序・分節・形式・美・知恵など、何であれ我々の美感的人間性がそう呼称されてきたものが欠如しているという意味でのカオスである。(Ebd., Bd. 3, S. 468)

自然がカオスであるからにはそこに秩序がないのは或る意味で当然だが、ここで問題になっているのはとりわけ、人間の尺度に合わせて人間の側から自然に対して付与されてきたもの――秩序を初め、分節・形式・美・知恵など――が、ことごとく自然を「擬人化＝人間化(Vermenschlichung)」することによって生み出された虚構にすぎず、カオスである自然そのものの内には決して存在しないということである。したがって自然をそれ自体として捉えようとすれば、人間の尺度を採ることをやめ、そうした虚構を剝ぎ取る形でしか可能ではない。それが一八八一年の断想で言われている「自然の脱人間化」に他ならない。

このような「自然の脱人間化」は(4)と(5)でさらに展開される。自然は非理性的でもなければ、理性的なものでもない。また自然の内に法則があるわけではないし、逆に自然においてはすべてが偶然にすぎないわけでもない。自然についてのそうした特徴づけは、やはり自然の擬人化＝人間化に基づくものにすぎない。ありがちな自然の形容に関しても同様である。自然は完全でも不完全でもなく、美しくも醜くもなく、高貴でも低俗でもない。言い方は様々にあれど、やはりそれらの表現はあくまで人間的観点から自然を形容したものにすぎず、そのような形容に応じて自然を賞賛することも非難することも、自然それ自体にはいささかの関わりもない。『愉しい学問』とほぼ同時期の断想でも「世界〔自然〕は善でも悪でもない」(Ebd., Bd. 9, S. 472) と言われているとおり、自然は「我々の美感的・道徳的判断が当てはまるものではまったくない」(Ebd., Bd. 3, S. 468)。

こうした自然の脱人間化は、『愉しい学問』や同時期の断想だけに見られるものではない。それ以前の時期から、そしてそれ以後も、ニーチェは絶えず自然を脱人間化しようと努めている。例えば一八七四年の断想では、自然を人間的な価値から切り離し、そうした価値とは無関係に自然を理解すべきことが既に示唆されている。「自然は、戦争がそう振る舞うのと同様に、個々人の価値に対して無関心に振る舞う」(Ebd., Bd. 7, S. 776)。あるいは一八八〇年の断想でも、我々人間が自らの道徳や、それに沿った善悪という価値を自然の内に投影しているだけであって、自然の内にはそもそものようなものは存在していないことが指摘されている。「自然がそれ自体として持ってはいない意味や価値を、人間は自然の中に見る」(Ebd., Bd. 9, S. 261)。

人間的な意味や価値を自然に置き入れることで、人間は自然を正しく理解するどころか、そうした価値に従って自然を裁き、貶め、ついには否定するに至る。晩年の断想でニーチェは言う。

> 神の反自然が讃えられるようになった限りで、自然は悪意をもって裁かれるようになった。「自然」〔という言葉〕は今や「軽蔑すべき」や「劣悪な」のようなものになってしまった……〔…〕かくして反自然的なものが王座についた。容赦のない論理によって、人は自然の否定の絶対的要求にまで至った。(Ebd., Bd. 12, S. 541-542)

しかし自然そのものは決して善でも悪でもなく、そのような人間的価値を超えたところにある。だからこそ、そうした価値を剝ぎ取り、その手前で自然を把握するように努めねばならない。たとえそうした言葉は用いられなくても、「自然の脱人間化」は、ニーチェの哲学の核心にある一貫した試みなのである。

『愉しい学問』一〇九番に戻ると、ニーチェは次のように述べてこの断想を締めくくっている。

> いつになったら我々は、完全に脱神格化された自然を持つことになるのだろうか。いつになったら我々は、純粋で、新たに発見され、新たに解放された自然によって、我々人間の自然化に取りかかることが可能になるのだろうか。(Ebd., Bd. 3, S. 469)

「自然の脱人間化」、さらには自然の「脱神格化」による既成の自然概念への批判を通して、人間的価値からも神からも解放された自然をカオスとして発見し、逆にその「カオスすなわち自然」の方から人間を位置づけるような「人間の自然化」を行なうこと――ここにニーチェの哲学の核心がある。誤解のないように付け加えておけば、「カオスすなわち自然」は「新たに発見され、新たに解放され」るべきものであって、重要なのは、決して単なる「「自然に還ること」ではない。というのも、未だかつて自然な人間性など存在しなかったからである。〔…〕人間は長い闘争の後で自然にやって来る――人間は決してそこに「後戻り」するのではない……自然、つまり自然のようにあえて非道徳的であること」(Ebd., Bd. 12, S. 482)。

このような「自然の脱人間化」から、我々の目下の問題に即した重要な帰結を引き出すことができる。例えば、自然は「一つの」生物でも「一つの」機械でもないと言われていたことを想起しよう。カオスとしての自然とは、何であれ統一的な秩序を備えた〈一つ〉のものではない。アルトゥール・

ショーペンハウアー（一七八八―一八六〇年）の影響のもとで未分化の「根源的一者（das Ur-Eine）」について肯定的に語ろうとしていた初期のニーチェならともかく、「自然の脱人間化」に取りかかって以降のニーチェが、カオスとしての自然を〈一〉なるものと同一視することなど決してあり得ないだろう。というのも、ニーチェの言う「脱人間化」は、「〔フッサール的な現象学的還元〕よりラディカルで、一性（unité）も同一性（identité）も〔…〕あらかじめ想定していない[34]」からである（Franck 1998, p. 260）。

自然の脱人間化に伴う「カオスすなわち自然」は決して秩序だった〈一なるもの〉ではない[35]。「世界〔自然〕をカオスとして規定することとは〔…〕、秩序を欠いた、非コスモス的な、生成状態の世界のように世界〔自然〕を思考することである」（*ibid.*, p. 305）。そしてこの自然は、〈一なるもの〉でないのと同時に〈全体〉でもない。なるほどニーチェは確かに、「自然」や「世界」と「全体〔宇宙〕(das All)」を同じものと看做している（Nietzsche 1980, Bd. 3, S. 467-468）。しかし、もし自然を「全体」と呼ぶとして、その自然がカオスなのであれば、そもそもその「全体」は「全体」として成立し得るだろうか。もし「全体」がカオスなのだとすれば、それを厳密な意味で「全体」と呼ぶことができるだろうか。「自然の脱人間化」が「人間化」された自然について実行されるのだとすれば、そして「人間化」とは「諸存在者の全体性（totalité des étants）」を人間化することだ（Franck 1998, p. 178）とすれば、脱人間化の射程は「一性」だけではなくこの「全体性」にも当然及ぶはずである。だからこそニーチェは次のように繰り返し断言する。「全体は存在しない（*es gie‹bt› kein All*）」（Nietzsche 1980, Bd. 12, S. 317）、「「全体」は存在しない（[...] es kein „Ganzes" giebt）」（Ebd., Bd. 13, S. 37）。

晩年の断想でのニーチェの言葉は、それゆえ我々にとって決定的である。

> 全体なるもの（*das* All）、一性（Einheit）〔…〕から解放されることが重要だと私には思われる。〔さもなくば〕それを最高の審級と看做し、神と命名するのを避けられなくなる。全体を粉微塵にして、全体に対する尊敬を忘れ去ってしまわなければならない。（Ebd., Bd. 12, S. 317）

ここで述べられていることは、当然ながら「カオスすなわち自然」にもそのまま妥当する。つまりカオスとしての自然は〈全体〉と〈一〉から解放されねばならないのであり、そのことは同時に自然の脱神格化——反自然としての神からの解放——として、あの「神の死」にも繋がってくることになるだろう。

カオスとしての自然からは〈全体〉も〈一〉も取り除かれねばならない。「自然」は「諸々の力の諸関係の集合」（Ebd., Bd. 11, S. 158）であるともニーチェは述べているが、この自然という集合は、その要素である諸関係が決して〈全体〉化されることもなければ統〈一〉化されることもない集合、それゆえ〈全体〉でも〈一〉でもない、そのような集合である。[36] このように、決して〈一なるもの〉でもなければ〈全体〉でもないこと、それが脱人間化に伴う自然のあり方となる。したがってニーチェにとっての自然、「カオスすなわち自然」は〈一なる全体〉ではない。自然を〈一なる全体〉と看做すように仕向ける〈自然のイメージ〉への抵抗と、その果てに見出される、この〈一〉でも〈全体〉でもないものとしての「自然」の概念——これこそがニーチェの哲学の核心にあるものだったのである。

本章の、そして第Ⅲ部全体の結論は以下のようになる。自然とは美しき調和と秩序を備えた〈一なる全体〉であるというイメージは、単に哲学においてだけでなく、広く人々に共有されているものかもしれない。しかし、自然は本当にそのようなものとして存在しているのだろうか。あるいは、自然はそもそもそのようなものとして存在したことなどこれまであったのだろうか。そんなことはまったくない。ニーチェが言うように、自然それ自体はまさに文字通りのカオス的状態にある以上、それは〈一〉でも〈全体〉でもあり得ないのである。

この点に関して、極めてニーチェ的とも言える——もっともニーチェはおそらく意識されていないと思われるが——ジルベール・オトワ（一九四六—二〇一九年）の言葉を引用しよう。

尊重・配慮することが重要とされる自然それ自身は、自らの諸形態と諸秩序を尊重・配慮することからはほど遠い。つまり、偶有性〔不測の事態〕は必然性と同様に自然と一体化しており、不均衡は均衡と同様に自然と一体化している。そして、あらゆる新たな良き美しき形態は、うたたの「実験的」な激変のカオスのただ中で生じたのである。〔…〕自然への配慮と人為への欲望の間で、人間の人間に対する（また自然に対する）介入の領域を分割しようとするよりはむしろ、自然も人間の欲望と同じく人為的——創発的、生産的、準安定的、カオス的——であり、人間の欲望はしばしば単に自然の欲望であり、自然によって既に入念に創造された諸形態において安らおうとする欲望であるということを認める方が良いのではないだろうか。眩暈が常に欲望の側にあるわけではないのと同様に、安寧は必ずしも自然の側にあるわけではない。（Hottois 1999, p. 10）

仮に自然を調和や秩序として見ることが可能だとしても、そのような調和や秩序自体がカオスから生まれたとも言える以上、調和と不調和、秩序と無秩序は必ずしも排他的な形で対立するわけではない。だとすると、美しき統一性を有した〈一なる全体〉としての自然が存在すると考えるのは或る種の錯覚にすぎないのではないだろうか。あるいは、〈一なる全体〉だったものとしての自然への回帰を試みることは、そもそも存在しなかったものをあたかも実在したかのように振る舞うことと同じになってしまうのではないだろうか。カンギレムの次の言葉を真剣に受け止める必要がある。「疑わしきは、〔…〕無秩序の改善が、不幸なことに廃棄されたかつての秩序を再び見出すことに存すると考えることである。単なる回帰や平穏な後戻りというどんな解決も〔…〕欺瞞的な神話に属している」(Canguilhem 2018, p. 635)（この言葉は人間と自然の関係――技術から切り離された純粋な自然という欺瞞――に関するものだが、〈一なる全体〉としての自然への回帰という欺瞞的試みにもそのまま当てはまる)。

では、自然は〈一なる全体〉ではないとしたら、我々は自然についてどのように考えればいいのだろうか。シモンドンはディドロに言及しつつ、「個体性（individualité）は、最終的な実在性（réalité）でも絶対的な実在性でもない」ことをディドロは示したと述べている（Simondon 1964-89 (2017), p. 495)。文脈上、シモンドンはディドロに対して必ずしも否定的なニュアンスでこの言葉を語っているわけではない。しかしながら、既に見たようにディドロが自然を一つの有機体という個体として定義しているのが事実である以上、この言葉は当然ながらディドロ的な意味での自然にもそのまま妥当する。個体としての自然が〈一なる全体〉だとすれば、それは、それ以上遡行できないような根源的な実在性ではない。それを越えた、それ以上の実在性が、それとは異なるものとして存在しているのでなければならない。当然のことながら、そのような実在性はもはや〈一なる全体〉ではあり得ないだろう。

その実在が言わば〈一なる全体〉の他者として存在しているとすれば、それはどこに存在しているのだろうか。〈一なる全体〉の内部だとすれば、この〈一なる全体〉は、自らの内に自らではないものを抱え込んでいることになる。ということは、それはもはや〈一なる全体〉ではあり得ない。逆に〈一なる全体〉の外部だとすれば、外部のあり得ないはずのものに外部があることになる。それゆえ、〈一なる全体〉はそのようなものとしてはそもそも不可能であることになる。こうして〈一なる全体〉は不可能と化す。スピノザが「神すなわち自然」、ニーチェが「カオスすなわち自然」について語った時、そこに見出されるものは、まさにこの〈一なる全体〉としての自然の不可能性であり、またそれと同時に、〈一なる全体〉ではないような〈自然〉を思考するべきだということ、〈一なる全体〉ならぬ自然こそが哲学が真に思考するべき〈自然〉であること、このことなのではないだろうか。

幕間　いかに自然を思考するか――デリダという事例

哲学とは様々な形で至る所に浸透している〈自然のイメージ〉との闘いや抵抗であり、哲学史とはそうした闘争や抵抗の歴史である。古代から一九世紀に至るまでの哲学史を取り上げることで我々が示したかったのも、古代か中世か、古典主義時代か近代かを問わず、そのようなイメージの代表例である〈人為から切り離された純粋な自然〉や〈一なる全体としての自然〉というものが場合によっては哲学の内部にさえ入り込んでいること、そしてそれと同時に、そうしたイメージへの絶えざる抵抗として哲学が営まれていたことだった。それは現代でも変わらない。むしろ二〇世紀以降、自然／人為という区分への問い直しや、〈一なる全体〉としての自然への批判は、哲学においてさらに顕著なものになっている。それを示すために、ここで現代の或る哲学者を取り上げよう。そのことは、これまでに見てきたような〈自然のイメージ〉から逃れる〈自然〉、哲学が真に思考すべき〈自然〉をいかに思考するのかについて示唆を与えてくれるだろう。

1　非自然化する自然としての代補

ここで取り上げる現代の哲学者、それはあのジャック・デリダである。一般的な印象からすれば意外に思われるかもしれないが、彼は「自然（nature）」というものを、目立たない仕方ではあるが初期から晩年まで一貫して問題にしており、しかもその際には同時に、この「自然」と「人為（artifice）」や「技術（technique）」の関係を取り上げ直している。つまり、これまで検討してきた哲学者たちと同じように、デリダもまた自然／人為という区分を問いに付すことを通じて、そうした区分の手前にあるものを問題にしようとしてきたのである。その意味でデリダは、自然／人為という区分に抗して〈自然〉を思考する試みの反復としての哲学史を正統に継承する一人だと言わねばならない。ここでは膨大なデリダの著作の全体を扱うことはできないので、そのごく一部を取り上げるにとどめるが、テクストに即して確認してみよう。

まずはルソーについて論じた際に少し触れた『グラマトロジーについて』である。ルソーのテクストを主題的に取り上げ、詳細で綿密な読解を行なおうとするこの著作で「自然」が問題になるのは、或る意味では当然かもしれない。というのも、政治哲学的な文脈では、周知のように「自然状態（état de nature）」と「社会状態（état de société）」の対比が問題となるルソーの哲学において、「自然」は「社会」との関係で一つのキーワードになっており、そのことは政治哲学的な文脈にとどまらず彼の哲学全体にまで及ぶからである。

しかしながら注意すべきは、ルソー――そして彼を民族学の創設者、自らを彼の弟子と看做すレヴィ＝ストロース――の読解であるこの著作の第二部「自然、文化、エクリチュール」のみならず、ルソーやレヴィ＝ストロース読解のためというより、何よりも自身の哲学的行程全体にとっての「一つの理論的原型」や「いくつかの批判的諸概念」（Derrida 1967a, p. 7）が提示される第一部「文字以前のエクリチュール」で既に、デリダが「自然」について正面から考察しているという事実である。言い換えれば、ルソーとの関係を抜きにしても、『グラマトロジーについて』という著作は、デリダが初期から自然の問題を自らのものとして引き受けていたことを証し立てている。

そのことは、「代補（supplément）」などデリダの主要概念についても決して無関係ではない。「代補」のような「批判的諸概念」は、第二部のルソー読解という個別の「事例」に即して「試される」（*ibid.*）必要のあるものではあるが、そうした個別の事例に限定される射程しか持ち得ないものではなく、デリダの哲学の根底にいつも変わらず横たわる着想に根ざしたものである。つまり『グラマトロジーについて』第一部で提示される「代補」――および「痕跡（trace）」と「差延（différance）」――の概念は、ルソー読解という個別の事例を越えた、より一般的な射程を有しており、デリダにとって常に問題とされるべき根本的な事柄に対応しているのである。

実際、ルソー読解に先立つ第一部では、主に言語学に即した形で、自然とその他者の間の区別や対立のバリエーション――例えば自然と文化（*ibid.*, pp. 49-50, 103）、自然と制度（*ibid.*, p. 66）、ピュシスとノモス（*ibid.*, pp. 49-50, 66）、ピュシスとテクネー（*ibid.*, pp. 49-50）――が繰り返し挙げられると共に、それらに対する疑念がそのつど呈されている。そして痕跡について――ということは代補や差延についても――、それが「理念的でもなければ実在的でもなく、叡知的でもなければ感覚的でもない」もの（*ibid.*, p. 95）、「自然的でもなければ〔…〕文化的でもなく、また物理的でもなければ心的でもなく、生物学的でもなければ精神的でもない」ものであることが強調されている（*ibid.*, pp. 69-70. Cf. Derrida 1972a, p. 17）。そうである以上、代補にせよ痕跡にせよ差延にせよ、こうした特徴を持つ諸概念がまず第一部で提起されているという事実は、自然とその他者という区別や対立の手前にあり、そうした対立の手前で起きている事態を、ルソー読解とは無関係ではないにせよ、より広い文脈の中でデリダが最初から自らの哲学の問題として捉えていたことを示している。

そこで、自然とその他者、自然と非自然、自然と人為といった区分や対立の手前にあるデリダの「代補」に関して、以下のような特徴を理解しておこう。

第一に、自然はそれ自身に対して常に何らかの欠如と過剰を抱えている。自然は言わば、それ自身に対して常に不等で不均衡であり、それ自身の内に必ず齟齬を含んでいる。だからこそ自然は、その欠如を補完するような自らの代補を常に必要としているし、逆にその過剰を抑制するような自らの代補もまた常に必要としている。そうである以上、自然はそうした代補なしには決して存在し得ない。そのような自然の代補は、それ自身が「自然の中での自然の過剰と欠如（l'excès et le manque de la nature dans la nature）を同時に表わす」（Derrida 1967a, p. 265）ものであるため、代補そのものは決して完結することがない。過剰と欠如を抱えている自然を代補するもの自身が、自然の中で自然の過剰と欠如を常にもたらすため、さらにその代補の代補が必要となり、こうした無限に続く代補の連鎖の中で、自然と自然の代補はそもそも弁別不可能になってしまう。

第二に、そうであれば通常の意味での自然そのもの、人為的なものから完全に切り離されたような純粋な自然なるものは、この代補の論理によって既に損なわれている。というよりむしろ、そうしたものは最初からそもそも存在しなかったし、存在できなかったのではないだろうか。デリダによれば然りであり、「[純粋な] 自然［…］は、常に既に逃れ去ってしまったのであり、決して実在したことはなかった」のである（*ibid.*, p. 228）。確かにルソーは自足的で無垢であるような母なる自然について語ったが、デリダが指摘するように、そうした自然はあくまで「それ自身に自足するは、ず、であろう（*devrait* se suffire à elle-même）」（*ibid.*, p. 208）という条件法の形でしか記述できないものである。換言すれば、それは決して実在的なものではなく、あくまで単なる仮定的・仮説的な存在にすぎない。「根源＝起源（origine）」と等置されるような「自然の概念は〔…〕神話でしかない」のである（*ibid.*, p. 238）。

第三に、この代補の運動において、自然の他者としての非自然的なものは、自然に対してその外部から、またその外部として、単に後から偶然的に付け加えられるのではない。むしろ「自然への代補は、自然の働きとして自然の中に存在する」（*ibid.*, p. 364. 強調は引用者）。非自然的なものは自然にたまたま後から付け加わるようにやってくるのではなく、むしろ自然が可能になるための条件として、自然そのものに初めから住まっている。つまり非自然的なものが初めから既に自然の内に必然的に含み込まれているような仕方で、代補は自然を代補するのである。この時、自然の外部と内部という区分や対立もまた既に消失していることになる。「代補性の論理」に従うなら、「外（dehors）は内（dedans）であり、〔自然の〕他者と欠如はマイナスに取って代わるプラスのように〔自然に〕付け加わりに来て、何ものかに付け加わるものはこの何ものかの欠損の代わりになり、欠損は内の外として内の内に既に存在する」（*ibid.*, p. 308）。自然の他者、自然の外部は、自然そのものの内奥や核心にその内部として最初から存在しており、それを「古典的なロゴス、同一性の論理、存在論、現前と不在の、肯定的なものと否定的なものの対立において定式化すること」はできない（*ibid.*, p. 442）。

以上のように特徴づけられるデリダの「代補」から導かれる帰結を二点指摘しておこう。

(1) 自然／人為をめぐる哲学史の中でのデリダの位置

自然か人為かという二者択一を揺るがすデリダ的な意味での自然の代補は、アリストテレスにおける〈技術による自然の模倣〉、第Ⅱ部第三章でオバンクのアリストテレス解釈に従う形で我々が確認したような、自然／技術という区分の手前にあるような自然と技術の相互補完関係を、より精緻な形で概念化したものだと言うことができる。

第Ⅱ部の議論を振り返るなら、それは直ちに理解されるだろう。アリストテレス（とそのオバンクの解釈）によれば、自然はそもそも最初から完全なものではなく、本性的に何らかの欠如や欠陥を抱えており、その完全性を実現するためにはその欠如や欠陥を補完できる技術を迂回することを必要としている。自然はそれを模倣する技術を通して初めて自然になることができるのであって、自然を自然たらしめるべく自然に介入する技術以前に本来のあるべき自然というものが存在していたわけではない。その意味では技術もまた自然的なものとして自然の中に含まれている。これがアリストテレスにおける〈技術による自然の模倣〉の真の意味だった。デリダの場合、自然の欠損のみならず、その過剰も自然の中に含まれているという違いはあるものの、アリストテレスに見られる自然と技術の間の相互補完関係に、デリダ的な意味での自然の代補の構造との大きな共通性を認めないことは難しいだろう。

実は『グラマトロジーについて』第一部の或る註の中で、デリダはオバンクの『アリストテレスにおける存在の問題』に言及し、そこから引用も行なっている[2]（Derrida 1967a, p. 22, note 5）。その直接の文脈はアリストテレス『命題論』における言語と魂の関係に関わる議論であり、『自然学』における自然と技術の問題ではない。しかしオバンクはこのアリストテレス論の中で、技術による自然の模倣が「自然の不足分の代わりになる＝自然の不調を補う（suppléer à ses défaillances）」（Aubenque 1962 (2005), p. 498）という表現を用いていた。「代補（supplément）」もしくはその動詞形の「代補する

（supplémenter）」と、「代わりになる＝補う（suppléer）」もしくはその名詞形の「代わりになること＝補うこと（suppléance）」は語源的に見ても関わりがあり、デリダ自身『グラマトロジーについて』の随所で両方の表現を併用している（Derrida 1967a, pp. 208-211, 306, 345, 348 etc.）。このような符合ははたして単なる偶然だろうか。

もちろんこのことだけをもって、デリダの代補という概念に対するオバンクのアリストテレス論の直接的な影響があったと断言することはできない。とはいえ、この符合がたとえ偶然なのだとしても、そのことはまさに、デリダが知らずして（オバンクによる）アリストテレスと同種の発想を抱いていたことを表わしている。この観点からすれば、デリダもまたアリストテレスの、そしてアリストテレスを含む哲学——自然／人為という区分に対する闘争や抵抗としての哲学——の歴史の継承者の一人だったと言うことは、やはり許されるだろう。

(2) 自然の（非）自然化としての「代補」こそが〈自然〉である

代補は、自然的なものか非自然的なものか、つまり非人為的な自然か非自然的な人為かという排他的二者択一から逃れ去るものとして、それ自身は通常の意味で自然的でも人為的でもない。しかしまた、デリダによれば、代補は「自然的（naturel）でも〔…〕人為的（artificiel）でもあり得る」（Derrida 1967a, p. 335）とされる。しかも「自然の概念とそれが支配する体系全体は、代補という還元不可能なカテゴリーのもとでしか思惟され得ない」（*ibid.*, p. 255）以上、代補は、そうした通常の意味での自然的なものと人為的なものが、そこから出発して初めて存在可能になり、また同様にそこから出発して初めて思考可能になるものだということになる。

自然的でも人為的でもないにもかかわらず、同時にまた自然的でも人為的でもあり得るという代補は、言わばその可能性の条件として、自然にも人為にも先立つ——そのような生成の始まりとして、始源として先立つものが伝統的にも「自然」と呼ばれてきたのではなかっただろうか。つまり自然と人為に先立つ代補こそ、伝統的な意味においても本来の「自然」と呼ばれるべきものではないだろうか。

代補によって自然に生じることについて、デリダは次のように述べている。

> 自然はそれ自身を非自然化し、それ自身から＝それ自身によって隔たり、自らの内に自らの外を自然に迎え入れる。それは〔…〕自然を転倒させる自然な出来事である〔…〕(La nature se dénaturant elle-même, s'écartant *d'elle-même*, accueillant naturellement son dehors en son dedans, c'est [...] événement naturel qui bouleverse la nature [...])。（*ibid.*, p. 61）

人為から切り離された純粋な自然なるものが存在しないというのは、そうした自然は代補によって初めから自然に＝自ずと非自然化しているからであり、またそのことによって、非自然的なものを自然に＝自ずと含んだ自然が初めから常に既に存在しているからである。

自然は自然に非自然化する以上、この非自然化は自然の自然な出来事である。「自然を侵犯する力能自身は自然の中にある」（*ibid.*, p. 264）。またそれが自然の自然な出来事である以上、それは逆説的なことに自然の自然化でもある。こうした自然の自然化にして非自然化という自然な出来事として生じる代補こそが、本来の意味での「自然」、自然と人為の区別に先立つ根源的な〈自然〉と言われるべきものに対応していると我々は結論できるだろう。デリダが次のように言う時、示唆されているのはまさにそのことに他ならない。

> 代補は、自然に＝自ずと自然の位置につく〔代補は、自然に＝自ずと自然の代わりになる〕（le supplément vient *naturellement* se mettre à la place de la nature）。（*ibid.*, p. 214）

普通の意味での自然――自然／人為という区分を前提とした自然――に、自然に＝自ずと取って代わることで、代補はそれ自身が根源的な〈自然〉となる。というよりむしろ、代補は初めから既に、自然に＝自ずとそのような〈自然〉だったのであり、これからもそうあり続けるだろう。[4]

「源泉にはなにがしかの代補が存在する（il y a *du supplément à la source*）と認めなければならない」（*ibid.*, p. 429）とデリダが言うように、初めに代補がある。この代補は、自然と人為という区分の手前にある以上、それ自身は単なる自然でも単なる人為でもなく、言わばそれら自然と人為の〈あいだ〉にある。そして「すべては中間のもの＝あいだにあるものから始まる（Tout commence par l'intermédiaire）」（*ibid.*, p. 226）以上、この〈あいだ〉としての代補が、あらゆる生成の始源として初めにある。こうした代補こそ、本来的な意味からして、まさに〈自然〉と呼ばれるべきものではないだろうか。またそうだとすれば、このことは、デリダが初めからその哲学において自然への問いを自らのものとして引き受けつつ思考していたことを示している。

それは初期のみに限定されることではない。中期のデリダについても同様である。例えば『時間を与える』[5]（一九九一年）の中では、贈与と交換や計算の間の関係を問い直すことで、「自然的なものと人為的なもの（le naturel et l'artificiel）、真正なものと非真正なもの、根源的なものと派生的なものないしは見せかけのものの間の、安心させる区別」（Derrida 1991, p. 94）に対して、それを不安に陥れるような仕方で疑念が呈されていた。「〔…〕自然と制度、ピュシスとテーシス、ピュシスとノモス、自然と慣習、知と信頼（信仰）、自然とそのすべての他者たち（la nature et tous ses autres）の間の古い対立を宙吊りにする」（*ibid.*, p. 215）ことを目論むデリダにとって重要なのは、やはり自然と人為という区分の手前にあるもの、それ自身は単なる自然でも単なる人為でもない、それらの〈あいだ〉にあるものへの遡行でなかったとしたら何だろうか。

晩年についても同様である。ここでは例を一つ挙げるだけで十分だろう。最晩年の二〇〇三年に出版されたテクストの一つは、我々の議論の妥当性を証明してくれる。デリダはそこで、「生（ビオスあるいはゾーエー）とその他者たち（精神、文化、象徴的なもの、亡霊、あるいは死）の間のどんな対立より以前の生（la vie avant toute opposition entre la vie (*bios* ou *zoe*) et ses autres (l'esprit, la culture, le symbolique, le spectre ou la mort))」（Derrida 2003b, pp. 154-155）について語っているが、その前に「自然（physis）」についても語っており、この「自然」に関して妥当することは「生」に関しても妥当すると主張している。では、「自然」について何が言われているのか。それは、「何らかの自然（ピュシス）とそれとは異なるもの（テクネー、ノモス、テーシス）との間の分離に先立つ或る場所（un lieu antérieur à la dissociation entre quelque *physis* et ses autres (*tekhnè, nomos, thésis*))」（*ibid.*, p. 154）にデリダが準拠しているということである。

これに関して二つのことを指摘できるだろう。一つは、デリダが自然と人為の区別に先立つものを問題にしていることがここでも明確に理解できると同時に、それを何らかの「場所」と看做しているということ、そしてもう一つは、生とその他者との区別や対立以前にあるものを、それでもなお「生」と呼ぶことができる以上、自然とその他者との区別や対立以前にあるものに関しても、やはりそれを「自然」と呼ぶことができるということである。

まとめよう。ピュシスとテクネー、自然と技術、自然と人為といった区別や対立を問い直すこと、また、そうした区分に先立ち、そうした区分の手前にある「場所」へと遡行することが、初期から晩年まで一貫してデリダの問題だった。デリダに従えば、逆説的にも「自然」と名づけられるべきは、まさにこの「場所」――『グラマトロジーについて』では自然の自然化かつ非自然化としての「代補」として名指されていたもの――に他ならなかった。そして、それこそがまさに我々が〈自然〉ということで問題にしている当のものなのである。

2 〈一〉でも〈全体〉でもないもの

ニーチェやスピノザの言う自然、つまり「カオスすなわち自然」や「神すなわち自然」とは、決して〈一〉でも〈全体〉でもないもの、〈一なる全体〉ならぬものだった。そこから理解できるのは、哲学（史）とは、場合によってはその内部に入り込んでくることもある〈一なる全体〉という〈自然のイメージ〉に抗して、〈一なる全体〉ならぬ自然を思考しようとする試みの歴史だったということである。そして、それは過去においてそうだっただけでなく、現代にもあてはまるのだとすれば、この点に関してデリダはどう考えていたのだろうか。

このような〈自然のイメージ〉に対してデリダが行なう抵抗は、〈自然／人為〉というもう一つのイメージに対する抵抗と同様、たとえ潜在的な仕方で断片的にしか現われないとしても、その哲学の行程にいつも伴っている。それは〈全体〉と〈一〉に対してデリダが行なう批判に対応する。彼の全業績を網羅的に検討することは不可能なので、ここでもいくつかの著作に限定して確認しよう。

まず〈全体〉に関して。『グラマトロジーについて』を再度取り上げると、デリダはこの著作の第一部第二章で、言語学、とりわけソシュール言語学で自明のこととされている〈自然と人為〉、〈ピュシスとノモス〉といった対立は、ソシュールが排除するエクリチュールの側から再考すれば崩壊せざるを得ないと指摘している。さらに続けてデリダは、エクリチュールがパロールに対して外的であると同時に、パロール自身が既にエクリチュールである以上、エクリチュールはパロールに内的であること、ということは、エクリチュールはパロールの外部かつ内部であることを示そうとする。その際、デリダは、そのことが「エクリチュールについてのラディカルな問いを決して提起することなく、分析や説明や読解や解釈といったあらゆる西洋的方法がそこで生み出されてきた、最大の全体性（*la plus grande totalité*）――エピステーメーの概念やロゴス中心主義的な形而上学――の脱‐構築」(Derrida 1967a, p. 68) に繋がることを示唆している。

ここで明白なのは、「全体（性）」というものが、デリダにとっては初期から既に脱構築の対象になっていたという事実である。[6] このような「全体（性）」、あるいはそれを可能にするような「全体化」は、初めから既にそれを不可能にするものに常に付きまとわれており、最初から失効させられてしまっている。デリダはこのような「全体化を中断すること（interrompre la totalisation）」（Derrida 1972a,

p. 63）を様々な局面で強調しており、彼が特定の人物を取り上げて論じる場合にも、その著作や作品そのものの〈全体化の中断〉にしばしば着目している。[7]

ここでは話を一九九〇年代以降に限定するが、晩年のこの時期の様々な著作、論文、対談等でデリダが〈全体〉とその（自己）全体化を頻繁に主題化していることは、デリダの一貫性を示しているという点で注目に値する。例えば『マルクスの亡霊たち』（一九九三年）などでは、「それ自身と実質的に同一的な現前の持つ全体性（totalité d'une présence effectivement identique à elle-même）」（Derrida 1993a, pp. 162-163）、「それ自身と一つの全体をなす」ことによって「全体化し（totaliser）、自らを全体化する（se totaliser）」（Derrida 2003b, p. 32）全体性のあり方を様々な場面で見極めようとしている。と同時に、そうした「全体化において一つの限界（une limite dans la totalisation）」（Derrida et Ferraris 2018, p. 8）が常に伴うことが指摘されている。

つまり、全体性やその全体化の動向を浮き彫りにしつつ、それらを根本から不可能にする「必然的な脱連接（disjoncture）」、正義の脱‐全体化する条件（la condition dé-totalisante）」（Derrida 1993a, p. 55）を明らかにすることで、「同一化や全体化の不可能性（l'impossibilité de l'identification, de la totalisation）」（Derrida et Ferraris 2018, p. 8）を示すというのが、とりわけこの時期のデリダに顕著な身振りである。象徴的な彼の言葉を引いておこう。「脱構築「なるもの」は、体系の全体性の脱構築である〔…〕」（Derrida 2007, p. 514. テクスト自体は一九九二年のもの）。

〈全体〉は自らを〈全体〉化することができない。ここであの「代補」の論理を思い起こすなら、これは〈全体〉に関しても妥当する。全体が自己全体化することで全体になるということは、この全体化において何かがやってきて全体に付け加わることで全体が全体として成立するということである。

もしそうだとすると、その何かは全体を全体たらしめるものであり、それが全体を代補しにやってくることになる。しかしながら、この場合、その何かはそもそも全体に欠如していたということになり、欠如があるなら全体はそもそも全体ではあり得ない。反対に、この全体化において何かが全体から差し引かれることで全体が全体として成立するとしても同じことになる。というのも、もしそうだとすると、その何かは全体にとっての余剰のようなものだったのであり、それが差し引かれることで全体が全体になるのであれば、やはり全体は当初は全体ではなかったことになるからである。

いずれにしても、全体が自己全体化によって全体として成立するには、それを代補するために全体にとっては余剰のものや欠如しているものが全体を代補しにやってくるのでなくてはならない。そのような過剰や欠如がある限り、当初の全体はそもそも全体ではなかったということになるし、過剰と欠如を抱えている全体を代補するもの自身が、全体の中でさらなる過剰と欠如を常にもたらすため、さらにその代補の代補が必要となり、こうした代補の連鎖が続く限り、全体は自らを全体化し終えることができなくなってしまう。このように全体は代補の論理によって最初から最後まで損なわれている。すなわち、〈全体〉は最初からそもそも存在しなかったし、現在も存在していないし、これからも存在することはない。「自らを全体化することができない「全体」(« tout » qui ne peut pas se totaliser)」(*ibid.*) とデリダが言うように、〈全体〉はそもそも不可能なのである。[8] そして〈全体〉が不可能であるのは、あの「差延」が初めから既にそこに介入しているからであることは言うまでもない。

〈全体〉が〈全体〉としては存在しないこと、言い換えれば〈全体〉は不可能であること——そのことは自然とどのように関わるのだろうか。デリダは「哲学の「全体」、西洋文化の「全体」」という言い方をあえて用いながら——あえてというのは、そうした全体が不可能だからである——、そうした「全体」に対する一種の代補として脱構築を規定し、さらに次のものに対する代補としても脱構築を位置づける。「至るところにあり、全体性がそこで自らを現前させることができるあらゆる形での全体性の観念」(*ibid.*)。デリダ自身がこの文脈で自然について語っていないとしても、「全体」が不可能である以上、自然を〈全体〉と同一視することからデリダが距離を取っていることは自明である。そして、「哲学の「全体」が〈全体〉という〈自然のイメージ〉に——それを受け入れるにせよ拒絶するにせよ——何らかの仕方で関わってきた以上、ここで言われるような「至るところに」ある「あらゆる形での全体性の観念」の中に自然もまた含まれるであろうことは十分に考えられる。

　では、〈一〉に関してはどうだろうか。ここでも一九九〇年代以降のデリダに話を限定するが、特にこの時期の著作で「一以上(plus qu'un, plus d'un)」という表現が多用されることに注意しなければならない(日本語の「一以上」は「一」も含むが、フランス語のこの表現は「一」を含まない。後で登場する「一未満」との関係から、ここでは「一」を含まない「一以上」という意味でこの言葉を使用する)。その典型的な事例として再び『マルクスの亡霊たち』を取り上げよう。デリダはその冒頭の「前置き」で、自己同一的で自己同時的な「生き生きとした現在(le présent vivant)」の「生(vie)」を超え、それをあらかじめ解体させているような「生き延び=生き残り(survie, sur-vie)」の概念を提示する(Derrida 1993a, pp. 17-18)。単に生の中だけにも死の中だけにもなく、単に存在しているのでも不在であるのでもないその性格のために、この「生き延び=生き残り」は幽霊や亡霊的なもの、「霊=精神(esprit)」と呼び得るものとも結びつけられて論じられるが、「前置き」の末尾で次のようにデリダは言う。「その時、何がしかの霊=精神が存在する。諸々の霊=精神が。〔…〕一以上のもの(le *plus d'un*)」（*ibid.*, p. 18. Cf. p. 127）。

このように、冒頭から「一（un）」ならぬ「一以上（plus d'un）」の重要性が強調される『マルクスの亡霊たち』では、本論の第一章に入ってからもこの「一以上のもの」が様々な場面で繰り返し登場し、各所で議論の鍵となる。[9] ここではその一部を提示するにとどめるが、例えば、この著作のタイトルにも含まれている「亡霊（spectre）」や、主題の一つでもある「遺産相続（héritage）」について、それぞれ「一以上の亡霊」（*ibid.*, p. 46）、「遺産は決して自分自身と一つ（un）にならない」（*ibid.*, p. 40）というように、それらが決して「一」としてあるのではないことが指摘されている。

つまりデリダが主張するのは、いかなるものについてであれ、「対立なき差異」や「弁証法なき〔…〕「齟齬状態にあるもの（disparate）」」（*ibid.* Cf. pp. 41, 57-58）が完全に解消されることはなく、そのためいかなるものに関してであれ、そこには常に「一以上のそれが存在する（*il y en a plus d'un*）」（*ibid.*, p. 36）ということである（これは別の著作でも繰り返される。「いつも一以上（plus qu'un）がある」（Derrida 1995, p. 12））。

さらに二点付け加えておこう。一点目は、「一」としてあるのではないということは、「一」を含まない「一以上」であるというだけではなく、また「一未満のもの（le *moins d'un*）」でもあり得るということである（Derrida 1993a, p. 21）。つまり、存在することとは、常に「一以上」ないしは「一未満」のどちらかであるか、または同時にその両方である——つまり排中律が妥当しない——という意味で、決して「一」ではあり得ない。それはいかなる意味でも〈一ならざるもの〉なのである。二点目は、この「一以上」で「一未満」のものは、単に「一」の反対物としての「多」なのでもないということである。例えば、プラトンの『ティマイオス』に登場するコーラ＝場——これは「一以上のもの」ないしは「一未満のもの」の別名である——という概念について論じる『コーラ』でデリダは次のように言う。「〔コーラという〕「何ものか」は、〔…〕多様性の秩序＝次元から逃れている」（Derrida 1993b, p. 31）。「一」でも「多」でもないという意味で、この「一以上」で「一未満」の〈一ならざるもの〉はやはり排中律が妥当するものではない。

〈全体〉について妥当した代補の論理がここでもやはり妥当することは言うまでもないだろう。「一」が「一」として成り立つということには既に代補や差延が介入している。或るものは「自らを分割し、自らを引き裂き、自らを差異化＝差延化する（se différant elle-même）ことによってしか一つではあり得ない」（Derrida 1993a, p. 40）。これは、「一」であることは自らを差異化＝差延化することによって可能になるということなのだから、「一」が「一」ではなくなるということである。「その唯一性が〔…〕〈一〉（l'Un）において自らを確保することが決してないような差異[10]」（*ibid.*, p. 57）によってしか〈一〉は可能ではないが、しかしそのような差異によって〈一〉は既に〈一〉であることをやめてしまわざるを得ない。『マルクスの亡霊たち』とほぼ同時期の著作でも同じ事態が次のように述べられている。「〈一〉は、〔…〕自らを〈一〉にする他性すなわち自己に対する差異をそれ自身の内に含んでいる。「自ずと差異化＝差延化する〈一〉（L'« Un de soi-même différant »）」」（Derrida 1995, pp. 124-125）。〈一〉が〈一〉であるためには、〈一〉が同時に〈一〉ならぬものになること、つまり〈一〉ではなくなることが必然的に伴っており、それゆえ〈一〉が〈一〉としてあるのはやはり不可能なのである。

　もちろんここでも、デリダは〈一〉なるものの不可能性を主張する際、自然をそのようなものと看做した上でそうしているわけではない。それでもやはり、〈全体〉に関してそうだったように、たとえデリダ自身がこの文脈で自然について語っていないとしても、〈一〉が不可能である以上、自然を〈一〉なるものと考えること自体の妥当性も当然問われていることになるだろう。つまり自然を〈一〉なるものと看做すような〈自然のイメージ〉は、直接そのようなものとして論じられているわけではないものの、デリダの「一」をめぐる考察にとっては既にその潜在的な対象になっていると言うことができる。

　デリダにとって〈全体〉も〈一〉も不可能である以上、自然を〈一なる全体〉として捉えることはできない。それゆえ、デリダもまた〈一なる全体〉という〈自然のイメージ〉に抵抗した哲学者の一人、それも現代的なその一人だったことになる。

　それではデリダは、〈自然／人為〉という区分の手前にあると共に、決して〈一なる全体〉ではない自然を思考しようとしていたのだろうか。おそらくは然りである。自然＝ピュシス（physis）と、その他者としてのテクネーやノモス、あるいは社会や自由や歴史などを単純に分離・対置するのではなく、後者を前者から差異化された自然ないしは前者を差異化する自然と看做すことで、デリダはそのような分離や対立以前にあるものを「差延としての＝差延における自然（*Physis en différance*）」（Derrida 1972b, p. 18）と名づける。差延が〈一〉や〈全体〉を不可能にするものである以上、デリダが「差延としての＝差延における自然」について語る時、それは〈自然／人為〉という区分に基づく〈自然のイメージ〉と〈一なる全体〉という〈自然のイメージ〉を共に斥けつつ、そうした区分の手前にある〈自然〉、そして〈一なる全体〉ならぬ〈自然〉を思考しようとしていたことになる。

　確かにデリダ自身はそのような〈自然〉についての哲学を自ら積極的に展開することはなかった。[11]だが、たとえそうだとしても、〈人為から切り離された純粋な自然〉や〈一なる全体としての自然〉

を斥けつつ、「差延としての＝差延における自然」を通して自然をいかに思考するかを示している点で、デリダはやはり哲学史の正統な継承者の一人なのである。

第Ⅳ部

自然かつ人為としての非人間的な〈自然〉

二〇世紀以降の自然のあり方

ここまでの歩みを振り返ろう。第Ⅰ部と第Ⅱ部前半では、〈自然／人為〉という区分を前提にして理解されるような自然、つまり人為的なものから切り離された純粋無垢な自然という〈自然のイメージ〉に対して、哲学はむしろ、ピュシスとテクネー、自然と技術、自然と人為といった区別や対立を問い直すことで、そうした区分に先立つものを〈自然〉として思考しようとしてきたことを哲学史に即して確認した。また第Ⅱ部後半と第Ⅲ部では、〈一〉にして〈全体〉としての自然、つまり〈一なる全体〉として捉えられるような自然という〈自然のイメージ〉に対して、哲学はむしろそのような〈一なる全体〉として自然を語ることの不可能性、あるいは端的に自然が〈一なる全体〉としてあることの不可能性を示すことで、逆に自然を〈一なる全体〉ではないもの、〈一なる全体〉ならぬ〈自然〉として思考しようとしてきたことを、やはり哲学史に即して確認した。

こうした〈自然のイメージ〉がその内部に入り込んでくることもあるとはいえ、それでもそれに抗して、〈自然／人為〉という区分に基づく〈自然のイメージ〉や、〈一なる全体〉という〈自然のイメージ〉を共に斥けつつ、そうした区分の手前にある〈自然〉、〈一なる全体〉ならぬ〈自然〉を思考しようとするところに哲学の本領があり、哲学史とはそうした試みの歴史でもあった。我々はそのことを、プラトン、アリストテレス、ベーコン、デカルト、スピノザ、ヒューム、カント、ニーチェなどを通じて見てきた。そして、それは単に過去においてそうだっただけでなく、現代でも同様であることをデリダに即して確認した。

これら二つの〈自然のイメージ〉を斥けつつ、それらによっては取り逃がしてしまう〈自然〉を思考する哲学こそが、真の意味での「自然哲学」として位置づけられるだろう。本書後半の第Ⅳ部以下で考察したいのは今日におけるこの「自然哲学」の可能性である。しかし、それは具体的にはどのような内実を持つものなのだろうか。そして「自然哲学」を現代において問題にする意味とはいかなるものなのだろうか。そのように問うのは、常に哲学史が〈自然のイメージ〉への抵抗を通じて〈自然〉を思考する試みの歴史だったたし、今もそうなのだとすれば、そうした歴史がこれまで隠蔽されてきたし、現在でも隠蔽されることがあるというのが事実だとしても、現代に「自然哲学」の可能性を強調する積極的な理由がまだ示されてないからである。

それゆえ現代における「自然哲学」の意義を、現代とそれ以前の時代の間での〈自然〉をめぐる変化と関連づけて論じる必要がある。その上で、その「自然哲学」が具体的にいかなるものであり得るかを考える必要があるだろう。以下では、〈自然〉をめぐって現代とそれ以前の間にある歴史的変化に着目した上で、現代における自然哲学の可能性やその内実について考察する。

第一章　生命と技術――ベルクソンとカンギレム

一八世紀と一九世紀の間に自然をめぐる歴史的断絶が存在していたわけではないことを我々は第Ⅲ部で既に確認した。しかし、その後ははたしてどうだったのだろうか。〈自然〉をめぐって現代とそれ以前の間で何らかの歴史的変化があったのだろうか。また変化があったとしたらそれはどのような変化だったのだろうか――こうした問いに取り組むための準備として、本章では生命／技術という区分を取り上げる。その際の考察対象となるのがアンリ・ベルクソン（一八五九―一九四一年）、そして既に何度か名前が登場したジョルジュ・カンギレムの二人である。

なぜこの二人を取り上げるのか。それは、自然の中でももっとも自然的なものと看做される生命〈vie〉と、人為の中でももっとも人為的なものと看做される技術（technique）に着目し、その両者の関係を二〇世紀に考え抜こうとした哲学者の一人がベルクソンだからであり、カンギレムはベルクソンを或る程度下敷きにしつつ同じ問いに答えようとしているからである。この二人が〈生命／技術〉をめぐって導き出したことから何が明らかになるだろうか。

1　ベルクソンと技術の問い

ベルクソンと言えば、彼が作り上げた独創的な概念――「持続」、「純粋記憶」、「イマージュ」など――で知られるが、ここではそうした主要概念を通してその哲学の核心に迫ることが主題ではない。むしろ通常はベルクソン哲学の中でもやや周辺的なものと思われ、比較的論じられることの少ないテーマに着目したい。それが既に述べたように「技術」である。技術という観点からベルクソン哲学を見直すことでいくつかの帰結を引き出してみよう。

ベルクソン哲学の中に技術というテーマを見出し、彼の技術哲学について考察しようとすること、これは恣意的な試みだという見方もできるかもしれない。というのも、ベルクソンの著作を繙けばすぐ気づくように、「技術（technique）」という語はほとんど登場しないからである。[1]

しかし技術哲学という観点からベルクソンを見直すという我々の問題設定に根拠がないわけではない。例えば彼の第三の主著である『創造的進化』（一九〇七年）は、人間による道具製作の活動を生命進化のプロセスの中に位置づけている。この道具製作という営みは――それが技術のすべてを汲み尽くすわけではないとしても――技術という事象を考えるにあたって重要な構成要素の一つと看做すことができる。だとすれば、たとえ「技術」という語そのものは登場しないとしても、ベルクソンの著作の中に技術についての何らかの考察が決して存在しないわけではなく、むしろ彼の哲学を或る種の技術哲学として読み解くことには十分な理由があると言える。

実際、ベルクソン哲学に技術哲学が何らかの形で含まれていることは以前より指摘されていた。そう指摘する一人が本章で取り上げるもう一人の哲学者カンギレムであり、彼は一九四七年の時点で、技術的活動についての深い洞察を備えた哲学者としてベルクソンを高く評価していた。そのカンギレムによると、偏見なしに読み解くなら、『創造的進化』に見られるベルクソンの哲学とは、機械（machine）を生命の諸器官と看做し、そのような機械を創造する技術的活動を生命の歴史の中に組み込もうとする「機械化（machinisme）についての生物学的哲学」であり、「（生命のメカニズムも含めた）メカニズム＝機械論（mécanisme）の説明を仕上げるための、全面的に成功しているのではないにしても、もっとも洞察力に富む試論」である（Canguilhem 2015, pp. 319-320. Cf. 1965, p. 125, note 58）。

ベルクソン

カンギレムはベルクソン哲学の全体に必ずしも無条件に同意しているわけではないが、『創造的進化』で提示される技術についての考察の妥当性には高い評価を与えている。だがカンギレムはその重要性を認めつつも、ベルクソンの技術哲学について具体的に論じることはせず、単なる示唆を行なうにとどめた。そこでまずはカンギレムの示唆に従いつつ、『創造的進化』に含まれる技術哲学を明確なものとして取り出すことから始めよう。

目下の考察に関連する限りでの『創造的進化』の議論の大筋を簡単にまとめておく。ベルクソンは生物学的な意味での「進化（évolution）」の推進力として、「エラン・ヴィタル＝生命の跳躍（élan vital）」という生命の根源的な運動を出発点に措定する。この運動はそれに対する抵抗である物質と遭遇することで方向を分岐させ、そこから複数に分化した生命の流れが生じる。それが進化の途上で現われる多様な生命形態である。大まかに見て、この生命の流れは植物と動物に分化し、動物はさらに節足動物と脊椎動物に分化する。そして節足動物の進化は昆虫類、とりわけ膜翅類で頂点に達し、脊椎動物の進化は人間で頂点に達する。ベルクソンは生命の進化の全体を概ねこのように理解している。

　ここで重要なのは、動物の二つの分化が「本能（instinct）」と「知性（intelligence）」という二つの能力の区別に対応していることである。両者は「根本的に異なる二種類の認識を含む」と言われるが（Bergson 1959, p. 616）、ベルクソンにとって「認識」とは現実に対して中立的な単なる思考活動ではない。認識はむしろ生物が世界の中で行なう生存活動に密接に結びついたものとして位置づけられており、知性と本能は「なまの物質に対して働きかける二つの仕方」である（*ibid.*, p. 615）。ではそれらの違いは何に存するのか。

「生命に内在的な力」は物質に働きかけつつ自らを展開しようとするが、この力は有限であるため、物質に働きかける際には道具を作り上げ、その道具を介してより有効な働きかけを行なおうとする。そこでベルクソンは、「［生命の］力が、それによって働くことになる有機的な道具を自らに創り上げることで、直接にこの働きかけを行なう」能力として本能を位置づける（*ibid.*）。つまり本能とは、生命一般の運動が多様な生命形態として個体化したものである生物にとって、「有機的な諸道具を利用し、構築さえする能力である」（*ibid.*, p. 614）。ここで「有機的な（organique）道具」と言われていることに注意しよう。本能によって活動する生物は物質に働きかけるために道具を組み立てて使用するが、その道具は「それを利用する身体の一部をなしている」（*ibid.*, p. 613）。生物は本能に基づいて自らの有機的身体をそのまま道具に変形して活用する。こうした本能の働きは、そもそも生物の身体を形づくることになった自然の働きとしての生物の有機的組織化（organisation）を延長し完成させるものであり、それらを厳密に弁別するのは難しい。

それに対して知性とは、本能と同じように生命が物質に働きかけるために自らに道具を作り上げる能力だが、自らの身体を有機的な道具として作り上げる本能とは異なり、「非有機的な諸道具を製作し、使用する能力である」（*ibid.*, p. 614. Cf. pp. 1278-1279）。非有機的な道具を製作するということは、生物が自らの身体を変形して有機的な道具となすのではなく、非有機的な物質を加工し、それを道具へと作り上げるということである（*ibid.*, p. 615）。またそれは単に道具を作るだけでなく、「諸道具を作る道具を製作する」こと（*ibid.*, p. 613）、つまり道具を製作する機械を製作することでもある。このようにして知性は、本能とは異なり、自然的対象ではない人工的対象を製作する能力として位置づけられる。

それゆえ、世界から切り離された観念的で抽象的な思考活動と通常は看做されがちな知性は、実際にはむしろ「我々の身体の、その環境への完全な挿入を保証する」ものであり（*ibid.*, p. 489）、その役割は生命の進化の中に位置づけられることで正しく把握されるようになる。

> 生命の進化が型を与えるような我々の知性は、我々の道行きを照らすこと、諸事物に対する我々の働きかけを準備すること、一定の状況に対して、続いて生じるだろう都合の良い・悪い出来事を予見することをその本質的な役割とする。（*ibid.*, p. 519）

知性は物質への働きかけという生物の生存活動に型を合わされ、その活動のために役立つものとして捉え直されるが、この知性の能力は既に見たように、生物が非有機的な物質を加工して、人工的な対象としての道具と機械を作り上げることを可能にする。

知性の基本的なすべての力は、物質を行動の道具、つまり言葉の語源的な意味での道具＝器官（*organe*）に変形しようとする。有機体を生み出すことで満足しない生命は、無機物それ自体を有機体に補足として与えることを望み、それが生物の業＝技量によって広大な道具＝器官に転換される。こうしたことが、生命がまず何より知性に割り当てる任務である。（*ibid.*, p. 632）

生命の進化は、有機的組織化を延長する本能だけでなく、有機的組織化とは区別される非有機的な道具の発明と製作、そしてそうした道具を製作する道具としての機械の発明と製作を行なう知性を生み出したのである。

このように知性は「まず何より製作することを目指す」（*ibid.*, p. 625）ものとして捉えられるが、生命進化の歴史の中でこの知性という能力の全面的な開花が見られるのが人間である。こうした観点からベルクソンが行なう人間の定義は有名だろう。

もし我々がどんな思い上がりも脱ぎ捨てることができるなら、我々の種を定義するために、歴史学と先史学が人間と知性の恒常的な特徴のように我々に提示するものだけに厳密にとどめるなら、我々は〔人間のことを〕多分ホモ・サピエンスではなくホモ・ファベル〔製作人〕と言うだろ

う。（*ibid*., p. 613. Cf. p. 1325）

人間とは何よりも、その行動のための道具を発明・製作する存在、そしてそのような道具を製作するための機械を発明・製作する存在である。しかも知性による道具製作とそれによる物質への働きかけは、その時々の現実的な状況に臨機応変に対応しながら、その具体的なあり方を柔軟に変化させることができるので、本能による道具製作とそれによる物質への働きかけが、各々の生物種に応じてほぼ固定されており、状況に応じた柔軟性を欠いているのとは対照をなしている。そして様々な状況に対応しながら道具を製作することで物質に対して多様な仕方で働きかけを行なうことは、非有機的な物質が有機体のための道具＝器官へとそれによって転換されることになる、人間という「生物の業＝技量（industrie）」によって可能になっている。

生命の進化によって生み出された人間という生物の営みとその巧妙さや熟練を同時に意味するこの「生物の業＝技量」にこそ、言葉の通常の意味での〈技術〉が対応していると考えられる。そのような〈技術〉の発生は人間が属する生命進化の歴史の中に位置づけられるため、技術的なものと生命的なものの間には何がしかの連続性が存在している。それゆえベルクソンにとって、技術は一種の生物学的機能のようなものとして現われる。人間の知性は、行動のための道具と機械の発明・製作の能力として位置づけられ、本能と同様に生命的な次元に根差しているが、本能とは異なる仕方での物質への働きかけを可能にする。つまり知性は、有機的身体とその器官の力を、人工的対象を介してさらに延長し増大させるような仕方での、技術による物質への働きかけを可能にするのである。『創造的進化』の技術哲学についてカンギレムの示唆するところを、彼に代わってベルクソンに即しつつ取り出してくるなら以上のようになるだろう。それはカンギレムが言うように「一般道具学＝器官学（organologie générale）の基礎を築く」ものなのである（Canguilhem 2015, p. 319. Cf. 1965, p. 125, note 58）。

2　技術と生命——カンギレムの技術哲学

前節で見たベルクソンの技術哲学は、ベルクソンの名を挙げることなくカンギレムが提示した彼自身の技術哲学と一致する部分を含んでいる。だがそこには同時に違いも見られる。二人の技術哲学の共通点と差異を明らかにするために、カンギレムの技術論を確認しておこう。

カンギレムはその哲学的活動の初期から技術を哲学上の重要な問題の一つと看做していた。彼の初期の哲学的業績の一つがデカルトにおける技術の問題をめぐるものだった（Canguilhem 2011, pp. 490-498）ことからもそれは明白である。しかし残念ながら、彼の技術論はその後、いくつかの著作において断片的な仕方で提示されただけにとどまり、まとまった体系的な形で展開されるには至らなかった。とはいえ、そこに一貫した着想が見られないわけではない。ここでは彼の著作の中に垣間見られる技術哲学にとって本質的な二点を指摘しておく。

(1)技術は科学に還元不可能である

例えば技術的活動とは、科学的探究によって得られた抽象的な科学的知識を具体的な場面や現場で単に応用することにすぎないという見方がある。しかしながら、実はそうした見方は技術の実相に対応していない。科学（science）の応用・適用としての技術（technique）という技術観は、技術を理解しようとする場合、その理解を妨げる障害として機能してしまう。そのような技術観の由来の一つと看做されることが多いのは、例えばデカルトの哲学だろう。確かに彼は『哲学原理』第四部で、「自然学（Physica）の一部ないしは一種である機械学（Mechanica）の理論で自然学に属さないものは何もない」と述べており（Descartes 1964-74, tome 8-1, p. 326）、その「機械学」は「自然学の助けによって完成され得る〔…〕技術（ars）」の一つだと看做している（*ibid.*, p. 327）。しかし機械学がその一つであるような技術が自然学という科学的知識の助けによって完成されるとしても、そのことは技術が科学の応用にすぎず、前者が後者に還元されることを直ちに意味しない。

カンギレムに従うなら、技術は自然学という理論的な知識、つまり科学的知識の単なる延長や応用ではない。技術と科学は本質的に異なるものであり、一方を他方に従属させることも還元することも不可能であるような、それぞれ独自の活動である。もちろん技術と科学の間に何の関係も存在しないわけではないが、通常想定されているような科学から技術への移行、あたかも後者が前者の単なる具体的応用でしかないような、一方的で連続的な移行などは存在しない。両者の間には相互の還元を阻むような決定的なずれがあり、そのずれを介してのみ技術と科学は相互に干渉し、一方が他方に何らかの影響を与えることができる。

例えば、どんなに完全と思われる理論的知識によっても決して解決できない具体的で実践的な問題が存在するからこそ、理論的知識としての科学から実践的な技術への或る種の跳躍が、その問題の解決として生じるのではないだろうか。そうだとすると、確かに科学は技術に先行し、技術は科学から生まれるという言い方はできるとしても、科学から技術への跳躍には、技術が科学の単なる応用や延長であることを妨げる亀裂が含まれているはずである。またその技術的活動が発明や製作という成果を生み出したとしても、そうした発明や製作には何らかの不完全性が残らざるを得ないし、それは理論的知識によって解消できるものでもない。「与えられているとされる可能な認識の全体は、技術的現実化からいくらかの不完全性を排除することができない」（Canguilhem 2011, p. 495）。技術に含まれる困難や障害が科学的認識によって完全に解消されるわけではなく、むしろ「諸機械の構築の問題は、やむなくデカルト的と呼ばれもしようパースペクティヴ、つまりそれによれば技術的発明は知〔科学〕の適用に存するというパースペクティヴにおける伝統的解決とはまったく異なる解決を受け取る」（Canguilhem 1965, p. 124）ことになる。

また逆に、何らかの抵抗や障害によって生じる技術上の問題が、それらをもたらす要因となった事柄の本性についての客観的な、言い換えれば科学的な探究を促すこともあるのではないだろうか。

> 技術的な苦境・不成功・失敗が、人間の技術（art）によって遭遇した抵抗の本性について問いかけるように、人間の欲望とは独立した対象として障害を認識するように、真の認識を探究するように精神に促すからこそ、科学は技術から生じる。（Canguilhem 2011, pp. 496-497）

そうカンギレムも言うように、科学に対する技術の先行性を見て取ることもできる。この場合は先ほどとは逆に、科学は技術から生まれると言えなくもないが、ここでも両者の間には亀裂が存在しており、技術から科学への連続的な移行が行なわれるわけでは決してない。医師で生理学者のルネ・ルリシュ（一八七九―一九五五年）に準拠しながら、カンギレムは科学に対する技術の役割を明確に述べている。

> 技術は、不可侵の命令を適用する従順な従者としてではなく、与えられることになる理論的解決を前もって何も想定せず、具体的な問題に注意を引き付け、障害物に向かって研究を方向づける、助言者にして推進者として存在する。（Canguilhem 1966, p. 60）

技術と科学はどちらの側からみても主従関係にあるのではない。「〈科学〉と〈技術〉は〔…〕その各々の一方が他方に、ある時は解決を、またある時はその問題を相互に借り受け合うような二つの〔独自な〕タイプの活動として考えられるべきである」（Canguilhem 1965, p. 125）。科学が技術を自らの発生のための一契機として生まれ展開していくという側面と、技術が科学を自らの発生のための一契機として生まれ展開していくという側面の両方を同時に認めなければならない。技術と科学は異質な二つの活動であり、両者の間にはねじれた二重の時間的先行関係がある。例えば機械製作の場合であれば、機械の実際の構築に対して物理学的認識は論理的に先行しているが、現実には物理学的認識に対して機械の技術的な実際の構築が先行している。つまり論理的先行性と実践的先行性は逆になっている（*ibid.*, p. 121）。

科学に対する技術の独自性・技術の科学への還元不可能性、これこそが初期から一貫したカンギレムの主張だが、彼によれば、科学に還元不可能な技術の独自性という着想そのものは、実はそれを否定しているかのように看做されるデカルト自身が既に提示していた。カンギレムはそのデカルト論で、技術への問いこそがデカルト哲学の核心に位置することをデカルト自身のテクストに即して論証している。詳細は省くが、カンギレムの問題提起は以下の文言にはっきりと表われている。

技術の問題に特別に割かれた論考はその〔デカルトの〕著作の中に存在しないが、技術的活動の本性と価値についての哲学的反省がデカルトにおいては偶然的でも二次的でもないと考えることは、我々には禁じられていない。（Canguilhem 2011, pp. 490-491）

むしろ「科学への技術の最終的な還元不可能性、認識することへの構築することとの最終的な還元不可能性」（*ibid.*, p. 497）こそデカルトが認めていたものだとカンギレムは主張する。「デカルトは、理論から実践への移行における、完全だとされる知性でもそれ自身では解決できないだろう「困難」に極めてはっきりと気づいている」（*ibid.*, pp. 494-495）。だとすれば、技術は科学的知識の応用であるという考え方をデカルトに帰すのはまったくの誤りであることになる。だからこそカンギレムは、一般に流布しており、また技術についての適切な理解を妨げてもいる技術観、つまり「技術的発明は知の適用に存するというパースペクティヴ」について、「やむなくデカルト的と呼ばれもしよう」と条件付きで述べていたのである。つまり実際のところそれはまったくデカルト的ではない。

では、そのような技術の独自性は一体何に存しているのだろうか。カンギレムの答えはシンプルである。機械が発明・製作される系譜を遡るなら、その発明・製作は、少なくともその端緒では、機械そのものによって為されるのでは決してない。また機械を発明・製作するということそれ自体を機械論的な因果関係によって説明することはできない。機械は原初の場面ではあくまでも人間によって発明・製作されたものである。

> 機械の働きが単なる因果関係によって説明されるとしても、機械の構築は合目的性なしにも人間なしにも理解されない。獲得すべき何らかの目的のために、産み出すべき効果という形で、機械は人間によって人間のために造られる。(Canguilhem 1965, p. 114)

ところで人間とはまず何よりも生物(le vivant)であり、機械を発明・構築するという営みは、人間という生物が生きて行く上で持つ様々な必要性からしか始まらない。つまり「技術のイニシアティヴは生物の諸要求の中にある」[2](Canguilhem 2011, p. 497)。科学に対して自律的な技術的活動の独自性は、何よりも生物としての人間の生命と技術の間に密接な結びつきが存在することに基づいている。そこから第二の点が導かれる。

(2)技術は生命に根を持つ

人間の存在とその行動が及ぶ範囲は、生物学的に最初に与えられた所与である自らの有機体に限定されていない。というのも、人間は自らの身体的器官を道具や機械によって延長することができるからである。人間が自らの行動のために発明・構築する機械とは、人間の身体的器官の延長・補完・代理と看做すことができる。「機械は人類の器官のように看做され得る。道具、機械、これらは器官であり、器官は道具や機械である」(Canguilhem 1965, p. 115)。そして人間がそのような機械を技術的活動によって発明・構築する以上、この活動にとって、機械はあらかじめ与えられている身体的器官を模倣するということが既に前提になっている。技術的活動による機械の発明・構築は、身体的器官の構成として行なわれる生物学的な有機的組織化を所与として初めて成り立つ。そうすると、いかなる技術も根本的には何らかの形で生命との繋がりを本質的に有することになるのではないだろうか。

　技術による機械の発明・構築とは、或る種の生物学的機能であり、生命の振る舞いである（*ibid*., p. 102）。だからこそ生物学的な有機的組織化は、機械の発明・構築が行なわれるための必要条件としてそれに先行する。その限りで、あらゆる技術の存在様態は生命に根差していると言えるだろう。カンギレムは次のように主張している。


　生命の技術も含めどんな人間の技術も、生命の中に、つまり物質について形を与える・同化する活動の中に書き込まれている。人間の技術が規範形成的だから、それとの共感によって生命的技術が規範形成的だと判断されるのではない。生命が形を与える・同化する活動だからこそ、生命は一切の技術的活動の根なのである。（Canguilhem 1966, p. 80）

　生命は技術に先行し、技術は生命にその根を持つ。それゆえ技術を理解することは、技術によって道具や機械を発明・構築する人間の歴史の中にその技術を置き戻すと共に、その人間の歴史を生命の歴史の中に置き戻すことによって可能になる（Canguilhem 1965, p. 120; 2015, p. 320）。科学に還元不可能な活動としての技術は、人間の歴史を介して生命の歴史の中に根づいているのである。

　科学に還元されない技術の独自性が生命にその根を持つことに存するというのは、生命の展開がそもそも予見不可能な「創造（création）」という形で行なわれるからである。生物の有機的組織化がその器官の創造という形で行なわれるように、技術による道具や機械の発明・構築も一種の生物学的機能であり、生物学的器官を延長・補完・代理するものの技術的創造という形を取る。そしてそのような技術の創造的活動のために、科学は必要ではあったとしてもそれだけでは不十分である。しかもそれは、もっとも単純な機械を創造する活動にとってさえそうなのである（*ibid*., p. 319）。だからこそ技術は科学には還元されない独自性を持つ創造的活動となる。

「生命は経験〔実験〕、つまり即興、諸々の偶然の機会の利用である」（Canguilhem 1965, p. 118）と言われるように、生命の展開そのものは予見不可能で予期せぬものであるという点もカンギレムの最初期から晩年にまで至る一貫した着想だが、[3] 技術がそのような生命に根を持ち、その展開を延長・補完するものである以上、デカルト論でも述べられているように、生命的欲求によって導かれる技術的製作行為自体が予期せぬもの・予見不可能なものを必然的に孕まざるを得ない（Canguilhem 2011, p. 436）。技術的なレベルでの発明と製作が予見不可能性を備えた創造的行為であることは、萌芽的なものにとどまったカンギレムの技術哲学を引き受けるかのように自らの技術哲学を具体的に練り上げて展開したシモンドンによっても指摘されているが、[4] 技術の進展は科学の側からは事後的な仕方でしか捉えられない。カンギレムに従えば、「人間とは、科学によって生命から分離される生物」（Canguilhem 1965, p. 86）である以上、その科学によって生命に再び立ち戻ろうとする試みは、予見不可能な生命の展開に遅れて付き従うことしかできないのである。

技術は科学に還元されない独自性を持つということ、そしてそのような技術は生物学的な機能の一種であり、生命に根差しているということ――これら二点がカンギレムの技術哲学の本質をなす根本的な着想である。それでは、そのようなカンギレムとベルクソンの技術哲学はどのような関係にあるのだろうか。

第二章　〈自然かつ人為〉としての自然

1　生命／技術／科学――ベルクソンかカンギレムか？

前章で概観したカンギレムとベルクソンの技術哲学の共通点と差異がどのようなものであるかを見ていくことにしよう。

まず共通点である。前章で『創造的進化』に含まれる技術哲学を明確にするにあたって、カンギレムの示唆を手引きとしたことからも理解されるように、技術が生物学的な機能の一種として生命に根差すことに関して、二人の間に極めてはっきりとした一致が見られることは言うまでもない。事実、ベルクソンについてカンギレム自身が次のように指摘している。「ベルクソンにおいては、〔生命の〕前‐技術的な働きと、環境に浸食するために道具を利用する人間の働きである本来的に技術的な働きの間に、結局のところ切断は存在しない」(Canguilhem 1968 (1994), p. 353)。生命の諸器官としての道具と機械を発明・構築する技術的活動を、生命の歴史の中に組み込もうとするカンギレムの議論と、人間という「生物の業＝技量」すなわち〈技術〉を、人間が属する生命の進化の歴史の中に位置づけようとするベルクソンの議論の間の類似は否定できない。カンギレムが言うように、「ベルクソンもまた、機械の発明を生物学的機能、生命による物質の有機的組織化の一側面と看做した、唯一でないとしても数少ないフランス哲学者の一人」(Canguilhem 1965, p. 125, note 58) だったのである。

では差異の方はどうだろうか。実は両者の間には重大な一つの差異が存在する。それはカンギレムの技術哲学のもう一つの本質的な着想に関わる差異、技術と科学の位置づけをめぐる二人の差異である。前章で見たように、カンギレムにとって技術は科学に還元されない独自性を持つ活動として捉えられていた。しかもそれは技術が生命に根を持つからだった。「技術を科学の結果としてだけではなく、〔…〕まず何よりも生命の事実と看做さねばならない」(Canguilhem 2018, pp. 642-643)。ではカンギレムは、技術と生命の間には連続性が存在すると看做していたのだろうか。

そもそも有機的生命の器官が或る意味では既に機械だと言えなくもないし、逆にいかなる技術も生命に根差している限り、最初から生命的なものを備えているとも言える。生命と技術はその間で二者択一を行なわねばならないような排他的関係にあるのではない。だからカンギレムは人間について、「技術によって生命との連続性の内にある」(Canguilhem 1965, p. 127) と述べ、両者の連続性をはっきりと認める。だがその連続性は同時に断ち切られてもいる。カンギレムは次のようにも言う。「人間とは、科学によって生命から分離され、科学を通して再び生命と結びつこうとする生物である」(*ibid.*, p. 86)。人間は技術によって生命との連続性を保ちつつ、科学によってその連続性を断ち切ってもいる。科学によって人間は生命との距離を埋めようとするが、それはそもそも科学が生命との距離を生み出したからに他ならない。人間は技術によって生命と連続的であり、また同時に科学によって生命と不連続的なのである(ただし科学による人間と生命の不連続性という考え方には、後で見るように一九六〇年代に修正が加えられる)。

ベルクソンの場合はどうだろうか。他の生物とは異なり、人間という生物だけが、様々な障害や袋小路を乗り越えて、生命の原初の運動を継続することができる（Bergson 1959, pp. 720-721）。進化の推進力として働いている根源的な運動の帰結の一つとして生み出された人間は、ベルクソンにとって、創造的な生命の流れを引き継ぐものでなければならなかった。創造的な生命の流れはその産物である人間によって継続され、そのことが人間と他の生物の本性的な差異をなしている。

それでは、生命の進化によって型を与えられた我々の知性もまた創造的活動を担うのだろうか。そうではない。知性はそれ自身としては創造的である生命の最初の運動の「諸側面の一つ、ないしは諸産物の一つにすぎない」（*ibid.*, p. 584）のであって、それ自身は決して創造的ではない。むしろ逆である。「知性は予見不可能なものを受け入れない。それはどんな創造も拒絶する」（*ibid.*, p. 633）。既知のものに基づく既知のものの再発見、似たものに基づく似たものの再認をひたすら反復することで、知性は真に新しいものから我々を遠ざけ、既知で既成の秩序の中に我々を絶えず閉じ込めようとする。「我々の知性は、本来の意味での発明をその湧出において、つまりその不可分なところにおいて捉えることにも、その天才性において、つまりその創造的なところにおいて捉えることにも至らない」（*ibid.*, p. 634）。

既に見たように、そもそもベルクソンにとっての知性は「非有機的な諸道具を製作し、使用する能力」として位置づけられていた。生命進化の途上で生み出された知性は、道具や機械の発明・製作を行なうものとして、そもそも最初から技術的な次元に対応する能力であり、それは彼の生きた時代でも同様だとベルクソンは考えている。「人間の知性に関しては、機械の発明がまず何よりその本質的な歩みだったこと、今日でもなお我々の社会生活は人工的な諸道具の製作と利用の周りを回っていること〔…〕は十分に気づかれていない」（*ibid.*, p. 612）。

だがそうした機械の発明や道具の製作は、ベルクソンにとって本来的な意味での発明なのだろうか。技術的活動は道具や機械の発明・製作に関わるものであり、「発明は製作された道具に物質化＝具体化される時に完全になる」（*ibid.*）。しかしそのような発明は知性に基づくものであり、また「知性は根底的な生成と同様に完全な新しさを受け入れない」（*ibid.*, p. 634）以上、それはベルクソンの哲学にとってもっとも本来的な意味での「発明（invention）」である「絶対的に新しいものの絶えざる練り上げ」（*ibid.*, p. 503）ではない。既成の秩序には回収されない予見不可能で絶対的に新しいものの創造である限りにおいてのみ、その行為は本来の意味での発明と言われ得るはずである。ところが、技術は一方で確かに発明として位置づけられながら、他方で知性に由来するとされる限り、そこからは本来の意味での発明の資格が剝奪されている。発明であるはずの技術は、知性によって単なる既知のものの反復の枠内に囲い込まれてしまうのである。

　技術を知性に関連づけつつその生命的機能を確認した後のベルクソンの記述（『創造的進化』第三章以降）では、知性と物質の同時発生による科学の基礎づけというテーマに加えて、知性から出発して生命の運動に接近することがかえって生命の運動を取り逃がしてしまうことになるという知性への批判に多くの頁が割かれている。そこでのベルクソンは、生命の創造的な運動を延長し継続するものとして技術的活動の創造的側面を位置づけるのではなく、むしろそれを生命の運動に逆らい、それを歪めるものとして理解しようとしているかのようである。

　しかもベルクソンは、そもそも創造とはそのような知性の能力をはみ出すことによって創造的であるとさえ述べていた。「実在が知性を、つまり同じものを同じものに結びつけ、反復の生産もする能力をはみ出るからこそ、この実在はおそらく創造的である」（*ibid.*, p. 539）。技術的活動は発明的であるのに、知性がそれに関わる限り、技術的活動の持つ発明的側面はそこから漏れ落ちてしまう。ベルクソンは、一方で知性の能力に由来する技術が機械の「発明」を可能にすると述べながら、他方で同じ知性がその「発明」を本来的な意味での発明としては不可能なものにしてしまうことを認めていることになる。生命に根を持つはずの技術が、「生命の本質的な側面を取り逃がす」知性（*ibid.*, p. 634）に関係づけられることで、生命とは異質なものとしても捉えられている。ここにベルクソンの哲学に含まれる一つの難点が露呈しているのではないか。そしてその原因は技術を知性に基づくものとして理解することにあるのではないだろうか。[6]

知性は既知のものに基づく既知のものの再認という自閉的な回路を形成することで、発明という絶対的な新しさの到来の受け入れを不可能にする。それは知性の働きとしての科学の成立とも相関的であり、「知性の通常の発展は、科学と技術性の方向に実現される」（*ibid.*, p. 1319）。ベルクソンはこのように技術と科学の間の連続性を認め、それらを共に知性の枠内に包摂しようとする。しかし技術は知性の枠内に収まるものだろうか。そうではないことを我々はカンギレムと共に確認しておいた。カンギレムは技術の成立の一つの契機を、完全とされる知性でさえ解決できない困難や障害との遭遇に見て取り、そこで一種の飛躍として生じる実践的な解決に、科学に還元不可能な技術の独自性が存することを指摘した。それに対してベルクソンは科学と技術の本性的な差異を見逃してしまったように思われる。知性によって完全にはその遂行を説明し得ないはずの技術的活動が、あくまで知性の枠組みの中で理解された結果、本来それが持つ創造性が剝奪されてしまったのである。

カンギレムにとって技術と科学は相互に還元不可能な二つの異質な活動であり、技術が生命に根づいているのに対して、科学は生命との分離をもたらす。技術が生物学的な機能の一種として生命に根差していることを共に肯定しながら、カンギレムは技術と科学の異質性を強調し、ベルクソンは技術と科学の間の連続性を認めようとする。ここに両者の差異がある。その差異は、科学とは異質な技術的活動が生命と連続的であることによって持つ創造的側面を肯定するカンギレムと、技術と科学を知性の枠内に位置づけることで、連続的であるはずの技術と生命の間に不連続性を持ち込み、その創造性を否定するベルクソンという差異を導く。

では、どうして技術の位置づけをめぐってこのような差異が生じるのだろうか。技術に対するベルクソンの消極的な位置づけは、おそらく彼が質料‐形相論的な図式に基づいて技術を捉えようとしていることに由来している。例えば彼にとって、「製作すること」は「物質に形を与えること」（*ibid.*, p. 650）、「物質の中に対象の形を刻むこと」（*ibid.*, p. 627）に存する。無形の質料に形相を与えることが或る物をその物たらしめるという質料‐形相図式を技術的な製作の場面に適用するこの選択は、ホモ・ファベルの技術的活動を捉える際に「労働」をモデルにした彼のもう一つの選択と相関的である。なぜならシモンドンも指摘するように（Simondon 1958 (2012), pp. 328-329）、技術的対象の構築を質料‐形相図式で把握しようとすることは、労働から得られたモデルで技術的活動を把握しようとすることに由来するからである。

『創造的進化』第一章は、生命進化を捉えるためには機械論と目的論の二者択一を斥けなければならないことを強調していた。これら不適切な二つの立場は、ベルクソンによれば、いずれも人間の労働をモデルにして生命の展開を捉えようとしたことにその根がある。「機械論の観点と目的論の観点——それらは結局のところ人間精神が人間の労働の光景によって導かれた観点でしかない——を両方とも乗り越えなければならない」(Bergson 1959, p. 571)。しかしそのように労働というモデルを斥けたはずのベルクソンが、なぜか技術に対してはこのモデルを適用してしまったようである。そして労働をモデルにして技術を捉えたからこそ、彼は質料‐形相図式によってしか技術を捉えられなくなってしまった。[7] だが技術を理解するために労働というモデルを採用することはできない。というのも、シモンドンに従えば、「技術的存在に対する操作＝作用 (opération)」としての技術的活動と「労働」は決して同じものではなく、「労働する人間という観点」は技術に対してまったく外的なものにとどまるため、そこから技術をそれ自体として捉えることはできないからである (Simondon 1958 (2012), p. 329)。

2　生命かつ技術――ベルクソンとカンギレムの間で

カンギレムの立場からすると、ベルクソンが技術を生命に根を持つものと看做し、機械の発明を生物学的機能の一種として捉えたのは正しい。しかしながらベルクソンは、技術を科学と連続的なものと看做し、両者を知性の枠内に回収することで、同時に技術を生命から切断し、技術的活動の持つ創造的側面を切り落とすことになってしまった。この点にベルクソンの技術論の一つの限界があるということかもしれない。

しかし技術は生命にその根を持ち、生命と連続的ではあるにしても、科学に還元されないのと同様、生命にもまた還元されないように見える。例えば技術的対象としての機械を生物と或る程度は類比的に捉えることはできるが、それでも両者は完全に重なり合うわけではない。シモンドンが言うように、生物の有機的器官とは異なって、技術的対象を構成する諸要素は分離可能であり、他の技術的対象の要素とも組み合わせることができるし、また他の技術的対象の要素としてそこに統合されることもあり得る（Simondon 1958 (2012), pp. 82-83, 87-88）。技術は生命に根を持つ限りそれに内在的ではあるが、同時にそれをはみ出す場合もある。そうすると技術そのものの中に、生命からの隔たりが含まれている場合もないわけではなく、いったん生命からはみ出した技術が今度は生命そのものに作用することもある。

ベルクソンが『創造的進化』で次のように言う時、そこに含意されているのはまさにそのことだったのかもしれない。

> とりわけ、知性によって製作された道具は、それを製作した存在の本性に逆に作用する。というのも、それは新しい役割を果たすよう製作した存在に求めることで、言わばいっそう豊かな有機的組織化を製作した存在に授け、自然の有機体を延長する人工の器官となるからである。
> （Bergson 1959, p. 614）

技術を介して無機的なものが有機的なものに言わば接木《つぎき》され、接穂が苗木に影響を与えるように、無機的なものが有機的なものの本性を変容するということも起こり得るだろう。

そのような事態は、当然ながら現代社会における「機械化（machinisme）」の発展とも無関係ではない。[8] ベルクソンは第四の主著である『道徳と宗教の二源泉』（一九三二年）で、「社会生活は漠然とした理想のように、本能にも知性にも内在的である」と規定し（*ibid.*, p. 997）、人間を本来的に社会的な存在として捉えると共に、『創造的進化』の技術論を踏まえて「諸道具は人工的な器官」であり、「人類の機械設備（outillage）はその身体の延長である」と看做している（*ibid.*, p. 1238）。そして産業化された社会における「諸機械の広大なシステム」の持つ危険性に注意を促しつつ、それが有する「人間の活動を解放することができる」可能性を条件付きで承認する（*ibid.*, p. 1175）。

このように機械化の問題を組み込む中でベルクソンは、実際には『創造的進化』での自らの技術論に修正を加える方向に進んだ。というのも、『道徳と宗教の二源泉』では「機械の発明は自然の賜物」とされるが（*ibid.*, p. 1234）、そのような道具と機械の発明・製作は、『創造的進化』とは違って、科学から切り離されるからである。「機械の発明の精神は〔…〕科学とは異なったままであり、必要であれば科学と縁を切ることができるだろうというのもやはり本当である」（*ibid.*, p. 1235）。

この修正の意味は決して小さくはない。というのも、もし技術が科学と連続的に捉えられるのをやめるなら、言い換えると、技術が科学とは異質な独自の活動であることが認められるなら、カンギレムにとってそうだったようにベルクソンにとっても、技術もまた生命の創造的運動を担い、それを継続するものとして位置づける可能性が出てくるからである。『道徳と宗教の二源泉』でのベルクソンは実際、本能と知性の本質的な目的を道具の利用と看做す『創造的進化』の議論を反復しながらも、知性の利用する道具は「発明された、したがって可変的で予見されない諸道具」だと述べている（*ibid.*, p. 997）。しかし、そのように予見できない道具の発明は、あの持続という「発明、諸形態の創造、絶対的に新しいものの絶えざる練り上げ」といかなる関係にあるのだろうか。道具の発明を予見不可能なものと看做すことは、むしろベルクソンをカンギレムに接近するよう導くことになるのではないだろうか。だが、そのような方向性はベルクソンにおいてあくまでも可能性にとどまらざるを得なかった。

他方、社会の中での生命と機械化の関係という問題について、カンギレムもまったく無自覚だったわけではない。例えば彼もまた同世代の社会学者ジョルジュ・フリードマン（一九〇二―七七年）の仕事を参照しながら、「諸機械の一般化された利用が現代の産業社会の人間たちに少しずつ課した態度」（Canguilhem 1965, p. 126）に注意を払い、人間の主観性が機械的反射に科学的に還元されることと産業的な機械化の発展の間に相関関係があることを指摘している[9]（Canguilhem 1955, p. 166）。また彼は規範形成性（normativité）、つまり自らに内在する規範を自発的に作り上げる点に生命の核心を見ながら（カンギレムは端的に「規範（norme）とは生命である」と述べている（Canguilhem 2018, p. 117））、同時に社会的規範の特徴を問題にし、生物に内在的な規範である生命的規範とそうではない社会的規範の異質性を強調する（Canguilhem 1966, pp. 175-191）。主観性の科学的還元と産業社会の機械化の相関関係について、あるいは異質な生命的規範と社会的規範の関係について、カンギレムがより具体的に論じることはあまりなかったが、それでもベルクソンが視野に入れていた問題をカンギレムも同様に視野に入れていたことは、後者が前者を前提としている以上間違いない。

しかしカンギレムの方も、一九六〇年代になって、科学による人間と生命の不連続性という考え方に修正を加えたように思われる。その名を挙げることなく、しかし明らかにベルクソンが念頭に置かれているカンギレムのテクストを引用しよう。

> ホモ・ファベルはファベルとして、建築者・監督者・修復者に依存する技術的構造と、自己構成

的で自己制御的な有機的構造を、それが理解された通りにそれを知覚する人にとっての形態であるような対象と、その自発的形成によって形成された存在を、容易く区別すると人はよく考えがちかもしれない。けれどもホモ・サピエンスだけが、生命による物質の有機的組織化という普遍的企ての中でホモ・ファベルの諸技術がもたらす断絶に気づいているというのは、文化の一事実である。（Canguilhem 1968 (1994), pp. 319-320）

カンギレムのこの言葉は、生命と技術と科学の関係に関するそれ以前の彼の立場に変化をもたらすものとして読むことができる。生命と技術の間の分断が明確になるのは、ホモ・ファベルではなくホモ・サピエンスにとってであるが、その分断はそもそもホモ・ファベルによって導入されたということをカンギレムが言おうとしているのであれば、生命からの距離が科学によってではなく技術そのものに含まれていることになる。そしていったん離れた生命へと科学によって戻ろうとするこの生命への科学的な接近自体が、実は生命に根づいていたものと看做される（*ibid.*, pp. 335-364）。

生命に根を持つ技術を生命と分離することから始めて、技術による発見と製作に生命の運動との類似性を見出すことになったように見えるベルクソンと、生命に根づいた技術の持つ創造性を肯定することから始めて、技術の中に潜む生命からの分断と科学による生命への接近を承認することになったように見えるカンギレム。我々は生命と技術をめぐって対照的な歩みを見せたこれら二人の哲学者を取り上げてきたが、問題は両者の優劣を決定することではない。むしろベルクソンとカンギレムの技術哲学の交錯から理解しなければならないのは、生命と連続的ではあるが、創造性を喪失し生命に逆らう技術と、生命と連続的であるからこそ創造性を保持する技術という両方の側面が、生命と技術の関係において同時に存在しているという事態である。それは生命と技術に妥当するだけでなく、生命と科学の関係についても同様であることは、当初のベルクソンの見解と修正が加えられた後のカンギレムの見解を合わせて考えれば理解できる。

　ベルクソンとカンギレムに即して我々は生命と技術の関係を問うてきたが、カンギレムと共に「技術」を「根源的に生命による物質の有機的組織化の人間的形態」（Canguilhem 2018, p. 644）と捉え、「技術と生命の根源的関係」（*ibid.*, p. 642）を承認する限り、重要なのは「生命か技術か」という二者択一でないことはもはや明らかだろう。カンギレムが強調するように、問題にしなければならないのは「技術か生命か（la technique *ou* la vie）」ではなく「生命かつ技術（la vie *et* la technique）」（*ibid.*, p. 644）なのである。自然的なものの最たるものである生命と人為的なものの最たるものである技術の間でさえそのような関係が成り立っているなら、それ以外の自然的なものと人為的なもののすべてについてはなおのことそうである。したがって、生命を含む自然と技術を含む人為については、〈自然か人為か〉ではなく、まさに〈自然かつ人為〉が問題になる。我々が哲学史において問われてきた〈自然〉ということで思考しようとしているものが、この〈自然かつ人為〉に対応することは言うまでもない。

　しかし、この〈自然かつ人為〉という〈自然〉は、歴史的に見て常に同じものだろうか。それとも〈自然〉をめぐっては現代とそれ以前の間で何らかの歴史的変化があったのだろうか。自然的なものの最たるものとしての生命と人為的なものの最たるものとしての技術の境界が、ベルクソンやカンギレムによって二〇世紀になって問われたことにはどのような意味があるのだろうか。

第三章　哲学に追いついた歴史

1　〈自然〉をめぐる歴史上の変化?

技術によって生命から離れることと技術によって生命に回帰すること——これらはいずれにしても技術と生命が連続的であるから可能になる。このような連続性によって、自然の最たるものである生命と人為の最たるものである技術の間でさえ二者択一的な区分が成り立たなくなるからには、そもそも自然と人為に関してもまったく同様のことが言える。したがって、不可分な仕方で成立している〈生命かつ技術〉、そしてそれを含む〈自然かつ人為〉としての〈自然〉が問題となる。

このような〈自然〉をめぐる哲学の今日的な重要性こそ我々の強調したいことだが、それはもちろん古典的な意味での「自然哲学」をそのまま復興させるということではない。例えば、現代において自然哲学などそもそも成り立ち得ないという見解もあるだろう。それは古代から連綿と続きながら、ロマン主義の勃興と共に哲学史の中でピークを迎え、現在では既に有効期限の切れた時代遅れの思考形態でしかないのだから、と。そうした見解はおそらく今日の哲学の領域では広く共有されていると思われるし、確かに古典的な意味での自然哲学はもはや不可能かもしれない。しかし、現代に相応しい形での自然哲学もあり得ないと言い切れるだろうか。古典的な自然哲学が対象としてきた自然と、我々がここで問題にしている〈自然〉がそもそも異なるのであれば、この〈自然〉を対象とするという意味での〈自然哲学〉はなおも可能ではないだろうか。

さらにもう一つ問いが残る。現代における〈自然哲学〉が〈自然〉を対象とするにしても、これまでの哲学史もまたそのような〈自然〉を直接ないしは間接的に思考してきたことを我々は示してきたはずである。それならば、あえて現代における〈自然哲学〉を強調することにどれほどの意義があるのだろうか。もし何らかの意義があるとすれば、これまでの哲学史で思考されてきたはずの〈自然〉と現代の〈自然〉の間に、根本的な断絶ではないにせよ、考慮すべき何らかの歴史的変化があったのでなければならないだろう。

〈自然〉をめぐるこの歴史的変化を考察するために、一九世紀から二一世紀の今日に至るフランス哲学史を取り上げよう。もちろん網羅的な検討は不可能なので、そのいくつかの局面に限定してそこに焦点を当てざるを得ない。

例えば、一九世紀フランスの哲学者アントワーヌ＝オギュスタン・クルノー（一八〇一―七七年）が次のように述べた時、彼はベルクソンやカンギレム以前に、〈生命かつ技術〉あるいはそれらを包括する〈自然かつ人為〉を不可分で一体のものと看做すべきことを既に見通していた。

〈自然〉が化学を行なおうとする時、それは我々のようにレトルト、蒸留器を用いるし、〈自然〉が力学を行おうとする時、それは我々のように梃子、滑車、通道、弁を用いる。同じ諸器具の構築を通しての〈自然〉と人間のこの出会いは〔…〕我々の諸科学（力学、物理学、化学など）の体系が、人間精神による構想や技巧とは独立した自然的な諸根拠にしっかり基づいていることの最大の証明の一つである。(Cournot 1872 (1973), p. 195)

クルノーが言おうとしているのは次のことである。世界を構成する物理-化学的な秩序は、自然の働きと人間の活動の両者から形成されており、人間の行なう技術的諸操作と自然の働きの間には同一性と連続性が

クルノー

存在する。言い換えれば、自然が自発的に実現していることを人間は技術によって人工的に再生産でき、そのことによって自然に人為的な変容をもたらすことができる。これは或る意味では、一八六〇年代に化学者マルスラン・ベルトロ（一八二七―一九〇七年）がコレージュ・ド・フランスで行なった講義やその時期の著作で表明していた化学合成についての考えに対応している（Cf. Saint-Sernin 1999, pp. 16-17）。自然の中に既に存在している物質だけでなく、自然の中には未だ存在していなかった物質をも、人間は自然の諸法則に逆らうことなく化学的に生み出すことができる。つまり、自然がそれのみでは生み出せなかった未知の新しい存在を、人間は自然の中に化学的に形成できるということである。

確かに一八六〇年代の化学における或る種の革新が示していることは、〈自然かつ人為〉を不可分で一体のものとして捉える観点に対応するものを含んでいるかもしれない。しかしそれは、一八六〇

年代にはあくまで物理‐化学的次元でのみ可能になったことにすぎず、しかもその次元においてさえあくまで限定的な仕方で可能になっただけであって、全面的にそうなのではなかった。ところがそれ以後、現在に近づくにつれて、自然に対する人間の介入が拡張された結果、単に物理‐化学的次元においてだけではなく、生物学的次元でも自然と人為が不可分な形で交錯するような関係が見られるようになってきている。ということは、一九世紀末から現在までの間に〈自然かつ人為〉をめぐる何らかの変化が生じたことを認めなければならないのだろうか。

2　タルドによる未来史の予言

〈自然〉をめぐる歴史的変化についての問いを考えるに当たって、時代としてクルノーやベルトロとベルクソンの間に位置する、哲学者にして社会学者であるガブリエル・タルド（一八四三―一九〇四年）を一つの事例として取り上げたい（タルドはコレージュ・ド・フランスでのベルクソンの前任者であり、またクルノーの著作から大きな影響を受けていることを本人が強調している。さらにベルトロの化学的業績への言及もその著作には見られる）。

タルドに関して、ここでの議論に関わる必要最小限のことだけ確認しておこう。彼は主著『模倣の法則』（初版一八九〇年、第二版一八九五年）で、世界を物質界・生物界・社会界の三つから成るものと看做し、それぞれの界を構成する「普遍的反復（répétition universelle）」の三つの形態を、「波動（ondulation）」・「生殖（génération）」・「模倣（imitation）」として位置づけた。これら三種類の反復の関係としては、模倣には生殖が、生殖には波動が時系列的に先立つ。その意味で、この関係は当初は相互的なものではなく、あくまで一方的な関係である（Tarde 1890 (2001), p. 93）。

しかしながら、模倣という社会的次元での反復がいったん成立し、そこからさらにそれが確固たるものとして確立されるようになると、そもそも時間的には先行していた生命的次元での反復と物理的次元での反復、すなわち生殖と波動に対して模倣からの反作用が生じ、今度は模倣の方が波動や生殖を自らに従属させるようになる。つまり社会的次元のものが物理的次元や生命的次元のものから解放され、逆にそれらを支配するということである。

> 最終的に、社会的原理が〔生命的原理から〕解放されてしまうと、それが今度は生命的原理に対して専制君主となり、生命的原理を支配するようになる。〔…〕文明的な人間は、自らの欲求や恣意に適合した様々な動物や植物をたくさん創造した後で〔…〕、人間自身の育成者になるという問題、究極的な文明の願望にもっとも適う方向へと、人間自身の身体的本性を、承知のうえで決然と変化させるという問題に思い切って取りかかろうとするだろう。（*ibid.*, p. 308）

タルドは、最初は一方的な関係である物理的次元と生命的次元と社会的次元の関係に変化が生じ、最後のものが前二者に反作用を及ぼすことで三者が交錯して弁別不可能になるような場面を描き出した。これはつまり、自然的なものと人為的なものが不可分一体となり、人為的なものの側から自然的なものの側に対する変容が、それも単に物理-化学的次元だけでなく、生物学的次元においても不可避的に生じるという事態を一九世紀末に捉えていたということである。それを裏付けるのが、タルドの別の著作『未来史の断片』（初版一八九六年）である（この著作は一八七九年に書き始められ八四年に完成したと言われている。同書の編者による説明を参照（Tarde 1896 (1998), p. 5)）。

これは『模倣の法則』のような理論的著作ではなく、小説として書かれたものだが、その筋立てをまとめると次のようになる。政治的にも言語的にも社会階層的にも画一化された社会が繁栄していたが（第一章）、太陽の衰退によって地球に氷河期が到来し、地上での生活が不可能になった人類は滅亡の危機に瀕する（第二章）。生き残った者たちは地底――「解放と至福の場所である、約束されたエデンの園」（*ibid.*, p. 69）である地球の内部――に逃げ込むことを決意し（第三章）、この地底生活への移行によって人類は救われる（第四章）。人類は地底で新たな文明を築いて「新しい人類」（*ibid.*, p. 122）として再生し（第五章）、愛に基づく美的生活を享受する（第六章、第七章）。

タルド

作中で描かれている世界のあり方に目を向けよう。地底生活に移行した人類は、地核の熱源と地表の冷気に基づくエネルギーを利用して、以前より洗練された高度な文明を地中で開花させる。そこでタルドが特に重視するものの一つが化学（chimie）である。物語中では、氷河期によって地上で動植物が死滅したことによる食料不足が見込まれるため、地底生活への移行に当初は危惧が示されていたが、食料でさえ「化学が何からでも作り出せるのではないだろうか」（*ibid.*, p. 72）と主要登場人物の一人が説いたことで、その危惧は払拭され、地底への移行が押し進められるというストーリーが第三章で展開される。それほどまでにタルドは化学の可能性に信頼を置いていたということだが、これは何を意味しているだろうか。

化学が食料でさえ何からでも作り出せるということは、ベルクソンが技術に見ていた役割を化学に置き換えれば、化学を介して無機的なものが有機的なものに接木されることに等しい。あるいはクルノーで言えば、自然が自発的に生産していたものを人間は化学によって人工的に生産できるということである。これがいかなる帰結をもたらすことになるのかは既に想像がつくだろう――物理的次元と生命的次元に後続する社会的次元が、今度は両者を変容するように反作用を行なうという、『模倣の法則』でタルドが捉えていた事態である。『未来史の断片』では同様のことが次のように表現されている。「社会的環境は、それまでその中に埋め込まれて拘束されていた自然的環境のあらゆる影響からこうして逃れることで、初めて自身の力をあらわにして展開できるようになった」(*ibid.*, pp. 87-88)。

このようにして社会的環境を従属させていた自然的環境が、今度は逆に社会的環境に従属するようになり、それによって自然的環境は人間によって「選択されて完成された自然(nature choisie et parfaite)」(*ibid.*, p. 97)となる。自然自体が人為的なものによって初めて完成されるものとなり、この「〔…〕調和的な自然は、なおも〔人間の〕核心に影響を与える」(*ibid.*, p. 124)のだから、ここにおいて自然か人為かという二者択一はもはや失効している。このように見れば、タルドもまた哲学史上において、〈自然／人為〉という区分に基づく〈自然のイメージ〉によってではない仕方で〈自然かつ人為〉としての〈自然〉を思考していたと言って良いだろう。

だが、我々がここでタルドを取り上げたのは、そのことを確認するためだけではない。より重要なのは次のことである。タルドが『模倣の法則』で描いている事態、人間が自らの欲求に適合した動物や植物の創造主となり、人間自身の育成者として自身の身体的本性を変化させようとする事態に関して、タルドは「そのような時が来るのを我々は既に予測することができる」(Tarde 1890 (2001), p. 308) と述べているにすぎない。つまり、この事態は未来形で述べられているようにあくまで「予測」されているだけであって、「予測」である以上、この事態そのものは未だ生じておらず、まだ現実のものにはなっていないということである。

『模倣の法則』でタルドが描いているのは、彼にとっての未来の風景であって、その当時の現在、つまり一九世紀末の風景では決してない。これは実は『未来史の断片』でも同様である。タイトルが示唆するように、この作中の時代設定は、実際にそれが執筆されている時期である一九世紀末ではなく、タルドから見た未来になっている。つまりこの著作はSF小説仕立てで書かれており、作中で描かれている事態は一九世紀末から見た未来の事態なのである。[10]

タルドが見通していた事態は、クルノーやベルトロと同様、彼にとっても未だ現実のもの、現在のものにはなっていなかった。ではベルクソンはどうだっただろうか。『創造的進化』では、技術を科学と同じく知性に基づくものとして理解することで、技術と生命の間に不連続性を挿入してしまったベルクソンは、二五年後の『道徳と宗教の二源泉』では、むしろ技術と科学を切り離すことで技術と生命の不連続性を解消する方向に向かっている可能性もあることを我々は指摘した。とはいえ、それはあくまでその可能性を排除できないという程度にとどまっており、機械化の有する「人間の活動を解放することができる」可能性にしても、積極的な何かが具体的に示されているわけではない。その限りで、タルドが予測していた事態は、ベルクソンの晩年、つまり二〇世紀前半の一九三〇年代にもやはり未だ現実のものとなっていなかった。だが、その後はどうだろうか。

3　現実そのものとして思考される〈自然〉

既に見てきたように、哲学史とは、自身の内部に入り込むことさえある〈自然／人為〉という区分に抵抗しつつ、この区分に先立つものとしての〈自然〉を思考してきた歴史だった。しかしながら、二〇世紀前半までそのような〈自然〉は、あくまでその可能性において理論上思考されていただけで、現実そのものとして思考されていたわけではなかった。確かに〈自然／人為〉という区分に先立つ〈自然〉は、自然的なものと人為的なものを不可分な仕方で共に包括するものとして潜在的には常に存在している。しかし、自然的なものと人為的なものの不可分性あるいは弁別不可能性は、それが現実のものとなるためには、人為的なもの、つまり技術や科学がそれを実現できるだけの歴史的進展を必要としたということである。

この観点からすると、問題になっている〈自然〉は、タルドが『社会論理学』（一八九五年）で「世界（monde）」と呼んだものに近い。タルドによれば、この「世界」は異質で自律的な「諸要素」から成る。それらの諸要素は「諸々の潜在性（virtualités）を蔵し、それらに固有の法則に従って、この法則の望む時にこれら潜在性を実現して（réaliser）、存在の深みから現象の表面へと、前もって予測できない諸々の現実的な新しさを湧出させる」（Tarde 1895 (1999), p. 225）。この潜在性は、「その実現（réalisation）以前には、無限の知性にとってさえ未知で、あまりに認識不可能」なので、歴史の中でそれが実現されることで「世界」はその姿を新たに現わすことになる。タルドは実際、「世界」を「〈歴史〉における〈自然〉（la Nature dans l'Histoire）」と言い換えており[11]（*ibid.*, p. 265）、「世界」が歴史の中でその潜在性を実現しつつ新たに現われることは、我々がここで〈自然〉として問題にしているものが、常に潜在的に存在しながらも、人為的なものの歴史的進展に合わせて自然的なものとの不可分性や弁別不可能性をその内で実現させていくことで現実そのものとなることに対応している。

古代からあくまでその可能性において思考されていた〈自然〉、一九世紀末から二〇世紀前半にかけても予測されていたが、あくまで未来のものとして思考されるにとどまっていた〈自然〉が、現在の現実そのものとして思考されるようになるという変化は、はたしていつ起こったのだろうか。自然的なものと人為的なものの弁別不可能性は、確かに理論上はいつでも可能だったかもしれない。しかし、それが実際の技術や化学を含む科学によって実現されるには、それらの歴史的進展を待つ他はなかった。二〇世紀前半においてさえその実現をさらに待たねばならなかったのだとしたら、そこから現在、すなわち二一世紀初めまでの間にそうした変化が起こったと考えざるを得ない。実際、二〇世紀半ばから現在に至る時代とはまさにそのようなものではなかっただろうか。

人間の行なう技術的操作や科学的操作と自然的なものの間には本質的な連続性が存在するにしても、技術や科学が実際に自然的なものとの弁別不可能性を実現できるほどになることができたのは、おそらく二〇世紀半ばから現在にかけてが歴史上初めてである。それはフランス哲学史では、ちょうどベルクソンとカンギレムの間ということになるだろう。

そのことは例えば、自然の中の自然とも言うべき生命を対象とする生命科学の歴史を考慮に入れれば理解できる。一九六〇年代、カンギレムはいわゆる分子生物学革命を経た当時の生物学の飛躍的進展に触れて次のように述べている。

一九五六年から一九六六年にかけて、重大ないくつかの出来事が生物学的な科学と生物学の歴史を特徴づけ、生物学の哲学の着想に寄与した。遺伝に関わる遺伝コードの発見と生化学の諸成果は、有機体の構造に関わる諸々の考えを根底から刷新した。〔…〕この〔遺伝コードの解読という〕科学的出来事が生命の新たな認識の諸基礎を築いたことを無視したり誤認したりすることは、今日、生物学の哲学には不可能である。（Canguilhem 2018, pp. 315-317）

どういうことだろうか。分子生物学革命とその後の生命科学の進展によって、物理‐化学的諸法則の例外をなす〈生命そのもの〉を想定すること――生命力や生命原理を想定することで生気論がそうしたように――はもはやできなくなった。「生命」について哲学的に論じるなら、そのことを踏まえなければならない。それがカンギレムの言わんとすることだが、こうした態度に基づいて彼が「生命」に関して具体的にいかなる哲学的考察を行なったのかはここでは問題にしない。むしろ重要なのは、カンギレムが承認せざるを得なかった、「生命の新たな認識の諸基礎」となる生命科学上の革新が、彼も言うように「一九五六年から一九六六年にかけて」起きたという事実である。

まさに二〇世紀半ばに始まったこの革新によってもたらされたものは何か。カンギレムが或る論考の中でその著作（Atlan 1972 (2006)）に言及したこともある（Canguilhem 2018, pp. 602, 604）、医学者であり生物物理学者であるアンリ・アトラン（一九三一年生）が、この革新の帰結について端的に次のようにまとめている。[12]「今日、生物学と神経諸科学は、非生物と生物の間の連続性、意識なき世界と人間的意識の世界の間の連続性をあらわにしている」(Atlan 2002, pp. 12-13)。

二〇世紀半ば以降の生命科学において、ミクロなレベルでの生命現象は、物理学や化学が分析する物理‐化学的な系の諸現象と本質的に区別されないことが明らかになった。それは人間と物質の間だけでなく、人間も含めた生物一般と非生物全般の間にも言える。「物質界と生物界の間に本性上の差異はもはや存在せず、この意味で我々は両者の連続性について語ることができる」(*ibid.*, p. 14)。物質界と生物界の連続性が明らかになったということは、生物か非生物かを問わず、すべてが物理‐化学的な諸法則に従う諸要素から成り、生物であれ非生物であれ、その働きはそうした諸要素の持つ特性の構造によって等しく規定されるということである。「現代生物学は、生命の統一性を、コード機能を持つ構造の統一性に帰着させる」(Canguilhem 2018, p. 324)。

それだけではない。さらに重要なのは、すべてが物理‐化学的なプロセスの内にある以上、非生物的なものから生物的なものを人為的に構成する可能性が現実のものになったことである。

二〇世紀の生物学革命はまさに、少なくともその大筋において、生命を特徴づけると言われる働きを、その構造が認識されており、人為的な仕方によって実験室で合成することの可能な、諸分子の物理学的・化学的諸特性から出発して説明することに存した。(Atlan 2002, p. 15)

このような生命科学上の革新に立ち会いつつカンギレムが目の当たりにしていたのは、かつては想像されていただけの科学や技術による自然的なものへの直接的な働きかけ――それによって自然的なものとの弁別不可能性が実現されるような、人為的なものの自然的なものに対する関係――が、まさに現実のものとなる事態が次第に始まりつつある光景だったのではないだろうか。

自然的なものと人為的なものが、単に物理‐化学的次元だけでなく、生物学的次元においても不可分一体となり弁別不可能となる事態の到来――それが二〇世紀半ばから現在にかけて起こったことである。科学史を繙けば、生命科学も含めた自然科学の各領域で、この時期に相次いだ科学上の大きな革新がそうした事態の到来に対応していることは容易に理解できる。こうした了解が哲学において同時代的に共有されていることを、カンギレムと同じくフランス科学認識論の系譜に属するが、その哲学的行程において彼とほとんど交わることのなかったグランジェが科学史について行なう指摘に即して確認しよう[13]。

グランジェによれば、科学史的に見て二〇世紀後半は、根本的な新しさという点で特に多産な時代だったわけではない。むしろその意味で多産だったのは、熱力学や電磁気学が確立された一九世紀や相対性理論や量子力学が生まれた二〇世紀前半の方だろう。しかし、そうして獲得された科学的成果を積極的に応用し、飛躍的に発展させたという意味で多産だったのは、間違いなく二〇世紀後半である。

我々が過ごしている〔二〇世紀後半という〕時代は、これら〔一九世紀の科学〕の基本的成果を継承しているだけでなく、その数量と多様性において、科学史において前例のない革新と発展の様相を呈している。(Granger 1993 (1995), p. 9)

それゆえ二〇世紀後半はまさに「〈科学の時代〉(Âge de la science)」と呼ばれるに相応しい時代だ

が、その具体例としてグランジェが挙げるのは以下のことである。⑴利用可能なエネルギーの核融合による生産、⑵宇宙探査とそれによる宇宙構造に関しての様々な発見、⑶ビッグバン説による宇宙の歴史の始まりに関する探究、⑷医療用画像技術・ラジオとテレビ、コンピューターやロボットの開発に繋がるトランジスターの発明、⑸様々な抗生物質の発見と開発、⑹ＤＮＡの二重螺旋構造の発見とそれによる遺伝情報の解読、⑺数学上の理論的出来事（超関数概念の創造、連続体仮説と選択公理の独立性証明、計算複雑度概念をめぐる諸成果）等々（*ibid.*, pp. 10-11）（なお、⑻として、人間科学におけるレヴィ＝ストロースの民族学的業績とチョムスキーによる言語学的業績が挙げられている（*ibid.*, pp. 11-12））。

グランジェによれば、これらの事例の中でも物理‐化学と生物学に関わる⑴から⑹において、「本来的な意味での科学的知識ともっとも広い意味での技術的知識の絡み合い（enchevêtrement）」が見られる（*ibid.*, p. 12）。科学と技術は本来独立した二つの活動だったにもかかわらず、次第に前者が後者を包囲してその内部に侵入していくことで、技術は「科学が浸透した技術（la technique imprégnée de science）」（*ibid.*, p. 37）になってしまった。グランジェの前期の主著『形式的思考と人間の科学』（一九六〇年、第二版一九六七年）での表現を用いて同じことを科学の側から言えば、「科学が実践（*pratique*）を支配するに至り、自らの領域で統合的なプラクシス（*praxis*）として自らを構成することを目指す」（Granger 1960 (1967), pp. 185-186）ようになったということである。

技術が科学に浸透されることによって生まれる両者の解きほぐしがたい一体化は何をもたらすだろうか。一つには「機械（machine）」の新たな意味である。「［二〇世紀半ば以降の］最近の技術的進歩は、第一に、機械の種の真の変異（*mutation*）に存した」（Granger 1993 (1995), p. 37）。比較的初期から機械を考察対象としていたグランジェは、既に一九五五年の時点で「技術の近年の革新が〔…〕機械の概念に新たな哲学的意味を与えることを可能にする」(Granger 1955, p. 120) と述べており、技術革新によって可能となる機械概念の新たな意味によって「現代の合理的思考の営み」を解明できると看做していた。それは、二〇世紀半ばのサイバネティクスや情報理論の確立を経た後では、機械が自己制御的となり、「或る程度までは自らを統御＝操縦し、自身の操舵手を含む有機体のように現われる」(*ibid.*, p. 121) ため、自然的現象と人間的活動双方のモデルになり得るものと考えられたからである。

技術と科学の解きほぐしがたい一体化は、こうした機械の意味の変容と密接に関連するもう一つの帰結を導く。それは「技術的対象 (objet technique)」の問題が浮上することである。「その学が今や実践へと深く統合された化学者や物理学者たちは、ラヴォワジエやニュートンの学よりも極めて組織化されて技術的に規定された対象について研究する」(Granger 1960 (1967), p. 186)。この場合の技術的対象とは、自然的なものと単に対比されるような人為的なものではない。科学と技術の一体化において問題となる技術的対象とは、「それを定義するためには人間的活動がしかじかの役割を演じる複合体」であり、「人間的諸事実に対する意義があまりに決定的なので、技術的対象に関しては自然と人為の間の強固な区別を維持しようとするのが空しくなる」(*ibid.*, p. 201)。

技術が科学に浸透されることで、自然と人為の区別が現実に揺らぎ始める。もちろん科学と技術が結びつき始めたのは、歴史的に見れば二〇世紀ではなく、一八世紀後半の産業革命以降のことである (Granger 1993 (1995), p. 25)。とはいえ、科学が技術に完全に浸透し、両者の一体化が完成するのは、やはり二〇世紀半ばから現在にかけてであることは確かだろう。[14] そのような時期には、「我々が理解するような広い意味での技術的対象は、技術 (art) と自然のこうした対立を乗り越える。〔…〕科学の新たな局面が開かれて、その局面は〔技術と自然の間の〕分離を暫定的なものとしてあらわにする」（Granger 1960 (1967), p. 202）。例えばそれは、科学の浸透した技術による「生命の内奥そのものの操作」（Granger 1993 (1995), p. 6）という形で実際に具体化したことになるだろう。

このように、自然的なものと人為的なものが物理‐化学的次元のみならず生物学的次元においても不可分一体となり弁別不可能となる事態が二〇世紀半ばから現在にかけて始まったということは、カンギレムやグランジェのような多くの哲学者に同時代的に共有されている。二〇世紀半ばから現在に至る時代とは、それ以前はあくまでその可能性において哲学が思考していた〈自然かつ人為〉としての〈自然〉を、自然的なものと人為的なものの不可分性や弁別不可能性が歴史の中で実現されることによって、現実そのものとして思考できるようになった、まさにそうした時代なのである。そうすると次のように言わねばならないだろう。〈自然〉をめぐっては、哲学の思考するものが歴史に追いついたのではなく、歴史が哲学の思考するものに追いついたのだ、と。すなわち現実そのものが哲学に追いついたのである。

第四章　非人間的な〈自然〉——コペルニクス的転回を越えて

1　コペルニクス的転回のもう一つの問題

二〇世紀半ばに〈自然かつ人為〉としての〈自然〉が現実的なものとして思考されるようになったという変化は、もう一つの〈思考のイメージ〉である〈一なる全体〉と何らかの関係を持っているのだろうか。

自然的なものと人為的なものの弁別不可能性が歴史の中で実現されることによって、〈自然かつ人為〉としての〈自然〉が現実的なものとなったのに対して、〈一なる全体〉ならぬ〈自然〉に関しては、当初は可能性において思考されていたものが現実的なものとして思考されるようになったというわけではない。というのも、〈自然〉——タルドの言う「世界」——を構成する諸要素の各々が「異質性（hétérogénéité）」や「始源的な自律性（autonomie initiale）」（Tarde 1895 (1999), p. 255）を備えているのなら、〈一なる全体〉の一性も全体性も初めから排除されていなければならないからである。自然的なものと人為的なものの不可分性や弁別不可能性が歴史の中で実現される以前にも、〈一なる全体〉ならぬ〈自然〉は最初からそのようなものとしてあったし、これまでも現在もそうであり、これからもそのようなものとしてあるだろう。〈自然〉は最初から〈一なる全体〉ではないものとしてあり、今もそのようなものであり続けている。その意味で〈一なる全体〉ならぬ〈自然〉そのものに何か変化があったわけではない。では〈一なる全体〉という面から見た場合、〈自然〉に関連した歴史上の変化はなかったのだろうか。それを考えるために、ここでカントを再度取り上げよう。

第Ⅱ部と第Ⅲ部でカント哲学における自然を検討した際に明らかになったのは以下のことだった。「秩序だった一つの全体」または「総体的な秩序を備えた一つの全体」という調和的な唯一の全体、つまり〈一なる全体〉としての自然がそのものとして認識可能であり、その実在について語り得るという立場を、カントは批判哲学の確立と共に放棄した。批判哲学期のカントは、前批判期に当然視されていた〈一なる全体〉としての自然について素朴に語ることはできなくなった。カントがその批判哲学で新たに語るようになった自然とは、認識の対象としての「諸現象の総体」、つまりあくまで我々の内にある「表象の総体」である限りでの自然のことである。

このように批判哲学の確立は、〈一なる全体〉としての自然の実在を承認すること、この自然が認識可能な対象であるかのように語ることをカントに禁じる。ただし、このことは別の問題を招き寄せることを我々は既に示唆しておいた。その点に関して、ここでは以下のことを指摘しておきたい。

右のようなカントの身振りは、新たに位置づけられる自然に関して或る疑念を引き起こさざるを得ない。既に触れたように、経験の対象である「諸現象の総体」としての自然に統一を与えるのは悟性のカテゴリーだった。そして、さらにその根底には「超越論的統覚」の根源的統一があるというのがカントの考えである。超越論的統覚の根源的統一がカテゴリーを通して自然に統一を与えるということは、言い換えると、そうした統一を与えられることで、超越論的統覚としての「我（Ich）」に自然が従属するということでもある。しかし、これは見方を変えれば、超越論的主観性としての「我」に従属する限りでの自然、そのような形で最初から切り詰められた自然しかカントは考慮に入れていないということの裏返しでもある。カントは〈一なる全体〉としての自然の実在について語るのをやめることと引き換えに、主観性に従属するものに自然を還元してしまう。

だが自然は、主観性に従属し、それに飼い馴らされるがままのものでしかないのだろうか。決してそんなことはないだろう。ましてや、超越論的統覚の根源的統一などというものが本当に確保されているのでなかったら、なおさらそうである。自然を〈一なる全体〉として捉えることの不可能性が示されている点にカントの批判哲学の意義の一つを見るにしても、そこには同時にカント哲学の抱える限界が示されていると見ることもできる。既に触れたフーコーによるカント哲学の歴史的位置づけを思い起こしてみよう。

フーコーは『言葉と物』で、カントの批判哲学の隠れた構図を次のように描き出す。経験一般の形式的諸条件を規定するカント的な意味での超越論的主観性は、アプリオリな認識の主体であるとはいえ、あくまで知的直観を欠いている以上、経験的ではないにしても有限なものであらざるを得ない（Foucault 1966, p. 256）。超越論的主観性がこのように有限性を担わなければならない以上、超越論的であるはずのこの主観性は同時に、〈生きる・労働する・話す〉存在としての「人間」と切り離せない。カントはこうした「人間」についての「人間学」や、その「有限性」についての「分析論」を伴うことなしには超越論的主観性を確立できない。

『純粋理性批判』で提示された「私は何を知り得るか」・「私は何を為すべきか」・「私は何を希望する

ことが許されるか」という三つの問い（A八〇五頁／B八三三頁）を、カントが『論理学』で「人間とは何か」という第四の問いに関係づけてそこに数え入れる時、その身振りが意味しているのは、「カントがその分割を示した経験的なものと超越論的なものの混同」が「こっそりと前もって」行なわれているということである（Foucault 1966, p. 352）。ここからあの有名な「経験的‐超越論的二重体（doublet empirico-transcendantal）」としての「人間」（*ibid.*, p. 329. Cf. pp. 330, 332-333）という規定が導かれる。

このようにフーコーは、「人間学」や「有限性の分析論」を通してカントが彼以降の近代哲学の根本的条件を設定することになったと看做し、哲学史を含む西洋の知の歴史の中にカント哲学を位置づけた。しかし、そのような条件は近代哲学や近代の諸学——生物学・経済学・言語学——にとっては本質的だとしても、ただそれらにとってのみ本質的なものにすぎないとしたらどうだろうか。実際フーコーは同時に、カントが「批判的問いかけの全体」を「人間学的な問い」に帰着させる（Foucault 1994, p. 239）ような——「独断的なまどろみ」ならぬ——「〈人間学〉のまどろみ（sommeil de l'Anthropologie）」の中にとどまっていると見ていた[15]（Foucault 1966, p. 352）。そしてフーコーは、彼自身がそのように主張する現在——一九六〇年代半ば——、カントがヒュームを介して「独断的なまどろみ」から目覚めたように、ニーチェを介して〈人間学〉のまどろみから覚醒するための「新たに思考するための努力」（*ibid.*, p. 353）が必要になると強調し、カント哲学がその中に位置づけられる近代のエピステーメーの有効期限が二〇世紀半ばには既に切れつつあることを指摘している。

カント哲学は近代のエピステーメーと本質的に結びついている限り、歴史的な制約を免れることはできない。それがいかなる意味で歴史的な制約を持つのかを理解するために、カント哲学における

〈人間学〉のまどろみに関するフーコーの指摘を、ヴィユマンやグランジェによるカント批判と結びつけてみよう。[16]

カントにとって、統一を与えられた諸現象の総体としての自然が経験の対象になることができるのは、「経験一般の可能性の諸制約が、同時に経験の諸対象の可能性の諸制約である」（A一五八頁／B一九七頁）から、つまり対象を可能にする条件と対象の経験を可能にする条件が同じものだからである。「このような〔思惟そのものの可能性の根底にアプリオリに存する〕原理によってのみ、その現象が我々に与えられている客観の認識が、すなわち経験が可能になる」（Kant 1902-38, Bd. 4, S. 476, Anm.）。ヴィユマンが指摘するように、そこでは対象を可能にする条件と対象の経験を可能にする条件の間の同一性という「原理」が前提となっている。[17]

だが、この二種類の可能性の条件が同一のものであることが保証されない場合には、はたして事態はどうなるだろうか。そもそも両者が同一であるという原理が維持できるのは、あくまで限定された条件のもとでしかないとしたらどうだろうか。その特定の条件が失効した場合、統一を与えられた諸現象の総体が経験の対象になることももはや不可能になるだろう。

この原理が前提になり得るのは、カントの用語で言えば感性的直観において与えられるものと純粋悟性概念の間に、より一般的な用語で言えば感性的な知覚経験と科学的概念の間に、実際に調和や対応が成り立つ場合だけだろう。ヴィユマンと歩を合わせるようにグランジェも、カントは「知覚と通常の経験を直接に延長したものとして解釈された、古典幾何学とニュートン物理学」をモデルにしていると述べている（Granger 1955, p. 60）。この指摘に従うなら、知覚経験と科学的概念が地続きのものとして捉えられているからこそ、カントは対象を可能にする条件と対象の経験を可能にする条件の間の同一性という「原理」を前提として受け入れていたことになる。

しかしながら、カントがそうした調和や対応を素朴に信じることができた一八世紀末ならいざ知らず、その後の科学の進展を考慮に入れれば、少なくとも二〇世紀半ば以降の科学において、感性的経験と科学的概念の間に調和や対応を認めるのが難しいことは明白だろう。そこから考えれば、感性的な知覚経験と科学的概念の間に調和や対応を認め、二種類の条件の同一性を受け入れている点こそが、ニュートン力学を前提としたカント哲学の歴史的限界を示していることになる。これが現代物理学の進展を踏まえたグランジェのカント批判である。

彼がこのように言うのも、現代物理学——例えば量子力学や相対性理論——では、科学的概念と知覚によって与えられる感性的な世界経験の間に直接の対応があるわけではなく、むしろ両者の間にはそうした対応からはるかにかけ離れたような分離や切断が見られるからである（*ibid.*, pp. 59-61）。これはヴィユマンも共有する見解であり[18]、彼はカントが「日常的な知覚的経験と科学で武装した客観的経験＝実験の間の決定的調和」という「幻想」に屈したと看做している（Vuillemin 1963, p. 13）。しかし実際に二〇世紀以降の現代科学の進展がもたらしたのは、「カントが、常識＝共通感覚とユークリッドとニュートンに負うことで自らの学説の諸基礎に与えた単純な論理的整合性」が決定的に破壊されたという事実に他ならない[19]（*ibid.*, p. 14）。

2　〈自然〉の非人間性

グランジェやヴィユマンが指摘するカント哲学の限界は、カントが古典的な自然科学に依拠して感性的経験と科学的概念の連続性を承認していたことに存している。それに対して、現代科学を前提とすればそうした連続性の承認はもはや不可能になった。ヴィユマンやグランジェの言うことをフーコーに即して敷衍すれば次のようになるだろう。フーコーの言う〈人間学〉のまどろみは、感性的な知覚経験と科学的概念の間の調和を受け入れることに対応しており、現代科学の進展によってそうした調和が今日では幻想だと明らかになったことは、〈人間学〉のまどろみからの覚醒に対応している。

カントはその批判哲学によって〈一なる全体〉としての自然を肯定することを斥けつつも、同時に他方で、その批判哲学に伴う「〈人間学〉のまどろみ」によって、感性的な知覚経験と科学的概念の間の調和を承認し、対象を可能にする条件と対象の経験を可能にする条件の間の同一性という「原理」を受け入れた。そうすることで、カントは自然を経験の対象＝諸現象の総体として主観性に回収してしまった。しかもその主観性は、超越論的と形容されながらも、結局のところカントにおいては「人間的主観性の一般的事実のみが問題になっている」(Pradelle 2000, p. 25) にすぎない以上、ドゥルーズが指摘するように、それは言わば経験的レベルから単に引き写されたものであり[20]、「経験的‐超越論的二重体」としての「人間」的なものでしかない。しかし、繰り返すなら、自然はそのような主観性に、つまり「人間」的なものに回収されるがままになるしかないのだろうか。そして超越論的統覚の根源的統一は本当に保証されているのだろうか。

カントに立ち戻ると、自然に統一を与えるべき超越論的統覚としての「我」に関して、『純粋理性批判』第一版では「恒常的で永続的（stehende und bleibende）」という形容がなされている（「〔純粋統覚の〕恒常的で永続的な〈我〉（das stehende und bleibende Ich）」（A一二三頁））。しかし、プラデルも指摘するように、「ここで超越論的統覚に適用されている恒常的と永続的という述語はまさに、第一の〔実体性の〕誤謬推理の批判では、カントが不可能だとして我の表象に帰属させる述語である」[21]（Pradelle 2012, p. 48, note 1）。そうである以上、「我」の恒常性と永続性を前提として統一に関する議論をすることはそもそもできないはずであり、したがって超越論的統覚に関しても、その統一を保証するものは必ずしも確保されているとは限らないことになる。

超越論的統覚の根源的統一が実は保証されていないなら、自然に統一を与えるものもまたないことになるのだから、経験の対象＝諸現象の総体としての自然もまたその統一を失うと同時に、主観性に従属するのをやめてしまうことを余儀なくされる。ところでカントは、統覚の統一の根拠に関しては結局のところ何も明示できないことを次のように告白している。

> 諸カテゴリーを通してのみ、そしてまさにこの種類とこの数のカテゴリーによってのみ統覚のアプリオリな統一に至るという、我々の悟性の特性に関しては、なぜ我々がまさにこれらの判断機能を持ち、他の判断機能を持たないのかの根拠、あるいは、なぜ時間と空間が我々の可能な直観の唯一の諸形式であるのかの根拠が提示されないのと同様に、その根拠は提示されない。（B一四五―一四六頁）

しかし、統一の根拠を提示できないなら、自然がその統一を失うと共に主観性への従属から解放される可能性をどのようにして排除できるというのだろうか。

こうしたカント哲学の或る種の空白は、前批判期のカントのような仕方で〈一なる全体〉としての自然について素朴に語ることができないのと同様に、統一を与えられた諸現象の総体＝経験の対象としての自然について批判哲学期のカントのように語ることもやはりできないという帰結を認めるよう我々を促す。

カントが生きた一八世紀の自然観について、シモンドンは次のように述べている。そこでは或る種の「人間的形相主義（anthropomorphisme）」（Simondon 2016, pp. 380, 410）が生まれ、人間を尺度として自然が理解されるようになり、次のような見方が一般化する。「自然は卑しいものではないが、かといって自然が人間を絶対的に支配するわけではない。〔…〕自然は、雄大なものであっても、「人間に対して」異質なものではない」（Simondon 2014, p. 190）。これは「人間主義的で、その人間主義において技術主義的な」「安易な人間主義」（Simondon 1958 (2012), p. 379）一八世紀後半の百科全書派に顕著であるが、二〇世紀にも「安易な人間主義」（Simondon 1958 (2012), p. 9）において、例えば「自然の人間化」（*ibid.*, p. 69）として持続することになるだろう。それに対して、我々が問題にしている自然、つまり〈一なる全体〉ならぬ〈自然〉は、主観性に、「経験的‐超越論的二重体」としての「人間」に従属し、それに飼い馴らされてしまうようなものではない。言い換えれば、〈自然〉は決して主観的なものでも人間的なものでもなく、その意味ではあくまで非主観的なものであり〈非人間的なもの〉だということである。

第Ⅳ部第三章で我々は、二〇世紀半ばから現在にかけて、科学と技術の革新によって、自然的なものと人為的なものの間の弁別不可能性が実現されるという事態が成立したことを確認した。それとちょうど同じ時期に――というのも、〈人間学〉のまどろみに陥っているカント哲学が近代のエピステーメーと共に失効しつつあることをフーコーが現在進行形で指摘したのはまさに二〇世紀半ばなのだから――、主観性に従属する限りで統一を与えられた現象の総体として規定されていた自然の側で、そのように自然を規定することの不可能性があらわになってきた。このように〈自然〉を人間的なものに従属させることの不可能性がはっきりと示された時代――それがフーコーの指摘するような「新たに思考するための努力」が必要となる二〇世紀半ばだった。フーコーにとって、この「努力」が常にニーチェと共にあったことを想起しよう。既に第Ⅲ部で見たように、〈自然〉からは〈全体〉も〈一〉も取り除かれねばならないというのが自然をめぐるニーチェの考えだった。そして、それは「脱人間化」によって為されるのだから、ニーチェは神の死に伴う〈人間の死〉や〈人間の消失〉(Foucault 1966, pp. 311, 333, 353, 396) と同様、〈一なる全体〉ならぬ〈自然〉の非人間性が露呈することを先取りしていたのである。

こうした〈自然〉の非人間性に関して、〈自然かつ人為〉との関連でいくつかの補足をしておこう。一つは、この非人間性の観点からは「人間」の身分そのものが問い直されざるを得ないということである。〈自然かつ人為〉というものを導くにあたって我々が着目したものの一つは技術だが、シモンドンが言うように、技術は単に人間的なものではなく、動物の活動の或る側面でもある(Simondon 2005, p. 225)。そうである以上、技術から自然を問うことは同時に、人間と動物の境界を技術の観点から問い直すことにも繋がるのでなければならない。それはつまり、ベルクソンが――またシモンドンでさえ場合によっては――陥っているとされる人間主義、「シンボル的動物が創造の中心ないしは進化の頂点で純化するという人間学的封鎖」(Hottois 1996, p. 206) を問いに付すことになるが、これはフーコーの言う〈人間学〉のまどろみからの覚醒にも対応しているだろう。〈自然〉の非人間性を思考するために必要となるのはしたがって、「非人間主義的思考[22]」とでも名づけるべきものになるだろう。

もう一つは、右の点とも関係するが、〈自然かつ人為〉と言う時の〈人為〉は決して〈人間的なもの〉を意味するのではないということである。自然的なものと人為的なものが弁別不可能になるからといって、そのことはすべてが人為的であることを意味しないし、ましてやすべてを人為的に解決できることを意味するわけでもない。むしろ人為的に解決できないものは常に残り続けるだろうし[23]、さらには、人為的には予見不可能なものや制御不可能なものが、自然的なものと人為的なものの弁別不可能性から産出されることもあり得るだろう。人間にとって制御不可能なものや予見不可能なものが現実化する時、もはやそこでは〈人間的なもの〉という尺度は有効性を失う。その意味でも〈自然〉の非人間性は〈人間的なもの〉を既に凌駕しているし、〈自然かつ人為〉と言う時の〈人為〉は、もはや人間的ではないような人為的なものという、通常の意味での人為的なものを超えるようなもの、人為的なものによっては理解できないものを含んでいる。したがって問題は、〈人間的なもの〉から出発して自然を考えることではなく、逆に非人間的な〈自然〉から出発して〈人間的なもの〉を位置づけ直さねばならないということである。ニーチェが「自然の脱人間化」と「人間の自然化」と述べていたこともそれと別のことではないだろう。

第Ⅴ部

現代的な自然哲学の条件

シモンドンと自然哲学の可能性

第一章　現代における自然哲学の条件

1　自然哲学成立のための条件とは何か

〈自然かつ人為〉である〈自然〉、非人間的な〈自然〉――こうした〈自然〉を思考の対象にするという意味での現代的な自然哲学が可能であるためには、どのような条件が必要だろうか。これがここまでの考察を踏まえての本章での問いである。そこで以下の考察のために、ベルトラン・サン゠セルナン（一九三一年生）がフランス哲学会で一九九八年に行なった講演を手引きとしよう。「自然哲学のための余地は今日存在するか」と題された講演でサン゠セルナンは、近代における自然哲学の歴史を次のように概観している。大まかに見て一七世紀の初めから一九二〇―三〇年代にかけて、つまり近代科学の誕生とその発展の時期に、イギリス、ドイツ、フランスにおいて自然哲学の三つの系譜が登場した。イギリスでは、一七世紀にボイルとニュートンの自然学、一九世紀にハーシェルとヒューウェルの宇宙論、二〇世紀初頭にアレグザンダーやテイラーの哲学が自然哲学（natural philosophy）として現われる。ドイツの自然哲学（Naturphilosophie）はゲーテの自然論から――厳密にはカントの批判哲学から――始まり、シェリングやヘーゲルを経て、一九世紀後半にも継続し（ヘルムホルツやフェヒナーの神経生理学)、パースなどを経てアメリカにまでひそかに影響を及ぼした。そしてフランスでは、ブートルーやベルクソンなどがイギリスやドイツとは異なるタイプの自然哲学(philosophie de la nature)を打ち立てることになる(Saint-Sernin 1999, pp. 4-5)(英独仏それぞれのタイプの自然哲学の歴史の記述は同講演の別の箇所(*ibid.*, pp. 5-11)でもう少し詳しい形で反復されている)。

このような英独仏の三つの自然哲学の系譜には、何らかの実証主義が——一九世紀前半におけるコントとフーリエのそれであれ、一九世紀と二〇世紀の曲がり角におけるマッハやデュエムのそれであれ、一九二〇—三〇年代におけるウィーン学団のそれであれ——強力な批判者として立ちはだかり、自然哲学の有効性に根本的な疑問が投げかけられることになった。だから今日では、自然哲学は既に過去の遺物となり、思想史家の研究対象としてのみ関心を引くものになってしまった。つまり自然哲学は、古代から連綿と続きながら、ロマン主義の勃興と共に哲学史の中でピークを迎えたが、現在では既に有効期限の切れた時代遅れの思考形態でしかないというわけである。

しかしサン゠セルナンは、それでも自然哲学は思想史の一角を占める過去の一コマにすぎないものではなく、現在の思考と活動の諸状況が、二一世紀の始まりに対応した新たな自然哲学の到来を要請していると考える(*ibid.*, p. 5)。それゆえ、今日でもなお自然哲学は可能であり、その余地は残されているというのが彼の擁護しようとするテーゼであり、それを支えるために引き合いに出されるのがアルフレッド・ノース・ホワイトヘッド(一八六一—一九四七年)、そして第Ⅳ部第三章で既に名前の出た一九世紀フランスの哲学者クルノーである。

サン゠セルナンの分類に従えば、クルノーはフランス一九世紀における自然哲学の系譜に、ホワイトヘッドはイギリス二〇世紀前半における自然哲学の系譜に属する。クルノーとホワイトヘッド、この両者はいかなる意味で今日における自然哲学の可能性に結びつけられるのだろうか。サン＝セルナンによると、例えば、主著『過程と実在』（一九二九年）のサブタイトル「コスモロジー試論」が示すように「コスモロジー」であるホワイトヘッド哲学の特徴とは、生成しつつある宇宙としての自然が哲学の対象として位置づけられる点であり、その意味でホワイトヘッドの「コスモロジー」とはまさに自然哲学のことに他ならない。そこでサン＝セルナンは、ホワイトヘッドとクルノーの両者に共通する点に注目する。それは「自然哲学」という語に含まれる「自然」をどのように規定するのかに関わっている。彼曰く、ホワイトヘッドとクルノーにとっての「自然」は、多様な「諸領域」から、つまり「その構成・進化・法則が異なる「諸社会」と「諸結合体」から成る」（*ibid.*, p. 7）。自然とは、それを構成している各々の領域や次元が固有の構造や法則を有するものであり、そのことが例えば同じ自然の内で、物理‐化学的次元での斉一性と生物学的次元での多様性が共存することを可能にしている。

ホワイトヘッド

その上でサン＝セルナンは、一八六〇年代の化学の発展によって明らかにされた、自然に関わる或る事実をクルノーが既に考慮に入れていたことを強調する。その事実とは、「自然は飽和していない」ということ、つまり「自然はその諸法則に従って生み出され得るものすべてを生み出さなかった」ということである（*ibid.*, p. 10）。自然はそのポテンシャルをすべて汲み尽くしてしまったのではなく、既に現実化されたものはポテンシャルの一部にすぎない。未だ現実化されていないポテンシャルがなお自然の中には存在している。それが一九世紀半ばに明らかになった「自然の非‐飽和（non-saturation）」である。[1]

ただし未だ現実化されていないポテンシャルは、今後自然によって自ずと現実化されるわけではない。自然が飽和していないということは、自然の働きやそれによって生み出されるものは完全ではないということであり、自然はその諸法則に従って実現することの可能なすべてのものを、己のみによって自発的に生み出すことはできないということである。自然によっては現実化されていないポテンシャルの現実化のためには、当初の自然に対する或る存在の介入が必要となる。その存在とは人間であり、人間が未だ実現されていない自然のポテンシャルを解放する役割を果たす。

サン＝セルナンによれば、このような事態を捉えていたのがホワイトヘッドとクルノーであり、特にサン＝セルナンがクルノーに従いつつ着目するのは、第Ⅳ部で触れたフランスの化学者ベルトロの化学合成についての考えである。ベルトロが一八六〇年代にコレージュ・ド・フランスで行なった講義やその時期の著作で表明していたその考えとは次のようなものだった。自然によって自ずと現実化されることでその自然の中に既に存在している物質だけでなく、自然の中には未だ存在していなかった物質をも、人間は自然の諸法則に逆らうことなく生み出すことができる。自然のみでは生み出せなかった未知の新しい存在を、人間は自然の中に化学的に形成できるということ、一八六〇年代の化学における或る種の科学革命が示しているのはまさにそのことなのである。

自然のみによっては自然の中には存在しなかったであろうものの産出が、自然に対する化学という形での人間的介入によって初めて可能になった。人間が化学によって自然に介入してそのポテンシャルを解放することで、自然の中に元々存在するという意味での自然的存在だけでなく、自然の中には元々存在しなかったという意味での非‐自然的存在も自然の中に存在するようになったのである。このように、飽和していない自然に対する人間の介入が、自然のポテンシャルを解放し、自然の中には存在しなかった存在を創り出す。もちろんそうした人間の介入が自然を完全に飽和させるわけではない。そうした介入の後でもなお自然は非‐飽和状態にあり、それゆえ更なる人間の介入とそれによるポテンシャルの解放によって、また新たな存在の産出が可能になる。

自然の「非‐飽和」に端を発し、人間の介入を経て、自然的存在と非‐自然的存在が自然の中に共存するという事態は、クルノーやベルトロの時代である一八六〇年代では、あくまで物理‐化学的次元でのみ限定的に可能になったことであり、自然のすべての次元で可能になってはいなかった。しかし、現在では自然に対する人間の介入が拡張されることで、そうした事態は物理‐化学的次元のみならず、生物学的次元でも見られるようになっている。今日では自然的存在と非‐自然的存在の自然における共存は、物理‐化学的次元だけでなく生物学的次元にも妥当する。

ここで様々な生ける有機体の総体と、その誕生・生存・多様化を可能にする媒体としての非‐有機的世界の総体を「生命圏[2] (biosphère)」と呼び (*ibid.*, p. 25)、人間がそれを通して自然に働きかけ、人間が自らの身を守って活動するためにそれで身を包むものの総体を「技術圏 (technosphère)」と呼ぶなら (*ibid.*, p. 21)、二〇世紀以降「生命圏」は人間を含みつつその人間によって変容され、「技術圏」との明確な境界線を失っていった。そして人間の技術によって接近可能になった「生命圏」は、今日では「技術圏」と重なり合いつつある――以上がサン＝セルナンの指摘である。

自然哲学の可能性と必要性をサン＝セルナンが主張するのはこのような歴史と現状を踏まえてであり、自然哲学の再構築を望ましいものにする理由として彼が挙げるのは、これまでの記述からも明らかなように、一八六〇年頃に化学合成の発達において示されたような「自然の非‐飽和」という原初の事実、「自然の非‐飽和」が物理‐化学的次元だけでなく生物学的次元にまで延長されたこと、人間がその行為によって「技術圏」を作り上げ、「生命圏」を変容させていること、の三つである（*ibid.*, p. 16. Cf. pp. 29-30）。クルノーとホワイトヘッドが評価されるのも、とりわけ最初の「自然の非‐飽和」を考慮に入れることで、現代性を失っていない自然哲学の問いを彼らなりの仕方で提起し、それに対応する諸概念を創造することができたからである。

このようにサン＝セルナンは、クルノーとホワイトヘッドに依拠しつつ、右の三つの事実を自然哲学成立のための条件として規定した。そして生命圏を考慮するだけでなく、技術を通した人間による自然に対する働きかけをも考慮に入れ、技術圏の諸法則と自然の諸法則の間の分離と不協和に対して、それらの相互浸透と調和の条件を把握することで、人間をそれ自身と和解させると共に、人間を世界と和解させることを現代的な自然哲学の任務として提示する。

こうした任務を遂行するためにサン＝セルナンが実際に行なう選択の当否について問うことはせず、まずは次の事実に注目しよう。サン＝セルナンは近代自然哲学の歴史を振り返る時、ブートルー、ベルクソンと並べる形でシモンドンをフランス自然哲学の中に位置づけ（*ibid.*, p. 4）、また「自然の非‐飽和」を主張した者としてクルノー、ホワイトヘッドと共にシモンドンの名前を挙げている（*ibid.*, p. 11）。つまりサン＝セルナンにとっては、シモンドンもまた彼の定義する自然哲学の系譜に属する一人だということになる。それでは、自然哲学成立のための三つの条件は、シモンドンの哲学において満たされているのだろうか。つまり、シモンドンをサン＝セルナンが言う意味での自然哲学の系譜の中に数え入れることはできるのだろうか。ここでシモンドンの哲学に直接に向かい、自然哲学成立の条件と照らし合わせながら、その哲学を検討することにしよう。

2　個体化論の五つの基本的着想——シモンドンの存在発生論

「存在発生」、「準安定性」、「特異性」、「問題系」、「齟齬」、「内的共鳴」、「転導」など数多くの独創的な諸概念が提示される個体化論、そして個体化論での諸概念と重なり合うものも含めて独自の諸概念が技術的対象をめぐって提示される技術論——この二つがシモンドンの哲学全体の核心にあることは間違いない[3]。知覚、感覚、感情、想像力、発明、本能、動物、文化、倫理など、シモンドンが著作や講義や講演で論じようとした事柄は極めて多岐にわたるが、いずれも個体化論と技術論の枠内に包摂されるものであり、また技術論は個体化論を踏まえて展開されている[4]のだから、何よりも個体化論を抜きにしてシモンドンの哲学について論じることはできない。そこで一九五八年に審査が行なわれた彼の博士論文である個体化論『形相と情報の概念を手がかりとした個体化』から出発しつつ、副論文である技術論『技術的諸対象の存在様態について』などを経由する形で、その哲学の基本的構図を確認しておこう。

シモンドンの個体化論はとりあえず以下の五つの基本的な着想に集約されると考えて良いだろう。(1)個体化から個体を理解すること、(2)前‐個体的存在を想定すること、(3)前‐個体的存在から個体化を捉えること、(4)形を与える出来事＝情報を個体化の発端とすること、(5)個体化の暫定性と永続性を肯定すること。順に確認しよう。

(1)個体化から個体を理解すること

シモンドンの議論の出発点は、「個体(individu)」の存在について論じようとする際に、哲学の伝統的な立場からは個体という存在のリアリティを捉えきれないという批判にある。個体の存在にアプローチする場合の伝統的な立場として彼が想定しているのは以下の二つ――個体をその個体自身の統一性に基づくような存在として、すなわち、それ自身は最小単位であって他のものからは生み出されることのない「原子(atome)」のような存在として考える原子論(atomisme)と、「質料(hylé)」と「形相(morphé)」の結合から個体が生まれると考える質料形相論(hylémorphisme)である。だが両者とも個体という存在のリアリティを取り逃がす以外にない。というのも、個体をその個体たらしめるもの、いわゆる個体化原理をどこに求めるかを問題にする場合、いずれの立場もその個体化原理を、個体がそこで他ならぬまさにその個体になるような「個体化(individuation)」のプロセスから切り離してしまうことになるからである。つまり、両者に共通の誤りは、個体を説明すべき個体化原理が、その個体化のプロセスとは別に存在すると想定することで、個体が個体として発生する個体化のプロセスそのものの記述をあらかじめ回避し、それを取り逃がしてしまっており、その結果、個体という存在のリアリティをも取り逃がしてしまう点にある。

原子論的発想にせよ質料形相論的発想にせよ、個体化のプロセスと個体化原理を切り離して考えるという共通点を有しており、またいずれにとっても原子や形相という形で真の個体のごときものが既に構成されて存在しているため、解明されるべき事柄が議論の前提にされているという循環がそこにはある。つまり、個体を個体たらしめるものを説明するために、これら二つの立場は、既に構成されて存在してしまっている個体を、説明されるべき個体がそれによって可能になるような前提として隠し持つという循環を犯しているのである。あらかじめ既に構成された個体を想定して、そこから個体化を説明することはできない。

そこでシモンドンは発想を逆転させる。「個体から出発して個体化を認識するよりもむしろ、個体化を通して個体を認識する」(Simondon 1964-89 (2017), p. 24) のでなければならない。既に構成された個体の存在を特権化して、そこから遡行的に個体化を理解しようとするのではなく、逆にそのような個体がいかにして発生するのかという個体化のプロセスを解明し、そのプロセスのただ中で生じつつある個体の存在を捉えること——それがシモンドンの個体化論の根本に位置する発想の一つである。

(2)前‐個体的存在を想定すること

シモンドンの個体化論の全体的な枠組みは、次の一節に端的に表現されている。

> この〔個体化論の〕研究の意図は、物理的・生命的・心理的‐社会的という三つのレベルに従って、個体化の諸々の形式・様態・度合を研究し、個体を存在の中に置き直すことである。我々は、個体化を説明するためにいくつかの実体を前提とするのではなく、個体化の異なる諸体制を、物質・生命・精神・社会のような諸領域の根拠と看做す。(Simondon 1964-89 (2017), p. 32)

根本的なものとしてあるのは個体ではなく個体化であり、この個体化の形式や様態や度合がそれに応じて異なってくるようないくつかの異なる個体化の体制が存在し、それらが「物質・生命・精神・社会」という諸領域の根拠となる。だからどのような領域に位置づけられる個体が問題になるにせよ、「個体がそこから出発して存在するようになり、個体が自らの諸特徴の中にその展開、その体制、つまりはその諸様相を反映している個体化作用（opération d'individuation）を原初的なものと考えなければならない」（*ibid.*, p. 24）。

ところが、そのように個体化を原初的なものと看做し、個体化から個体を捉えるとすれば、個体の存在のみが存在のすべてということではなくなってしまう。「個体はそれ自身から出発してそれ自身を説明することはできない。というのも〔…〕個体は存在の全体ではないからである」（*ibid.*, p. 63）。存在は個体に還元されるのではなく、その個体がそこから出発して個体になるもの、それ自身は決して個体ではないものも、個体に劣らず存在している。それはむしろ、そこから出発して個体が存在することになる以上、それなしには個体が存在し得ないような存在であり、個体に先立つ存在、個体より根源的な存在である。それこそがシモンドンが「前‐個体的存在（l'être préindividuel）」と呼ぶものに他ならず、この前‐個体的存在から個体的存在が発生するプロセスがシモンドンの言う個体化である。「第一の実在は前‐個体的であり（la réalité première est préindividuelle）、それは個体化の帰結として理解される個体より豊かである」（*ibid.*, p. 149）。

個体化を物質・生命・精神・社会のような複数の領域をすべて貫いて展開するプロセスとして記述するためには、初めに前‐個体的存在というものを想定しておかなければならない。このように前‐個体的存在を出発点としつつ、その前‐個体的存在から個体が発生するという図式に基づいて、シモンドンは物理的個体化と生物的存在の個体化――後者はさらに生命的個体化・心的個体化・集団的個体化に分類される――という個体化のプロセスの体系的記述を企てるのである。

(3)前 - 個体的存在から個体化を捉えること

個体を個体たらしめる個体化のプロセスを描き出そうとするシモンドンは、物理的個体化から生物的存在の個体化へ――そして後者の内部では、生命的個体化から心的個体化へ、そしてさらには集団的個体化へ――と、各々の領域に対応する諸学問から借りられた豊富な事例を取り上げてそれに分析を加えながら、詳細な記述を進めていく。すべての個体化の体制に共通して妥当する一般的な特徴の一つとして、個体の身分が相対化されていることが挙げられるが、既に構成されたものとして存在する個体を出発点に置くことができないのは先に見た通りである。個体はそれ自身において完結した存在ではなく、あくまで個体化というプロセスの一つの帰結としてのみ生じる。それゆえ個体とは「実体的存在」ではなく（Simondon 1964-89 (2017), p. 233)、「相対的な実在」(*ibid.*, p. 24）として理解されねばならない。

だが個体が相対的な実在だとして、それは何に対して相対的なのだろうか。個体は個体化によって生じる一つの帰結にすぎない限り、「存在の全体」を汲み尽くすのではなく、あくまで「存在の一部」(*ibid.*, p. 63)、「存在することの一様式、あるいはむしろ存在することの一契機」(*ibid.*, p. 310）でしかないとシモンドンは主張する。ということは、個体以外に、個体がその一部や一契機であるような、個体ではない存在があることになる。個体はこの個体ではない存在との関係においてのみ個体として存在できるのであり、個体が相対的なのは、この個体ではない存在に対してなのである。個体がそれに対して相対的であるようなこの存在、それが既に述べた「前 - 個体的存在」であることは言うまでもない。個体が「前‐個体的実在を自ら以前に前提としている、存在の一つの相（phase）として把握される」（*ibid.*, p. 24）のに対して、前‐個体的存在とは、「そこにおいては相が存在しないような存在である」（*ibid.*, p. 25）（「個体化後の存在〔個体の存在〕が相となった存在であるのに対して、前‐個体的存在は相なき存在である」（*ibid.*, p. 310））。

存在の一つの相としての個体は、相がまだ存在していない前‐個体的存在を前提として、またこの前‐個体的存在との関係において、初めて個体として存在することができる。「個体化は、そこから帰結する個体よりも豊かな実在〔前‐個体的存在〕のただ中での出来事であり作用である」（*ibid.*, p. 64）。個体化とは、この前‐個体的存在からの個体の発生として起こる出来事であり、それゆえ個体化の方から個体化された存在を捉えるだけでなく、その個体化を前‐個体的存在の方からも捉えなければならない。「諸々の個体化の系に解消〔解決〕されて固定化されるポテンシャルを含む前‐個体的な実在から出発し、個体化された諸存在の発生に立ち会うことが問題である」（*ibid.*, p. 302. Cf. p. 32）。

(4)形を与える出来事＝情報を個体化の発端とすること

前‐個体的存在を出発点としつつ、そこから物理的個体化と生物的存在の個体化（生命的個体化・心的個体化・集団的個体化）という個体化プロセスの体系的記述を企てようとするシモンドンの論述に従えば、前‐個体的存在さえあればそこから自ずと個体化が生じるというわけではない。シモンドンの言う個体化は、より具体的には、ポテンシャル・エネルギーとしての前‐個体的存在を出発点に据えながら、この前‐個体的存在と、その構造化の契機となる「構造的胚（germe structural）」が遭遇するところに生じるプロセスとして捉えられている。前‐個体的存在に対して構造的胚が導入されることで、前‐個体的存在の内に「内的共鳴（*résonance interne*）」という「存在のそれ自身による或る条件づけの様態」（Simondon 1964-89 (2017), p. 318）が生じる。この内的共鳴を通じて、前‐個体的存在は自らの自己構造化を行なうことで個体的な状態に移行しようと、つまり個体化しようとする。だから前‐個体的存在は自ずと個体化するのではなく、内的共鳴を必要としている。それは言わば「個体化の発端」（*ibid.*, p. 82）のようなものである。

ただし、構造的胚が導入されればこの内的共鳴が前‐個体的存在の中に自ずと打ち立てられるわけではない。前‐個体的存在は構造的胚と遭遇すれば必ず個体化するのではなく、前‐個体的状態が内的共鳴を通して個体的状態に移行するには、さらにもう一つの要因が必要となる。その要因こそ、構造的胚と前‐個体的存在が出会う時、前者から後者にもたらされつつ両者の間で働く「形を与える出来事＝情報」である。確かに個体化が引き起こされるのは、直接的には内的共鳴が発端となることによってである。だが、この個体化の発端自体はひとりでに生じるのではなく、それを引き起こす発端の発端とでも言うべきものを必要としている。それは「外から来るのであれ、隠れているものであれ、形を与える出来事＝情報（information）と名づけることのできる或る特異性（singularité）の現出」（*ibid.*）によって可能となる（「或る特異性の到来として理解される、情報＝形を与える出来事」（*ibid.*, p. 151)）。前‐個体的存在と構造的胚の遭遇に伴って到来するこの「形を与える出来事＝情報」の特異性が個体化の発端たる内的共鳴を生み出す。つまり「形を与える出来事＝情報」こそ真の意味での「個体化の発端」（*ibid.*, p. 31）であり、「内的共鳴と名づけることのできる、存在のそれ自身による或る条件づけの様態が、それによって存在するものである」（*ibid.*, p. 318)。

それゆえ個体化には三つの条件があることになる。すなわちエネルギー論的条件としての前‐個体的存在、構造的条件としての構造的胚、そして二つの条件の関係としての形を与える出来事＝情報である（*ibid.*, pp. 87-88）。形を与える出来事＝情報は、他の二つの条件の境界で両者を関係づけつつ、個体化の開始そのものを現実に可能にする活動として、シモンドンの個体化論を支える重要な要素となる。

(5)個体化の暫定性と永続性を肯定すること

個体が個体化というプロセスの帰結だとして、そのような個体が生ずることで個体化が完了してしまうわけではない。そうした帰結はあくまでも一時的で仮のものにすぎない。シモンドンは、前‐個体的存在を出発点としてそこから個体が発生するという個体化のプロセス全体を、〈問題‐解決〉ないしは〈問題系‐解決〉という対から成るものとして理解している。

> 存在の現在は解決しつつあるその問題系（*sa problématique*）である。〔…〕個体化された存在は実体ではなく、問いに付された存在、問題系を通じての存在であり、個体化された存在を通じて提起され、個体化された存在がそう生成する（devenir）ようにそれを生成させるこの問題系の内で分割され、再び集められ、担われた存在である。〔…〕到来するものは、存在を問いに付すことという形で、つまり存在の個体化が解決する問題系である開かれた問題系のエレメントという形で生じる。（Simondon 1964-89 (2017), p. 312）

前‐個体的存在という問題系に対して、そこから始まる個体の発生としての個体化がその解を与えるという構図だが、そこでは前‐個体的存在のすべてが個体に完全に解消されることは決してなく、前者はなお未解決の問題系として後者と共に常に残存し続ける（*ibid.*, p. 310）。個体は前‐個体的存在という問題系の「部分的で相対的な解決」（*ibid.*, p. 25）、「暫定的な一つの解決」（*ibid.*, p. 310）にすぎないのである。

このように個体が問題系の「暫定的な一つの解決」であること、それは個体が「新しい〔個体化の〕諸作用に導くだろう生成の一つの相」（*ibid.*）でもあることを意味する。「真の個体は、それと共に自らの個体化の系を保存し、特異性を増幅する個体である」（*ibid.*, pp. 61-62）ともシモンドンは述べているが、個体化によって生み出された個体は個体化のプロセスの単なる終点ではなく、それに伴う前‐個体的存在と共に個体化作用を保存しつつ、さらに新しい個体化に導くことができるような存在でなければならない。だから真の意味での個体とは、個体化という出来事の帰結であると共に、新たな個体化という出来事の開始点でもあるが、そうであるのも、問題の解決はいかなる場合でも暫定的なものでしかなく、絶えず残り続ける前‐個体的存在がそのつど新しい問題として提起され続けるがゆえである。いかなる個体化のどのような段階においても、先行する個体化によって解決し得なかった問題が必ず残り続け、そのような問題に対する新たな解答としての新たな個体化が必ず生じる。個体化とは常に暫定的なものであり、またそうであるからこそ個体化は絶えずやり直される。「生成は永続化され更新された解決である」（*ibid.*, p. 312）。

一般には種の発生に対する個体発生を意味する « ontogenèse » という語ではなく、シモンドンは « ontogénèse » という用語を使用し、それを「存在の生成という特徴、存在が存在する限り、存在として、それによって生成するもの」(*ibid.*, p. 25)、つまり文字通り〈存在発生〉を意味する概念として使用している。個体化が絶えずやり直されるということは、個体はいつでも「存在発生的な生成の途上に」(*ibid.*, p. 149)、つまり「個体を支える前‐個体的実在から出発する個体化の途上にある」(*ibid.*) ことになる。個体化はこのように存在発生の暫定的かつ永続的なプロセスであり、例えば我々自身がそうであるような個体が生きるという事態そのものが、このような個体化の体制の一つである生命的個体化に他ならないのである。

第二章　前‐個体的存在と個体化

1　個体化論における前‐個体的存在と個体化

個体化をめぐるシモンドンの根本的な着想は前章で見た五つの点で概ね表わされているが、中でも現在の考察に関連してとりわけ重要なのが、「前‐個体的存在」という概念である。それ自身は個体ではなく、個体がそこには未だ存在していないような前‐個体的存在——それは具体的にはどのような事態を表わしているのだろうか。既に見たように、前‐個体的存在とは個体化のためのエネルギー論的条件だが、そのことが示唆するように、準安定的平衡状態（état d'équilibre métastable）にあるポテンシャル・エネルギーこそ、この前‐個体的存在という概念が示すものである、というのがその答えである。準安定的平衡状態にせよポテンシャル・エネルギーにせよ、もちろん用語としては物理学から借りられたものだが、それらがシモンドン独自の哲学的概念として使用される時、その射程は単に物理的な領域だけでなく、個体化の体制すべてに及ぶものとなる。

例えば、実在的でリアルなものとは何かという問いに答える二つの立場があり得る。一つは顕在的なものだけが実在的でリアルなものだと考える立場であり、もう一つは顕在的なもののみならずポテンシャルの状態にあるものも同様に実在的でリアルなものだと考える立場である。シモンドンは後者の立場を取る。技術論での言葉を引用すると、「ポテンシャル（le potentiel）は、顕在的なもの（l'actuel）とまったく同様に実在的なもの（le réel）の諸形態の一つである」（Simondon 1958 (2012), p. 215）。シモンドンの言わんとすることは明確だろう。顕在的なものと同じくポテンシャルもまた実在的なものに属している。言い換えれば、実在的なものには二種類ある。それは「構造的・機能的顕在性という形か、ポテンシャルという形で存在する」（Simondon 1964-89 (2017), p. 308）。このポテンシャルは顕在的なものではないが、実在性を欠いた単なる潜在性でもない。「ポテンシャルは未来の諸状態の単なる潜在性（virtualité）ではなく、それら諸状態を存在するよう駆り立てる一つの実在である」（Simondon 1958 (2012), p. 215）（ただし、シモンドンはポテンシャルと潜在性を常に厳密に区別しているわけではない（*ibid.*, pp. 279, 336））。ここで「未来の諸状態」と呼ばれているものを個体化の帰結として生じることになる個体の存在やその諸様態として捉えれば話は理解しやすい。ポテンシャルは顕在的なものとしての個体の存在に劣らず、あるいはそれ以上に実在的である。というのも、それは顕在的なものとしての個体を存在せしめるその現実的な条件そのものとして現に今ここに実在しているからである。

「個体化の条件は〔…〕ポテンシャルの存在に存する」（Simondon 1964-89 (2017), p. 201）と言われるように、ポテンシャルは個体を個体たらしめる個体化作用の条件となるエネルギーとして存在している。つまり、シモンドンの言う意味での「ポテンシャル・エネルギー」とは、蓄積されていたそれが解放されることで、そこにおいて個体化が行なわれるような「場（*champ*）」ないしは「システム〔系〕（*système*）」の「準安定性（*métastabilité*）」を構成するものを意味する（*ibid.*, p. 553）。準安定性とは単なる安定状態でも不安定な状態でもなく、過飽和や過融解という現象が示しているように、何らかのきっかけでその状態の新たな構造化が実現されるような急激な変動を準備しつつある場＝システムの状態であり、それが個体化のエネルギー論的条件を定義する（*ibid.*, p. 63）。

ポテンシャル・エネルギーが構成する準安定性ということで表わされる前‐個体的存在が何を意味するのかがこうして明らかになる。「それ自身に対する或る不調和〔両立不可能性〕（incompatibilité）を、つまり諸々のテンションの力と、両極項の大きさ間の相互作用の不可能性からなる不調和〔両立不可能性〕を含み持つ或るシステム」（*ibid.*, p. 25）と言われるように、前‐個体的存在とは原初的にはそれ自身に対する或る種の「齟齬（disparation）」において存在するシステムである。それゆえ、この前‐個体的存在は、自らに新しい構造を与えることでその齟齬状態を解消するという形で行なわれる「〔システムの〕状態の変化」としての「個体の発生」（*ibid.*, p. 528）の出発点である。前‐個体的存在はそれ自身に対する不調和や齟齬という解決すべき問題を自らの内に含んだシステムであり、この解決すべき問題が、その部分的で相対的な解決として生じることになるそのシステム自身の新しい構造の出現を要求する。前‐個体的存在のそれ自身に対する「不調和〔両立不可能性〕」こそが、個体化という「生成を構成する構造化と機能化へと存在を押し進める」（*ibid.*, p. 314）。

前章の最終節で触れたいくつかの諸概念が介入するのもここにおいてである。シモンドンが「齟齬」と呼ぶ、前‐個体的存在そのものの原初的な不調和状態に対して、構造的胚が導入されてそこに「形を与える出来事＝情報」がもたらされることで、前‐個体的存在の内に「内的共鳴」が引き起こされる。内的共鳴はそれ自身との不調和にあるポテンシャル・エネルギーのただ中での「諸レベルの間のコミュニケーションの設立」として介入し、「〔ポテンシャルの〕エネルギー論的変化」を生み出す（*ibid*., p. 82）。それによって自己自身を条件づけることが可能になる内的共鳴を通じて、前‐個体的存在は自らの不調和を解消すべく、ポテンシャル・エネルギーを変容させることで自己構造化を行なう。このような自己構造化の働きこそが個体化である。

かくして自己自身に対する齟齬という「問題」に対する「解決」、あくまで暫定的な解決として生じるシステムの自己構造化が個体化として位置づけられる。そこにおいては相が存在しないポテンシャル・エネルギーは、個体化が行なわれることで自らを一つの相となす状態に移行する。それが個体化によって個体が発生するということである。前‐個体的存在とは、準安定的なポテンシャル・エネルギーとして、いかなる相もなしに前‐個体的なものとして存在している状態から、自らに対して諸々の相を生み出しつつ存在している状態への移行を個体化として生み出すことになるような「システム」または「場」のことなのである。

2　技術論における前‐個体的存在と個体化

以上のような個体化論での諸概念と理論的な構図は技術論でも踏襲されている。そこで次に、シモンドンの技術論を『技術的諸対象の存在様態について』を中心に見ておこう。

個体化論が物理的個体化と生物的存在の個体化（生命的個体化・心的個体化・集団的個体化）という個体化の体制のすべてを包括すると同時に、それぞれの体制内でのミクロな次元からマクロな次元までのあらゆる現象を扱い得る包括的な統一的理論を提示しようとしていたのに対して、『技術的諸対象の存在様態について』では、その個体化論を前提としつつ、ひとまず人間という存在、つまり同時に物理的・生命的・心的・社会的な個体である人間の存在が成立している次元に定位した議論が行なわれる。より具体的には、人間社会とその歴史の中での技術的対象（objet technique）の発生と進化、人間／技術的対象／世界という三者の関係、そして技術的思考を含む様々な思考の系統的発生と、それに対する哲学的思考に固有の役割が論じられる。

体系的な技術論としては、技術的対象を構成する諸要素を研究対象とする「器官学＝道具学（organologie）」、個体としての技術的対象を研究対象とする「メカノロジー（mécanologie）」、そして諸々の技術的対象の集合を研究対象とすると共に前二者を含む「技術学（technologie）」の三部門[6]（Simondon 1958 (2012), pp. 80-81）から成るものとして構想されていたシモンドンの技術哲学であるが、そこに含まれる議論のすべてをここで詳細に取り扱うことは不可能なので、技術論の中でもとりわけ現在の考察に密接に関わる以下の三点のみを確認しておく。

(1)人間と世界の集合が問題系を成す

人間の存在はそのすべてが単に物理的次元に還元され得るようなものではなく、同時に生命的であり、さらにはまた心的かつ社会的な存在であるように、物質・生命・精神・社会という複数の領域にまたがって成立している。そしてそれらの領域の根拠として個体化の体制が存在している以上、技術論での記述は個体化論を前提としている。それゆえ、人間は複数の個体化のプロセスの総合的な結果として存在しているが、単にそれだけでなく、そうした人間がそれと共にある様々な技術的対象の発生と進化のプロセスもまた個体化のプロセスとパラレルなものとして論じられる。後で見るように、これら技術的対象との関わりにおいて人間はそれ自身が独特の個体化のごときものを生み出す。技術的対象の発生や技術的思考の発生を論じる技術論は個体化論を前提としており、前 - 個体的存在を出発点とする存在発生論を人間的な次元で展開したものだと言えるかもしれない。実際、技術論における理論構成は、複数の個体化の体制の最終的な帰結として生じる人間的個体の存在が成立した地点に、個体化論の理論構成を移し替える形で成り立っている。そうであれば、個体化論での諸概念に対応する事態が技術論にも見出されるのでなければならない。では「前 - 個体的存在」に関してはどうだろうか。技術的対象の発生を個体化論における存在発生と同じ意味で理解し、「原初的に過飽和で、ポテンシャルに満ち、一性以上で内的な不調和〔両立不可能性〕を隠し持っている実在のシステムの生成が、このシステムのために両立可能性の発見、構造の到来による解決を構成する時、発生がある」（*ibid.*, p. 214）と言うシモンドンが、この内的不調和を隠し持つ前 - 個体的存在に対応するものとして技術論の議論のレベルで想定しているものは何だろうか。

技術論の内部で前 - 個体的存在に相当するものとしてシモンドンが考えているものとは、〈人間と世界〉という対から成る集合である。「人間と世界によって形成される集合を一つのシステムと看做す」（*ibid.*）と述べるシモンドンにとって、ここで〈人間と世界〉によって形成されるシステムと言われるものが、個体化論では、ポテンシャル・エネルギーによって構成されており、それ自身に対して齟齬状態にあるシステム、すなわち前 - 個体的存在と呼ばれるものの、技術論における対応物である。それゆえこの〈人間と世界〉という対から成る集合は、技術論の文脈においては、解決されるべき問題系として存在していることになる。

(2)人間と機械のカップリングが生じる

シモンドンの技術論には、技術が、あるいは技術的対象としての機械の意味が伝統的に誤解されてきたことに対する批判がまず根本にある。「安易な人間主義」によって「文化と技術、人間と機械の間に打ち立てられた対立は、虚偽であり根拠がない」（*ibid.*, p. 9）。だから人間と機械の関係がいかなるものであるべきかを正しく見極め、技術を文化の中に適切に統合できる「技術的文化」を確立することがその技術論において目指される（それゆえ技術論では「技術に内在する倫理」についても論じられることになる（Simondon 2014, pp. 337-340））。それでは人間と機械の関係とはどのようなものであるべきなのだろうか。

第一に、人間と機械の関係は一方が上位にあり他方が下位にあるような関係ではない。人間に対して機械を貶めるのは、機械に対して人間を貶めるという状況に対する反動的な振る舞いでしかなく、問題の根本的な解決にはならない。機械の疎外は人間の疎外の裏返しにすぎず、機械の疎外と人間の疎外の根は同じなのである。だから機械による人間の疎外という紋切り型に対して、逆説的にもシモンドンは次のように言う。「技術的対象は、悲惨で不当な現在の身分から救われねばならない」（*ibid.*, p. 447）。それゆえ両者の間に対等な関係を築き、技術的対象を救う必要がある。「文化への技術的対象の併合の最初の条件は、人間が技術的対象に対して下でも上でもないこと、人間が技術的対象と平等関係、相互的交換関係を保ちつつそれに接近し、それを認識することを学び得ることである」（Simondon 1958 (2012), pp. 126-127）。

第二に、人間は機械と機械の間に身を置かねばならない。「人間はそれと共に作動する諸機械の間にいる」必要がある（*ibid.*, p. 13）。人間が演じるべき役割とは、諸機械の間の通訳者＝媒介者にしてオルガナイザーという役割であって（*ibid.*, p. 12）、人間はそのようなものとして諸機械の「間」に自らを位置づけねばならない。というのも、或る機械がその意味を獲得するのは、それが単独に機能する時ではなく、諸機械の集合の中に、他の諸機械との関係の中に置かれた時であるが、そうした諸機械の連関は最初から与えられているわけではないからである。機械はそれ自身のみによってはそのように他の諸機械との関係に入ることはできず、人間こそが全体的に調整された諸機械の連関を与えることができる（Simondon 1964-89 (2017), p. 349）。人間は諸機械を関係づけると共に、そのように相互関係にある諸機械のただ中で、機械同士の諸関係を調節すべきオルガナイザーとして、諸機械とその諸関係に対して責任を持つ（Simondon 1958 (2012), p. 200）。

このように人間が諸機械の間に立ち、諸機械と対等な関係を取り結ぶ時、人間と機械の間のこの関係が、人間と機械のあり方そのものを変容することになる。そこには、単に人間のみによっては可能ではなく、また機械のみによっても可能ではない、両者の結合によってのみ初めて可能になるような特殊な効果が生じる。それが「人間と機械の間の相互個体的カップリング（couplage）」（*ibid.*, p. 168. Cf. pp. 173, 200）とその「共働作用（synergie）」（*ibid.*, p. 173）である。人間と機械はそれぞれ一方が他方の媒介者となることで、両者が互いを生み出し合うような「二重に発生的な役割を果たす」（Simondon 1964-89 (2017), p. 349）。つまり人間が生み出すもの（の一つ）としての技術という「客観的な具体化＝凝集」と人間との間に「相互的な因果性の繋がり」（Simondon 2014, p. 272）が生じることで、一方が他方を実現しつつ形作り、そのことによって今度は他方が一方を実現しつつ形作っていくというように、人間と機械の間には相互的な発生の関係が築かれる。〈人間 - 機械〉という組み合わせによる共働作用が、機械を発明する人間の振る舞いと、発明された機械の機能を調和的に結合させ、人間の未完成性を機械による完成に導くと同時に、機械の未完成性を人間による完成に導く。そこには言わば人間と機械の間の内的共鳴と、両者がそれを通して互いを形作るような相互的な個体化が生じている。

(3)技術的対象を媒介として問題系に解決がもたらされる

〈人間‐機械〉というこの組み合わせは、さらに技術的対象を媒介として人間の活動がその対象としての世界に適用される時、〈人間‐機械‐世界〉という更なる組み合わせを生み出す。人間が対象としての世界に働きかけるのは、人間が発明した機械を通じてであり、世界との関係を設立し発展させるためにこそ、人間は機械を発明した（Simondon 1964-89 (2017), p. 351）。つまり人間が機械と機械の間の媒介者であるのと同様に、「技術的対象は人間と世界の間の媒介者として現われる」（Simondon 1958 (2012), p. 235. Cf. 1964-89 (2017), pp. 349-350, 355）。人間が諸機械の間にあるように、「機械は人間と世界の間にある」（Simondon 1958 (2012), p. 98）。このように技術的対象としての機械を通じて人間が世界と関係し合う時、人間と機械の間に成立した「カップリング」と「共働作用」が、機械を間に挟んだ人間と世界の間の相互作用を生み出す。「機械によって、対象〔世界〕から主体〔人間〕へ、また主体から対象へと進むサイクルが設立される。つまり機械は複雑な因果性の連鎖を通して、主体と対象を互いに延長し適応させる」（Simondon 1964-89 (2017), p. 351）。

人間と機械が互いに相手の媒介者となり互いに相手を生み出し合ったように、今度は機械を媒介者とする人間と世界が相互に媒介者として、互いを実現しつつ相互に相手を形作っていく。こうして〈人間‐機械〉という組み合わせによる共働作用が、機械を媒介として、人間の未完成性を世界による完成に導き、また逆に世界の未完成性を人間による完成に導く。人間と機械が互いを形作ることで相互に個体化しながら、その機械が人間と世界の媒介者でもあることで、そこには同時に言わば世界の個体化も生まれるという形で、人間・機械・世界の間で相互的な個体化が生じる。そして、このような相互的個体化を行なう〈人間‐機械‐世界〉という組み合わせによって、〈人間と世界〉から成るものとして提起された問題への、人間単独でも機械単独でも為し得ないような解決がもたらされる。「機械は人間と世界の間の対称的な関係を設立する」（*ibid.*）が、そのような媒介としての機械と人間とのカップリングによって可能となる〈人間‐機械‐世界〉の相互的な個体化が、人間と世界の集合として提起された問題の解決となる。[7]

我々は「実在のあらゆる次元での存在発生の〔…〕探究」（*ibid.*, p. 228）を試みるシモンドンの哲学の基本的な構図を確認してきた。それでは技術論と、それによって前提とされている個体化論を含むその存在発生論としての哲学は、サン＝セルナンが三つの条件によって規定するような意味での自然哲学と言えるのだろうか。そもそもシモンドンは「自然」というものに関していかなる概念を提示しているのだろうか。次章以降ではシモンドンの「自然」概念に着目しながら、これらの問いに答えるべく考察を進めて行こう。

第三章　シモンドンと自然の概念

〈自然かつ人為〉である非人間的な〈自然〉、こうした〈自然〉を思考の対象にするという現代的な自然哲学が可能であるためには、どのような条件が必要だろうか。この問いに答えるために、まず手始めにサン＝セルナンによる自然哲学の三つの条件を手引きとして選択し、考察のための素材とすべく、シモンドン哲学の基本的な構図を確認してきた。そこで次に、その哲学に含まれている「自然」の概念を検討しながら、存在発生の学としての彼の哲学が右のような意味での自然哲学と言い得るかどうかについて考察を進めて行くことで問いに答えたい。

1　人間的なものと自然的なものの弁別不可能性

シモンドンの哲学が自然哲学と言い得るかどうかを、サン＝セルナンによる三つの条件を考慮に入れつつ検討しなければならない。三つの条件とは、「自然の非‐飽和」という事実、「自然の非‐飽和」が物理‐化学的次元だけでなく、生物学的次元にまで延長されたこと、そして人間がその行為によって「技術圏」を作り上げ、「生命圏」を変容していることだった[8]（Saint-Sernin 1999, p. 16. Cf. pp. 29-30）。シモンドンの哲学をそれらの条件に照らし合わせてみよう。

三つの条件が表わしている事態をまとめると以下のようになる。「自然の非‐飽和」は未だ現実化されていない自然のポテンシャルの存在を示し、そこからは、自然に対する人間の介入によって、自然のみによっては現実化されないポテンシャルが現実化され得るということが帰結する。そのことによって、自然の中に元々存在するという意味での自然的存在と共に、自然の中には元々存在しなかったような非‐自然的存在も自然の中に存在できるようになる。このような状況は物理‐化学的な領域のみならず、生物学的な領域にも拡張されるようになり、その結果、生命圏と技術圏が明確な境界線を失って重なり合う。

前章で見たシモンドンの技術論に注目するなら、こうした事態はその理論的枠組みの中で既に想定されていたものだと言える。そこでシモンドンの技術論に立ち戻ろう。彼は人間と世界から成る集合を――個体化論での前‐個体的存在に技術論のレベルで対応するような――準安定状態にある問題系として捉え、そこから出発して生じる〈人間‐機械‐世界〉の相互的な個体化を、問題系に対する解決と看做していた。この〈人間‐機械‐世界〉の相互的な個体化ということで表わされている事態に含まれているいくつかの点を明確にする必要がある。そのことは我々の現在の考察のために重要性を持つだろう。

注目すべきなのは、その技術論の或る箇所では、「技術的対象は人間と世界の間の媒介者として現われる」（Simondon 1958 (2012), p. 235. Cf. p. 239; 1964-89 (2017), p. 355）という言い方が為されると同時に、別の箇所では、その同じ技術的対象が「自然と人間の間の真の媒介」とも述べられていることである（Simondon 1958 (2012), p. 346. Cf. pp. 9, 332-333; 1964-89 (2017), p. 349）。それが意味するのは、準安定状態にある問題系を「人間」と共に構成する「世界」が、シモンドンによって「自然」とも呼ばれているということ、つまり技術論の文脈では「世界（monde）」と「自然（nature）」が等置されているということである。

「世界」とは、主体としての人間が技術的対象を通して関わり合うことになる対象であり、そのような規定は技術論での「自然」にもそのまま妥当する。人間はその技術的活動によって「技術的対象の世界」を築き上げると共に、そうした技術的対象の世界を媒介として「自然」に結びつけ直される（Simondon 1958 (2012), pp. 332-333）。だから「人間と機械の間の相互的カップリング」（*ibid.*, p. 168. Cf. pp. 173, 200）を通して生じる〈人間‐機械‐世界〉の相互的な個体化は、〈人間‐機械‐自然〉の相互的個体化とも言い換えられ得るものであり、この〈人間‐機械‐自然〉の各々の項が他の項の媒介によって互いに自らを実現し合うような形で、相互的な発生が行なわれていくことになる。

シモンドンの技術論に見出すことのできる〈人間‐機械‐自然〉の相互的個体化から導かれる事態は、サン＝セルナンが規定した条件に対応している。というのも、人間と自然が技術的対象の媒介によって互いに個体化し合うということは、人間の側から自然を見れば、未だ現実化されておらず、また自然のみによっては自ずと現実化されることのない自然のポテンシャルを、人間が技術を通して自然に介入することで現実化するということに他ならないからである。シモンドンが見通していたのは、自然的存在と非‐自然的存在との共存、自然的なものと人為的なものが不可分な仕方で自然の内に共存するようになる事態なのである。

それだけではない。技術的対象は人間的要素を、すなわち人間的なものを含んでいるが、そうした技術的対象と自然的なものの間にも「連続性」が存在しており（*ibid.*, p. 331)、しかも、技術的対象はそれが進化すればするほどますます「自然的対象の存在様態に近づく」（*ibid.*, p. 56)。そうして「人間的なものと自然的なものとの安定した混合物である」（*ibid.*, p. 332. Cf. p. 328）技術的対象は、人間的なものに自然的対象に似た構造を与えると同時に、自然的世界の中への人間的なものの挿入を可能にする。

このように技術的対象を媒介とすることで、「人間的なものの自然的なものへの、また自然的なものの人間的なものへの転換可能性」（*ibid.*, p. 333）が生み出され、自然的なものと人間的なものは次第に弁別不可能になっていく。この弁別不可能性は物理‐化学的次元だけでなく、生物学的次元にも見られるものであることにシモンドンは自覚的であり、彼は「生物学的なものと技術的なものの同一視」、あるいは「技術的存在と生物的存在の間の同一視」が有益であることを認めている（Simondon 2016, p. 432. Cf. 1958 (2012), p. 60)。また彼は晩年の論考の一つで、身体的なレベル／心‐身のレベル／メンタルなレベルのそれぞれに関わるような内・外科医療技術、あるいは遺伝子工学的な技術についても語っている（Simondon 2014, p. 349)。

物理‐化学的レベルと生物学的レベルにまたがるこのような技術的活動によって「技術的なネットワーク」が形成され、この「技術的ネットワークを通して、人間的世界は高度の内的共鳴を獲得する」（Simondon 1958 (2012), p. 302)。人間は「技術的ネットワーク」を通して自然に働きかけ、そのポテンシャルを現実化することで、自然的なものと非‐自然的なものを含む新たな自然を自らの環境として創り出す。つまり「人間と自然の間に、人間の知性によってのみ可能となる、技術的‐地理学的環境が創造される」（*ibid.*, p. 69)（厳密に言えば、ここは「知性」ではなく「構想力」でなければならないが、そのことは措く）。この環境の中では、技術的な働きが自然の働きを模倣すると共に、その技術的な働きが自然によっては自発的に現実化されることのなかったポテンシャルを実現することで、自然を変容しつつ新たな自然を形作るようになる。それはサン＝セルナンが言うような、「自然のブリコラージュを補完し、無効化し、変容する、人間的ブリコラージュ」[9] (Saint-Sernin 1999, p. 21) によって、「生命圏」と「技術圏」の明確な境界線が薄れ、両者が重なり合いつつあるという事態に対応しているが、だとすれば、この事態は既にシモンドンの技術論の射程圏内にあり、それによって既に想定されていたことになるだろう。

　こうしてサン＝セルナンによって規定された自然哲学成立のための条件は、シモンドンの哲学、とりわけその技術論によって充分に満たされていると言える。「人間性〔人類〕をそれ自身及び世界〔宇宙〕(univers) と和解させること」(*ibid.*, p. 25) という「自然哲学の任務」を表わすサン＝セルナンの言葉が、哲学が培《つちか》うべき文化について語るシモンドンの次の言葉と響き合うことになるのも、当然と言えば当然だろう。「文化は、それによって人間が自らと世界の関係、及びそれ自身への自らの関係を調整するものである」(Simondon 1958 (2012), pp. 309-310)。現代に対応した自然哲学をめぐるサン＝セルナンの議論はシモンドンの技術論によって先取りされていたのである。

　ここまでの議論によれば、シモンドンの哲学をサン＝セルナンが言う意味での自然哲学と看做して差し支えないように見える。だがシモンドンの哲学の全体はそのような自然哲学に完全に合致しているだろうか。そう断言することはまだできない。例えば「非‐飽和」という概念についてもう一度確認しよう。サン＝セルナンがそれを、現実化のために人間による何らかの補足を必要とする自然の不完全性を意味するものとして使用していたのはこれまでに見た通りである。そして、確かにシモンドンもその技術論で「非-飽和」という言葉を用いている。しかしシモンドンの場合、次の言葉にも明確なように、それは自然について言われるのではなく、むしろ技術的対象のあり方について言われている。「技術的対象は〔…〕非-飽和を有している。〔…〕原初的な技術的対象を、飽和していない一つのシステムと看做すことができる」(*ibid.*, p. 52)。

技術的対象は飽和していない、つまりそれ自身において完全で完結したものではない。だからこそ、そこには常に改良の余地が残されており、更なる進化の可能性も保持されている。それが非-飽和であることは、その改良による潜在性の実現として成し遂げられる進化、またそれによって生み出される新たな成果と相関的である。それは、技術的対象が「それに後続するものを与える多産性」(*ibid.*) を持つということである。そのような技術的対象は、個々の技術的対象のレベルであれ (*ibid.*, p. 32)、それらの集合として技術圏を形作るような「技術的宇宙 (univers technique)」のレベルであれ (*ibid.*, p. 217)、非-飽和から飽和 (saturation) へ、さらには過飽和 (sursaturation) へ向かうものとされ、それが技術的対象や技術的宇宙の漸進的な進化を可能にする。

しかしながら、シモンドンによって自然が非-飽和だと直接に言われることはなかった。もちろん、それは単に言葉の上だけの問題と言えないこともない。これまで見てきたように、技術論のレベルでの自然、人間と共に準安定状態にあるシステムを形成するものとしての「世界」を意味する限りでの自然は、サン゠セルナンが言う意味で非-飽和だと言っても良いだろう。事柄としては、世界としての自然は非-飽和である。だが、ここで改めて問題になるのは「自然」という概念である。シモンドンの哲学において、「自然」という言葉の意味するものは実は一つではない。世界としての自然の他に、それとは別の自然がシモンドンの哲学の中には存在している。このもう一つの自然とは何であり、それは彼の哲学の中でどのような身分や意味を持つものなのだろうか。それを検討するのが次節の課題となる。

2　もう一つの「自然」概念――前 - 個体的存在としての自然

シモンドンの哲学には二つの「自然」概念が存在する。一つは、既に見たように技術論で問題になるような自然、つまり人間が技術的対象の媒介によってそれに働きかけ、関わり合う対象としての「世界」を意味する限りでの自然である。そしてもう一つは、シモンドンの哲学の基本的構図を確認した際に取り上げた「前 - 個体的存在」としての自然である。つまり、ここで問題にしたいもう一つの「自然」とは、個体化論における前 - 個体的存在そのものを意味する。そこで、この場合の「自然」がいかなる事態を表わしているのかを明らかにしていこう。

最初の個体化が生じるための条件であり、個体化の源泉となる前 - 個体的存在――シモンドンはそれも「自然（nature）」と呼ぶ。「全体的に見れば、自然は諸々の個体から成るのではなく、それ自身が一つの個体であるのでもない。つまり自然は、個体化を備え得るか、もしくはそうではない、諸々の存在領域（domaines d'être）から成る」（Simondon 1964-89 (2017), p. 65）。「自然」とは第一に、個体化を生み出すこともできるが、それ自身は個体ではなく、個体から成るのでもない諸領域の集まり、すなわち個体化の出発点としての前 - 個体的なものという場、「実在（le réel）の或る種の領域（domaine）」（Simondon 1958 (2012), p. 279）であり、この前 - 個体的な場としての「自然」こそが「存在の最初の相」である（Simondon 1964-89 (2017), p. 297）（厳密に言えば前-個体的存在は「相（phase）」のない存在だが、次に見るように、個体化が生じた後の相における前-個体的なものの残留を示すために「相」という語が用いられていると考えられる）。

シモンドンは、この場合の「自然」という概念によって、前-個体的存在そのものに加えて、この前-個体的存在の或るあり方を示そうとしている。前-個体的存在とは、それ自身としては未だ個体化されておらず、またそれ自身の内には未だいかなる個体も存在していないが、しかしまさに個体化がそこから始まる出発点となるべき準安定状態を意味しているのは既に見た通りである。ここで注意すべきは、前-個体的存在から個体化が生じることで、前-個体的存在そのものが消滅してしまうわけでは決してないということである。過去が記憶として現在とまったく同時に共存するかのように、「前-個体的な過去は、個体化された存在の現存と並んで生き延びる」（*ibid.*, p. 310）。つまり前-個体的存在は個体化の後も依然として存続しているのである。個体化が生じたとしても、それは前-個体的存在のすべてを一挙に汲み尽くすものではない。個体化によって「個体に先行する存在〔前-個体的存在〕が余すところなく個体化されたのではない」（*ibid.*, p. 295. Cf. p. 28）。

しかも前-個体的存在は、そこから生じた個体と無関係に存続するのではなく、個体化が行なわれ、その帰結として個体が生じた後にも、その個体になおも結びついたまま存在する。「存在の前-個体的な最初の状態は、最初の個体化の帰結〔個体〕に連合されて存在し続けることができる」（*ibid.*, p. 315）。これは個体の側から見れば、個体は常に「前-個体的な相の或る残留（*rémanence*）」（*ibid.*, p. 310. Cf. pp. 297, 305 etc.）を伴うということであり、そのような形で前-個体的存在を自らと共に保存して担い続けているからこそ、個体は個体として存在することができる。「個体は、個体化されていない実在〔前‐個体的存在〕との関係においてのみ個体として存在し得る存在である」(*ibid.*, p. 143)。

個体がそこから生じることになった前‐個体的存在は、個体が生まれた後にもそれと共に存在し続けており、また個体は、その前‐個体的存在を自らと共に保存することによってのみ存在することができる。だからこそ、最初の個体化の後にもなお、その帰結としての個体にとって新たな個体化が更に生じることも可能になる。「すべての個体はまとめて、新しい個体化がそこから生み出される、構造化されていない一種の基底〔地〕を持っている」(*ibid.*, p. 295)。最初の個体化から生じた個体は、新たな個体化の条件としての前‐個体的存在を自ら担うことで、新たな個体化がそこで生じる場所になることができる。つまり、「個体化の劇場」(*ibid.*, p. 315) になることができる。

これを〈問題‐解決〉というシモンドンの哲学に一貫した図式で言い直すなら、問題としての前‐個体的存在は、個体の発生というその解決によっては完全に解消されることなく、むしろ発生した個体と共に常に残存し続け、そこでもやはりまた自身に対する齟齬状態が保持されているために、更なる新しい個体化がその解決として生じるための新しい問題をなおも構成している。だからこそ、この新たな問題に対する新たな解決もまた決定的なものではなく、個体化は常に暫定的なものに留まらざるを得ない。

個体化の出発点であり、また個体化の後も個体と共に存続し、新たな個体化の出発点となる前‐個体的存在、シモンドンが個体化論において「前‐個体的自然 (nature préindividuelle)」(*ibid.*, pp. 28, 247, 302, 305, 307 etc.) あるいは端的に「自然」と呼ぶものが示しているのがこれである。

ソクラテス以前の哲学者たちが自然という言葉に与えた意義――例えばイオニア学派の自然学者たちは、個体化に先立つ、あらゆる種類の存在の起源をそこに見出した――をその言葉に再び見出そうとするなら、個体が自らと共に担うこの前‐個体的な実在を自然と名づけることができるだろう。（*ibid.*, p. 297）

「存在の起源的状態（état originel de l'être）」、あるいは端的に「起源的存在（être originel）」（*ibid.*, p. 316）とも呼ばれる前‐個体的存在、それがもっとも根本的な意味で「自然」として位置づけられるものである。既に見たように、この自然は或る種の「領域（domaine）」としても位置づけられており、一九六〇年に行なわれた講演では、「いくらかのポテンシャル・エネルギーを含む、準安定状態にある実在領域（domaine de réalité）」（*ibid.*, p. 540）、「準安定性領域（Le domaine de métastabilité）」（*ibid.*, p. 557）とも表現される。こうした領域から、またこうした領域において個体化が始まるという意味では、前‐個体的存在としての「自然」はまさに個体化の出発点にして個体化の場所そのものであり、「そこにおいて個体がその環境から区別されるシステムの第二の状態への移行〔個体化〕がそこから出発して行なわれた、始源的システム（système initial）」（*ibid.*, p. 528）である。すなわち、個体とその環境の発生、及び両者の区別が成立するという事態がそこから開始される――ということは、そこでは未だ個体もその環境も、またもちろん両者の間の区別も決して存在していない――ような領域、それが「自然」がまず意味するところとなる。

こうした前‐個体的な領域としての「自然」は、そこで・そこから個体化が生じる場であると共に、その個体化の後にも、それによって生じた個体によって担われて存在している。そのような意味での前‐個体的自然を、シモンドンは「〔個体に〕連合された自然（nature associée）」と名づける（*ibid.*, pp. 166, 297, 302-303）（シモンドンは「〔個体に〕連合された環境（milieu associé）」という表現も用いている。したがって、「連合された自然」とは、先に個体とその環境と述べた時の環境に対応する）。連合された自然とは、前‐個体的存在としての自然という「存在の原初的で起源的な相の、第二の相〔個体〕における残留」（*ibid.*, p. 297）、「前‐個体性（préindividualité）の、個体化された諸存在における残留」（*ibid.*, p. 305）であり、それがまた新たな個体化を可能にする。「個体に連合されたままであるこの前‐個体的自然は、新しい個体化がそこから出てくることができるだろう未来の状態の源泉である」（*ibid.*, p. 28）。

このように個体化論においては、個体化が生じる条件にして個体化が行なわれる場所であり、また個体化を通して存続しつつ新たな個体化の条件となる前‐個体的存在が「自然」として位置づけられる。このシモンドンの「自然」概念に含まれる本質的特徴を取り出すことで、その具体的なあり方をもう少し明確にしてみよう。

シモンドンは前‐個体的存在、すなわち起源的存在としての「自然」を「存在としての存在」、あるいは端的に「存在」と呼び、それを何よりも〈一〉以上のものとして規定している。「〔…〕存在は決して一（un）ではない。存在が単相化され前‐個体的である時、それは一以上（*plus qu'un*）である」（*ibid.*, p. 316）。前‐個体的存在としての自然は〈一〉なるものではなく、〈一〉以上のものだと言わねばならない。というのも、〈一〉だと言うことができるのは、それ以上分割できない単位＝一性（unité）として存在するはずの個体についてのみだからである。自然はそれが前‐個体的存在である以上、未だ〈一〉なるものとしての個体ではなく、それについて〈一〉だと言うことは不可能なのである。シモンドンが「一以上」ということで言おうとしているのはこのことに他ならない[11]。

存在の起源的状態である前‐個体的存在＝自然が〈一〉以上のものであるということは、起源にあるのは〈一〉ではないということである。しかし、だからといって起源にあるのは逆に〈多〉であるというわけでもない。つまり自然は〈多〉でもない。〈多〉というものが複数の〈一〉という部分から成り立つ集合だと理解される限り、自然について〈多〉であると言うこともできない。自然は前‐個体的である以上、〈一〉としての個体を含むものでもないからである。それゆえ「自然」は〈一〉でもなければ〈多〉でもない。「存在は一性（unité）に従っても純粋な多元性（pluralité）に従っても解釈され得ない」[12]（*ibid.*, p. 300）。

〈一〉でも〈多〉でもない〈一〉以上のものとしての自然は、自らの「同一性（identité）」も「一性（unité）」も持たない。シモンドンは次のように述べている。「この研究〔個体化論〕がそれに基づいている存在についての着想とは以下の通りである。存在は同一性という一性を所有していない」（*ibid.*, p. 31）。前‐個体的存在としての「自然」は〈一〉なるものではない以上、そもそも最初から同一性も一性も有しておらず、あるいは最初からそれらを越えている。我々はそれを「一性以上で同一性以上」（*ibid.*, p. 26. Cf. pp. 31-33）のものとして捉えなければならない。

3　自然の齟齬・準安定性・過飽和

一性も同一性も持たない〈一〉以上のものとしての「自然」という概念によって、シモンドンはどのような事態を言い表わそうとしているのだろうか。次のシモンドンの言葉はそれを考える際に重要である。

存在の起源的状態は、自己自身との一貫性〔調和〕（cohérence）を超克し、それ自身の諸限界〔境界〕（limites）を超過している状態である。（Simondon 1964-89 (2017), p. 316）

自らの限界＝境界を画定し、その限界＝境界によって自らの輪郭を描き出しつつそこに自らを閉じることで一性と同一性を持つ〈一〉なるものが成立するとすれば、それ自身の限界＝境界を超過する前‐個体的存在の起源的状態とは次のことを意味する。すなわち、自らの限界＝境界の画定を行なわず、そのような限界＝境界の画定に基づいた一性と同一性を常に越え出るような「自然」とは、それ自身において充溢しつつも、その充溢さによって自身から絶えず溢れ出してしまうような存在だということである。次のシモンドンの言葉はまさにそのことを表わしている。「〔前‐個体的〕存在は自らの中心の両側からそれ自身を漲《みなぎ》らせる＝溢れ出る（se déborder de lui-même）ことができる」（*ibid.*, p. 31）。満ち溢れるという表現が漲ることと溢れ出すことを同時に表わすように、ここでの « se déborder » という動詞は、自身によって漲ると同時に自身を溢れ出るという事態、充溢かつ氾濫という二重の事態を示している。

満ち溢れる「自然」が充溢すると共にそれ自身から溢れ出し、いかなる限界＝境界によっても自らを画定することがないということは、それが「存在のそれ自身に対する非‐同一性（non-identité）」（*ibid.*, p. 32）を本質的に含むということである。自然はそれ自身に対して同一ではないものとして存在しており、常に自らの内に差異や異質性を孕む。自らの非‐同一性、自らとの差異や異質性をその内に本質的に含む限り、自然は一性や同一性を最初から超越しており、そのような一性や同一性に存するような〈それ自体〉というものがそこに成立していないような存在である。だからこそシモンドンは次のように言う。「存在はそれがそうであるところのものに還元されない」（*ibid*., p. 316）。つまり、「自然」は自らがそうであるところのものと同じでは決してなく、常に自らがそうであるところのもの以上の――あるいは自らがそうであるところのもの以下の――存在である。それは、その非‐同一性によって、決して〈一〉なる〈しかじかのもの〉として同定され得ない。もしもそれを〈一〉なる〈しかじかのもの〉として同定しようとするなら、その時にはこの前‐個体的存在としての「自然」は〈しかじかのもの〉ではないものとして、そのような同定からすり抜けてしまうだろう。もちろん「自然」はこの〈しかじかのものではないもの〉という形でも厳密には同定されないものであり、それに対してはいかなる同定も不可能になるような存在である。

「自然」はその非‐同一性によって、それがそうであるところのものでは決してなく、それがそうであるところのものに決して合致しない。ということは、それは自らがそうであるところのものでありながらも、同時にまた自らがそうであるところのものではないということになり、そこには同一律も排中律も妥当しない（*ibid*., p. 32. Cf. pp. 25, 314）。それ自身であるところのものでありかつそうでないという非‐同一的な存在だからこそ、「自然」は決して〈一〉なるものの一性や同一性によって同定され得ないし、〈一〉なるものとして規定されることもない。それが〈一〉以上のものであるというのは、こうした意味においてなのである。

このように、それがそうであるところのものに決して還元されない〈一〉以上のものとしての「自然」は、それ自身の内に「関係（relation）」を含む。「関係」とは存在の自らに対する「非‐同一性」のことであり（*ibid.*, p. 32）、前‐個体的存在である自然は、それ自身に対して非‐同一的であることによって自らへの或る関係を含んでいる。だが正確に言うなら、まず前‐個体的存在としての自然があって、それが後でこの関係をその内に含むことになるということではない。シモンドンによれば「真の関係は存在に不可欠な部分」（*ibid.*, p. 523）であり、むしろ「存在は関係である」（*ibid.*, p. 304）。存在が本質的に非‐同一的なものである限り、存在と関係はそもそも最初から分離不可能だと言わねばならない。存在と関係が別々にあるのではなく、存在とは関係そのものに他ならないのである。

　では、その関係とはどのようなものか。シモンドンは次のように言う。「存在は抑制され、緊張させられ、それ自身に重ね合わされており、一ではない」（*ibid.*, p. 316）。存在かつ関係であるような「自然」とは、自らがそうであるところのものでありながら、同時に自らがそうであるところのものではないという形で、二つの相容れない両立不可能な状態が、しかしまさしく同じものとしてのそれについて言われる限りで、両立不可能性にもかかわらずそれの内で同時に重なり合うように共存しているという形で存在する時の、その両立不可能なものの共存のことである（ここでは便宜上このように表現したが、〈一〉でもなければ〈多〉でもなく、同一性を欠いている自然について、「同じ」、「二つの」、「それ」という言い方は厳密にはできない）。つまり、存在かつ関係であるような前‐個体的存在としての「自然」は、いずれもそれ自身であるにもかかわらず両立不可能な二つの状態が、それ自身の内で重なり合いつつ共存するような或る種の自己関係として存在している。

　前‐個体的なものとしての「自然」の存在であるこの「関係」を、一般に用いられている意味での関係、すなわち先行する二つの項の間に後から打ち立てられる関係として理解してはならない。「関係はあらかじめ存在する項の間の関係としては決して理解され得ない」（*ibid.*, p. 304）。なぜなら、後で関係が打ち立てられることになるような関係項は、それが項として個体である限り、この「自然」にとってはまだ存在していないからである。「自然」が前‐個体的存在である以上、共通の概念のもとに包摂されることで全体の〈部分〉として共に理解可能になるような分離された二つの項である個体がそこに存在することはできない。関係項がまず存在し、その後でそれらの間に関係が打ち立てられるのではない。両立不可能な二つの状態は、それが前‐個体的な状態として共存している限り、いずれも未だ個体ではなく、それゆえ関係項ではない。また両者が共存するという関係においては、それらは両立不可能なもの同士であるため、それらの間に通常の意味での関係を打ち立てることはできない。ここで言われるような「関係は〔…〕二つの項の間の単なる関係としてではなく、存在における関係として、存在の関係として、存在する仕方として把握されねばならない[13]」（*ibid.*, p. 32）。

　ここまで見て来たような、非‐同一的で〈一〉以上のものであり、存在かつ関係であるという「自然」のあり方――それはシモンドンの哲学の体系の中で何に対応しているのだろうか。存在が関係であり、それ自身に対して非‐同一的であるということは、自然が「唯一で等質的な実在」などでは決してなく、むしろそれ自身に対して常に「齟齬状態」（*ibid.*, p. 31）にあるということである。そもそも前‐個体的存在のあり方にシモンドンが与える規定とは、それが自らに対する「齟齬（disparation）」を含むということ、つまりそれが準安定状態にあるということだった。つまり、〈しかじかのもの〉として決して同定できないという「自然」の非‐同一的なあり方が対応しているのは、「準安定性（métastabilité）が〔…〕自然のもっとも根本的な側面の一つである」（Simondon 2005, p.

193）と言われるように、前‐個体的存在の原初的な状態としての「準安定性」なのである。

自然は非‐同一的であり、自らに対する齟齬を自身の内に最初から本質的に孕んでいる。そうした事態はシモンドンによって「過飽和（sursaturation）」とも言い表される。だからこそ、この自然は、それがそうであるところのものに決して還元されることのない〈一〉以上のものとして、それでありかつそれでないというように、両立不可能な二つの状態が両立不可能なまま共存している状態として存在する。このような〈一〉なるものへの還元不可能性、〈一〉なるものとしての同定不可能性、二つの両立不可能な状態の同時的共存としての存在＝関係こそ、準安定性という概念の構成要素であり、前‐個体的存在としての「自然」のあり方を示すものである。

第四章　〈一〉以上のものとしての自然

1　人間と自然に先立つ「自然」

個体化の条件であると共にその個体化が行なわれる場所であり、また個体化を通して存続しつつ新たな個体化を可能にする前‐個体的存在が「自然」として規定されること、そのことはシモンドンの哲学にとって、個体化論だけでなく技術論でも実は同様である。シモンドンは個体化論の中で、個体によって担われた自然を「単なる潜在性としてではなく、ポテンシャルとして現実的に存在するポテンシャルを帯びた真の実在として、つまり準安定的なシステムのエネルギーとして理解しなければならない」と述べている（Simondon 1964-89 (2017), p. 304. Cf. p. 554, note 8）。技術論でも、それに呼応するように、「単なる潜在性よりはるかに豊かな、自然のポテンシャル性（potentialité）」（Simondon 1958 (2012), p. 278）が強調され、「諸々のポテンシャルの貯蔵庫としての自然」（*ibid.*）、「前‐個体的な実在」としての「自然」（*ibid.*, p. 336）という、個体化論での自然の概念に見られたような規定がほぼそのまま用いられている。

これらのことからも、人間が技術的対象の媒介によって関わり合う対象としての世界という意味での〈自然〉とはまた別の「自然」が技術論にも存在しており、技術論におけるこのもう一つの「自然」が個体化論における前‐個体的存在としての「自然」にそのまま対応していることは明らかだろう。この「自然」は、個体化論でも技術論でも、個体に先立つ個体化の条件かつ場所、そして個体と共に保存される、新たな個体化のためのポテンシャルに満ちた存在と看做されている。では、そのことはここでの考察にとっていかなる帰結をもたらすだろうか。

技術論に見られるような個体化のプロセスで問題となる準安定的なシステムとしての〈人間と世界から成る集合〉では、人間にせよ、その人間が技術的対象の媒介によって関わり合うことになる世界＝自然にせよ、両者はそのカップリングにおいて互いに相手を個体化し合うことになるとはいえ、そのような相互的個体化が行なわれるためには、それらの各々がそれ以前に個体として既に構成されているのでなければならない。技術的レベルでの個体化の出発点となる準安定的なシステムは、既に生じた個体をその構成要素としている。つまり、技術的レベルでの個体化が生じるためには、それらの構成要素を個体として構成する個体化が既に働いているのでなければならない。

ということは、技術的対象の歴史的生成としての具体化＝凝集にせよ、機械を媒介とする人間と自然のカップリングによるその相互個体化にせよ、シモンドンが定義する厳密な意味での〈個体化〉というよりはむしろ、それに準じた形で把握可能となる、言わば〈準個体化〉であることになる。だから技術論において〈人間と世界から成る集合〉が準安定的なシステムとして捉えられるとしても、それは個体化論における前‐個体的存在の準安定性との類比においてそうなのであり、また技術的対象の発生と進化が個体化のプロセスとして理解できるとしても、それも厳密な意味での個体化との類比によってでしかない。確かにシモンドンは技術論でも「個体化」という語を用いるが、それは技術論の理論的根拠を与えるべき個体化論の理論的枠組みを必要に応じて概略的に提示する場合にほぼ限られており（*ibid.*, pp. 214-215. Cf. p. 32, note 1; p. 295）（技術論では「個体化」について条件法で述べられるなど、あくまで限定された言い回しがなされることが多い（Cf. Simondon 2005, p. 95））、技術的対象の発生と進化に関しては「個体化（individuation）」よりはむしろ「個別化（individualisation）」（Simondon 1958 (2012), pp. 70, 77-78, 87 etc.）という表現を使用しているという事実[14]も、厳密な意味での個体化と技術論のレベルにおける個体化が区別され、後者が前者を条件として成り立つことを示していると言える。

技術論のレベルで機械を媒介として相互個体化を行なう人間と自然を、そもそもそのようなものとして既に構成していた作用とは、人間が技術的対象を通して結合する自然＝世界がどのような領域に関わる世界であるかによって、またその時の人間的活動がどのような領域での活動であるかによって対応するものが異なるとはいえ、個体化論でシモンドンが探究している物理的個体化と生物的存在の個体化（生命的個体化・心的個体化・集団的個体化）という個体化作用をベースとするもの――場合によってはそれらの組み合わせから成るもの――であることは既に明らかである。そして、そのような個体化の出発点にあるのが準安定状態にある前‐個体的存在としての「自然」なのだから、この「自然」は〈人間と世界から成る集合〉に先立つ。つまり、それは〈人間と自然から成る集合〉にも、また当然ながら、その要素としての〈人間〉にも〈自然〉にも先立つ。

技術論が個体化論を前提としている以上、個体化論においてはもちろん、技術論においても世界＝自然とは別のものとして現われる、前‐個体的存在という「自然」、その非‐同一性＝関係によって、〈一〉なるものに還元不可能で、〈一〉なるものとして同定不可能な、〈一〉以上のものとしての

「自然」――これこそが個体化論のみならず技術論を含めたシモンドンの哲学全体にとっての第一の意味での自然、言わば根源的な自然であることになる。[15]

2　第一哲学としての自然哲学

〈人間〉にも〈自然〉にも先立つこの「自然」についての着想が根底にあることは、シモンドンが一九六〇年にフランス哲学会で行なった講演の後の質疑応答でのやり取りにも窺うことができる。[16] シモンドンの講演は、その個体化論での諸概念に基づいて公理化された人間諸科学の統一理論の可能性を主題とするものだった。講演自体の詳細にはここでは触れないが、質疑の中でポール・リクール（一九一三―二〇〇五年）はシモンドンの試みに対して、問題は人間諸科学に先行する「〈人間＋自然〉という全体性」であり、シモンドンのように人間諸科学に属するのではない領域から出発してそのような公理化は可能なのだろうか、という疑問を投げかけている（Simondon 1960, p. 181）。

リクールの言う、人間諸科学に属するのではない領域とは「自然」のことであり、リクールによると、この「自然」は「〈人間＋自然〉という全体性」の一部分にすぎないため、部分にのみ関わる法則によって全体を説明しようとすることは誤謬推理に陥ることになる（*ibid.*）。こうした異議は、言語と意味についての或る理論に基づくものであり、その後のリクールの解釈学的哲学の展開を考えると興味深いものを含んでいるが、その点は本題ではないためここでは追究せず、最終的にはすれ違いに終わったように見えるこのやり取りを通じて垣間見ることのできるシモンドン自身の着想を確認するにとどめよう。

言説の中で語られている事柄の一つにすぎない自然という領域から出発しては、人間諸科学という言説の全体を構成することはできないと言うリクールに対して、「自然」という領域はそのような言説の中で語られている事柄の一つではないとシモンドンは言う（*ibid.*, p. 182）。もちろんリクールは自然が言説の一部だと主張しているのではなく、ただ言説から出発してのみそれが意味する対象に向かうことができると考えているのだが、シモンドンはそれを決して認めようとしない。この質疑応答で明確にされているわけではないが、リクールが考えるのとは異なり、シモンドンはおそらく、言説の中には含まれず、むしろ様々な言説を生み出すような自然、そうした言説を自らの内に含むことになるような自然を問題にしようとしているようである。言説において表現される意義は言説とは独立に存在し、そうした意義のまとまりを自らの内に含むような自然そのものがまず存在している。そして人間諸科学の公理化のためには、そのような自然から出発しなければならない――これがシモンドンの立場だろう。

このような「自然」から出発することは、リクールや、質疑応答でリクールに先立ってシモンドンに疑義を呈したガブリエル・マルセル（一八八九―一九七三年）が考えている（*ibid.*, p. 179）のとは異なって、自然科学から借りられた概念によって事を進めることで、人間諸科学を人間諸科学ではないものに還元することを意味しない。[17] シモンドンが前‐個体的存在を根源的な「自然」として規定する時、前‐個体的存在という概念が元々は科学的思考に由来する図式に負うものを含んでいるとはいえ（Simondon 1964-89 (2017), pp. 317-318）、この前‐個体的存在としての「自然」自体は、自然科学が対象とする自然には還元されない。[18]

シモンドンの哲学とは、彼自身がこの講演で述べているように「自然についての理論」を提示するものだが（Simondon 1960, p. 183）、その場合の「自然」とは、〈人間と自然から成る集合〉の一部としての自然、リクールの言葉で言えば「〈人間＋自然〉という全体性」の部分としての自然ではなく、そのような自然と人間に先立つ「自然」に他ならない。それは「人間の内で、起源的なものであり続けるもの、構成された人間性に先立ちさえするものであり続けるもの」（Simondon 1958 (2012), p. 336）として、人間の内にさえ、人間に先立って存在する。その意味で「自然」は人間と対立するものではない。「〈自然〉は〈人間〉の反対物ではなく、存在の最初の相である」（Simondon 1964-89 (2017), p. 297）。〈人間／自然〉という対の一つではなく、〈人間／自然〉という対にも、その項としての自然にも人間にも先立ちながら、その根底でそれらすべてを可能にする「存在の最初の相」としての前‐個体的なものの存在――それがシモンドンの哲学の根底にある第一の意味での「自然」なのである。

このような「自然」を前提とするシモンドンの立場に、リクールは「客観主義（objectivisme）」の危険を嗅ぎ取ろうとしている（Simondon 1960, p. 182）。シモンドンはその危惧には直接に答えていないが、質疑応答の最後でやはりシモンドンの哲学体系が「客観主義」かどうかを問おうとした司会のガストン・ベルジェに答えて、自らの体系は客観主義ではなく、「超‐客観主義（transobjectivisme）」であってほしいと述べている。当然ではあるが、それは主観主義でもない。というのも、シモンドンがその哲学で捉えようと試みている「真の実在」とは、主観的なものでもなければ客観的なものでもないからである。

この点に関してシモンドンは次のように述べている。「真の実在は「客観的」ではない。それはこ

客観の手前にある真の実在を捉えようとするシモンドンは、「問いを要約するのは存在、発生、の帰結の方から事後的に振り返った時に虚構的に措定されるものにすぎない。それに対して、主観とているのが個体化のプロセスであり（*ibid.*）、主観と客観の二元論とは、この個体化のプロセスをその様態に先立つ存在様態が存在し得る」（*ibid.*, p. 188）。そのような存在様態としてシモンドンが挙げの還元的な概念を越えて把握されねばならない。主観と客観の一切の対立以前に、主観の様態と客観

あり、個体化過程が主観的でも客観的でもない以上、自らに対する齟齬を含むことでそこから・そこにおいて個体化が生じると共に、その個体化の後にも個体と共に残存しつつ新たな個体化を可能にする前‐個体的存在という「自然」そのものもまた、決して主観的なものでもなければ客観的なものでもないのでなければならない。

（*ontogénèse*）という言葉である」（*ibid.*）と述べている。存在発生とは前‐個体的存在からの個体化で

このように、それ自体は主観的でも客観的でもなく、〈人間／自然〉という対にも、その項である自然にも人間にも先立つ「存在の最初の相」が、シモンドンの哲学における第一の意味での「自然」であり、既に確認したように、個体化から個体を捉えると共に、個体化を前‐個体的存在の方から出発して捉えるというのがシモンドンの個体化論の根本的発想の一つである。前‐個体的存在から出発するということ、それは言い換えれば、自然にも人間にも先立つ〈一〉以上のものとしての「自然」から出発するということに他ならない。技術論もそれを前提として成立している。ということは、〈一〉以上のものとしての「自然」は、シモンドンの哲学全体の出発点にあるということである。

しかも、こうしたシモンドンの哲学的立場が正しいとするなら、事は彼の哲学のみに関わるだけではない。もしシモンドンが言うように、「哲学的思考は、一切の存在論に先立って批判的な問いを提

起する前に、批判的思考と存在論の主体がそこから出て来る個体化に先立つ完全な実在の問題を提起すべきである」(Simondon 1964-89 (2017), p. 263) とすれば、つまり「真の第一哲学」とは「主体の哲学でもなく、対象の哲学でもなく、超越や内在の原理に従って探究される神や〈自然〉の哲学でもなく、個体化に先立つ或る実在についての哲学、対象化された対象の中にも主体化された主体の中にも探し求められることのできない実在についての哲学である」(*ibid.*) とすれば、この個体化に先立つ実在、つまり前-個体的存在である〈一〉以上のものとしての「自然」こそが、あらゆる哲学がそこから出発すべき始源に他ならないことになる。

集団的個体化を論じるにあたって、「第一であり、原理として捉えられねばならないのは、関係としての存在である」とシモンドンは述べている (*ibid.*, p. 289)。この表現は適宜変更を加えれば、シモンドンの哲学の根幹を表わすものとなる。すなわち、あらゆる哲学にとって第一であり、原理として捉えられるべきは、シモンドンが提示するような意味での「自然」である。それゆえ、もしシモンドンの哲学を「自然哲学 (philosophie de la nature)」と言い得るとすれば、まず何よりもそのような「自然」から出発し[19]、そのような「自然」についての問いを提起する哲学であるという意味でそうなのである[20]。

3 現代的な自然哲学は可能である

以上の考察から、〈一〉以上のものとしての「自然」を出発点とする哲学であるという意味で、シモンドンの哲学を「自然哲学」と呼ぶことができるという帰結が導かれた。ところで、我々が設定した問いとは、〈自然かつ人為〉である〈自然〉、非人間的な〈自然〉、こうした〈自然〉をその思考の対象にするという意味での現代的な自然哲学が可能であるためには、いかなる条件が必要なのかというものだった。我々はそのために、サン゠セルナンによって規定された自然哲学を可能にする三つの条件を手引きとして選択し、その三つの条件をシモンドンの哲学と照らし合わせることを試みた。

サン゠セルナンが言う意味での自然哲学を可能にする三つの条件は、シモンドンの技術論によってすべて満たされている以上、この技術論としてのシモンドンの哲学を自然哲学と言うことができる。しかし、サン゠セルナンの規定する三つの条件に基づく自然哲学が可能になるためには、シモンドンに従うなら、サン゠セルナンの想定していない条件を、三つの条件に先立つ条件としてまず受け入れなければならないだろう。というのも、シモンドンの場合には技術論は個体化論を前提として成立するものであり、その哲学全体にとっては——サン゠セルナンの規定する三つの条件には含まれていない——〈一〉以上のものとしての「自然」が出発点になっているからである。

サン゠セルナンが提示する第一の条件である「自然の非‐飽和」はそれ自身、〈一〉以上のものである「自然」の準安定性、すなわち、その「過飽和」によって可能となる。技術論のレベルにおける〈自然〉が非‐飽和であるためには、まず個体化論のレベルにおける「自然」が過飽和でなければならない。それゆえ自然哲学が可能であるためには、サン゠セルナンの規定する条件に、準安定的な過飽和状態にある「自然」というもう一つのより根本的な条件を付け加える必要がある。シモンドンの存在発生の哲学は、サン゠セルナンが言う意味での自然哲学に還元されるのではなく、この〈一〉以上のものとしての「自然」を出発点とする限りで、そうした自然哲学をその内に含むような、そしてそれよりも根本的な「自然哲学」だと言わねばならない。〈自然かつ人為〉である〈自然〉、非人間的な〈自然〉を思考する現代的な自然哲学が可能だとすれば、それは、サン＝セルナンがその条件を規定するような自然哲学をその内に含む、〈一〉以上のものとしての「自然」を出発点とするシモンドン的な「自然哲学」という形を取り得るということは十分に考えられる。実際、自然的なものと人間的なものが弁別不可能になりつつある今日、我々が確認して来たようなシモンドンの哲学が持つポテンシャルを無視するわけにはいかないだろう。その意味で、我々は現代に相応しい自然哲学の一つの形をシモンドンに見ることができる。

ただし付け加えておくと、初めに手引きとしたサン＝セルナンの見解を我々はそのまま受け入れるわけではない。彼はその講演で「自然の深い統一性〔一性〕(unité)」(Saint-Sernin 1999, p. 28. Cf. p. 35) を承認している。そして彼はホワイトヘッドに依拠しつつ、「カオスに対する結合的総合の優位」を示す「諸存在と諸事物の「合生 (concrescence)」」を強調して、自然哲学が「一切の自然神学なしに済ます」ことの困難を示唆している (*ibid.*, p. 30)。つまり彼が擁護する自然哲学は自然神学を伴うというわけである。しかしながら、その講演後の質疑応答でも複数の質問者から疑義が呈されて説明を求められているように、この点に関しては曖昧さが残ると言わざるを得ない[21]。我々は三つの条件に従うような自然哲学を維持し得るというサン＝セルナンの立場の妥当性そのものについてはここまで問わずに済ませて来たが、自然の統一性から導かれる自然神学の必要性という点に関しては同意せず、以下のように述べておくことにしよう。シモンドンが言うように、「自然」が (統) 一性を持たない〈一〉以上のものであるとすれば、たとえ通常の意味での自然についてですら「一性」を承認することはできず、それゆえ、今日なお自然哲学に残されている余地は、むしろ〈自然神学なき自然哲学〉のためのものではないだろうか。

まとめよう。現代的な自然哲学が可能だとすれば、それはシモンドンの哲学が提示するような〈一〉以上のものとしての自然、個体化に先立つ準安定的な場所ないしはシステムとしての「自然」を出発点とする「自然哲学」としてである——これが本章の結論となる。

第Ⅵ部

来たるべき自然哲学のために

ドゥルーズと共に〈自然〉を思考する

第一章　自然概念の第一の局面
——〈自然／人間〉以前の「機械」

1　シモンドンからドゥルーズへ

第V部で我々は、通常の意味での自然と人為を包括する技術論と、技術論の前提であり、個体に先立つ前‐個体的存在から出発する個体化論、この二つを展開したシモンドンの哲学を通して、現代的な自然哲学のための「自然」概念を明確にしようとした。それは、単に主観的でもなければ客観的でもない「真の実在」として位置づけられる前‐個体的存在であり、この前‐個体的存在という準安定的な場所ないしはシステムが求めるべき「自然」として取り出される。

しかしながら、シモンドンの「自然」概念は、いくつかの点でやや不十分なものだと言わねばならない。単に主観的なものでも客観的なものでもない自然、主体にも対象にも還元されない自然をシモンドンが初期から探究していたことは、近年刊行された論集『哲学について』（二〇一六年）に収録されている一九五五年頃の草稿「自然哲学についての探究」（Simondon 2016, pp. 29-34）が示すとおりである。けれども、そのような自然に関する探究は、結局のところシモンドン自身によって最後まで押し進められることはなく、求めるべき自然概念も著作の中ではあくまで断片的な仕方で提示されるにとどまっている。

とりわけ、前‐個体的存在がそのものとして把握されることはできず（「我々は、この変化〔個体化〕の土台になっている前‐個体的実在を把握することはできない」（Simondon 1964-89 (2017), p. 151））、そこから始まったはずの個体化の帰結である個体を通してのみ接近可能なものとされるため、この前‐個体的存在は、個体化が実際に行なわれ、個体が現に存在するという事実を説明するために要請される仮説、それも「物理学・生物学・テクノロジーといった諸領域から借りられたいくつかの思考図式から派生した」「仮説」（*ibid.*, p. 317. Cf. p. 28）に還元されてしまう。だが、シモンドンも言うように「思考の個体化だけが、自らを成就させることで、思考以外の他の諸存在の個体化に付き従うことができる」（*ibid.*, p. 36）のであれば、「批判的思考と存在論の主体がそこから出て来る個体化に先立つ完全な実在の問題を提起すべきである」とされる「哲学的思考」（*ibid.*, p. 263）が、「個体化に先立つ完全な実在」の概念、つまり前‐個体的存在の概念を、科学から借りられた思考図式から派生した仮説に還元して済ますことなど、はたして許されるだろうか。

ここではそのことは問わないが、シモンドンが漠然とした形でしか提示していない自然についての着想に明確な輪郭を与えて取り出したとしても、次の二点に関しては、やはり曖昧さが残っていると言わざるを得ない。

一つは、その概念が示す自然のあり方が、自然と人為という区分の手前にあり、〈一〉以上であるという点で〈一〉ならぬものであるとしても、その〈全体〉性に関しては決して否定されているわけではないということである。前‐個体的存在としての自然は、それが準安定的である限り、〈全体〉

化不可能なもののように思われるが、シモンドンはそれを全体として捉える可能性にいささかの余地を残している。例えば、彼は「システム（système）」と「集合（ensemble）」を区別すると共に、後者を「全体性（totalité）」と同一視する（*ibid.*, p. 230, note 1）。前‐個体的存在としての自然は準安定的な「システム」として規定されているのだから、この区別に基づけば、自然は当然ながら全体（性）ではないことになる。ところが、シモンドンは、前‐個体的存在を「準安定的な全体性のシステム（système de totalité métastable）」（*ibid.*, p. 33, note 12）とも特徴づけており、今度はシステムと全体性が同一視されているので、この場合には自然とは全体（性）であることになる。つまり、自然は非‐全体としても全体としても捉えられるという曖昧さが残っているのである。

　もう一つは、「人間主義（humanisme）」に関してシモンドンに見られる両義性である。確かに、一方でシモンドンは、「自然の人間化」を断固として斥け、むしろ「人間の自然化」（Simondon 1958 (2012), p. 69）を強調する。ここに「人間主義」の余地はないはずである。しかし他方で、彼の哲学には秘かに「人間主義」的なものが残存することも事実である。例えば、彼は「現代の人間主義」が人間と技術を単純に対置する限り抽象的なものにとどまらざるを得ないと述べつつ、それを克服した「現代の人間主義」に対して最終的には何らかの意義を与え返そうとしている（Simondon 1964-89 (2017), p. 355）。それは「安易な人間主義」ではなく、二〇世紀の「新しい百科全書主義」と結びついた「人間主義」（Simondon 1958 (2012), pp. 143-144）だというわけである。だが、そもそも「安易」でない「人間主義」などはたしてあり得るだろうか。シモンドンは或るところで次のように述べているが、それは「人間主義」——安易であるかどうかを問わず——と両立し得るのだろうか。

人間的な系は、技術も含めて——確かに技術は、人間的な産物、より一般的には生物的産物の中でも、普遍的なものの方へともっとも向かうものなのだが——、それを生み出すすべてのものと共に、自然に対しては二次的であり、自然に対して低い地位にある。（Simondon 2014, p. 200）

このような曖昧さを取り除き、シモンドン的な自然哲学をより徹底化する方向に押し進めるとどうなるだろうか。こうした方向性を見極めるために、この第VI部ではジル・ドゥルーズの哲学を取り上げることにしたい。

しかし、なぜドゥルーズなのか。彼は同じ世代に属するシモンドンの著作からの多大な影響を決して隠すことがなかったが、もちろんそのことだけが理由ではない。例えば次の事実に着目しよう。一九八七年に六二歳で大学での講義を終えて退官したドゥルーズは、翌年のインタビューで、以後の「幸福な老年期」の計画として、「〈哲学とは何か〉についての著作を書く」ことと共に、「一種の〈自然〉哲学（une sorte de philosophie de la Nature）」をフェリックス・ガタリ（一九三〇―九二年）との共同作業として再開することを挙げている（Deleuze 1990, pp. 211-212）。実際には、前者のみが一九九一年の『哲学とは何か』という著作として（予告とは異なりガタリとの共同名義で）実現し、後者の方は一九九二年にガタリが、そして一九九五年にはドゥルーズが死去したため、まとまった形では実現されなかった。

ここで我々が注目したいのは、その構想が述べられているインタビューで、「一種の〈自然〉哲学」とは「自然と人為の間のいかなる差異も薄れつつある時」に対応するようなものだとドゥルーズが看做していた（*ibid.*, p. 212）という事実である。それゆえ、まさにそれはシモンドンの技術論によって先取りされていたような事態を念頭に置いての構想だったということは疑いのないところである。[2] また、シモンドンの個体化論における〈一〉でも〈多〉でもない「自然」に対応するように、一九六〇年代後半以降のドゥルーズの哲学におけるもっとも重要な概念の一つである「多様体（multiplicité）」も、「一つのシステムを形成するために一性（unité）をいささかも必要としない」もの、「一（l'un）を、そして同様に多（le multiple）を無用にする」もの、つまり〈一〉でも〈多〉でもないものとして定義されていた（Deleuze 1968a, p. 236）。シモンドンにとって「自然」が〈人間〉に先立つものだったように、「実のところ、諸々の非人間性（inhumanités）しか存在せず、人間は〔…〕非常に異なる諸々の非人間性からのみ作られている」（Deleuze et Guattari 1980, p. 233）と述べるドゥルーズにとっても、〈人間〉に先立つものこそが問題だったのである。

それゆえ、彼が構想していた「一種の〈自然〉哲学」とはおそらく以下のようなものだっただろう。すなわちそれは、シモンドンがその内実を既に先取りしていたような技術哲学をその内に含むと共に、シモンドンの個体化論がそうだったように、〈人間〉に先立つ〈一〉以上のものとしての「自然」を出発点とするような「自然哲学」だっただろう。

では、それは具体的にはどのようなものだったのだろうか。我々はドゥルーズの哲学を検討することでこの問いに答えようと試みるが、それは、「一つの哲学理論とは何かを、その概念から出発して理解しなければならない」（Deleuze 1953, p. 119）と述べるドゥルーズ自身の哲学理論が、最初から最後までまさに「自然」の概念によって貫かれており、その哲学的行程の全体は或る種の「自然哲学」の構築に向けてのものだったと言うことが可能だからである。ドゥルーズ自身、一九八〇年の書簡の中で、「ピュシス＝自然はあなたの著作の中で大きな役割を演じているように思われる」という見解に対して次のように答えている。「そのとおり、私は或る種の〈自然〉の観念（une certaine idée de la Nature）の周りをめぐっていると思う」（Deleuze 2015, p. 77）。

我々の見るところ、ドゥルーズの哲学は、未だに曖昧さの残るシモンドンの自然哲学を——本人にはそのような意図はなかったにせよ——継承しつつ、さらに徹底化するものだった。ドゥルーズの哲学を一貫した自然哲学構築の試みとして位置づけ、そこに現われる自然の概念を明確な形で取り出すこと、またそれを通して、自然をいかに思考すべきなのかという問いに答えを与えること——それが以下での課題となる。

2　自然概念の第一の局面(1)——〈自然／人間〉以前の「機械」の切断と流れ

既に繰り返し述べてきたように、自然というものはしばしば人間ないしは人間的なものとの対比で捉えられがちである。〈自然／人間〉という二分法的な図式が我々の思考にはまとわりついており、この図式を元にして人は自然をイメージしようとする。〈自然／人間〉——あるいはその変奏としての〈自然／人為〉や〈自然的なもの／人工的なもの〉——という二分法的図式が、我々の自然をめぐる思考を方向づけているのである。それゆえ自然を思考することを改めて問題にしようとするなら、そうした図式やイメージによるのではない仕方で自然を捉えなければならない。〈自然／人間〉であれ、〈自然／人為〉や〈自然的なもの／人工的なもの〉であれ、こうした二分法が自然を真に思考することを妨げるものでしかないということ、自然をめぐるドゥルーズ哲学の本質的な点の一つはまさにそれを示すことにある。

具体的な例として『アンチ・エディプス』(一九七二年)を取り上げよう。ガタリとの共著であるこの著作は、全体的に見れば社会と歴史の総体に関わる一般システムの解明を目指そうとするものだと言えるが、目下の課題に関連することに限定すると、もっとも重要なのは、〈自然／人間〉という二分法的図式がそこではまったく前提にされていないということである。それは、存在するすべてが「機械(machine)」として捉えられることに対応している。人間も機械であれば自然も機械であり、両者の間に本性的な差異が存在するわけではない。だが、すべてが機械として捉えられるということは、生気論(vitalisme)に対立する機械論(mécanisme)を受け入れなければならないことを決して意味しない。重要なのは、〈自然／人間〉という二分法的図式への批判が、〈機械論／生気論〉というこれも二分法的な対立への批判にそのまま繋がっていることである。

確認しよう。『アンチ・エディプス』に登場する「機械」の持つ側面は主に二つである。第一に、「機械」とは「様々の切断と流れ(coupures et flux)」によって事を行なうものであること(Deleuze et Guattari 1972, p. 341)、第二に、「機械」とは、複数の独立した異質な要素の間に反復的コミュニケーションが生じることで、それらが一体となる時に存在するようになるものであること(*ibid.*, pp. 464-466)。では、存在するすべてがそのような意味での「機械」として捉えられるとはどういうことなのだろうか。

切断と流れという「機械」の側面から見てみよう。どのような機械も決して孤立したものではなく、他の何らかの機械と常に連結されて存在する(*ibid.*, p. 11)。或る機械はその対象である何らかの質料に連結されると共に、その連結によってその質料を対象として切断し採取する。しかしそのような質料自体がまた別の機械であり、こちらの機械の方もまた自分が対象として切断し採取する別の質料に連結されている（*ibid.*, pp. 43-44）。さらにこの別の質料もまた同様に他の機械であって、それはさらにまた他の質料に連結されており……という仕方で、機械による質料の切断はその質料（＝他の機械）の他の質料への連結を前提としている以上、このような機械による質料の切断と連結はどこまでも続くことになるだろう。

或る機械は常に同時に他の機械にとっては質料なのだから、或る機械にとっての流れの切断もまた他の機械にとっては流れをなすことでもある。「どんな機械も、それが接続されている〔別の〕機械に対しては流れの切断だが、それに接続されている〔また別の〕機械に対しては、流れそれ自体、あるいは流れの生産である」（*ibid.*, p. 44）。このように、どんな機械も他の機械にとってはそれによって切断され採取されるべき質料であり、またどんな質料も他の質料にとってはそれに連結されるべき機械である以上、機械が質料を切断し採取するという関係は同時に、この機械＝質料の連続的な流れ、〈質料としての機械＝機械としての質料〉の連続的な流れを構成する。

このような流れの切断と採取でもある諸機械の連結が、『アンチ・エディプス』では基礎的な概念として用いられる三つの受動的綜合のうちの第一のものである接続的綜合であり、それは他の二つの綜合である離接的綜合と連接的綜合と共に、社会と歴史のシステム全体を根本的に構成する。詳細はここでは措くが、目下の課題にとって重要なのは以下のことである。つまり、もし機械とはその連結において質料の切断と採取を行なうと共に、質料の連続的な流れを構成するものだとすれば、存在するすべては、生物であろうが非生物であろうが、有機的なものであろうが無機的なものであろうが、人間であろうが（通常の意味での）機械であろうが、そうした切断と流れから成る諸機械の集合、つまり〈質料としての機械＝機械としての質料〉の絡み合いの集合の中に組み込まれるということである。生物も非生物も、有機的なものも無機的なものも、人間も機械も、互いに切断・採取し合いながら、連結されて連続的な流れを構成しており、各々は〈諸機械＝質料〉の絡み合いの集合の一要素として、それを構成する一つの機械として存在する。

こうした議論で目論まれているのは、既に触れたように生気論と機械論を共に斥けること、生気論か機械論かという二者択一を斥けることに他ならない。「真の差異は、機械と生物の間、生気論と機械論の間にあるのではない」(*ibid.*, p. 339)。機械か生物かという二者択一の手前にあるものとして、切断と流れによって事を行なう「機械」を位置づけること――それが問題だが、この点に関するドゥルーズ（とガタリ）の議論はサミュエル・バトラー（一八三五―一九〇二年）の小説『エレホン』（一八七二年）、厳密に言えばその作中作である『機械の書』に大きく依拠しつつ進められている。[3] そこでの記述はバトラーからの引用が多くを占めており、論述としてはそれほど明瞭でないところもあるため、我々なりに敷衍してみよう。

サミュエル・バトラー

一方で、機械を生物学的器官の延長である道具と看做す考え方がある。これは生気論に基づくものであり、機械を生物学的器官の延長として構築する生物そのものは機械には還元されないというわけである。しかし、機械が道具として生物学的器官の延長であり得るなら、同様に、生物学的器官が道具として機械の延長であると看做すことも可能だろう。確かに人間の側から見れば、自らが生物として円滑に行動するために、機械が自らに欠けている生物学的器官の代理になることができると言える。だが、機械の側から見れば、自らが機械として円滑に機能するために、生物学的器官が自らに欠けている機械的装置の代理になるとも言えるだろう。そうであれば「機械は器官であると言おうが、器官は機械であると言おうが、どうでもいいことになる」(*ibid.*)。

他方で、生物は機械にすぎないという考え方がある。これは機械論的な考え方であり、生物は単なる機械に還元されるというわけである。しかし「単なる機械」という言い方をする時、我々は機械を或る特定のメカニズムに従属する単一の対象と看做している。しかしながら、一つの生物はその内にあまりに多くの部分を含んでいるため、単一な対象としての機械と比較できるというよりはむしろ、互いに関連し合い、互いの上に組み立てられているような複雑な諸機械の複合体と比較すべきである。逆に、機械の方もまたそのような生物と同様に単一の対象などではなく、極めて様々な部品を持つ他の諸機械との複雑な相互関係の中にある複合的な対象として存在している。どのような機械も「機械の機械」(*ibid.*, pp. 7, 12, 34, 44) として、他の何らかの諸機械を自らの諸部分として持つ機械であると共に、それ自身が他の諸機械の何らかの諸部分でもあり得るような機械として存在する。それと同様の言い方をするなら、どのような生物もまた諸生物を内に含むと同時にそれ自身が他の諸生物の内に含まれるような生物の生物なのである。だから一つの機械、一つの生物という言い方は正確ではない。或る生物の個体的な統一性と、或る機械の構造的統一性は、それらを包括する諸生物と諸機械の多様性、それらが包括する諸生物と諸機械の多様性の複雑な絡み合いから抽象されたものにすぎず、むしろそれらの統一性が成立しないところから諸生物と諸機械を捉えなければならない。

以上のように考えれば、機械と生物の間に根本的な差異はなく、むしろ「生物の状態」とは同時に「機械の状態」でもあり、逆もまた然りである（*ibid.*, p. 339）。つまり機械は生物であると言っても、生物は機械であると言っても、どちらでも良い。このようにバトラーを援用しつつ繰り広げられる議論の背後に控えているのは、『アンチ・エディプス』執筆当時の分子生物学の進展であり、例えば二〇世紀後半のフランスの代表的な生物学者ジャック・モノー（一九一〇—七六年）の著作『偶然と必然』（一九七〇年）である。「ジャック・モノーは分子生物学の観点、つまり機械論と生気論の伝統的な対立には無関心な「微視的サイバネティクス」の観点から、こうした綜合〔生物の分子的レベルでの相互作用〕の独自性を定義した」（*ibid.*, p. 342）とドゥルーズ（とガタリ）は述べている。実際、モノー自身がその著作の中で、DNAのヌクレオチドの配列をタンパク質のアミノ酸配列に翻訳するプロセスが持つ極めて機械的で工学的＝テクノロジー的でさえあるような特徴を強調し、そうした翻訳が行なわれるリボソームと工作機械の類似性を指摘している（Monod 1970, p. 143）。生物の内部システムで起こっていることが機械工場の中で起こっていることと同じ仕方で捉えられるなら、逆に工場における諸機械の働きもまた一種の生物的機能のように捉えることができるというわけである。

機械は生物であると言おうが生物は機械であると言おうがどちらでも良いとすれば、実際そこにあるのは、様々な生物と様々な機械の相互作用や相互内属、諸々の生物と諸々の機械の間の複雑な絡み合いである。

どんな機械の中にも散逸している微小な諸機械と、どんな有機体の中にも分封されている微小な諸形成体の間には、相互浸透、直接のコミュニケーションが存在する。それはミクロ物理学的なものと生物学的なものとの差異なき領域であり、生物の中に諸々の機械が存在するのと同様、機械の中に諸々の生物が存在するようにさせるものである。(Deleuze et Guattari 1972, p. 340)

しかし、ここで例えば、生物は生殖（reproduction）を行なうが、機械は生殖、つまり機械自身の再生産（reproduction）を行なわないのではないか、その限りで機械と生物を同列に置くことはやはりできないのではないか、という反論があるかもしれない。この反論が正しいとすれば、生物や機械の絡み合いは単なる比喩でしかないことになるだろう。だがそうではない。ドゥルーズ（とガタリ）はバトラーを踏まえつつ以下のように答えている[4]（*ibid*., pp. 338-339）。確かに機械は再生産＝生殖を行なわないように見える。あるいは仮にそれを行なうとしても、機械の再生産＝生殖を行なうのはあくまでもその機械の使用者たる人間であって、機械自身ではない。だからそれは本当の意味での生殖＝再生産ではないと言えるかもしれない。ところが、仮に人間による機械の再生産＝生殖を本当の意味での生殖＝再生産と認めないなら、奇妙なことになってしまうのを避けられない。というのも、例えば赤いクローバーは自力で生殖できるわけではなく、マルハナバチの仲介によってのみ生殖可能だが、機械が再生産＝生殖するとしてもそれは人間を媒介としてのみであるという理由で機械の再生産＝生殖を否定するなら、植物である赤いクローバーの生殖をも否定することになってしまうからである。マルハナバチの仲介によってしか生殖＝再生産が可能ではない赤いクローバーが生殖＝再生産を行なうことができないとは言えないのと同様に、人間を媒介としてしか再生産＝生殖が可能ではない機械が再生産＝生殖を行なうことができないと言うことはできない。

こうした議論の背景にあるのは、『アンチ・エディプス』で生物と機械の相互作用や相互浸透が問題となる箇所で引用されていることが示しているように、『生命諸形態の発生』（一九五八年）の著者レーモン・リュイエル（一九〇二―八七年）である。ここで重要なのは、生物こそが本来の意味での「機械」と言われるべきだということをリュイエルが先駆的に示している点にある。『アンチ・エディプス』で引用されている（*ibid.*, p. 340）リュイエルの言葉の一部を引用しよう。

〔…〕無際限に重なり合う中継、互いに引きずり込み合う作動サイクルという形での、こうした諸機械の形成の可能性が存在し、これらの中継や作動サイクルはいったん組み立てられると熱力学の諸法則に従うことになるが、それらは組み立ての最中にはこの諸法則に依存しない。なぜなら、組み立ての連鎖は、定義上まだ統計学的諸法則が存在していない或る領域の中で始まるからである〔…〕。このレベルでは、作動と形成は分子におけるようにまだ混じり合っている。

(Ruyer 1958, pp. 80-81)

今まさに組み立てられつつある機械においては、組み立てと働きや機能、つまり機械の「形成と作動」は区別されない。このことは何を意味するだろうか。おそらくドゥルーズの念頭にあるのは――『アンチ・エディプス』では引用されていないが――、『生命諸形態の発生』でリュイエルが次のように述べていることである。自らを組み立てることがまず初めにあり、この自己形成から切り離された単なる作動は、自己形成かつ作動であるものに対して二次的で派生的でしかない（*ibid.*, p. 61）。自己形成と作動が識別できず、むしろ両者が一つになった「自らを形成するもの」（*ibid.*, p. 65）こそが一次的な意味での機械であり、それこそが生物である。既に言及したモノーもまた『偶然と必然』の中で、生物か機械かという二者択一を斥けながら、むしろ「生物」とは「それ自身を作り上げる機械」、すなわち自発的で自律的な形態発生を行なうような「化学的機械」であると述べている（Monod 1970, pp. 67-68）。それに呼応するように、リュイエルの重視する「形（forme）かつ自己による形成（formation）」（Ruyer 1958, p. 64）とは、まさに生命形態の自己形成であると同時に一次的な意味での機械の形成でもある。その意味で、「「物質的」と言われる世界は、「生命的」と言われる世界と対立しない」（*ibid.*, p. 68）。

ドゥルーズは最終的にはリュイエルと袂を分かつことになるとはいえ、ともかく生物と機械の相互作用や相互浸透というのは決して比喩的な事態ではない。生物にせよ一般的な意味での機械にせよ、いずれも「様々な切断と流れ、連合した波動と粒子、連合的流れと部分対象によって事を行なう」「厳密な意味での機械」（Deleuze et Guattari 1972, p. 341）の一部として、それら諸機械の絡み合いの中に包括されるのである。

3　自然概念の第一の局面(2)――〈自然／人間〉以前の「機械」のコミュニケーション

ここで、反復的コミュニケーションによる諸要素の一体化という「機械」のもう一つの側面が関わってくる。例えばマルハナバチと赤いクローバーがそうだったように、生物の一つである我々人間もまた（普通の意味での）諸機械の再生産＝生殖システムの一部をなすことが現実にあり、そこでは「機械と人間のコミュニケーション」（Deleuze et Guattari 1972, p. 478）が成立している。このコミュニケーションにおいて、人間は機械と共に、それらを包括する特定の組み合わせの内に入り込み、機械と連結することで、単に人間単独では担うことのできない役割を果たすこともできるようになるが、その場合には、機械の方もまた機械単独では担うことのできない機能を人間と共に果たすことが可能となる。そこでは人間と機械の間にコミュニケーションが生じると共に、そのコミュニケーションを通じて人間と機械が相互に役割や機能を展開させながら不可分な形で関わり合うような一体化が成立する。ここに人間と機械をその二つの要素とするようなドゥルーズ的な意味での「機械」が存在するようになる。

　これは人間と機械の間、動物と植物の間に限定されることではなく、或る人間と他の人間の間、人間と動物の間、あるいは人間と動物と植物と機械の間にも成り立ち得ることだろう。こうした人間‐動物‐植物‐機械の絡み合いの中で、何であれ複数の要素の間にコミュニケーションが存在して一体化が行われる時に「機械」は存在する。

> 人間と機械を共にコミュニケートさせ、どのようにして人間が機械と一つになるのか、あるいはどのようにして人間が他のものと一つになって機械を構成するのかを示すことが問題である。他のものは道具や動物でさえあり得るし、あるいは他の人間たちでもあり得る。けれども、我々が機械について語るのは隠喩によってではない。つまり、明確に規定された条件において人間がその部分となっている集合に、その特徴が反復によってコミュニケートされるや否や、人間は機械を成す。（*ibid.*, p. 464）

ドゥルーズの哲学について論じようとする場合には、その哲学の内に織り込まれている様々な論点を、その記述の背景に伏在するものと関係づけて理解しなければならない。「機械」を構成する複数の要素間のコミュニケーションの一種である「機械と人間のコミュニケーション」という着想も決してドゥルーズ独自のものではなく、その背後にあるものから捉え直す必要がある。先に取り上げたシモンドンの著作『技術的諸対象の存在様態について』で展開されている技術論こそ少なくともその背後にあるものの一つであり、ドゥルーズがそれに多くを負っていることはもはや自明だろう。再度シモンドンに立ち返りつつそのことを確認しよう。

ドゥルーズと同様にシモンドンもまた、「安易な人間主義」によって「人間と機械の間に打ち立てられた対立は、虚偽であり根拠がない」と看做していた（Simondon 1958 (2012), p. 9)。〈人間／機械〉という二分法に従って両者を対立的に捉えるのではなく、人間と機械をむしろ「相互的交換関係」（*ibid.*, p. 127）において捉えること——そこにシモンドンの技術論の独自性の一つがあるのは既に見たとおりである。この関係はまず人間が機械と機械の間に身を置くことによって成立する。機械はそれが単独で機能することによってではなく、他の諸機械との連関の中に置かれ、諸機械の集合の中に位置づけられることによって初めてその意味と役割を見出すことができる。そして諸機械の連関は最初から与えられているわけではなく、また機械が自らの力のみでは他の諸機械との連関を作り上げることもできない以上、人間が機械と機械の間にオルガナイザーとして介入することで、諸機械を相互に連関させ、その関係を調節しなければならない。

それだけではない。「技術的活動は集団的関係のモデルである」（*ibid.*, p. 332）とシモンドンが述べるように、逆のことも言える。というのは、人間によって作り上げられた連関の中で機能する諸機械の方が、今度は人間と人間の間に介入することで、それまでにはなかったような人間同士の連関を新たに打ち立てることにもなるからである。「技術的対象の媒介によって、超個体性〔横断的個体性〕(*transindividualité*) のモデルである相互人間的関係が創り出される」(*ibid.*, p. 336. Cf. p. 342)。人間によって発明された技術的対象としての諸機械は、その間に介入する人間によってその関係を調節されると共に、それらが今度は人間と人間の関係を横断的に構築するようになっていくのである。

このように人間が諸機械の関係を調節すると同時に、機械もまた人間同士の関係を創り出すという形で、人間と機械は相互的交換関係を取り結ぶ。その時、そこには単に人間のみによっても機械のみによっても可能ではなかったような新たな効果、両者の相互的交換関係によってのみ初めて可能になるような効果が生じる。それはシモンドンが「人間と機械の間の相互個体的カップリング」(*ibid.*, p. 168. Cf. pp. 173, 200) と呼ぶものである。人間と機械の間のこのカップリングによって、人間も機械も共にそれまでのあり方を変容させる。人間と機械はそれぞれ一方が他方の諸関係の間の仲介者となることで、互いに相手のあり方を新しく規定するような役割を果たす。そこで生じているのは、一方が他方に介入しつつそのポテンシャルを現実のものとすることでそのあり方を更新し、またそのことによって今度は他方が一方のポテンシャルを現実のものとすることでそのあり方を更新していくという、人間と機械の間の相互的で循環的な生成関係である。

人間が諸機械の間に身を置き、機械が人間同士の間に介入することで形成される〈人間－機械〉というカップリングと、それによる人間と機械の相互生成のプロセスとしてシモンドンが取り出したものこそ、ドゥルーズが「機械と人間のコミュニケーション」と呼ぶものに対応する事態に他ならない。そのことは、既に引用した文章と重なる部分を含む『アンチ・エディプス』の次の一文がはっきりと証し立てている。

もはや人間と機械を対照させ、両者の対応・延長・置換が可能か不可能かを見積もることが問題ではなく、両者を共にコミュニケートさせ、どのようにして人間が機械と一つになるのか、あるいはどのようにして人間が他のものと一つになって機械を構成するのかを示すことが問題である。（Deleuze et Guattari 1972, p. 464）

だが、シモンドンの技術論では、〈人間‐機械〉のカップリングが生み出されるにとどまらなかった。技術的対象を媒介として、人間の活動がその固有の対象としての（一般的な意味での）自然に適用される時、〈人間‐機械‐自然〉という組み合わせがさらに生み出される。人間がこの対象としての自然に働きかけるのは、自らが発明した機械を通じてであり、自らと自然の関係を打ち立てて発展させるために、人間は機械を発明した（Simondon 1964-89 (2017), p. 351）。つまり、人間が機械と機械の媒介者であるのと同様に、機械は人間と自然の間の媒介者なのだった（Simondon 1958 (2012), pp. 9, 332-333, 346; 1964-89 (2017), p. 349）。人間が諸機械の間にあるのと同様に、機械は人間と自然の間にあり、そうして機械を仲立ちとして人間が自然と関係し合う時、人間と機械の間に生み出されたカップリングが、今度はさらに機械を間に挟んで人間と自然の間にも生み出される。人間と機械が互いに相手の仲介者となることで互いのポテンシャルを現実のものとしつつ相互に生成し合ったように、今度は機械を仲立ちとする人間と自然が互いに相手の仲介者となることで相互に生成し合うようになる（*ibid.*, p. 351）。こうして〈人間‐機械〉というカップリングはさらに、機械を媒介とする人間と自然の相互生成関係へと導く。そこには言わば〈人間‐機械‐自然〉という組み合わせが生まれるが、機械を媒介とした「人間的なものの自然的なものへの、自然的なものの人間的なものへの転換可能性」(Simondon 1958 (2012), p. 333) がある限り、相互に生成し合う〈人間‐機械‐自然〉という三者を厳密に区別することは不可能になるだろう。

人間と機械の間にカップリングが生じ、また機械を仲立ちとして人間と自然の間にも同様のカップリングが生じる。ここでドゥルーズに戻ると、シモンドンの言うカップリングをコミュニケーションに置き換えれば生じている事態はまったく同じであり、ドゥルーズにとっても〈人間‐機械‐自然〉という不可分の組み合わせこそが重要である。『アンチ・エディプス』では次のように述べられている。「もはや人間も自然も存在せず、一方を他方の中で生産し、諸機械を連結するプロセスだけが存在する」(Deleuze et Guattari 1972, p. 8)。人間も自然も存在しないということは、〈人間／自然〉という二つの項の截然とした区別がもはや成り立たないこと、言い換えれば〈自然／人間〉という二分法的図式が無効であることを意味する。

> 自然‐人間の区別は存在しない。〔…〕人間の生産としての、人間による生産としての自然〔…〕。万物の霊長としての人間ではなく、むしろあらゆる形態やあらゆる種類の深い生命に触れられ、星々や諸動物さえも引き受け、器官‐機械をエネルギー‐機械に繋げることをやめない〔…〕人間。つまり宇宙の諸機械の永遠の担当者。(*ibid.*, p. 10)

もちろん事は人間だけに関わるのではなく、人間以外の動物や植物についても同様のことが言える。こうして生気論か機械論かという排他的二者択一を斥け、生物／機械の差異を相対化しながら、人間・動物・植物を含む諸生物と諸機械との、また諸機械を通した自然との絡み合いを根本的なものとして捉え、すべてはその中に包摂されるものと看做すなら、人間か自然かという二者択一は無意味になる。

生気論と機械論を共に斥けた上で得られるこの〈生物－機械－自然〉の絡み合いこそ、切断と流れによって事を行ない、またそれを構成する諸要素の間のコミュニケーションに基づく一体化によって作動する「機械」である。このような「機械」の中に、人間も動物も、通常の意味での機械も自然もすべて包摂され、そこではそれらすべてが相互に連関して絡み合っていること、そしてその絡み合いの中で形成される様々な組み合わせによってあらゆるものが他のものとのコミュニケーションによってそれと一体化する可能性を有しながら、互いの媒介者となってそのポテンシャルを引き出し合いつつ相互に生成し合うこと――ドゥルーズがガタリと共に『アンチ・エディプス』で明らかにしようとしたことの少なくとも一つはそのような事態に他ならない。〈自然／人間〉という二分法的図式は無効になり、「機械」は人間にも自然にもまったく対立せず、自然と人間の両者の中で機能している（Deleuze 2002, pp. 305-306）。人間も動物も機械も自然も貫きつつそれらを互いに連結するような「機械」の「すべては、同時に、しかしずれや断絶、故障や不調、中断や短絡、間隔や分断の中で、その諸部分を一つの全体として決してまとめ上げることのない総和の中で作動する」（Deleuze et Guattari 1972, p. 50）のであり、この機械の作動こそが「現実的なもの〔現実界〕（le réel）の生産」（*ibid.*, p. 40. Cf. p. 37）でもある。ドゥルーズが後に〈存在の一義性〉をもじって「現実的なもの〔現実界〕の一義性」（Deleuze 1990, p. 198）と呼ぶことになるものは、このような「機械」のみが、すべてについてただ一つの意味で言われる「機械状のものの現実的エレメント」(Deleuze et Guattari 1972, p. 99) を成すことを意味するが、それは〈自然／人間〉という二分法的対立図式に対する根底的な批判に対応しているのである。

4 〈自然／人為〉という区分を拒否すること——ドゥルーズの一貫性 (1)

〈自然／人間〉という二分法的図式を「機械」概念を導入することによって斥けること、これがドゥルーズの「自然」概念に関わる第一の局面である。しかしドゥルーズの哲学においてその本質的な部分は、一九六〇年代末から始まったガタリとの共同作業によって初めて姿を現わしたものではない。それはドゥルーズのそれ以前の単独作業においても見られる着想の一つだった。そして、それはまたガタリとの共同作業を経て以後も晩年に至るまで継続した。つまり〈自然／人間〉という図式に対する批判は初期から晩年まで一貫している。「自然」概念の次の局面を明らかにする前に、この〈自然／人間〉という図式に対する批判が既に初期から見られることを示しておこう。

〈自然／人間〉という図式への批判の原点を求めて、ガタリとの共同作業が開始されるよりはるか以前に我々は遡行することができる。というのも、その萌芽は、ヒューム哲学の中に人間本性と〈自然〉の間の、言い換えれば人為と自然の間の調和的相互関係を「志向的合目的性」(Deleuze 1953, pp. 150, 152) として見出そうとした最初の著作『経験論と主体性』(一九五三年) に既に垣間見えるからである。自然と人為の間にそうした相互関係が存在するということは、『アンチ・エディプス』に即して既に確認したような自然と人間の関係、一方が他方を自らの内で生産しつつ、互いに生成し合うような関係がここにも見られるということである。そのような関係を通して、互いに還元されることのないはずの自然的なものと人為的なものの間に、それでも或る種の相互浸透や相互内属が生じているとすれば、自然的なものと人為的なものは根本的に識別不可能となる。

このヒューム論で注目したいのは、「人為（artifice）」あるいは「人為的なもの（l'artificiel）」と「自然（nature）」の位置づけ、そしてそれらの関係である。『経験論と主体性』第二章「文化の世界と一般的諸規則」では、ヒュームの哲学に即する形で、道徳的世界が自然の次元ではなく人為の次元に位置づけられる（*ibid.*, p. 28）。例えば「正義（justice）」は人為的なものであって自然的なものではない。このような分類を見る限り、自然と人為、自然的なものと人為的なものという区分は、ここでも〈自然／人間〉という図式のバリエーションのように機能しているかのように見える。

しかしながら、自然と人為は単に区分されるだけではない。ヒュームに従って、自然的なものということで一つの種に共通するもののことを意味するのだとすれば、「人間は発明する種であるという意味で、人為はやはり自然である」という言い方もできるだろう（*ibid.*, p. 33）。あるいは、ベルクソンを引き合いに出しつつ言われるように、習慣（habitude）それ自体は人為的なものであって自然的なものに属するのではないとしても、習慣を身につけるという習慣そのものは自然に属する（*ibid.*）。それと同様に、人為的なもの自体は自然的なものではないにせよ、人為的な世界を形成するという人為的な働きそのものは、やはりまた一つの自然であるという言い方も可能である。それゆえ、〈自然／人為〉という区分の根底には、むしろ〈自然的な自然〉／〈人為的な自然〉という二つの自然の区分が存在しているのである。

〈人為的な自然〉とは、「文化の世界」としての「人為的な領域全体」を意味する（*ibid.*, pp. 48-49）。そのため〈自然／人為〉という対は〈自然／文化〉という対に置き換えることも可能である。もちろん、そこで自然を文化に還元することはできないし、文化を自然に還元することもできない。その意味で両者はあくまでも異なるものであり、区別することはできる。だが、そのことは両者の間に何らかの「合致」や「調和」が存在することを妨げるわけではない。むしろ、その合致や調和は、「一つの要請」として我々に与えられるものである（*ibid.*, p. 78）と共に「一つの事実である」（*ibid.*, p. 123）。

自然と文化の間に、というよりむしろ、厳密に言うなら〈自然的な自然〉と〈人為的な自然〉の間に、何らかの合致や調和が存在するということ、これは何を意味するのだろうか。人為的な領域としての文化の世界を形成する人間本性＝人間の自然（nature humaine）は、〈自然的な自然〉と、すなわち客観的な存在としての〈自然〉（Nature）そのものと合致している。「この〔人間の〕〈本性＝自然〉は〈存在〉に合致する。人間本性＝人間の自然は〈自然〉に合致する」（*ibid.*, p. 152. Cf. pp. 95, 123, 126, 138）。というのも、人間本性＝人間の自然の諸原理は、〈自然〉の諸原理と調和しているからである。このような「人間本性＝人間の自然の諸原理と〈自然〉それ自体の根源的調和」（*ibid.*, p. 77）、もしくはその「根源的な統一性」（*ibid.*, p. 78）を、認識はされないが思考されるべき「志向的合目的性」（*ibid.*, pp. 150, 152）として明らかにすることの重要性――これがヒュームからドゥルーズが最終的に引き出そうとする結論である。

しかし、自然と文化の間、〈自然〉と人間本性＝人間の自然の間、そして両者の諸原理の間に合致や調和が存在するなら、これらの区分は単なる区分のまま終わるのだろうか。あるいはむしろ、自然

この著作でのドゥルーズは、〈自然的な自然〉と〈人為的な自然〉の間で何事かが生じるのではないだろうか。このとしており、自ずと生み出すことになると考えている。というのも、「自然は文化という手段を介してのみ自らの諸目的に到達し、〔自然の〕傾向は〔人為的な〕制度を通してのみ満足する」からである（*ibid*., p. 33）。自然はそのものとしては完全な存在ではなく、それが完全になるためには、自らを補足するもの、つまり自らの不完全性を示すものを介して事を行なう他はない。その意味で、自然的なものは人為的なものを常に本性的に＝自然に前提としており、この人為的なものを介してのみ自らを実現することができる。言い換えれば、人為的なものなしには決して自らを実現し得ないという意味で、自然的なものそのものは存在し得ない。「ヒュームにおける真の二元性は、感情と理性の間に、自然と人為の間にあるのではない」（*ibid*., p. 32）とドゥルーズが言うように、自然的なものと人為的なものの対立は本質的ではなく、むしろ自然的なものとは「人為がそこに含まれる」限りでのみそのようなものなのである（*ibid*.）（自然と人為に関する以上のような見解は、一九五七―五八年のヒューム講義でも反復されている（Deleuze 2015, pp. 152-156））。

自然は人為を自らの内に本質的に含まざるを得ない。このような形で自然と人為は不可分なまとまりを成す。「自然と文化は一つの集合、一つの複合体を形成する」（Deleuze 1953, p. 34）。もちろん自然と人為が一つの集合を形成するからといって、一方が他方に還元されるわけではない。しかし、自然的なものと人為的なものの間には合致や調和が存在し、また、そもそも自然的なものが人為的なものを本質的に含んでいる限り、複合体を形成する自然と文化の間、自然的なものと人為的なものの間には、前者から後者に向かうと共に後者から前者に向かう、自然的なものと人為的なものの間の循環的な相互作用が存在することになるだろう。自然と人為の間にこうした相互作用が存在するということは、先ほど確認したように、『アンチ・エディプス』に見られるような自然と人間の関係、一方が他方を自らの内で生産しつつ、互いに生成し合うような関係がここでも生じ得るということである。このような関係を通して、互いに還元されることのない自然的なものと人為的なものの間に、それでも或る種の相互浸透や相互内属が生じているとすれば、自然的なものと人為的なものは根本的に識別不可能となる。

〈自然／人為〉や〈自然的なもの／人為的なもの〉は〈自然／人間〉の変奏である以上、ドゥルーズの最初の著作である『経験論と主体性』でも、〈人間〉と〈自然〉が識別不可能になり、これら二つの項の截然とした区別がもはや成り立たないような事態が根本のところでは問題になっている。もちろん、この段階でドゥルーズ自身がそのことについて掘り下げた議論を展開しているわけではなく、あくまでその萌芽が見られるにすぎない。人間と自然を連結しながら包括する「機械」の概念がまだそこには欠けている。しかし、それは『経験論と主体性』のドゥルーズがあくまでヒュームについて論じるという枠組みの中でしか議論を行なっていない以上は当然のことであり、〈自然／人間〉という二分法的図式に対する批判が不十分な形ではあれ既に姿を見せていることを確認するだけで、ここでは事足りよう。〈自然／人間〉という二分法的図式への批判は一九五〇年代から、厳密に言えば――『経験論と主体性』は一九四七年頃に執筆されているのだから――実は一九四〇年代後半から、既に始まっていたのである。

第二章　自然概念の第二の局面
――〈一〉でも〈全体〉でもない「機械圏」

1　自然は〈一〉でも〈全体〉でもない

次の課題は、〈自然／人為〉という二分法への批判に関連して現われる「自然」概念の別の局面を明らかにすることである。前章の最後でいったん『経験論と主体性』に遡った時間の向きを反転させよう。

再び『アンチ・エディプス』に戻ると、そこには次のような文章が見られる。これも既にその一部を引用したものだが、続きも含めて繰り返そう。

もはや人間も自然も存在せず、一方を他方の中で生産し、諸機械を連結するプロセスだけが存在する。至る所に生産する諸機械が〔存在する〕。(Deleuze et Guattari 1972, p. 8)

複数の要素のコミュニケーションによる一体化と共に存在し、切断と流れによって事を行なう諸

「機械」の集合は、すべてのものをその部分として包摂し、それらを互いに連結しながら作動する。そのように作動する諸機械こそが「現実的なもの〔現実界〕」を生産するのだった。

ここで注目すべきは、そのような「生産のプロセス」が「自然（nature）」とも呼ばれていることである（*ibid.*, pp. 8-9）。これはすなわち、〈自然／人間〉という二分法を越えて見出された「機械」の集合こそが、〈自然／人間〉という区分に先立つ、言わば根源的な「自然」として位置づけられるということを意味している。ただし、この場合「自然や人間より高次の存在についての問いはまったく提起されていない」（*ibid.*, p. 92）以上、こうした「自然」は、人間や（普通の意味での）自然に対する超越的存在ではない。人間と自然に、あるいは人間を含む生物と機械と自然のすべてに内在する「ただ一つの本質的な実在性」（*ibid.*, p. 10）のみが、諸「機械」の集合＝根源的な「自然」として存在している。

この根源的な「自然」＝諸「機械」の「すべては、〔…〕その諸部分を一つの全体（*un tout*）として、決してまとめ上げることのない総和の中で作動する」（*ibid.*, p. 50. 強調は引用者）と言われていた。ということは、諸機械の集合は全体化されたものという意味での総体ではないし、「自然」の諸部分が統一化・全体化されて〈一なる全体〉を成すことは決してない。つまり、それは「全体性（totalité）に準拠せず」、「一性（unité）に還元不可能な」（*ibid.*, p. 50. Cf. Deleuze 2002, p. 219）ものでなければならない。しかしまた、統一化も全体化もされない諸部分はあくまで「自然」の諸部分であり、その限りで「自然」はそれらすべてを包摂しているはずである。だから、自然に対して〈全体〉や〈一〉という言葉をあえて使用するなら、「諸部分を全体化しない、これら諸部分の全体」や「諸部分を統一化しない、これら諸部分すべての一性」（Deleuze et Guattari 1972, p. 50）という、あくまで逆説的な形でしか表現できないような〈全体〉や〈一なるもの〉としての「自然」がここでは問題になっていると言えるだろう。

「一」も「全体」もそれ自体としては問題にならないこと、ドゥルーズの場合、この点は「自然」に関してのみ言われることではなく、彼の哲学に一貫して見られる考えでもある。或る対談で述べられるように、「〈一〉(l'Un)」や「〈全体〉(le Tout)」というのは複合的な状態から引き出された単なる「抽象物(abstractions)」にすぎず(Deleuze 1990, p. 119. Cf. p. 284)、何かを説明するものというより、それ自体が説明されるべきものである。そのため、それを肯定しようとすれば、〈全体ならぬ全体〉や〈一ならぬ一〉、「全体化せず統一化しない一つの全体」(Deleuze 2002, p. 223)といった逆説的な表現を用いざるを得なくなる。実際、「全体」に関して言えば、『アンチ・エディプス』では、プルーストのバルザック評に着想を得て、次のような考えが提示されている。それは「諸部分の傍らにある全体性(totalité à côté de parties)」というものである。この全体性とは、諸部分の傍らで、言い換えると諸部分の外で、それら諸部分に対して後から新たに付け加わる部分としての全体性であり、言い換えれば、全体でありながらも全体ではない——というのも、それ自体が諸部分と並列する一つの部分である上に、諸部分は全体の外部にあるのだから——全体という逆説的な仕方でしかあり得ない「全体」である[6](Deleuze et Guattari 1972, pp. 50-52, 341, 389)。

2　〈一〉と〈全体〉を拒否すること——ドゥルーズの一貫性(2)

諸機械の集合としての自然に話を戻すと、それが〈全体に全体化されない全体〉や〈一なるものに統一化されない一なるもの〉以外ではあり得ないということは、厳密に言えば「自然」が〈全体〉としても〈一なるもの〉としても決して定義できないということだが、こうした「自然」をめぐる着想は、〈一〉や〈全体〉への批判と共に、既にガタリとの共同作業以前に姿を現わしていた。そこで今度は一九六〇年前後まで時間を遡ることにしよう。

例えば『意味の論理学』（一九六九年）に付録として収められているルクレティウス論（初出は一九六一年）を取り上げよう。そこではルクレティウス（前九四頃―前五五年頃）やその先達であるエピクロス（前三四一頃―前二七〇年頃）の自然哲学に即して、「多様の生産としての〈自然〉（Nature）」とは「自らの諸要素を全体化しない総和」（Deleuze 1969, p. 308）、「その諸要素を一つの全体（un tout）として組み立てることのない総和」（*ibid.*, p. 324）であることが主張されると共に（「〔…〕唯一の世界や全体的な宇宙は存在しない。ピュシスは〈一〉や〈存在〉や〈全体〉による規定物ではない。〔…〕〈自然〉は〔…〕一つの全体ではない」（*ibid.*, p. 308））、そのような「〈自然〉」を出発点とする「自然主義（naturalisme）」の立場から、神話が人間の中に生み出す迷信としての「〈全体〉（le Tout）」や「〈一〉（l'Un）」という概念に批判が加えられている（*ibid.*, pp. 308-309, 323）。

また『アンチ・エディプス』では、「機械」が人間も動物も機械も自然もすべて貫いてそれらを互いに連結するように機能していたが、ルクレティウス論でもそれに対応するように、〈一〉でも〈全体〉でもない〈自然〉は、その諸要素同士を全体化も統一化もせずに接続する「と（et）」において表現されると言われている（*ibid.*, p. 308）。つまりガタリとの共同作業で「機械」として明確に打ち出されたものは、既にそれ以前にドゥルーズ自身によって、その諸要素を統〈一〉化も〈全体〉化もすることなく連結する「〈自然〉」として提示されていたのである。

さらに、ドゥルーズによって理解されたルクレティウスはスピノザとも連結される。ルクレティウスの中に読み取られた「〈自然〉の肯定性、肯定の哲学としての〈自然主義〉」(*ibid.*, p. 324)という立場は、一九六八年に出版された『スピノザと表現の問題』で、ルクレティウスも引き合いに出しながら、今度はスピノザに即した形で以下のように表明されている。

> スピノザは有名な一つの伝統の中に含まれる。つまり、哲学者の実践的任務は、その起源がいかなるものであれ、あらゆる神話、あらゆる欺瞞、あらゆる「迷信」を告発することに存する。この伝統は、哲学としての自然主義と切り離されないと我々は考える。〔…〕ルクレティウスのように、スピノザは〈神々〉の不確かさに肯定的な〈自然〉のイメージを対抗させる。つまり、〈自然〉に対立するものは、文化でも、理性的状態でも、市民状態でさえなく、ただ人間のあらゆる企図を脅かす迷信のみである。(Deleuze 1968b, p. 249)

ここにあるのは、ドゥルーズによって見出されたルクレティウスとスピノザの同一性である。統〈一〉化も〈全体〉化もしない〈自然〉の肯定としての「自然主義」は、人為的なものとしての文化を自然に対立させるのではなく、むしろ人為／自然という分割への批判を含んでいる。[7]

このようなドゥルーズの「自然主義」への誤解を防ぐために、ここでいくつかのことを指摘しておかねばならない。一つは、この「自然主義」は、一般的な意味での自然主義——多くの場合は自然科学的、特に物理主義的な還元主義に帰着する——とは関係がないということである。ところが、何故かモンテベロのような論者は両者を同一視して切り捨てようとしている（Montebello 2008, p. 223）。しかしドゥルーズの場合、少なくとも一九六〇年代後半以降、物理的レベルにあるものは、一方では言語的レベルにあるものと明確に区別され、かつ他方では、物理的でもなければ言語的でもないレベルにあるもの——「出来事（événement）」——とも区別される。彼がその哲学において常に探究していたのは「出来事の本性」（Deleuze 1990, p. 194）である以上（「確かに私はこの出来事という概念について書くことに自分の時間を費やしてきた」（*ibid.*, p. 218））、その哲学が「自然主義」的なものだとしても、それはいわゆる自然主義には還元され得ない。もう一つは、この「自然主義」と人間主義の関係についてである。これもモンテベロの最近の業績の意義をそれなりに認めつつも指摘しておけば、彼の言う「人間の全体的な脱人間化」と「自然の全体的な人間化」の二重の企て（Montebello 2003, p. 12）のうちの後者、さらに「経験的な人間的形相主義」に対置される「高次の人間的形相主義（anthropomorphisme supérieur）」（*ibid.*, pp. 13-14）の強調については、ドゥルーズの哲学とは根本的に両立不可能であり、むしろそこから後退しているのではないかという疑念が拭えない（自然哲学との関係でモンテベロは意識や主観性という概念を手放さないが、それは根本のところでドゥルーズとは相容れないだろう）。そもそも「人間の全面的な脱人間化」と「自然の全面的な人間化」は、はたして両立可能なのだろうか。モンテベロは自らの肯定する「別の形而上学」にニーチェを数え入れようとしているが、我々が既に見たように、そのニー

ルクレティウス

チェ自身は何よりも「自然の人間化」を批判していたのではなかっただろうか。

確かにドゥルーズ（とガタリ）は「自然の人間的本質と人間の自然的本質は一体化している」と述べているが（Deleuze et Guattari 1972, p. 10）、それは自然の人間化を意味するものではない。というのも、そこでは「人間の歴史を生物学化することも、自然の歴史〔自然誌〕を人間学化することも問題ではない」（*ibid.*, p. 344）と明言されているからである。ドゥルーズが、「人間の特権はほとんど存在しない」こと（Deleuze et Guattari 1980, p. 380）、「実のところ、諸々の非人間性しか存在せず、人間は〔…〕非常に異なる諸々の非人間性からのみ作られている」こと（*ibid.*, p. 233）を強調し、さらにはプリーモ・レーヴィの言葉を踏まえつつ「人間であることの恥（la honte d'être un homme）にこそ書くことの最良の理由が存在するのではないだろうか」（Deleuze 1993, p. 11. Cf. 1990, p. 233）と問うていたのを忘れてはならない。モンテベロのように人間の脱人間化と共に自然の人間化を行なうことで、「コスモスの形而上学の中でもっとも人間的な形而上学」であると同時に「人間の形而上学の中でもっともコスモス的な形而上学」である「別の形而上学」（Montebello 2003, p. 12）を求めるのではなく、自然と人間を共に脱人間化しつつ、既に述べたように、自然と人間に先立つような非人間的な〈自然〉から出発して〈人間的なもの〉を改めて位置づけ直さねばならないのである。

統〈一〉化も〈全体〉化もされない〈自然〉の肯定としての「自然主義」に話を戻そう。そこで問題になるのはルクレティウスやスピノザだけではない。そこにニーチェが付け加わる。例えば、一九六二年に出版された『ニーチェと哲学』では、ニーチェの哲学がまさに「自然哲学」として捉えられていたが（Deleuze 1962, p. 7）、そのニーチェと共に「全体は存在しない」[8]と語ることで「全体」の観念が既に斥けられていた（*ibid.*, p. 26）。この『ニーチェと哲学』は、ニーチェとスピノザの共通性を指摘しつつ、『スピノザと表現の問題』の内容を部分的に含んでいること（*ibid*., pp. 44, 70）、また『スピノザと表現の問題』の主要な部分が実際に執筆されたのは一九五〇年代末だと推測されること（Dosse 2007, p. 177）、明らかにニーチェとスピノザの読解を踏まえて書かれているルクレティウス論の雑誌での初出は一九六一年であること、そしてこの時期の哲学史研究において「すべてはスピノザ－ニーチェの大いなる同一性に向かっていた」（Deleuze 1990, p. 185）とドゥルーズ自身が回顧していることーー以上のことから、ドゥルーズの哲学において、〈自然／人為〉という対立の手前にあり、〈全体〉でも〈一なるもの〉でもない根源的な「自然」という概念が明確な形で姿を現わすのは、一九五〇年代後半から一九六〇年代初めにかけて、とりわけニーチェとスピノザを経由することによってであるという事実が帰結する。[9]

この「自然」の概念がひとまず形成された結果、一九六八年の主著『差異と反復』の内容を部分的に先取りする一九六七年のフランス哲学会での講演「ドラマ化の方法」に続く質疑応答では、自然的なものと人為的なものの対立を、自発的に活性化されるものと、自発的には活性化されず、自己調節によって活性化されるものの対立として理解するシュル[10]に対して、ドゥルーズは調節の重要性については譲歩しつつ、人為的なものもそれに固有の活力を含んでいるという点で自然的なものと人為的なものの間に本質的な差異は認められないと答えることで（Deleuze 2002, pp. 144-145）、〈自然／人為〉という対立図式を明確に斥けた。さらに『差異と反復』では、〈全体〉でも〈一なるもの〉でもない「自然」をニーチェの永劫回帰と結びつけることで、ドゥルーズはそれをまさに「根源的＝起源的な」ものと名指すことになる。

永劫回帰は、或る基底において、或る無底において練り上げられるのであり、その無底では根源的＝起源的な〈自然〉（Nature originelle）が、単に二次的な自然を構成するだけの諸々の界と諸法則を越えて、そのカオスに住まう。（Deleuze 1968a, p. 312）

ここで問題になっている自然が、第Ⅲ部で見たニーチェの言う「カオスすなわち自然」、カオスとしての自然に対応していることはもはや明白だろう。

それゆえ、以上の議論から次のような帰結が得られることになる。つまり、ヒュームから出発して〈自然／人間〉あるいは〈自然／人為〉といった対立図式を無効化することに着手すると共に、一九五〇年代後半から一九六〇年代初めに、ドゥルーズはそのような対立に先立つ、〈一なるもの〉でも〈全体〉でもない「根源的＝起源的〈自然〉」の概念をニーチェとスピノザと共に練り上げていた。それは以後のガタリとの共同作業の中で、「機械」概念と組み合わされると共に、シモンドンなどを援用することでさらに具体化された。確かにドゥルーズ単独の作業において「機械」概念が未だ明確な姿を現わしていなかったというのは事実だが、それが収まるべき場所は少なくとも或る程度までは、ドゥルーズ自身の「自然」概念によって既に準備されていたのである。

3　「機械圏」としての自然

〈自然／人間〉という二分法的図式に対する批判、そしてその手前にあり、〈一なるもの〉でも〈全体〉でもない根源的な「自然」の概念を構成する要素は、ドゥルーズの哲学の中ではほぼ一九六〇年代に出揃っており、さらにガタリとの共同作業を経て「機械」概念と結びつけられながら、それ以後も一貫して維持されて行くことになる。このようなドゥルーズの「自然」概念がより徹底した形で直接に提示されるのが『アンチ・エディプス』の続編であるガタリとの共著『千のプラトー』（一九八〇年）である。

『アンチ・エディプス』以上に多様な領域と複数の時代を横断しつつ繰り広げられるこの著作で、当面の課題に関連することに話を限定するなら、まず「アジャンスマン（agencement）」という概念が導入されたことが重要である（以下で見るように、「アジャンスマン」を正確に日本語で置き換えるとしたら、「異質な諸要素のまとまった組み合わせ・配置」という説明的な訳語を充てざるを得ない。あまりにくどくなるのでここではカタカナ書きのままにとどめる）。言葉としては既に『アンチ・エディプス』にも何度か登場している（Deleuze et Guattari 1972, pp. 324, 342, 345, 350, 352, 386, 388）アジャンスマンであるが、そこでは諸機械の連結した集まりという程度の漠然とした意味しか与えられず、必ずしも明確な概念として使用されているわけではなかった。それに対して、カフカの文学作品の分析を通して本格的に導入された（Deleuze et Guattari 1975, pp. 3, 67-73, 85-89, 145-157 etc.）この「アジャンスマン」という概念が、『千のプラトー』では明確な中心概念として駆使されることで、『アンチ・エディプス』では簡単に触れられるにとどまっていた、「時代と集団の無意識全体を動かす〔巻き込む〕機械的筋立て（machination）」（Deleuze et Guattari 1972, p. 486）がいかなるものかという問題を具体的に扱うことが可能になった。つまり相互のコミュニケーションが生じることによって一体化して「機械」を構成することになる複数の諸要素のどのような特定の組み合わせが、いかなる時代に、いかなる社会の中で実現されることで、現実に「機械」として特定の機能を果たしてきたのか、もしくは果たしつつあるのか、その仕方を具体的な場面で示すことがこの概念の導入によって可能になったと言える。

　そのことは、これまで我々が考察してきたような「自然」概念とも決して無縁ではない。なぜなら「アジャンスマン」において問題となるのは、「異質な諸要素を「まとめて保持すること（tenir-ensemble）」」を意味する「共立〔無矛盾〕（*consistance*）」（Deleuze et Guattari 1980, p. 398）だからである。それをより詳しく説明するドゥルーズの言葉を引用するなら、「アジャンスマンとはまず何よりも、音・色・身振り・姿勢などの極めて異質な諸要素、諸々の自然と諸々の人為をまとめて保持させるもの」（Deleuze 2003, p. 165）を意味する。人間と自然であれ、人間と動物と機械であれ、それらが自然的なものか人為的なものであるかにかかわらず、まとまった或る「機械」として特定の機能を果たすように規定する異質な諸要素の配置や組み合わせが、歴史的時期と場面に応じて多様にあり得る。このような諸要素の組み合わせや配列を持つまとまり、またそうしたまとまりを組み立てる働きこそがアジャンスマンと呼ばれるものである。

　例えば封建制という社会体制に固有のアジャンスマンは、大地に結びついた社会体の中で、領主の身体・封臣の身体・農奴の身体の関係、騎士の身体と馬の身体の関係を、人間と馬の新しい結びつきをもたらす鐙や、それに相関的な新しい武器と道具の発明と共に規定する[11]のであり（Deleuze et Guattari 1980, p. 112）、このような形でアジャンスマンの集合が「「文化」あるいは「時代」さえも構成する」（*ibid.*, p. 506）。ただし「文化」という言葉が引用符の中に入れられていることからもうかがえるように、厳密に言えばこの言葉の使用は適切ではない。というのも、組み合わされる諸要素が自然的なものか人為的なものかは問題ではない以上、「アジャンスマンの概念に対して、自然‐文化という区別はもはや適切ではない」(Deleuze 2003, p. 165. Cf. 1981, p. 167) からである。ここでは自然／人間、自然／人為、自然／文化などの区別や対立はもはや無効になっている。アジャンスマンは自然／文化という対立の手前で、物理‐化学的・有機的・人間的な諸々の地層に属する様々な諸要素が複雑に交錯しながら存在する場面を描き出すことを可能にする概念なのである。

このようなアジャンスマンとそれによって組み合わされる諸要素から成る「機械」(の集まり) に基づいた、アニミズム的なものでも機械論的なものでもない「普遍的機械主義 (machinisme universel)」(Deleuze et Guattari 1980, p. 313) を確立すること――それが『千のプラトー』の課題の一つだったと言えるだろう。それゆえ、『千のプラトー』、及び同時期に執筆されていた (部分を含む) 著作では、自然的なものと人為的なものの区別や対立がもはや妥当せず、「自然的なものと人為的なものの間にいかなる差異も設けない」(*ibid.*, p. 326. Cf. p. 89; Deleuze 1977 (1996), pp. 117, 172; 1981, p. 167; 1993, p. 69) ような場所、あるいは「命あるものにも命なきものにも妥当し、人為的なものと自然的なものに妥当する」(Deleuze et Guattari 1980, p. 311) ような場所が問題とされることになる。

自然と人為の間に区別を設けず、両者に共に妥当し、両者を共に包摂するこの場所こそ、それ自身は直接的には与えられない補足的存在を前提とすることでのみ可能となるような「超越のプラン」に対して、いかなる超越も含まず、それ自身において与えられる何ものもそこには欠けていない「内在平面 (plan d'immanence)」と名づけられるものである。そして、目下の問題に関してここで注意すべきは、この内在平面が同時にまた「〈自然〉の共立〔無矛盾〕平面」(*ibid.*)、「〈自然〉の平面」(*ibid.*, pp. 315, 326. Cf. Deleuze 1977 (1996), p. 117; 1981, pp. 167, 170)、あるいは端的に「〈自然〉(Nature)」 （*ibid.*, p. 171）と言い換えられていることである。この「〈自然〉の内在平面の上では、どんなものも、それがその中に参入する諸々の運動と諸々の情動のアジャンスマン――これらアジャンスマンが人為的であれ自然的であれ――によって定義されるのだから、人為は完全に〈自然〉の一部をなしている」（*ibid.*, p. 167. Cf. 1977 (1996), p. 117）。つまり、内在平面とは、通常の意味での自然のみならず、人為的なものすらその要素として含むようなものとしての〈自然〉であり、それは「至るところに現前し、至るところで第一であり、常に内在的」である（Deleuze et Guattari 1980, p. 90）。

自然的なものも人為的なものも共に含んでいる、この「第一」のものたる〈自然〉としての内在平面は、そうした自然的・人為的諸要素の組み合わせから成るあらゆる集合――個々の諸要素自体が既に一つの集合だが――を自らのうちで「共生（symbiose）」（*ibid.*, p. 306）させている。そしてアジャンスマンが「機械」と密接に関係していたように、アジャンスマンによって規定される諸要素がそこで存在する〈自然〉＝「共立平面」もまた「機械」と無関係ではない。〈自然〉＝「共立平面」とは、諸機械の集合という機械、言わばすべての機械を包摂する「機械」なのである。

〈自然〉の共立平面は、一つの巨大な〈抽象的機械〉のようなものであり、〔…〕その部品は、各々が様々な度合いで組み立てられた無限の関係のもとで無限の微粒子を取りまとめている、様々なアジャンスマンあるいは個体である。[12]（*ibid.*, p. 311）

ドゥルーズ（とガタリ）はこのような諸機械の集まりとしての機械を「機械圏（mécanosphère）」とも呼ぶ。「我々が機械圏と呼ぶものは〔…〕諸々の抽象的機械と諸々の機械状アジャンスマンの集合である」(*ibid.*, p. 91)。そして、この「唯一の同じ〈機械圏〉だけが至るところに存在する」(*ibid.*, p. 89)のだから、機械圏の外部は一切存在せず、例えば科学・技術・芸術・政治・経済などに関わる様々な事柄も、それに対応する特定のアジャンスマンによって可能になる以上、それらが成立するのもやはりこの諸機械の集合としての機械圏＝〈自然〉においてである。そして、他の著作と同様、『千のプラトー』でも、「失われた〈一性〉や〈全体性〉」と「来たるべき〈一性〉や〈全体性〉」は批判されるべきものとして斥けられている(*ibid.*, pp. 45-46)。つまり、始源にあってそこに回帰すべき〈一〉や〈全体〉も、最後に実現されるべき〈一〉や〈全体〉も共に斥けられるのだから、機械圏としての〈自然〉は「〈一〉の一性」(*ibid.*, p. 196)や「包括的な全体性」(*ibid.*, p. 469)を備えた〈一なる全体〉ではもちろんあり得ない。こうしてそれ以前の議論を踏まえつつ、『千のプラトー』において「自然」概念がより明確なものとして確立される。その意味では、この著作自体が既に、自然と人為の差異が薄れつつある時代に対応する「一種の〈自然〉哲学」の試みだったということもできるだろう。

4　再び〈一〉と〈全体〉を拒否すること――ドゥルーズの一貫性(3)

ドゥルーズによって提示された「自然」概念を検討することで、我々はその哲学の一貫性を見出すと共に、その自然が最終的に〈一なる全体〉ではない機械圏として位置づけられるに至ったのを示すことができたと思われるが、ここで次のような反論があり得るだろう。『千のプラトー』のしばらく後に、ガタリとの共同作業をいったん終えて出版された『運動 - イメージ』（一九八三年）でも再び「自然」の概念が登場するが、それは明らかにそれ以前の「自然」概念と矛盾するのではないか、というのも、そこで登場するのは、「二つに分化し、そして新たな〔統〕一性（unité）を再び形成する〈一〉（l'Un）の運動」（Deleuze 1983, p. 52）において表現される自然、つまり〈全体〉や〈一なるもの〉としての「自然」だからだ、と。

ドゥルーズは自らの概念を放棄するに至ったのだろうか。まったくそうではない。なぜなら『運動 - イメージ』に続く『時間 - イメージ』でも、そのような「有機的全体性」（Deleuze 1985, p. 206）としての「自然」、現代映画の中では「情報」に取って代わられつつあるような「自然」への言及が『運動 - イメージ』を踏まえつつ行なわれるが、それはあくまでも批判されるべきものである限りでの「自然」として登場するにすぎないからである（*ibid.*, pp. 293-294, 347, 349）。つまり〈全体〉や〈一なるもの〉としての自然、〈一なる全体〉としての自然への批判はここでも一貫しているのである。

もう少し詳しく説明しよう。或るイメージと別の或るイメージの間に働く直接の連合をもとにして、そのように連合し合う諸々のイメージをすべて自らの内に取り込むと共に、それらイメージの総体の内に自らを外化して表出する「全体」が古典的な映画において問われていた――これが映画史に関するドゥルーズの見立てである。だが、いかにそれが開かれており、また絶えず変化するものだとしても、その「開かれた全体」は、分化と統合を通してやはり最終的に自らを「全体」化するという点で変わりはない。こうした「全体」が『運動 - イメージ』で問題になっていた自然である。

しかしながら、現代映画ではそのような「全体」が問題になることはもはやない。そこでドゥルーズは、『運動‐イメージ』における定式「全体〔重要なこと〕は〈開け〉である（le tout est l'Ouvert）」（Deleuze 1983, p. 29. Cf. pp. 20, 32; 1985, p. 233）に代えて、『時間‐イメージ』では「全体〔重要なこと〕とは外である（*le tout c'est le dehors*）」（*ibid.*, p. 233. Cf. p. 234）という定式を導入する。これが意味するのは、それでも「全体」は維持されているということだろうか。そうではない。この定式が意味するのは、全体の意味が変わることで、結局のところ「外」が「全体」に取って代わるということ（「〔現代映画では〕諸々のイメージの外（le dehors）〔…〕が全体（le tout）に取って代わった」（*ibid.*, p. 279））、つまり「外」によって「全体」が失効して消失するということだからである。では、いかにして「全体」が失効するのだろうか。

ドゥルーズが『時間‐イメージ』の後半部で特に繰り返し強調するのは、二つのイメージを接続すると同時に分離するものが現代映画では大きな役割を果たしているということである。二つのイメージを結びつけると共に分離する「二つのものの間（l'entre-deux）」（*ibid.*, p. 234）は、それらのイメージを構成すると同時に、それらのイメージの「全体」に属するのではなく、むしろその「外」にある。「間隙（interstice）」、「限界（limite）」、「境界（frontière）」（としての「と（et）」）（*ibid.*, pp. 234-237, 324 etc.）など、様々な仕方で言い換えられるこの「二つのものの間」は、二つのものを関係づけつつもあくまで分離されたままにとどめるため、それらを決して〈一〉にすることはない。現代映画におけるこのような「〈間〉の方法」は、「どんな〈一〉の映画も払いのける」ものであり（*ibid.*, p. 235）、「全体は〈存在〉‐〈一〉（l'Un-Être）であることをやめた」（*ibid.*）（「〈一〉の映画（cinéma de l'Un）」の「の（de）」は、「〈一〉についての映画」にして「〈一〉による映画」という、属格の両義性において理解されるべきだろう）。

しかもこの時、「全体」それ自体が〈一〉であることをやめるだけでなく、「全体」であることをもやめることになる。というのも、二つのものを関係づけると同時に分離する「二つのものの間」それ自身は、二つのもののどちらにも決して属さず――もしどちらかに属するならそれらの「間」ではなくなる――、また両者を「全体」として構成することもない――両者は分離させられており、かつそれらの「外」がある――からである。このようにドゥルーズによれば、現代映画で問われているのは、「外」としての「間」による〈一〉の消失であり、またそれのみならず、さらには「諸々のイメージの全体もしくは全体化の消失」（*ibid.*, p. 245）に他ならない。

　こうした「全体もしくは全体化の消失」に到達するためにこそ、ドゥルーズは『運動‐イメージ』であえて「全体」から議論を開始した。そのような議論展開の仕方には、「個別の諸々の存在の外部性がそこで消え失せる一つの〈全体〉（un Tout）」（Lévinas 1961, p. xiv）という「全体性の経験から出発して、この全体性がそこで砕け散る或る状況にまで遡行すること」（*ibid.*, p. xiii）というエマニュエル・レヴィナス（一九〇六―九五年）の「哲学的な身振り」にも通底する身振りを見て取ることもできるだろう。[13] ドゥルーズは『運動‐イメージ』と『時間‐イメージ』という二冊の著作を通してこの「身振り」を完遂することで、「全体もしくは全体化の消失」を描き出したのである。

〈一〉と〈全体〉の消失を可能にするこうした「二つのものの間」、関係づけると同時に分離する「境界」としての〈と〉は、既に一九七〇年代半ばから、「〔…〕〈一〉、〈全体〉として規定され得るだろうものすべての外に」あるものとして位置づけられていた（Deleuze 1977 (1996), p. 71）。つまり、決して〈全体〉化も統〈一〉化もすることなく二つのものを関係づけるものに関しては、〈一〉や〈全体〉の外にあることによって〈一なる全体〉を不可能にするものとして、その重要性が常々強調されていた。その意味で、〈全体〉でも〈一なるもの〉でもないというドゥルーズ的な「自然」概念の本質的な構成要素は一九七〇年代から八〇年代半ばに至っても一貫して維持されている。

しかし、『時間‐イメージ』では、〈一なる全体〉ではない「自然」そのものについて肯定的に語られているだろうか。我々の見るところ、『時間‐イメージ』では、ドゥルーズ的な意味での「自然」概念はその名のもとで登場するのではなく、別の名のもとで姿を現わしている。それは例えば、古典的映画で問題になっていた人間と世界の全体的統一性の消去と共に、現代映画によってそれへの信が与えられるべき「この世界（ce monde）」（Deleuze 1985, p. 223）だろう。あるいは、あらゆる諸々の過去の層を共存させる基底としての「〈大地〉（Terre）」（*ibid.*, p. 151）、ただしそれらの層を「空間的に離れていて年代的に区別される諸々の地帯」として「互いにコミュニケートする」（*ibid.*, p. 150）ように共存させる〈大地〉、つまり、異なる複数のものを異なるままに関係づけるという意味では決してそれらを統〈一〉化することも〈全体〉化することもない〈大地〉が、「自然」概念の変奏として登場していると考えるべきだろう。

実際、『時間‐イメージ』で全面に押し出される「二つのものの間」による関係づけは、「一つの全体を形成することなく、どんな全体も自ら企てることなく、一方を他方に結びつける共約不可能な関係（rapport incommensurable）」（*ibid.*, p. 334. Cf. pp. 260, 278, 324, 362）と定義されるが、このような関係こそ、『差異と反復』では「共約不可能」とはまだ形容されていないものの、実質的にそれを意味するような、「異なる諸々の項を差異が互いに直接に関係づける」（Deleuze 1968a, p. 154）ような関係、異なるもの同士が異なるものとして関係するような関係として問題になっていたものではないだろうか。そして、「差異を通して異なるものを異なるものに関係づけるシステム」（*ibid.*, p. 165. Cf. pp.

152, 355, 369, 383）こそニーチェの言う永劫回帰に対応するものだとドゥルーズは看做すが（*ibid.*, pp. 152-153, 164-165, 382-383）、そのようなシステムこそ『差異と反復』で「根源的＝起源的な〈自然〉」と呼ばれていたものの別名ではなかっただろうか。そうだとしたら、たとえその名のもとでは直接姿を現わさなくても、〈一〉でも〈全体〉でもない「自然」は『時間‐イメージ』でも常にその背景として控えていることに変わりはない。

したがって、ドゥルーズによる概念形成をたどることによって導かれた帰結は次のようになる。自然的なものも人為的なものも等しくその要素としつつ、両者を横断的に連結して「機械」を組み立てるすべてのアジャンスマンをその部品として包括する〈自然〉＝内在平面＝機械圏こそ、〈自然／人間〉という二分法的図式への批判、そうした図式に先立つ、〈一なるもの〉でも〈全体〉でもない根源的なものという着想、そしてそれと「機械」概念との結びつきを経ることで、一九七〇年代末から一九八〇年代半ばにかけてドゥルーズが到達した「自然」の概念に他ならない。

第三章　〈自然〉のカテゴリーの提示としての自然哲学

1　未完の自然哲学

我々はドゥルーズの「自然」概念の一貫性を確認すると共に、その内実を明らかにしようとしてきたが、それはまだ終着点にたどり着いたわけではない。というのも、既に述べた通り、晩年と言っても良い一九八八年に行なわれたインタビューで、今後の自らの研究を展望しつつ、ガタリとの共同作業による「一種の〈自然〉哲学」にドゥルーズは言及しているが、それはあくまで構想にとどまっていたからである（Deleuze 1990, p. 212）。

なぜこの「一種の〈自然〉哲学」が晩年になって企てられねばならなかったのかという問いに対しては、それまでの成果によっては手つかずのまま残された課題があったからだろうと答えられるが、それは一体何だろうか。手がかりを挙げるとすれば、『千のプラトー』出版直後の対談でドゥルーズが述べていることがある。

その多様な構成要素において捉えられた諸々のアジャンスマンの分析は、或る一般的な論理学

(logique) へと我々を開く。我々はそれを素描しただけであり、この論理学を作ること、おそらくそれが我々の仕事の続きとなるだろう。(Deleuze 2003, p. 163)

さらにもう一つの手がかりとして、同じく『千のプラトー』出版直後の書簡で、ドゥルーズが「この〔〈自然〉という〕概念を直接に考察するにはまだ至っていない」ことを認めている (Deleuze 2015, p. 77) という事実が挙げられる。

これらをあわせて考えると、多様な領域の多様な場面で各々異なる構成要素を様々に組み合わせつつ機能している諸々のアジャンスマンの組み立てを分析しながら、それらに通底する「或る一般的な論理学」を作ることで〈自然〉の概念を直接に提示すること――これこそが残された課題であり、晩年のドゥルーズはこうした課題に「一種の〈自然〉哲学」で応えようとしていたと見ることができるだろう。残念ながらそれが完成したものとして提示されることはなかったが、おそらく〈自然〉というテーマに関連する「カテゴリー表」の作成として実現されるべきものだったことは、以下の理由から予想できる。

一九八一年夏のものと推測されるガタリ宛書簡で、ドゥルーズは「哲学とは何か」に関して、「我々の仕事と一致するカテゴリー表〔の作成〕を続行したい」(*ibid.*, p. 55) と記している。ここで言われている「我々の仕事」とは『千のプラトー』、とりわけその結論部を指している。それを続行する必要があるのは、この結論部がドゥルーズにとってはまさに「カテゴリー表」のようなものであると共に、あくまで「不完全で不十分な」ものにとどまった (*ibid.*, p. 78) からである。この場合、ドゥルーズが「カテゴリー表」ということで念頭に置いているのは、当然ながら『純粋理性批判』「超越論的論理学」の概念の分析論におけるカントのカテゴリー表であることは言うまでもないが、それ以上に適切なものとして彼が想定しているのは、ホワイトヘッドの『過程と実在』第一部第二章で行なわれているような諸々のカテゴリーの分類とその一覧である（*ibid.* Cf. p. 55）（そもそも『差異と反復』において既に、『過程と実在』におけるカテゴリーの一覧は「諸概念（notions）のリスト」として高い評価を与えられていた（Deleuze 1968a, p. 364））。

また、「哲学とは何か」というテーマと並行して彼がその当時取り組んでいた「〈映画〉と〈思考〉」というもう一つのテーマに関する探究は、映画における「イメージとシーニュの分類[14]（classification）」（Deleuze 1983, p. 7）と、「映画「について」ではなく、映画によって引き起こされる〔哲学の〕諸概念について」の「理論」（Deleuze 1985, p. 365）という形で書かれた、『運動‐イメージ』と『時間‐イメージ』という二つの著作として遂行されることになる。そして、これらの著作は「映画の論理学（logique）」でもあるとドゥルーズは説明している（Deleuze 1990, p. 68）。つまり、この場合の「論理学」とは、当該テーマに即したカテゴリーの分類とその一覧表の作成を行なう作業であり、分類と一覧表は、その区分を増やすに従って基準が変化し、無制限に修正可能なものとされるが、こうした動的で可塑的な分類と一覧表の作成こそ「概念の形成」だとドゥルーズは述べる（Deleuze 2003, p. 266）。

それゆえ以上のことから次のように言うことができる。『運動‐イメージ』の末尾には、「用語一覧」（Deleuze 1983, pp. 291-293）と題された、この著作で使用された「イメージとシーニュ」の分類に基づく諸概念の一覧が載っているが、それと同じような仕方で、「自然と人為の間のいかなる差異も薄れつつある時」の〈自然〉に関わる諸々のカテゴリーを新たに提示・分類することで〈自然〉の概念をさらに形成し直す作業が、「一種の〈自然〉哲学」として構想されていたものだろう。

こうした作業に、晩年の計画として構想されていた「一種の〈自然〉哲学」に言及して以降のドゥルーズがまったく手をつけなかったわけではない。そのことは最晩年の一九九三年に刊行された文学論集『批評と臨床』を見れば理解できる。というのも、『時間‐イメージ』で背景として控えていた「自然」概念が、そこではより明確な形で再浮上しているからである。そのことは、特にそこに収録されたD・H・ロレンス論（初出は一九七八年）とホイットマン論を通して読めば明白である。前者では自然と人為の分割の手前にある「自然」が、後者では諸々の断片の統一化も全体化もされない集まりとしての「自然」が、それぞれ文学作品という具体的で個別的な事例に沿って取り出されている。その意味で、『時間‐イメージ』では伏在していたものの前面に出されなかった「自然」に関わるカテゴリーの提示が、最晩年になってより積極的な形で実行されていたと見ることができるだろう。

ここでは手短に確認するにとどめるが、前者のロレンス論でドゥルーズは、ニーチェとD・H・ロレンス（一八八五―一九三〇年）の近さを指摘し、ニーチェから放たれた矢を受け取った者としてロレンスを位置づけた上で、彼にとっての「コスモス」に着目する。

ドゥルーズによれば、ロレンスにおける「コスモス」とは、「個人的＝人称的である以上の生」――つまり非人称的な生――の様々な流れの接続と分離が行なわれる「場所（*lieu*）」（Deleuze 1993, p. 60）である。「ピュシス＝自然」とも言い換えられるこの場所では、いわゆる「自然への回帰は存在しない」（*ibid.*, p. 70）。なぜなら、そこで「社会と自然、人為的なものと自然的なものを対立させることは問題にならない」（*ibid.*, p. 69）からである。ドゥルーズに一貫する「自然」概念の構成要素として既に見てきたような、〈自然／人為〉という区分の手前にあるものという性格がここでも確認できるだろう。さらにまた、「コスモス」と等置されもする、流れの接続や分離といった「諸関係の自然〔学〕(la physique)」(*ibid.* Cf. p. 70) において問題になるのは、『時間 - イメージ』に即して確認したような、統〈一〉化も〈全体〉化もすることのない「共約不可能な関係」であることは十分に予測がつく。

事実、マゾッホ論を間に挟んで続くホイットマン論[15]でそのことが示されている。ホイットマンからドゥルーズが引き出そうとするのは「〈自然〉にも〈歴史〉にも〔…〕妥当する」(*ibid.*, p. 77) ような「断片 (fragment)」に関する特有の着想である。この「断片」は「部分」とも言い換えられるが、いずれにしても重要なのは、「世界」とは「無限のパッチワーク」のような「異質な諸部分の集合」(*ibid.*, p. 76) であり、それら諸々の断片や部分が「全体化されることはできない」(*ibid.*, p. 78. Cf. p. 76) ということである。だが「全体」を単純に否定すればいいというわけではない。「一種の全体は構築されねばならないが、それは諸々の断片の後で、しかもやって来ず、それらを元のままにし、それらを全体化しようとはしないだけにますます逆説的となる」(*ibid.*, p. 78)、そのような全体としての世界が問題となる。

D・H・ロレンス

ここで言われる全体が、『アンチ・エディプス』で提示された「諸部分の傍らにある全体」、全体なき全体という逆説的な仕方でしかあり得ない「全体」に通じるものであることは言うまでもないだろう。そして、この諸断片の全体化不可能な集合としての世界こそが〈自然〉と呼ばれる。「〈自然〉は形態ではなく、関係づけ（mise en relation）のプロセスである。〈自然〉はポリフォニーを作り出すが、全体性ではない。〔…〕諸関係は一つの〈全体〉（un Tout）の内部にあるのではない」（*ibid.*, p. 79）。異質な諸断片の関係づけとしての〈自然〉は、それら諸断片のいずれにも属さず、諸断片の間にあって、諸断片を関係づけつつもそれらの統一化や全体化を行なわない。

こうして「断片」や「関係づけ」という観点から、〈自然〉は〈一なる全体〉を不可能にしつつ、その外にとどまる〈一〉でも〈全体〉でもあり得ないものとして再び位置づけられることになる。[16]「断片」や「関係づけ」というカテゴリーを新たに一覧表に付け加えることで、〈自然〉という概念の形成は最晩年においてもやはり継続されていたのである。

2　自然哲学をいかに継承するか

このように、最晩年までそのカテゴリーの提示と分類が継続されていたドゥルーズの自然哲学の構想に関して、次の二点を指摘しておきたい。

一つは、たとえこの自然哲学が完成された形で提示されることはなかったとしても——そもそもカテゴリーの分類と一覧表の作成は無際限に修正可能なのだからそれが完成されるはずもない——、その意義は現在でもまったく失われてはいないということである。

ドゥルーズ自身もしばしば参照する生物学者フランソワ・ジャコブ（一九二〇―二〇一三年）が言うように（Jacob 1981, pp. 70, 72）、生命の進化は自然の既存の材料を元にした新たな即興的組み合わせとしての「ブリコラージュ」に存している。このように生物学的次元に自然のブリコラージュが存在するということは、自然の働きと生命的な営みとの間に何らかの類似性が存在することを含意する。しかも、その生命的な営みの中には当然人間による生命的な営みも含まれる以上、ここで〈自然的なもの／人為的なもの〉という図式をあえて借りるなら、人間の生命的営みが介入することによって成立する〈人為的なもの〉は、それ自身〈自然的なもの〉だと言うこともできる。そして少なくとも現在では、実際に自然的なものと人為的なものの間の明確な境界線が薄れて次第に弁別不可能となりながら重なり合っていくような事態を、物理－化学的レベルのみならず、生物学的レベルでも確認することができる。それがより明確に現われるのはとりわけ、分子生物学、生化学、生物物理学、遺伝子工学、ゲノム学などが合流する形で発展した今日の合成生物学だろう。[17]

ドゥルーズが今まさに到来しつつある事態として念頭に置いていたのも、二〇世紀後半になって、「人間の持つ諸力が他の諸力との関係の内に既に入った」（Deleuze 1986, p. 95. Cf. p. 140; 1990, pp. 125, 137, 160）ことである。これら「他の諸力」には、「炭素に報復するケイ素の持つ諸力」（Deleuze 1986, p. 140）、つまり「人間とは別のもの――「機械－人間」という不可分な諸々の系――をそれと共に構成する情報の持つ諸力」（*ibid.*, p. 95）だけでなく、「有機体に報復する遺伝構成諸要素の持つ諸力」（*ibid.*, p. 140）も含まれる。人間の持つ諸力がそうした生物学的な諸力と直に関係し合うということは、ジャコブや彼以降の現代の生物学者たちがそれに固有の領域で提示する見解に含意されていることのような事態に、ドゥルーズの提示する「自然と人為の間のいかなる差異も薄れつつある時代」の自然哲学がまさにダイレクトに対応しているということである。実際ドゥルーズは、二〇世紀後半のそうした事態の到来に際して、「我々は生命とのいかなる新たな諸関係を有しているのか」(Deleuze 1990, p. 137) と問うていた。

だが、哲学が科学についての反省を行なった結果として、哲学と科学の間の対応が生まれたのではない。というのも、ドゥルーズによれば、哲学と科学——あるいは哲学と芸術、芸術と科学など——のような複数の分野の間で真の遭遇が行なわれるとすれば、それは一方が他方についての反省を行なう時ではなく、「一方が、他方においても提起されている問題と似た問題を、自分のために、また自力で解決しなければならないということに気づく時」(Deleuze 2003, p. 265) に限られるからである。つまりこの場合は、二〇世紀半ばから起こりつつある同じ事柄に対して、それぞれに固有の「内的な理由」と手法をもって、あくまで自律的な仕方で対応しようとした時、哲学と科学 (や芸術) の間にかえって或る種の「相互的な共鳴関係」(Deleuze 1990, p. 170) が生じたということである (「同じ事柄が、絵画的イメージ・科学的モデル・映画的イメージ・哲学的概念において表現され得る」が、その場合でも「それぞれの分野は、自身に固有の運動、自身の手段、自身の問題を有している」(Deleuze 2003, p. 197))。

同時に、もう一つ指摘すべきなのは、その自然哲学に関するカテゴリーの分類と一覧表の作成が未完成であらざるを得ない以上、我々はさらにそこに何かを付け加えることができるし、またそうしなければならないということである。

もう一度『千のプラトー』に立ち戻ると、そこでは「自然」概念に関する或る曖昧さが残されていることに気づく。ドゥルーズ (とガタリ) は、自然にも人為にも妥当する「自然の平面の〔統〕一性

(unité) が存在する」(Deleuze et Guattari 1980, p. 311) と明言していた。しかしそうだとすると、「一性」が存在するのだから、「自然」はやはり〈一なるもの〉になるということなのだろうか。確かにすべてのアジャンスマンをその部品として包括する内在平面＝機械圏としての〈自然〉は、その外部が一切存在しないという意味で〈全体〉であるのかもしれない。だが、『アンチ・エディプス』に即して確認したように、それは〈全体化不可能な全体〉という形でしか表現できないような〈全体〉であって、厳密な意味ではそれを〈全体〉と呼ぶことはできないだろう。同様に、その外部が一切存在しないもの、ということは、それ以外のものが決して存在しないようなものについて——それは〈一〉も〈多〉も前提としないのだから——、そもそも〈一なるもの〉と言うことも不可能だろう。つまり、これも既に確認したように、〈一なるものに還元されない一なるもの〉という逆説的な仕方でしか表現できないような〈一なるもの〉は、厳密な意味では〈一なるもの〉ではあり得ないのである。

にもかかわらず、『千のプラトー』では、次の文言に明らかなように、微妙な仕方で〈一なるもの〉への妥協のようなものが見られるのも事実である。

> 各々の個体は一つの無限の多様体であり、〈自然〉全体は複数の多様体から成る、しかし完全に個体化された一つの多様体である。(*ibid.* 強調は引用者)

「完全に個体化された一つの多様体」と言われているように、ここでは明白に〈自然〉は〈一つの個体〉、つまり〈一なるもの〉として規定されている。しかし、ドゥルーズがその概念形成において多くを負うシモンドン[18]に従うなら、そこから、またそこにおいて個体化が行なわれる源泉にして場所である「自然」自体は、その限りにおいて決して個体化されていないし、また当然個体ではあり得ないものだったはずである（Simondon 1964-89 (2017), p. 65)。そうであるならば、シモンドンにおける「自然」と同様、ドゥルーズ的な「自然」に関しても、その〈一性〉を語ること、それが〈一なるもの〉だと語ることは、やはり禁じられているはずだろう（それゆえ、最晩年の『哲学とは何か』において、〈思考〉かつ〈自然〉としての「内在平面」が「〈全体〉‐〈一〉(Un-Tout)」と同一視されること (Deleuze et Guattari 1991, pp. 38, 41, 43, 47, 51) には、いささか問題があるように思われる)。

こうした点にドゥルーズの不徹底さ、その「自然」概念の不十分さが見られるのであれば、我々の為すべきは、その「自然」概念を補完してさらに練り上げるような仕方で「自然哲学」を継承することだろう。「哲学史〔研究〕は、或る哲学者が語ることを繰り返し語るのではなく、その哲学者が必然性をもって暗に言おうとしていたこと、彼が語らなかったが、語っていることの中に現われていることを語らなければならない」(Deleuze 1990, p. 186) と語っていたのは、他ならぬドゥルーズ自身なのだから。

それでは、〈一なるもの〉ではない「自然」概念をどのような方向に練り上げるべきなのか。そもそもドゥルーズ（とガタリ）は、その「自然」の中に或る種の反自然的なものが含まれている、つまり「自然」は反自然的であると看做していた。「自然に反する融即、自然に反する婚礼は、諸々の界を横断する真の〈自然〉」(Deleuze et Guattari 1980, p. 295. Cf. p. 315) であり、「〈自然〉はこうしてそれ自身に反してしか事を行なわない」(*ibid.*, p. 296)。だが、この〈自然〉＝共立平面〔無矛盾平面〕は、その外部が存在せず、すべてをそのうちに含むことになる以上、それ自身に反するものも含むことになり、それゆえ、それは同時に「非共立平面〔矛盾平面〕」であるとも言われる（*ibid.*, p. 326)。つまり、共立的であるこの平面は本質的にそれ自身に反するものも含む形で非共立的でもあらざるを得ず、その結果、共立的であるか非共立的であるかは決定不可能となる。

しかし、共立的か非共立的かが決定不可能であるのと同様に、もし〈自然〉が反自然的だと言えるのなら、同時にそれは反 - 反自然的であるとも言えるようになり、両者はやはり決定不可能になる。そうであるならば、〈自然〉は反自然的であるというより、ドゥルーズが『差異と反復』で用いた表現（「存在」か「非 - 存在」かという二者択一に対する「(非 - ）存在」(Deleuze 1968a, pp. 89, 142-143, 148, 150, 160, 261-262, 265, 270, 344-345, 359)）を借りるなら（反 - ）自然的なもの、あるいはむしろ、欠対称性が対称性と両立可能であるように[19]、自然的であることも非自然的であることも、反自然的であることも反 - 反自然的であることも共に許容できるような「欠自然（anature)」的なものだと考えるべきではないだろうか[20]。

もちろん、そこにはいかなる意味でも素朴な自然への回帰は存在しない。というのも、こうした欠自然としての〈自然〉はいつの時代にも常に存在してきたからである。しかし、それはいつも同じものとして存在するわけではない。というのも、「〈自然〉、内在もしくは共立平面」は「常に可変的で、様々の個体や集団によって、絶えず再編成され、組み立てられ、組み立て直される」(Deleuze 1981, p. 171) からである。同様に、その〈自然〉がどのようなものとして立ち現われてくるのかも、そのつどの様々な条件に応じて変化するだろう。そして、そうであるのは、いずれも〈自然〉の欠自然性のゆえなのである。

だが、この〈自然〉が絶えず組み立て直されるとしても、それを構成する諸要素の「組み合わせ、結合はどんなふうにでも行なわれるわけではない」（Deleuze et Guattari 1980, p. 91）。それゆえ一方で、いかなる要素と共に、いかなる要素をもって、我々が現にその要素の一つでもあり、そこで実際に生きつつあるような〈自然〉を成していくべきなのかということに関しては、常に慎重さが求められる。けれども他方で、どのような組み合わせや結合を行なったとしても、そこで何が生じるかを我々はあらかじめ知ることができない。「誰も、神でさえも〔…〕しかじかの異質な諸要素が共生に入り、変化に適した共立的な、もしくは共機能的な多様体を成すであろうかどうかを、前もって言うことはできない」（*ibid.*, p. 306）。

だからこそ、我々はどこにいようとも、このような慎重さと予見不可能性の間で、「この〔内在〕平面上での活動としての実験＝経験」（*ibid.*, p. 198）をいつもその度ごとに続けていかなければならない。〈自然〉上でのそうした「生の実験＝経験」（*ibid.*, p. 167）に即して自然概念を絶えず（再）形成するような仕方で現代の自然哲学も行なわれるべきだろう。それゆえドゥルーズが次のように言う時、それはおそらく彼の言う「一種の〈自然〉哲学」にこそ当てはまるのである。

> 哲学が練り上げられるべきなのは、大いなる森においてでも野山の小道においてでもなく、都市と街路――そこにある何より人工的（*factice*）なものも含め――においてである。（Deleuze 1969, p. 306）

エピローグ

「自然は隠れることを好む」と述べたのはヘラクレイトスだった。自然は思考されないよう自らを隠す。そして自然を正しく思考することを妨げるような〈自然のイメージ〉――人為から切り離された純粋な自然、統一的秩序を備えた〈一なる全体〉としての自然というイメージ――も生まれる。自然に、そしてこうしたイメージに逆らうようにして自然を思考することにこそ哲学――そもそも自然を思考することから始まった哲学――の本分はある。こうした診断が本書の出発点であり、我々は古代から一九世紀に至る自然の哲学史を検討することで、哲学が〈自然のイメージ〉に抵抗しつつ自然を思考しようとしてきた様を確認した（本書第Ⅰ部～第Ⅲ部）。

二〇世紀半ばから現在に至って、それ以前はあくまでその可能性においてのみ思考されてきた〈自然かつ人為〉としての非人間的な〈自然〉は、自然的なものと人為的なものの不可分性や弁別不可能性が歴史の中で実現されることによって、現実そのものとして思考されるようになった。それと同様に、ちょうど同じ時期、主観性に従属する限りで統一を与えられる現象の総体と規定されていた自然に関して、そのように自然を規定することの不可能性があらわになってきた。言い換えれば、〈自然〉を人間的なものに従属させることが現実に不可能となり、〈自然〉から〈全体〉も〈一〉も取り除くようなニーチェ的な意味での「自然の脱人間化」によって、〈一なる全体〉ならぬ〈自然〉を現実そのものとして思考することが要請されるようになったのが、二〇世紀半ばから現在に至る時代である。その意味では、二〇世紀半ばになって、〈自然〉をめぐって哲学の思考するものに歴史が追いついた、あるいは現実そのものがようやく哲学に追いついたのである（本書第Ⅳ部）。

では現在、哲学は自然についての哲学、つまり自然哲学としていかに遂行されるべきなのだろうか。我々はそうした現代的な自然哲学の可能性とその条件をシモンドンの哲学――その個体化論と技術論――を検討することで明らかにしようとした。その結果、〈人間／（通常の意味での）自然〉という区分に先立ち、自己に対する齟齬・準安定性・過飽和などによって定義される〈一〉以上のものとしての「前‐個体的存在」という場所を、シモンドンの哲学に固有の「自然」概念として規定すると共に、そのような「自然」から出発する自然哲学が現代でも可能であることを肯定した（本書第Ⅴ部）。

さらに、シモンドンにもなお残る曖昧さや不徹底さを取り除き、あるべき現代的な自然哲学の方向性を見極めるために、ドゥルーズの哲学を取り上げ、シモンドンの自然概念をより徹底化した彼の自然概念、すなわち〈自然／人間〉以前の「機械」から成る、〈一〉でも〈全体〉でもない「機械圏」としての「自然」という概念を取り出した。そして「自然」の諸々のカテゴリーの提示と分類による未完の自然哲学をドゥルーズからいかに継承すべきかを示唆した。「自然」における「生の実験＝経験」に即した新たな諸々のカテゴリーを付加することによる「自然」概念の絶えざる（再）形成によって、現在の、そして来たるべき自然哲学を構築し続けること――そのような仕方で我々は自然哲学を継続・展開していかなければならない（本書第Ⅵ部）。

以上が本書の歩みである。最後に、結論に代えて以下の二つのことを指摘しておきたい。

第一の指摘は、哲学の始まりと歴史に関することであり、また本書の「幕間」にも関わることである。「自然は隠れることを好む」と述べたヘラクレイトスは、「全ては一つである（ἕν πάντα εἶναι）」（B五〇）とも述べたとされる。そしてハイデガーはそのいくつかのテクストで、ヘラクレイトスに従って「ロゴス」を「〈一〉（Ἕν）」と看做し（Heidegger 1977, S. 353-354, 369）、さらに「ロゴスは〈全て〉－〈一〉（Ἓν Πάντα）である」（Heidegger 1979, S. 376. Vgl. Heidegger 2000, S. 226）と述べて、ロゴスを〈一〉即〈全て〉または〈全て〉即〈一〉なるもの、まさに〈一なる全体〉として位置づけた。ハイデガーはこのロゴスをピュシス＝自然とも同一視して次のように言う。「ロゴスはアレーテイアとして、ピュシスとして〈一〉であり、つまりは、根源的に自らを統一する〈一〉、唯一のものである」（Heidegger 1979, S. 371）。これらのことは、哲学が自然を思考することから、それも人為から切り離されたものではない自然、〈一なる全体〉ならぬ自然を思考することから始まり、今もなおそうであるという我々の診断に反しているだろうか。

決してそうではない。確かにハイデガーは、ロゴスとしての「〈一〉は統一するものとして〈唯一のもの〉－〈一〉（das Einzig-Eine als das Einende）である」（Heidegger 2000, S. 225）と述べており、このロゴスがピュシス＝自然と同一視されるからには、後者はまぎれもなく〈一〉そのものであるかのように見える。しかしながら、プラトンは『饗宴』の中で、エリュクシマコスが伝える（とアリストデモスが語るのを伝え聞いた登場人物アポロドロスを通して）ヘラクレイトスの次のような言葉を書き記している。「〈一〉はそれ自身〔…〕自らとは異なる＝齟齬をきたす（διαφερόμενον）ことで一致する」（一八七A）。ヒッポリトスらによって伝えられたヘラクレイトスの著作断片にも同様のことが記されていること（B一〇、五一）からして、ヘラクレイトス自身がそのように考えていたことはおそらく間違いない。

このように〈一〉が最初から自身と齟齬をきたしており、それ自身に対する差異を孕んでいる以上、つまり常に既に自らを差異化させている限り、それは〈一〉が〈一〉そのものとしては存在できないことを示している。言い換えれば、ヘラクレイトスによって自然は、それが〈一〉としてあることの不可能性において思考されているのである。〈全体〉に関しても事情は同様であり、自然が自ずと自らとは異なるものである限り、自然が〈全体〉そのものとしてあるのは最初から不可能なこととして思考されていなければならない。自然と人為の関係についても同様だろう。人為から切り離された純粋な自然というものを不可能にするように、自然は最初から自らとは異なるものとして自らの内に人為を含むことで、自然／人為という区分を既に無効化していたのではないだろうか。

「諸々の異なるものからもっとも美しい調和が生じる」（B八）と言われるように、ヘラクレイトスにとって最初にあるのは調和ではない。むしろ「闘い（Πόλεμος）はすべての父」であり（B五三）、「すべては争い（ἔρις）から生じる」（B八。B八〇参照）以上、始源にあるのは〈一〉や〈全体〉ではなく、むしろ〈一〉も〈全体〉も欠いており、それらが始源としてあることをあらかじめ不可能にしているような、諸々の異なるもの同士の不調和や齟齬、差異である。既に見たようにデリダは「差延としての＝差延における自然（*Physis en différance*）」（Derrida 1972b, p. 18）について語っていた。そのデリダが同じテクストで「自ずと＝自らとは差延化し、自己との争いのうちにある〈一〉（l'un différant de soi, en différend avec soi）」（*ibid.*, p. 23）について語る時、問題になっているのも同様の事態に他ならない。というのも、自ずと＝自らとは差延化することによって〈一〉は〈一〉であることが最初から不可能だが、このような〈一〉ではない〈一〉ということで念頭に置かれているのは、デリダ自身が示唆しているようにヘラクレイトス的な表現である「それ自身異なる〈一〉（l'en diapheron eautô）」だからである[2]（*ibid.*）。

ヘラクレイトス的な「それ自身異なる〈一〉」というこの表現は、デリダ自身は典拠を示していないが、もともとヘルダーリンの『ヒュペーリオン』に由来するものであり（Cf. Franck 2017, p. 106; Courtine 1990, p. 43; 2013, p. 156）、ヘルダーリン自身は――先ほど触れたプラトンの『饗宴』の中で間接的に伝えられる――ヘラクレイトスの思想に依拠して、この "ἓν διαφέρον ἑαυτῷ" という言葉を「ヘラクレイトスの偉大な言葉」として主人公ヒュペーリオンに肯定的に語らせている（Hölderlin 1994, S. 92. Vgl. S. 94）。それが意味するのは、「存在が現前へと到来する時の、存在それ自身の分裂である分裂（scission）」、つまり「同一性に先立つ」「分割（partage）」としての「根源的な分裂」である（Courtine 1990, p. 43）。

ハイデガーもまた――というよりデリダの方がハイデガーに依拠しているのだが――、このヘルダーリンによるヘラクレイトスの言葉を受けて、それを「それ自身において自らを差異化する〈一〉（Das Eine, das sich in sich selbst unterscheidet）」（Heidegger 1986, S. 183. Vgl. S. 197）と言い換えている。というのも、「〈一〉自身は差異化的関係づけを行なう」（Heidegger 2000, S. 226）ものであり、そうした「差異化的関係づけ（Austrag, austragen）」――ハイデガーによって「性起＝本有化すること（Ereignis, ereignen）」と等置される[3]――は、「二つのものの間（Zwischen）」や「分離‐間（Unter-Schied）」（「差異としての差異化的関係づけ」「〔…〕分離‐間――二つのものの間の性起としての」（Heidegger 2015, S. 1452）、「「間」の分離――差異化的関係づけ」（Ebd., S. 1112））、あるいは「隙間（Spalt）」（「分離‐間――「隙間」――差異――〔…〕隙間――（差異化的関係づけ）」（Ebd., S. 1113））として、それが区別するものの間に差異をもたらしつつ、区別されるそれらを異なるものとして関係づけると共に、こうした差異化的関係づけ自身が「自らを差異化する（Sichunterscheiden）」（「自らを差異化することとしての差異（性起）」（Heidegger 2009, S. 122））ものだからである。このようにハイデガーにとって、ヘラクレイトスの〈一〉とは「差異に満ちた〈一〉（das unterschiedsreiche Eine）」（Heidegger 1979, S. 371）に他ならない。ここから以下のことが帰結する。

まず、既に見たように、ハイデガーにとっては〈一〉としてのロゴスが〈全て〉‐〈一〉でもあり、またこのロゴスがピュシスでもあるのなら、〈一〉が「それ自身において自らを差異化する」ものである限り、このことは〈全て〉‐〈一〉としてのピュシスに妥当するということである。言い換えればそれは、〈一〉即〈全て〉または〈全て〉即〈一〉なるピュシス、つまりまさに〈一なる全体〉としての自然が、初めから既にそれ自身において自らを差異化しているということに他ならない。そのことは、ハイデガーにとっても、自然はそれが〈一なる全体〉としてあることの不可能性において思考されていたということを意味するだろう。

次に、デリダがいかにハイデガーにおけるロゴスとしての「取り集め（Versammlung）」、特にその「〈一〉における＝〈一〉への取り集め（rassemblement en l'Un）」（Derrida 1987, p. 175. Cf. p. 24）、「〈一〉、〔…〕〔取り集めの〕場所の取り集める唯一性」（Derrida 2018, p. 80. Cf. p. 104）、「レゲインの、ロゴスの取り集める〈一〉の一性（unité de l'Un rassemblant du *legein*, du *logos*）」（Derrida 1994, p. 373）を問題視して批判しようとも、デリダがヘラクレイトスを引き合いに出しつつ述べる「自ずと＝自らとは差延化し、自己との争いのうちにある〈一〉」は、ハイデガーを経由するものである限り、ハイデガーによって既に先取りされており、その限りでこの点に関するデリダの思考はあくまでハイデガーの思考の射程内に収まるものにすぎないということである。

ハイデガーが引き合いに出す、そしてデリダが前提としているヘラクレイトスの媒介ともなっているヘルダーリンが『ヒュペーリオン』で主人公に語らせているように、「ギリシア人だけがヘラクレイトスのこの偉大な言葉 ἕν διαφέρον ἑαυτῷ を発明することができた」のであり、「この言葉が発明される前には哲学は存在しなかった」(Hölderlin 1994, S. 92) のだとすれば、まさに哲学はそのような〈一〉であることの不可能な〈一〉としてのピュシス=自然についての哲学という意味での自然哲学として始まったということになるだろう。つまり、哲学はそれ自身において自らを差異化する自然、そのことによって〈一なる全体〉としてあることが不可能な〈自然〉、人為と切り離された自然が不可能になることで自然/人為という区分が無効化された〈自然かつ人為〉としての非人間的な〈自然〉を思考することから始まったのである。そしてそのことは、デリダやハイデガーに見られるように二〇世紀においてもそうだったし、今日でも変わることはない。哲学はその始まりから現在まで、同じことを——それぞれの仕方で——思考してきたし、思考し続けているのである。

第二に指摘しておきたいのは、あくまで簡単な示唆にとどめざるを得ないが、現代の、そして来たるべき自然哲学が自然を思考するその仕方に関してである。

この点に関しては再度ドゥルーズを取り上げよう。彼はヒュームの哲学を一種のサイエンス・フィクションのようなものと性格づけていた (Deleuze 2002, p. 226)。この場合のサイエンス・フィクションとは、「〔我々とは〕別の被造物によって眺められた、奇妙で疎遠な虚構的世界の印象」をもたらすと同時に、「この〔虚構的〕世界が既に我々の〔現実〕世界であり、これら〔我々とは〕別の被造物が我々自身であるという予感」を我々にもたらすものを意味する (*ibid.*)。

このヒューム哲学についての性格づけは、何よりも我々がここで言う意味での自然哲学にこそ妥当するのではないだろうか。つまり、あたかも未来の出来事や現実のように描かれている光景、異星人や未来人の世界のように描かれている虚構的な世界が、しかし実は他ならぬ我々の現実世界そのものであり、我々はあたかも自らが異星人や未来人であったかのようにこの現実世界を自らのものとして見出すことになるような、そうした仕方で自然を見出すことを可能にするもの——それが〈自然かつ人為〉としての非人間的な〈自然〉、〈一なる全体〉ならぬものとしての〈自然〉を思考するための、現代における、そして来たるべき自然哲学のあり方ではないだろうか。

自然を思考するとは、このように異他的なものとしての自然を、しかしまさに現実の自然として、現実そのものとして思考するということである。その意味で、我々が最後に主題的に取り上げたドゥルーズの哲学もまた、我々のものではないように見えると共に実は我々自身のものに他ならない〈自然〉を、「新しいタイプの現実を組み立てる(agencer un nouveau type de réalité)」(Deleuze et Guattari 1980, p. 363)ような仕方で我々に与える、一種のサイエンス・フィクションとしての「自然哲学」だったと言うことができる。このような新しいタイプの現実を組み立てるために、それに相応しい新たな諸々のカテゴリーを提示することで〈自然〉の概念をそのつど(再)創造することにこそ、現代的な意味での、そして来たるべき自然哲学は存することになるだろう。

それが何の役に立つのか、という声があるかもしれない。我々の答えはシンプルである。カンギレムが述べていたように、「哲学に固有の任務とは、思考による収益を増大させることではなく、思考に自らの能力の意味を思い起こさせることである」(Canguilhem 2018, p. 931)。哲学は、その思考によって人間社会の広い意味でのエコノミーにおける収益を増大させること、その収益を効率的に配分することには役立たない。それに相応しい仕事はいくらでもあるだろうが、そこに哲学の出番はないし、そのことを恥じる必要もない。もちろん収益の増大や分配を目的として引き受け、その成果の多寡によって価値が判断されるような哲学も確かにある。そして「哲学は何の役に立つのか」という問いが、そうした哲学に拠り所を与える。しかしながら、それは「取るに足りない哲学や偏狭な哲学」(Canguilhem 2015, p. 1130)、「下らない哲学」(*ibid.*, p. 1135) にすぎない。自然哲学が「下らない哲学」ではないものであろうとするなら、それが果たすべき務めは「自然」を思考するというその能力の意味を思考に思い起こさせるという哲学の本来的な任務以外の何ものでもない。

だから我々は(ニーチェを踏まえた)ドゥルーズと共に次のように言うことで本書の結びとしたい。

> 哲学はいかなる既成の力にも奉仕しない。哲学は悲しませるのに役立つ。誰も悲しませず、誰も不愉快にしないような哲学は哲学ではない。哲学は愚かさを傷つけるのに役立つ〔…〕。哲学はあらゆる形の思考の卑しさを告発すること以外の用途を持たない。あらゆる欺瞞——その源泉や目的が何であれ——の批判を目論む学問が、哲学を除いて存在するだろうか。(Deleuze 1962, pp. 120-121)

注

［プロローグ］

1 ハイデガーはギリシア語の “φύσις” とラテン語の “natura” を区別しているが、彼の言う “φύσις” とは「自らを覆蔵する」ような「立ち現われ（Aufgehung）」・「立ち現われること（Aufgehen）」であり（Heidegger 2000, S. 277-278）、「生成と消滅」が「それから、またその内で思考されねばならないもの」（Heidegger 1977, S. 341-342）を意味することを正しく理解していれば、“φύσις” を「自然」と訳すことが妨げられるわけではない。

2 ヘラクレイトスの断片に関しては希仏対訳版（Héraclite 1986; 2002）に準拠しつつ、慣例に従いディールス＝クランツ版（『ソクラテス以前哲学者断片集』）の整理番号を記す。

3 スピノザの著作の指示に関しては概ね *Studia Spinozana* の Citation convention に従った略号表記を用いる（『エチカ』＝E、『短論文』＝KV、『知性改善論』＝TIE、『デカルトの哲学原理』＝PPC、『形而上学的思想』＝CM、『書簡集』＝Ep など）。なおゲプハルト版全集（Spinoza 1925）に準拠しつつ、『エチカ』に関してはベルナール・ポートラによる羅仏対訳版（Spinoza 2010）、『短論文』に関してはフランス語版『スピノザ全集』第一巻（Spinoza 2009）に収録されている蘭仏対訳版も参照した。

［序　幕］

1 シュルもそれを指摘することを怠っていない（Schuhl 1969, p. 121）。

［第Ⅰ部］

1 プラトンによれば、その考え方とは以下の三つである。⑴神は存在しない、⑵神は人間のことを気遣わない、⑶人間は神の機嫌を取ることができる（八八五B）。なおプラトンの著作に関してはビュデ版の希仏対訳版全集などに準拠しつつ、慣例に従って該当箇所を指示する。

2 「プラトンの読者をまず驚かせるのは、「職人的」で、自由な市民にはあまり相応しくないと看做される技術に対する、哲学者の批判的で否定的な態度である。技術――その言葉についての当該の用法が信用を落とさせるような技術――に対する著者〔プラトン〕の軽蔑が表われているテクストは数多く、良く知られている。そして、それらのテクストが何世紀にもわたって西洋世界に対して行使した影響を強調してもしすぎるということはないだろう。反対の観点が肯定され、直ちに優位になるのを見るためには、ベーコンと百科全書を待たなければならなかったのである」（Schuhl 1960a, pp. 92-93）。

3 モニク・ディクソーもまた、我々が自然と技術の関係に関わるその叙述の一部を整理してきた『法律』第一〇巻（特に八九二B）への参照を促しつつ、以下のように述べている。「産み出すこととは常に、一つの知的な秩序と知的な配置を産み出すことである。こうしたことがプラトンにとってテクネー〔技術〕の本質であり、したがって、どんな活動もこの意味で技術的（technique）であるが、ピュシス〔自然〕が知性かつテクネー〔技術〕である以上、その活動はまったく同様に自然的（naturel）でもある」（Dixsaut 2000, p. 116）。また日本では、以前より藤澤令夫がほぼ同様の見解を以下のように示していた。「〔…〕「ピュシス」（自然・本性）と「技術」との対立はプラトンにはない。プラトンにとっては、「技術」はそれ自身がピュシス的な存在だからである」（藤澤 二〇〇〇ａ、二四四頁）。「〔…〕「技術」と「自然」とは、一応それとして区別されるとしても、しかし根底において相互排除的な対立関係にはないはずである。〔…〕プラトン哲学の思想構築の中では、いわゆる「自然物」と「人工物」とは、存在論上の資格においては同等であることが、必然的な帰結だったのである」（藤澤 二〇〇〇ｂ、二三二頁）。

4 文脈は異なるが、ソクラテスとソフィストの分割に即して、ドゥルーズは次のように述べている。「プラトンはプラトン主義を転倒させる最初の者、少なくともこうした転倒の方向を示す最初の者だったはずではなかっただろうか」（Deleuze 1968a, p. 93. Cf. 1969, p. 295）。

5 同様に『自然学』第二巻第二章（一九四a二一）も参照のこと。なおアリストテレスの著作に関してはビュデ版の希仏対訳版などに準拠しつつ、慣例に従って該当箇所を指示する。なお『プロトレプティコス』についてのみ、希仏対訳版（Aristote 2011）の頁数を記す。

6 「アリストテレスは〔…〕自然と技術を峻別するのである。〔…〕自然が第一次的、技術は二次的なものとなる。〔…〕自然と技術を峻別し、技術の方を低く見る態度はアリストテレスから始まったのである」（坂本 一九八六、一三―一四頁）。これはアリストテレスへの批判として述べられている。

7 アムランのアリストテレス講義自体は一九〇四―〇五年のものである。日本では、既に挙げた坂本賢三以外にも、村田純一が坂本も参照しつつ同様の見解を示している。「アリストテレスの場合には、自然自身が運動の原理を自らに内含している以上、人間の技術的活動は自然に対して文字通り二次的とならざるをえない」（村田 二〇〇九、四六頁）。

8 シュルは「裁断することと縫い直すこと」という別の論考でも同様の見解を示している（Schuhl 1969, p. 194）。

9 近年ではディディエ・ドゥルールもそのベーコン論でこの点を繰り返し指摘していた（Deleule 2010, pp. 39, 48, 62, 90）。

10 同じ趣旨の文言は各所に見られる。例えば『自然の解明についての思索と見解』（一六〇七年）での「自然は服従すること以外によっては征服されない（natura aliter quam parendo vincitur）」（Bacon 1875-79 (1996), Vol. 3, p. 611. Cf. Vol. 1, p. 144）など。

11 こうしたベーコンの主張は『諸学問の尊厳と増大について』（『学問の進歩』のラテン語による増補版、一六二三年）や『自然の解明についての思索と見解』など他の著作でも完全に一貫している。「技術（ars）によって刺激され圧迫された自然は、それがそれ自身に自由に委ねられている時よりも、明白に自らをあらわにする」（Bacon 1875-79 (1996), Vol. 1, p. 500. Cf. Vol. 3, pp. 333, 617-618）。

12 シュルはその著作でベーコンのこの言葉に何度か言及している（Schuhl 1938 (1969), pp. 58, 132; 1949, p. 42）。

13 この点に関して既に花田圭介は以下のように指摘していた。「彼〔ベーコン〕においては、技術の造りだす第二の自然は、第一の自然から素材を仰ぐとしても、第一の自然と同等のものであり得る限り、技術は自然のたんなる補助に過ぎぬものではなく、その意味で第一の自然より劣るものとは考えられなかった」。そして「技術が自然物を根本的に変質させることができるのは、自然そのものと同じであって、技術はたんに自然そのものの生成の補助にとどまるものではないのである。技術とは、人間によって外から動力・作用を物に加えること、ベイコンの使い慣れた表現によれば「諸物に加えられた人間」のことである。したがって、人間の加わった自然物、すなわち技術的生産物は、自然のなるがままの正常なコース、そのコースから逸脱した自然事象とならんで、それらに劣らず大文字の自然に含まれてしかるべきものなのである」(花田 一九八二、一一二―一一三頁)。同意せざるを得ないまったく正当な指摘だが、我々が問題にしたいのは、花田がそれ以上の説明を与えていない「大文字の自然」とは一体何か、ということである。

14 アルキエによれば、現行の『デカルト全集』(いわゆるAT版＝Descartes 1964-74)の刊行が開始された頃(一八九七年)である一九世紀末には、形而上学者としてよりも科学者としてのデカルトへの関心の方が高かった(Alquié 1984, p. 55)。ソルボンヌでのデカルト講義でもアルキエは次のように述べている。「ジルソン氏、アダン、ラベルトニエール、その他の人たちにとって、デカルトは何よりも科学者、自然学者であって、諸学をその時代の精神に相応しいものとするためにのみ、またこう言って良ければ、その精神と一致するためにのみ、形而上学のことを考えたのである」(Alquié 2005, p. 11)。

15 シュル(Schuhl 1938 (1969), p. 62)や後に触れるカンギレム(Canguilhem 2011, p. 494)など、自然と技術を問題にする論者による言及が多い箇所である。

16 シモンドンもベーコンとデカルトに関して同様の見方を提示しており、「個体概念の歴史」と題された論考で次のように述べている。ベーコンによる学問の改革プランは、コギトがないという点を除けばデカルトのプランを先取りしており、ベーコンとデカルトのいずれにおいても「技術的対象は自然的存在と異なるものとしては理解されていない」(Simondon 1964-89 (2017), p. 448)。

17 ピエール＝フランソワ・モローも、「人為は存在せず、すべては自然的であると言うだけでは十分ではない。自然的な存在という或る種のカテゴリーが、いかなるメカニズムによって人為的なものと我々に思われるのかをさらに説明しなければならない」と述べ、スピノザにおける自然か人為かという二者択一を斥けている（Moreau 1994, p. 448)。

18 このドキュメンタリーを装うかのようなオーソン・ウェルズの映画で言えば、偽造者としての登場人物は、贋作画家のエルミア・デ・ホーリー、その伝記作家であり、自身も贋作作家のクリフォード・アーヴィング、（エルミア・デ・ホーリーの贋作の対象でもある）画家ピカソ（の写真）と、ピカソを騙してその絵を巻き上げた（とされる）女性オヤ・コダール、そして映画の語り手であり、単独で、あるいは他の登場人物たちと会話しつつ、奇術師の扮装をして奇術（らしきこと）も披露しながら映画の中に登場すると共に、その映画自体を監督として撮っているウェルズ自身である（Cf. Deleuze 1985, p. 190)。

19 例えば、純粋で無垢な自然を象徴するかのような登場人物であるパーディタだが、「パーディタ（Perdita)」という名前は、「失う」を意味する古典ラテン語 “perdere” の過去分詞古形の女性形 “perdita”（ペルディタ）に由来し、「失われた」ことを意味する。また、彼女の故郷がシチリアであることを考慮してイタリア語の名詞と考えるなら、「喪失」を意味する。このことは、無垢で純粋な自然を体現している彼女は最初から既に失われていたということ、つまりそのような自然は最初から存在していなかったということを表わしている。

[第Ⅱ部]

1 「芸術」、「技芸」、「技法」、「技術」など様々な意味を持つ « Art » という語であるが、ディドロはその意味を「自由技芸＝リベラルアーツ（arts libéraux)」と「機械的技術（arts mécaniques)」に区別した上で（Diderot 1976, p. 496)、Art という項目の大半の記述を後者――「技術（technique)」とほぼ同じ意味である――の説明に費やしている。

2　カンギレムによれば、蒸気の圧力をピストンの両面に交互にかける複動式の動力機関をワットが開発したのは一七八四年であるが（Canguilhem 1965, p. 124, note 56）、ディドロが亡くなったのは奇しくもこの年である。なおワットの蒸気機関に関しては、シモンドンが熱機関の歴史の中で簡潔に解説している（Simondon 2018, pp. 164-167）。

3　技術は自然に対する「代補」ではないというのはデリダを念頭に置いて主張されているが（Deneys-Tunney 2010, p. 67, note 1）、ドゥネ＝テュネがこの言葉を使用する時、単なる「補足」という意味で使用されているので、この批判がデリダに妥当するわけではない。

4　「アリストテレスの「技術」のとらえ方は、重要な論点についてことごとく、プラトンの技術観と対比的であることが知られるだろう」（藤澤 二〇〇〇b、二三八頁）。シュルがベーコンとプラトンを近づけていることは既に見たが、そうした身振りによって、同様にプラトンとアリストテレスの対比を肯定していると言える。

5　シュルもアムランに言及していないが、シュルがしばしばその著作を参照する師の一人レオン・ロバンの師がアムランであり、アムランを参照するオバンクの師がシュルだという事実は、こうしたフランスにおけるアリストテレス解釈の継承の複雑さと無関係ではないだろう。

6　オバンクは、技術が「自然に加えられた人間」であると言うベーコンに、技術は自然を補完するものだと看做すアリストテレスを対立させているが、「古代の哲学」と「近代の哲学」という対比を持ち込むことで、アリストテレスが属する「古代の哲学」を――ベーコンやデカルトを含む「近代の哲学」に対して――持ち上げようとしているように見える（Aubenque 2011, pp. 231-232）。しかし哲学史においてまず疑ってかからねばならないのは、このような〈古代〉対〈近代〉という安易で図式的な対比ではないだろうか。

7　それゆえ、当の文言の二つの部分を統一的に理解する必要があるというオバンクの主張に照らせば、その師であるシュルにもこうした批判が当てはまることになる。

8 「個体概念の歴史」と題されたテクストの中でシモンドンはディドロを取り上げているが、その記述はディドロからのかなり断片的な引用――頁数の指示すら行なわれていないが、我々が先に引用した『ダランベールの夢』の文章のさらにその一部――を組み込んだごく簡単なもので、ディドロに関係する記述をすべて合わせても一頁に満たない。しかしシモンドンはディドロの「自然」の捉え方の本質的なところを正確に把握していると思われる。

9 フーコーも指摘するように、実証的な「生命の科学」としての生物学が始まったのは一九世紀であり、ディドロやモーペルテュイたちの生きた一八世紀には「生物学は存在しなかった」(Foucault 1966, p. 139)。「生物学(biologie)」という名称の誕生も一八〇〇年頃である。

10 こうした点に関するより詳細な分析として、田口卓臣のディドロ論(田口 二〇一六)の第五章Ⅲ(特に一四六―一五三頁)を参照されたい。

11 ディドロのエルマン社版全集に付せられた編者註にはディドロに対するモーペルテュイからの反論がいくつか引用されている。

12 グランジェの哲学については近藤和敬の論考(近藤 二〇一三)を、またグランジェ――そして次に述べるヴィユマン――の先駆的な紹介・解説としては小林道夫の諸論考(小林 一九八四、二〇〇八)も参照のこと。

13 現象学的な観点からドミニク・プラデルも次のように述べている。「カントの方法は、自然に関する物理‐数学的な諸科学から出発し、次いで、それらの可能性を基礎づける(fonder)ためには必然的に前提としなければならない主観的諸構造の方へと遡行する」(Pradelle 2012, p. 14)。

14 もっともこの点こそが、ニュートン力学を前提とするカント哲学の限界を示している、というのがグランジェの見立てである。この点に関しても第Ⅳ部で立ち返る。

15 ここでは詳細に触れることのできない『天界の一般自然史と理論』全体の概要に関してはフィロネンコの著作(Philonenko 1969, pp. 29-37)が、また科学史における『天界の一般自然史と理論』の位置や同時代の科学との関係についてはヴィユマンの著作(Vuillemin 1955, pp. 95-119)が参考になる。

能だろうし、理念である限りでの全体としての自然に積極的意義を見ることもできるだろう。円谷裕二は未規定的な「全体としての自然」という観点からカントにおける自然概念に関して極めて興味深い議論を行なっている（円谷 二〇〇二、第九章）。

23 フーコーによるニーチェの例外的な扱いは一九五〇年代のカント論考において既に表われている（Foucault 2008, p. 78）。

24 ヒュームの著作については慣例に従って、部・章・節を記す。

25 『自然宗教に関する対話』の登場人物のうち誰がヒュームの考えを代弁しているのかという問題は、その哲学の解釈上の問題として重要ではあるが、ここでは立ち入らない。少なくとも言えるのは、このクレアンテスの発言がヒューム自身の主張に対応しているということである。

26 シェリングの哲学的行程の厳密な区分について、例えばエマニュエル・カタンは、恣意性がないわけではないと断りつつ、一七九四—一八〇〇年、一八〇一—〇九年、一八〇九—五四年という三期の区分が可能だと述べている（Cattin, 2003, p. 5, note 1）。一方、ジャン＝フランソワ・マルケは、一七九四—一八〇一年、一八〇一—〇八／九年、一八〇八／九—二七年、一八二七—五四年の四期に区分している（Marquet 2017, pp. 19-28, 81-109）。両者の違いは、『自由論』（一八〇九年）と『世界諸時代』（一八一一／一八一三／一八一五年）の時期を独立したものと看做すか、それとも後期哲学の時期に含めるかという点にあるが、ここでは問題としない。

27 シェリングの自然哲学については松山壽一（松山 二〇〇四、特に第一章）が、シェリング自然哲学とカント批判哲学の関係、及びそれに関連する『純粋理性批判』と『判断力批判』の関係については西川富雄（西川 一九九四、特に第一—二章、第四章）が詳しく論じている。またカントの二つの批判書の関係については既に挙げた円谷裕二のカント論第九章も参照のこと。以下もそれらに多くを負っている。

28 熱学、光学、電気学、力学、化学など同時代の自然科学を踏まえた初期の自然哲学の内容や、同一哲学の確立に伴う変容については、関連する諸論考への参照を促すにとどめる（Cerutti 2019, pp. 44-68; Tilliette 1969（1992),

tome 1, pp. 127-184, 381-407)。

29 「自然哲学すなわち思弁的自然学は、或るプロセスという様相を呈する〈自然〉の構成として提示された。その定式は次のようなものだった。〈自然〉について哲学を行なうことは、〈自然〉を創造することである。これは次のことを意味した。〈自然〉をそれがあるがままに提示すること、我々の目の前で〈自然〉が創造されるように、あるいは創造されるがままにすること。というのも、〈自然〉は客観的な主体 - 客体だからである〔…〕」(Tilliette 1969 (1992), tome 2, p. 405)。

30 ヘーゲルの自然哲学に関してはカタンの『単純さの方へ』第三章（Cattin 2010, pp. 59-80）やベルナール・ブルジョワの『ヘーゲルのために』第一〇章（Bourgeois 2019, pp. 261-289）が詳しい。以下も両書に多くを負う。

31 例えば『論理学』（いわゆる『大論理学』）であれば、その最終局面で、「もっとも単純な深みに自己を取り戻す」「純粋な人格性（*reine Persönlichkeit*）」において、「全て（*Alles*）」と「単純性＝単一性（Einfachheit）」が結びつく（Hegel 1986, Bd. 6, S. 570. Cf. Cattin 2010, p. 17）。

32 「神」は「〈全体〉としての〈一〉」にして「〈一〉としての〈全体〉」だとされる一八〇六年の論考でも同様である（Schelling 1856-61, Bd. 2, S. 376-377）。

33 この最終前稿についてはカタンの著作に教えられた（Cattin 2001, p. 80, note 3）。

34 ディディエ・フランクはニーチェの言う「脱人間化（Entmenschung, entmenschlichen = déshumanisation, déshumaniser）」をフッサールの言う現象学的還元よりさらに徹底的な還元の方法として捉えている。

35 脱人間化に伴うニーチェ的なカオスとしての世界＝自然についてフランクは次のように言う。「生成としての諸々の力のカオス的世界には同一性は存在しない」（Franck 1998, p. 376）。それは「どんな一性（unité）とも、どんな複数性（pluralité）とも共約不可能であり、どんな同一性もどんな差異一般も〔そこから〕排除」される（*ibid.*, p. 329）。つまりカオスとしての自然は決して〈一〉ではないが、また逆に〈一〉の対立物である単なる〈多〉でもない。

36 エピクロスやルクレティウスの自然について述べる次のドゥルーズの言葉は、それゆえニーチェ的な意味での自然にも当てはまる。「〔…〕〈自然〉とは無限な総和、つまり自身の諸要素を全体化しない総和でしかあり得ない。〔…〕〈自然〉は〔…〕一つの全体（un tout）ではない」（Deleuze 1969, p. 308）。ドゥルーズの自然概念に関しては第VI部で取り上げる。

[幕 間]

1 デリダによれば、「（純粋な）痕跡は差延である」（Derrida 1967a, p. 92. Cf. p. 95）と共に、「代補」は「差延の別名」（*ibid.*, p. 215）なのだから、同じ一つの事態を表わすこれらの概念は以下で述べる特徴を共有していることになる。

2 『哲学の余白』に収められた諸論考でもオバンクへの参照がしばしば見られる（Derrida 1972b, p. 58, note 19; p. 61, note 20; p. 214, note 7; p. 219, note 10; p. 224 etc.）。

3 ただし実際にはそれが偶然である可能性は相当低い。というのも、デリダとオバンクはほぼ同世代の高等師範学校生であり、デリダがオバンクのアリストテレス論を引用するだけでなく、オバンクの方もまたデリダ論を複数発表しているからである。デリダの仕事が常にハイデガーの影響下にあったのと同様、ハイデガーと長年個人的親交があったオバンク——彼はハイデガーにデリダの哲学の要点を伝え、興味を持ったハイデガーはデリダに会うことを望んだが、残念ながらこの出会いが実現することはなかったと回想している（Cf. Aubenque 2009, p. 60, note 2）——の古代哲学研究もまたハイデガーの影響を受けていることを付け加えておこう。

4 デリダが「根源（origine）の概念は〔…〕神話でしかない」（Derrida 1967a, p. 238）と言う以上、この〈自然〉を根源的（originaire）と形容することに問題がないわけではない。とはいえ、「代補」に関して、「古典的論理ではまったく受け入れられない不条理な表現をあえて用いるなら」という留保付きで「根源的」と形容することを認めていたのはデリダ自身である（*ibid.*, p. 442）。「根源的差延（différance originaire）」（*ibid.*, p. 328）や、「根源の根源」としての「痕跡」、すなわち「根源的痕跡（trace originaire）あるいは原‐痕跡（archi-trace）」（*ibid.*, p. 90）についても同様である。

5 このテクストは出版時期からすれば後期のものになるが、一九七七―七八年度のセミネールが元になっているので（Derrida 1991, p. 9）、内容的にはむしろ中期に属すると考えられる。

6 一例を挙げると、『エクリチュールと差異』（一九六七年）に収録された論考「人間科学の言説における構造、記号、あそび」（一九六六年）でも、レヴィ＝ストロースが自然／文化という対立を問い直したことを評価すると共に、それでも彼に無垢な自然へのノスタルジーが垣間見られることを批判し、全体化や全体性が代補によって不可能であることを強調している（Derrida 1967b, pp. 415-416, 423）。

7 例えば、レヴィナスにも大きな影響を与えたユダヤ人哲学者フランツ・ローゼンツヴァイクについて（Derrida 2003a, p. 255. Cf. p. 256）、あるいは近しい関係にあった哲学者フィリップ・ラクー＝ラバルトについて（*ibid.*, p. 205）など、枚挙にいとまがない。

8 建築家ピーター・アイゼンマンについて論じるテクスト（一九八七年）でのデリダの言葉「全体化は不可能である（La totalisation est impossible）」（Derrida 2003a, p. 112）はその意味で、〈全体〉というものに対するデリダの姿勢を明瞭に表わすものである。

9 「〈一〉以上」の問題系は同時期に刊行された『友愛のポリティックス』にも登場する。また「〈一〉以上（plus qu'Un）」というのは『死を与える』収録の論考「秘密の文学」第三節のタイトルでもあり、最終頁に登場する（Derrida 1999, p. 209）。同書の内容案内用の栞（Prière d'insérer）の裏面も参照のこと。

10 ついでに指摘すると、同じ頁では「全体化を行なう不可避の地平」に対する警戒も記されている。

11 廣瀬浩司は「デリダの代補の論理は、自然と文化・制度の対立とは無縁なものであり、何よりも起源に無垢なる自然を想定することを禁ずるものであった」と正しく指摘した上で、「だが文化や制度に多様な様態があるように、自然についても多様な理解がありうるはずである」と続け、「自然を〔…〕代補の論理を支える前‐客観的な野生の事実性として考えることはできないのか。そしてまた、自然的なもの一般の多次元性を語ることはできないか」という問いを提起して、そこにデリダの思想のさらなる可能性を見ようとしている（廣瀬 二〇一七、三九三頁）。

［第Ⅳ部］

1 例えば生誕一〇〇年記念版のベルクソン著作集（Bergson 1959）の事項索引には「技術」の項目が存在しない。また我々の知る限り、ベルクソンにおける技術の問題を論じた研究はそれほど多くない。例えばジャン＝ピエール・セリスには「ベルクソンと技術」と題された論考（Séris 1990）があるが、これは実際にはベルクソンの哲学における「労働（travail）」という言葉の用法に着目したものであり、タイトルとは異なって「技術」の問題が主題的に論じられているわけではない。ただし、セリスは別の著作でベルクソンの技術論の要点をまとめている（Séris 1994, pp. 177-180）。

2 カンギレムによれば、この点もまたデカルト自身が既に気づいていたことの一つである。「技術的製作のイニシアティヴを求めなければならないのは、欲望・欲求・意志の中である」とカンギレムは述べ、デカルトの『哲学原理』第四部を参照するよう求めている（Canguilhem 2011, p. 497）。またメカニズムそのものの生産は原初的には人工的なものであれ、メカニズムの生産を除けば、メカニズムはすべてを説明できることにデカルトは明らかにメカニズムによるものではないという点についても別のところで以下のように言われている。「自然的なものであれ人工的なものであれ、メカニズムの生産を除けば、メカニズムはすべてを説明できることにデカルトは明らかに気づいていたと思われる」（Canguilhem 2015, p. 312）。比較的後期のテクストでも、「デカルトの自然学は自然と技術（art）の間の存在論的差異を認めることができない」と主張されるが（Canguilhem 1977, p. 125）、この点に関してはシモンドンも同様の見解を示している。「こうした〔デカルト主義のような〕タイプの思考においては自然的な存在と人為的な存在の間に差異は存在しない、というのがもっともだと思われる」（Simondon 2016, p. 379. Cf. p. 311）。

3 この点について詳しく論じる余裕はないが、一九三七年のデカルト論で既に表明されているこの予見不可能性は、晩年の一九八九年に「生けるものの何も厳密な意味では完成していない」(Canguilhem 2018, p. 1171) と表明される生命の未完成性と表裏一体であり、それは『生命の認識』に見られる「生命はあらゆる方向への未遂の試み (tentative) である」(Canguilhem 1965, p. 118) というテーゼに対応している。

4 シモンドンの哲学については後で取り上げるが、彼はその技術論で、「技術的諸対象の系譜の始まりは、技術的本質を構成する総合的な発明行為によって印づけられている」と指摘している (Simondon 1958 (2012), pp. 52-53)。ここで重要なのは、その発明行為が、前もって定義できない「予見不可能で新しい一連の諸状態をもたらすもの」(*ibid.*, pp. 187-188) を前提としていることである。

5 ベルクソンにとってもっとも本来的な意味での発明とは、彼の哲学の根本概念の一つである「持続 (durée)」そのもののことである。「持続は発明、諸形態の創造、絶対的に新しいものの絶えざる練り上げを意味する」(Bergson 1959, p. 503)。

6 ベルクソンとは異なり、例えばシモンドンは技術に関わる能力を、知性ではなく「技術的構想力〔想像力〕(imagination technique)」に見ている (Simondon 1958 (2012), p. 92)。

7 それはまた、古代以来の労働と閑暇の区分を、またそれに対応する実践的なものと観照的なものの区分を、その内部で優劣を逆転させただけでベルクソンがなお維持していること (例えば『創造的進化』第四章の「行動するために見ること」と「見るために見ること」の有名な区別) とも無関係ではない。シモンドンは「技術は労働でもなければ閑暇でもない」と述べてベルクソンを批判している (Simondon 1958 (2012), p. 346)。

8 「機械化 (machinisme)」の歴史と、それに関わる哲学の歴史的関係については、第I部で取り上げたシュルの著作『機械と哲学』(Schuhl 1938 (1969)) が現在でも基本文献の一つだろう。セリスもこの著作について「〔一九九〇年代の〕今もなおアクチュアリティを持つ」と評価している (Séris 1994, p. 119, note 1)。

9 これらの点に関してはフリードマンの著書 (Friedmann 1946) に関するカンギレムの論考も参照 (Canguilhem 2015, pp. 291-306)。

10　それも作中の現在をそこで描かれている未来よりさらに先に置くことで、未来そのものが既に過去のものとして扱われるという時間構造をこの著作は採っている。もう少し具体的に述べると、氷河期による人類の「破局（catastrophe）」が起こったのは紀元二五世紀末頃、具体的には二四八九年から二五〇〇年頃とされており、破局以前の時代を「キリスト紀元とかつて呼ばれた先史時代」（Tarde 1896 (1998), p. 39）、破局以後の人類再生の時代を「我々の新たな紀元、すなわち救済紀元（ère salutaire）」（*ibid.*, p. 79）と看做して、タルドから見て未来であるはずの紀元二〇世紀以後から新世紀である救済紀元六世紀までを、救済紀元五九六年の時点から見た過去として描くという構造になっている。

11　ドゥルーズが、差異と反復の弁証法という観点から、「ガブリエル・タルドの哲学は、ライプニッツの流れを汲む最近の偉大な〈自然〉哲学の一つである」（Deleuze 1968a, p. 104, note 1）と述べていることは、ここからも理解すべきだろう。

12　アトランは、生物学への情報理論の応用に基づいて提唱された自己組織化と複雑性の理論で知られるが、彼の側からもカンギレムへの言及を行なっている（Atlan 1979, pp. 94-95; 1986, pp. 90-91）。

13　カンギレムは生命科学の哲学、グランジェは物理学の哲学を主な専門領域にしていたとはいえ、数理哲学者ジャン・カヴァイエス（一九〇三―四四年）の盟友だった前者と、カヴァイエスの弟子だった後者の間にほとんど接点がなかった――数多い著作や論文の中で互いに言及しているのはそれぞれたった二、三回にすぎない――というのは奇妙な話だと言わざるを得ない。両者共バシュラールからも強い影響を受けているだけになおさらである。

14　例えば、科学的言説の内部ではそもそも使用されていなかった「テクノ・サイエンス（techno-science）」という言葉が――「テクノ・サイエンス的な（techno-scientifique）」という形容詞として――生まれたのが一九七〇年代と思われること（Cf. Sebbah 2010, p. 17, note 1）も、その傍証の一つになるかもしれない。

15　プラデルも別の観点からフーコーに通ずる以下のような指摘を行なっている。カント哲学において、「感性の諸形式と悟性の諸カテゴリーの正確な規定は、人間的主体の事実からの人間学的帰納によってのみ獲得され得る」

(Pradelle 2000, p. 26) 以上、「有限な主体の諸構造が〔…〕超越論哲学の建築術を決定する」(*ibid.*, p. xii) ことになる。つまりカント哲学は「偽装された人間学主義 (anthropologisme déguisé) に行き着く」(*ibid.*)。しかしそうだとすると、現象学は「〔カントと共に〕一九世紀〔初頭〕以来打ち立てられたような西洋哲学の運命に結びついて」おり (Foucault 1966, p. 261)、「西洋の古い合理的目標の捉え直しというよりはるかに、一八世紀と一九世紀の曲がり角で近代のエピステーメーの中に生じた大いなる断絶の、極めてはっきりとして整った公正証明である」(*ibid.*, p. 336) というフーコーの現象学批判も疑わしいものとなる。というのも、プラデルの右のような指摘はフッサール現象学に立脚しつつ行なわれているからである。おそらくフーコーの批判が及ぶのは、かなり戯画化・通俗化された限りでの現象学にすぎない。なお「カント的な心理学主義と人間学主義」に対するフッサール的観点からの詳細な検討と批判についてはプラデルの著作を参照のこと (Pradelle 2000, pp. 77-131)。

16 ここでフーコーとヴィユマンやグランジェを結びつけるのは決して恣意的ではない。フーコーとヴィユマンの間には密接な関係があり、『言葉と物』は、そのカント理解に関してのみならず全体としてもヴィユマンの『カントの遺産とコペルニクス的転回』(一九五四年) から大きな影響を受けている。

17 「カントにとって、この〔理性の〕保証は何に由来するのだろうか。〔…〕それはいかにして正しく基礎づけられた現象と仮象を区別できるのだろうか。カントは神の代わりに、或る原理、〈数学〉と〈合理的力学〉の妥当性を同時に基礎づけるに相応しいと彼には思われた原理に訴える。その原理とは、対象を可能にする諸条件と対象の経験を可能にする諸条件の間の同一性という原理である」(Vuillemin 1963, p. 12)。

18 「経験の可能性の条件は経験の対象の可能性の条件と同じだとカントが言明する時、彼はこの経験を哲学的反省に一回限り与えられる意識の永遠の構造と考えている。カントは知覚と経験を入念に区別しているけれども、素朴で直接的に実在論的な仕方でこの経験をしばしば理解している。現代科学は大抵の場合、知覚的対象と科学的対象を分離した。関係のカテゴリーに関わるいくつかのカントの詳述は確かにこの分離を見抜いているが、それでも批判哲学の総体は、〈合理的力学〉が知覚と認識〔知識〕の間で維持している均衡の観念に歴史的に結びつけられたままでである」(Vuillemin 1955, pp. 359-360. Cf. 1963, pp. 13-14)。

19 なおヴィユマンの科学認識論全般については小林道夫の論考(小林 一九八四、二〇〇八)を、またヴィユマンの前期の代表作の一つ『代数学の哲学』については原田雅樹の論考(原田 二〇一三)を参照されたい。

20 「〔『純粋理性批判』第一版の〕カントが、超越論的と言われる諸構造を心理学的意識の経験的諸作用から引き写していることは明らかである。〔…〕カントが第二版でこのテクストを削除したのは、あまりにあからさまな〔引き写しの〕やり方を隠蔽するためである。うまく隠蔽できたけれども、引き写しの方法は、その「心理学主義」全体と共に、やはり存続したままである」(Deleuze 1968a, pp. 176-177)。

21 カント曰く、「〔我の〕表象が恒常的で永続的な直観であること〔…〕は知覚されない」(A三五〇頁)。

22 「非人間主義的思考」については鈴木泉の論考を参照(鈴木 二〇〇五、一二二頁)。また同著者による別の論考(鈴木 二〇〇八、特に二〇〇頁と二〇三頁の註14)も参照。

23 例えば、タルドの『未来史の断片』でも、未来の社会では一見すべてが人為的にコントロール可能なようでいて、実はそうではないことがそれとなく描かれている。人類が地底生活に移行したのは太陽の衰退による氷河期の到来をきっかけとしてだったが、そもそも「かつては太陽のように輝く星だった地球」自体が太陽「より先に光を失った」ので(Tarde 1896 (1998), p. 69)、人為的に利用可能な地核の熱源には限りがあることになる。また起きるのは稀だと言われているものの、「我々を心配させる唯一の自然災害」として「地震」が存在していることも認められている(*ibid.*, p. 97)。それゆえ「人間化された調和的な自然」(*ibid.*, p. 124)や「〔人間によって〕選択され完成された自然」(*ibid.*, p. 97)は、実際のところ完全に人間化されて調和的になっているどころではなく、そもそも決して完成されてなどいない。

[第V部]

1 この「自然の非‐飽和」について、サン＝セルナンは他の著作でもベルトロやクルノーやホワイトヘッドを引き合いに出しつつ繰り返し述べている（Cf. Saint-Sernin 2003, pp. 47, 78, 108-109; 2007, pp. 77, 90, 317)。

2 「生命圏」は単に生命的次元ということではなく、非‐有機的世界と密接に結びついており、有機的生命の内外にある物理‐化学的次元をその内に含むものである（Saint-Sernin 1999, pp. 25-26)。

3 シモンドンの個体化論と技術論については、廣瀬浩司の一連の論考――おそらく日本で最初のシモンドンの導入でもある――が明快な見取り図を与えている（廣瀬 一九九四、一九九五）。

4 この点についてジャック・ムトーは次のように述べている。「シモンドンの技術哲学はこの〔個体化論としての〕一般存在論の諸原理の上に練り上げられている。特に、個体化の概念は、技術的諸対象の領域を規定し、それを構造化することを可能にしている」(Moutaux 2000, p. 495)。またオトワも次のように言う。「個体化の概念が、自然哲学から技術哲学を経て人間哲学に至るシモンドンの思想の導きの糸を成す」(Hottois 1993, p. 33)。

5 この「形を与える出来事＝情報」という概念について詳しく論じることは、現在の考察の範囲を超えてしまうため別の機会に譲りたい。なおシモンドンのこの概念を単に「情報」と訳さず、あえて「形を与える出来事＝情報」と訳したのは、「情報」という言葉で通常意味されるものとは異なるからである。実際シモンドンは、一般に「情報 (information)」と呼ばれるもの、つまり伝達される情報信号やその伝達のための媒体と、彼の言う意味での「形を与える出来事＝情報 (information)」を区別すべきだと繰り返し主張している (Simondon 1964-89 (2017), p. 35; p. 194, note 2; p. 223; p. 230, note 1; pp. 318-319 etc.)。確かにこの言葉はサイバネティクスから借用されており、その繋がりを示すという意味では「情報」と訳すことに理がないわけではない。しかし日本語の「情報」という語が通常意味しているのは、とりわけ或る者から或る者に伝達される何らかの知識やその表現のことであるだけに、シモンドンのこの概念の意味するところとはあまりにずれが大きく、「情報」と訳すとかえって誤解を招いてしまうおそれがある。あるいはそもそもサイバネティクスにおける「情報」という訳語自体に関しても見直しが迫られるだろう。

6 付け加えておくと、シモンドンが使用するこれらの言葉は、「メカノロジー」が「一般的技術学」と言い換えられるなど（Simondon 1958 (2012), p. 58）、いささか用語上の混乱が見られる。

7 こうした〈問題－解決〉という図式は技術論の様々なレベルで駆使されている。例えば『技術的諸対象の存在様態について』の第一部で詳述されるように、個々の技術的対象の発生と進化に関する議論では、個体化論での個体化に対応するものは、技術的対象の諸部分や諸機能の「具体化＝凝集（concrétisation）」のプロセスと呼ばれ、それは個体化と同様に〈問題－解決〉という構図に存している（Simondon 1958 (2012), p. 68. Cf. 2005, p. 79）。そして同書の第三部では、そのような技術的対象を実在全体の中に置き戻し、技術の本質としての技術性や技術的思考の発生を考察しようとしているが、それらの発生とは、人間と世界から成る総体がそれ自身一つの問題として提起されたことに対して、その問題への一つの解決としてそれらが現われることだと看做されている（Simondon 1958 (2012), pp. 216-217）。当然そのような問題に対する解決は、個体化論においてそうだったように、技術論でも常に暫定的なものに留まるものであることに変わりはない（*ibid.*, p. 226）。技術的対象の発生と進化というレベルでも、それは常に開かれており、継続・補完・延長が可能である（Simondon 2014, p. 312）。

8 特に最後の点は、他の著作でも次のように別の表現で繰り返されている。「自然的プロセスと人為的プロセスの間の境界には多くの孔が開くようになった。つまり、我々がそこで生きている有機的世界は、ますます人間的技術の産物になっている諸プロセスと諸存在から成っている。生命圏は技術圏の一部である」（Saint-Sernin 2007, p. 121）。

9 なお、サン＝セルナンによれば、自然が実現する技術的働きと機械や化学反応の助けを借りて人間が行なう技術的営みとの類似性を既に主張していたのはクルノーである（Saint-Sernin 1999, p. 23）。

10 「前－個体的存在は、一性以上（plus qu'une unité）である存在である」（Simondon 1964-89 (2017), p. 25）。デリダについて論じた時に指摘しておいたように、この場合の「一以上」は「一」を含まない。

11 この点でシモンドンとデリダの間に一種の共鳴が見られることは言うまでもないだろう。また、デリダにおいてそうだったのと同様に、シモンドンの言う「一以上」は同時に「一未満」でもあることになるだろう。

12　それゆえシモンドンの哲学は一元論でも多元論でもないことになる。あるいは、彼は一元論がそのまま多元論であるような哲学を構想していたと言えるかもしれない。というのも、彼は一方で、「諸部分の多元性ではない、存在における多元性」を認めているが（Simondon 1964-89 (2017), p. 307）、他方で、「多元性を含む一性」をめぐる「発生的な」「唯一の真の一元論」についても語っているからである（*ibid.*, p. 266）。一元論と多元論の不可分性は「自然哲学についての探究」という一九五五年頃の草稿でも述べられている（Simondon 2016, p. 34）。この点では、次のように言うドゥルーズ——その哲学については後で取り上げる——との間に共鳴が見られる。「〔…〕あらゆる二元論を経由しつつ、〈多元論〉＝〈一元論〉（PLURALISME = MONISME）という、我々みなが求めている呪文に到達すること」（Deleuze et Guattari 1980, p. 31）。

13　付け加えておくと、この前‐個体的存在としての自然のあり方そのものとしての「関係（relation）」は、そこから始まる個体化にとっても本質的である。「個体化と関係は分離不可能である。関係の能力は存在の一部をなす」（Simondon 1964-89 (2017), p. 143）。この場合、関係は「存在のそれ自身による条件づけの或る様態」、「個体化される或るシステムがそれ自身を触発して自らを条件づける仕方」として規定される「内的共鳴」（*ibid.*, pp. 304, 318）に対応する。「関係は、存在のそれ自身に対する内的共鳴である」（*ibid.*, p. 304. Cf. p. 29）。つまり個体化に向かうよう自然が自らを条件づける仕方としての自己触発、それが内的共鳴と呼ばれるものだが、シモンドンはこれも「個体化を表現する」「関係」として「存在の中心」に位置づけている（*ibid.*, p. 304）。さらに「個体は存在かつ関係である」（*ibid.*, p. 143）、「個体は関係の存在であって、関係における存在ではない」（*ibid.*, p. 63）とも言われるように、関係は個体化の帰結としての個体とも不可分である。

14　なお「個別化（individualisation）」という言葉は、個体化論では、生命的個体化を前提とする生物において、心的なレベルと身体的なレベルで行なわれる個体化を、生命的個体化とは区別するために導入されている（Cf. Simondon 1964-89 (2017), pp. 260-262）。

15　マルケは、スピノザ的区分を用いつつ、シモンドンの前‐個体的存在に、「所産的自然」と区別される「能産的自然」の位置を割り当てている（Marquet 2017, p. 116)。マルケによって区分された二つの自然は我々の区分した二つの自然と完全に重なり合うわけではないが、前-個体的存在としての「能産的自然」が「所産的自然」に還元されない、より根源的なものであるという点で我々はマルケに同意する。

16　この講演（「形相、情報、ポテンシャル（Forme, information, potentiels)」）はシモンドンの個体化論に補遺として収録されているが（Simondon 1964-89 (2017), pp. 537-558)、講演後の質疑応答はそこには収録されていない。以下でこの質疑応答の引用・参照を行なう際には『フランス哲学会紀要』に収録されたもの（Simondon 1960）の頁数を記す。

17　こうした疑問に対してシモンドンの立場の独自性を正確に理解するためには、その哲学において存在論的であると同時に方法論的な概念として提示されている「転導（transduction）」——それは「存在発生に適用され、また存在発生そのものである」(Simondon 1964-89 (2017), p. 33)——という重要な概念を取り上げて検討する必要があるが、ここではその余裕はない。

18　ムトーはシモンドンの自然哲学について論じながらも、前-個体的存在としての「自然」を考慮に入れていないため、あくまで自然科学の対象としての自然のレベルでしかシモンドンの自然哲学の意味を理解しようとしていないように思われる（Cf. Moutaux 2000, p. 494)。自然科学が対象とする自然はむしろ技術論での自然＝世界に対応するものであり、しかもそれを抽象化した形で理解したものにすぎないだろう。

19　シモンドンの師の一人であるジャン・イポリット（一九〇七—六八年）は、一九六〇年の講演後の質疑応答で、リクールとシモンドンのやり取りを引き継ぎつつ、シモンドンによる人間科学の公理系——準安定性など個体化論の概念群——をむしろ「自然哲学」と看做し、「あなたは自然哲学の方を好んだのだろうか」とシモンドンに尋ねているが、この問いに対してシモンドンは「疑いなくそうである」と答えている（Simondon 1960, p. 183)。さらにイポリットはシモンドンに対して、「あなたは自然哲学から出発する」と指摘している（*ibid.*, p. 185)。

20　草稿「自然哲学についての探究」でのシモンドンは、「自然哲学」と「精神哲学」の対立について論じ、基礎的パラダイムの選択によって対象となる領域を指定され、その領域が主体の側にあるか対象の側にあるかで、どちらかの哲学が生じる——主体の場合は精神哲学、対象の場合は自然哲学——と看做している（Simondon 2016, pp. 30-31）。基礎的パラダイムが対象と主体という二つの領域を相関させる場合には、哲学は自然についてのものでも精神についてのものでもないとされるが（*ibid.*, p. 33）、我々が見てきたように、前‐個体的存在としての「自然」は主観的でも客観的でもない以上、そのような哲学こそ、いま問題になっているような意味での「自然哲学」だと言うべきだろう。

21 サン＝セルナンの限界は、おそらく彼がホワイトヘッドとクルノー、さらにはモーリス・ブロンデル（一八六一—一九四九年）に全面的に依拠していることに存すると思われるが、そうだとすれば、彼とシモンドンの間には一つの断絶を見なければならない。その意味でも、サン＝セルナンの言う「来たる将来の合理主義（rationalisme qui vient）」——それは実証主義的ではなく実在論的な合理主義だと言われる——に我々は全面的に賛同するわけにはいかない。サン＝セルナンの合理主義については、とりわけ彼の『来たる将来の合理主義』（Saint-Sernin 2007）を参照のこと。

［第Ⅵ部］

1 シモンドンに残存する「人間主義」に関してフランソワ＝ダヴィッド・セバーも次のように指摘している。「シモンドンはまさに、その仕事を彩る——啓蒙主義から継承された——百科全書派的なオプティミズムによって、それとまったく似通った「人間主義者」にとどまっている」（Sebbah 2010, p. 131）。

2 ドゥルーズがシモンドンの技術論を高く評価していたことは知られている。なお『千のプラトー』の「道徳の地質学」における自然哲学とそれに対するシモンドンの影響については、モンテベロが論じている（Montebello 2008, pp. 137-173）。

3 バトラーの『エレホン（*Erewhon*）』は異国見聞の実話風に書かれた空想小説で、イギリスから植民地にやってきて羊飼いをしている主人公が、考え方、価値観、風習が逆さまの未知の国エレホンに旅して滞在した後、脱出してイギリスに帰還するまでが描かれる。五〇〇年前に起こった反機械党の革命によって、エレホンでは機械類は一掃されている。革命の引き金となった著作が『機械の書』であり、主人公がその大筋を英語に翻訳した作中作として『エレホン』中に挿入されている（第二三―二五章）。この『機械の書』は、バトラー自身が『エレホン』執筆以前に公刊したいくつかの論文をまとめたものであり、バトラー自身の機械観が示されている。

4　以下のマルハナバチの話はプルーストの『失われた時を求めて』にも登場するので、プルースト論でも引き合いに出されている（Deleuze 1964 (1976), pp. 202, 211）。

5　一九六〇年代後半以来、ドゥルーズはリュイエルへの負債を晩年まで隠すことはなかったが、彼のスピリチュアリスム的側面を決して受け入れることはなかった。というのも、リュイエルは、「全体性としての世界（le monde comme totalité）」（Ruyer 1970, p. 56）と「宇宙的一性（unité cosmique）」（Ruyer 1966, p. 107）を承認し、「神は全て（tout）である」（Ruyer 1952, p. 266）と主張することで、〈一なる全体〉を汎神論＝汎心論的に肯定することを決してやめなかったからである。

6　プルースト論でも、「失われた統一性（unité）や断片化されてしまった全体性（totalité）」として諸部分の前提になっているような〈一〉と〈全体〉ではなく、むしろかりそめの一時的な「効果＝結果」として後から現われることで、その「本性と役割」がすっかり変わってしまうような――それゆえ、もはや根源的な〈一〉とも〈全体〉とも言えないような――「一や全体」こそが芸術作品の問題であることが述べられている（Deleuze 1964 (1976), pp. 196-198）。

7　ドゥルーズが芸術（文学と映画）について論じる場面でも「自然主義」は登場するが（Deleuze 1969, pp. 373-386; 1983, pp. 173-195）、映画の場合、ジョセフ・ロージーの作品に則してそれに固有の座標としての「現実的環境」と「根源的世界」が相互内在し、後者は〈自然〉と人間による構築物を対立させず、自然と人為の区別を知らないとされている（*ibid.*, p. 195）。この点もドゥルーズの自然観の一貫性を証し立てている。

8　ニーチェの遺した断片の一部——既に本文中で引用したもの——である（Nietzsche 1980, Bd. 12, S. 317; Bd. 13, S. 37）。

9　さらに遡れば、『経験論と主体性』でのドゥルーズは次のように述べていたのだから、自然／人為という区別への批判も含めて、自然に関する彼の考えの基本的なところは、一九四〇年代後半には少なくとも潜在的に準備されていたと言えるかもしれない。「発見されるべき〈自然〉という一つの全体も、考案されるべき〈自然〉という一つの全体も存在しない。全体性とは一つの取りまとめられたものにすぎない」（Deleuze 1953, p. 21）。

10　当時のドゥルーズとシュルは近しい関係にあった。ディオドロス・クロノスのマスター・アーギュメントについて論じたシュルの著作の刊行にあたって、その校正を手助けした一人はドゥルーズである（Cf. Schuhl 1960b, p. 3）。

11　厳密にはアジャンスマンとして、身体＝物体的次元に関わる「欲望の機械状アジャンスマン」と、言語的な次元に関わる「言表行為の集団的アジャンスマン」の二種類が存在するが、例に挙げたのは前者に関わる側面である。なお「機械状」というのは、「異質なものの異質なものとしての綜合」が行なわれている状態を意味する（Deleuze et Guattari 1980, p. 408）。そもそも武器や道具の発明は、こうした機械状アジャンスマンが、しかじかの時期に何かを技術的要素として規定し、またそれをいかに使用するかを規定することで初めて可能となる（*ibid.*, p. 495）。したがってアジャンスマンの概念はドゥルーズ的な意味での「技術学」（*ibid.*）の基礎となる概念でもある。

12　アジャンスマンと共に『千のプラトー』の中心概念の一つである「抽象的機械（machine abstraite）」についてここで詳しく論じることはできないが、それはアジャンスマンが「実現する」ものであり（Deleuze et Guattari 1980, pp. 91, 93 etc. Cf. Deleuze 1986, p. 44）、抽象的ではあるが特異で（singulière）、具体的ではないが現実的で（réelle）、（それ自体としては）実現されていないという点（Deleuze et Guattari 1980, p. 637）、あるいは「顕在化」、「積分＝統合」、「分化＝差異化」される「潜在的（virtuelle）」なものという点（Deleuze 1986, pp. 44-45）からも、『差異と反復』における「潜在性（virtualité）」＝「理念（Idée）」という概念の一つの変奏だと考えられることを指摘しておく。

13　セバーは、ここで引用したレヴィナスの文言に、彼の「典型的に哲学的な身振り、論証的で、さらには演繹的なタイプのものでさえある身振り」を見ている（Sebbah 2009, p. 57, note 3）。

14　この場合の「シーニュ（signe）」とは、イメージの発生や消滅を示す特殊なイメージのことであり（Deleuze 1983, p. 102. Cf. 1990, pp. 68, 92）、映画という文脈を離れてドゥルーズの哲学全体との関係で言えば、「徴候（symptôme）」とほぼ同義である（Deleuze 2003, p. 266. Cf. 1962, p. 3; 1964 (1976), p. 66）。ただし『運動－イメージ』では「徴候」はあくまでシーニュの分類の中の一つとして位置づけられている。

15　書き下ろしとして『批評と臨床』に収録されたこの論文の執筆時期は明確にされていないが、引用・参照されている近刊予定のホイットマン『自選日記（*Specimen days*）』の仏訳が一九九三年に出版され、『批評と臨床』も同年七月に刊行されていること、一九九一年の『哲学とは何か』ではホイットマンがまったく引き合いに出されていないことなどから、実際に執筆されたのはおそらく一九九二年頃と推測される。

16　『アンチ・エディプス』とほぼ同時期に執筆されたと見られる一九七二年発表のヒューム論でも、「〔…〕不統一な寄せ集めから成り、全体化可能ではない諸断片から成る世界（monde [...] de bigarrures et de fragments non totalisables）」について既に語られているが、それはまだ「自然」として位置づけられていない（Deleuze 2002, p. 228）。

17　遺伝コードが解読され、そこに書き込まれた遺伝プログラムが解析された後、さらにこのプログラムを書き換え、加工して有機的組織を手に入れること、つまり「生命を製造する（fabriquer la vie）」という事態が、そこに含まれる様々な問題と共に、現在の合成生物学（biologie de synthèse）によって手の届くものになりつつある（Cf. Bensaude-Vincent et Benoit-Browaeys 2011）。

18　ここで詳しく述べることはしないが、「潜在性（virtualité）」もしくは「ポテンシャル」とその「顕在化（actualisation）」、「個体化（individuation）」、「前－個体的（préindividuel）」、「特異性（singularité）」、「齟齬（disparation）」、「内的共鳴（résonance interne）」、「表面（surface）」、「此性（heccéité）」（シモンドンの場合は

「これ性（eccéité）」）、「問題的なもの（le problématique）」（シモンドンの場合は「問題系（la problématique）」）など、一九六〇年代後半以降にドゥルーズが使用する諸概念は——後に使用されなくなるものも含めて——とりわけシモンドンに負うものが多い。

19 ドゥルーズが多くを負うフランスの数理哲学者アルベール・ロトマン（一九〇八—四四年）に従えば、欠対称性（dissymétrie）は対称性（symétrie）を必ずしも排除しない（Cf. Lautman 1946, pp. 9-11; 2006, pp. 265-267）。

20 「欠自然」という表現は現代フランスの神経発生学者アラン・プロシアン（一九四八年生）から借りている。彼は次のように述べている。「自らを自然から分離したということ、真に・決定的に欠自然（anature）であるということが、〈人間〉の本性〔自然〕（nature）である」（Prochiantz 2001, p. 178. Cf. p. 164）。プロシアンは話を人間に限定しているが、もし人間が本性的に自然を欠いている存在だとすれば、そのような存在を生み出したのもやはり自然である以上、プロシアンの見方をさらに展開して、「欠自然」であるのはむしろ人間も含めた自然そのものだという見方も可能だろう。

［エピローグ］

1 これらの点に関しては、クルティヌが明快に整理している（Courtine 2013, pp. 150-160）。

2 ヘラクレイトス的な「自ずと＝自らとは差延化する〈一〉（l'Un différant de soi, l'Un de soi-même différant）」という表現は、一九六〇年代から晩年に至るまでデリダがしばしば使用するものである（Cf. Derrida 2003a, p. 228, note 2; 1994, p. 110, note; 1995, p. 125）。

3 「差異化的関係づけ（Austrag）は性‐起（Er-eignis）である」（Heidegger 1997, S. 84）、「性‐起は差異化的関係づけである」（Ebd., S. 307. Vgl. S. 308）、「性‐起としての差異化的関係づけ」（Ebd., S. 311）、「差異化的関係づけとしての性‐起」（Ebd., S. 84）などと言われるように、ハイデガーの言う „Austrag" や対応する動詞としての „austragen" は「性起＝本有化すること（Ereignis）」の言い換えや別名であり（Ebd., S. 15, 314）、異なるもの同士を異なるものとして関係づけつつ、それぞれを本来の固有なあり方へともたらすことを意味する。このような„Austrag“の性格についてはフランクのハイデガー論を参照のこと（Franck 2017, p. 106, note 1; p. 256, note 2）。

文献一覧

＊外国語文献については、参照の便宜のため邦訳の書誌情報を添えたが、本文中の引用はすべて私訳である。

外国語文献

Alquié, Ferdinand 1984, « Ferdinand Alquié », in *Entretiens avec le Monde*, tome 1: *Philosophies*, La Découverte / Le Monde.（「フェルディナン・アルキエ」岩野卓司訳、『哲学のポスト・モダン』今村仁司監訳、ユニテ（叢書 知のパサージュ）、一九八五年）

——2005, *Leçons sur Descartes: science et métaphysique chez Descartes*, Table ronde.

Aristote (Aristoteles) 1926, *Physique*, tome 1, texte établi et traduit par Henri Carteron, Belles Lettres.（『自然学』内山勝利訳、『アリストテレス全集』第四巻、岩波書店、二〇一七年）

——1931, *Physique II*, traduction et commentaire par Octave Hamelin, 2e éd., Vrin.（同書）

——1940, *Ethique de Nicomaque*, texte, traduction, préface et notes par Jean Voilquin, Garnier.（『ニコマコス倫理学』神崎繁訳、『アリストテレス全集』第一五巻、岩波書店、二〇一四年）

——1982, *Météorologiques*, tome 2, texte établi et traduit par Pierre Louis, Belles Lettres.（『気象論』三浦要訳、『アリストテレス全集』第六巻、岩波書店、二〇一五年）

—— 2011, *Exhortation à la philosophie: le dossier grec, Aristote*, introduction, traduction et commentaire par Sophie Van der Meeren, Belles Lettres.

—— 2014, *Œuvres complètes*, sous la direction de Pierre Pellegrin, Flammarion.

—— [Pseudo] 2017, *Problèmes mécaniques / Des lignes insécables*, texte introduit, traduit et commenté par Michel Federspiel, Belles Lettres.

—— [Pseudo] 2018, *Du Monde / Positions et dénominations des vents / Des plantes*, introduits, traduits et commentés par Michel Federspiel, Belles Lettres.

Atlan, Henri 1972 (2006), *L'organisation biologique et la théorie de l'information* (Hermann, 1972), Seuil, 2006.

—— 1979, *Entre le cristal et la fumée: essai sur l'organisation du vivant*, Seuil.（アンリ・アトラン『結晶と煙のあいだ――生物体の組織化について』阪上脩訳、法政大学出版局（叢書・ウニベルシタス）、一九九二年）

—— 1986, *A tort et à raison: intercritique de la science et du mythe*, Seuil.（アンリ・アトラン『正も否も縦横に――科学と神話の相互批判』寺田光徳訳、法政大学出版局（叢書・ウニベルシタス）、一九九六年）

—— 2002, *La science est-elle inhumaine?: essai sur la libre nécessité*, Bayard.

Aubenque, Pierre 1962 (2005), *Le problème de l'être chez Aristote: essai sur la problématique aristotélicienne* (Presses universitaires de France, 1962), 5e éd., Presses universitaires de France, 2005.

—— 2009, *Faut-il déconstruire la métaphysique?*, Presses universitaires de France.

—— 2011, *Problèmes aristotéliciens*, tome 2: *Philosophie pratique*, Vrin.

Audi, Paul 2008, *Rousseau: une philosophie de l'âme*, Verdier.

Bacon, Francis 1875-79 (1996), *Collected Works of Francis Bacon* (*The Works of Francis Bacon*, New ed.,

Longmans, 1875-79), 7 vols., collected and edited by James Spedding, Robert Leslie Ellis, and Douglas Denon Heath, Routledge / Thoemmes, 1996.

Balibar, Etienne 2018, *Spinoza politique: le transindividuel*, Presses universitaires de France.

Bensaude-Vincent, Bernadette et Dorothée Benoit-Browaeys 2011, *Fabriquer la vie: où va la biologie de synthèse?*, Seuil.

Bergson, Henri 1959, *Œuvres*, textes annotés par André Robinet, Presses universitaires de France.

Bourgeois, Bernard 2019, *Pour Hegel*, Vrin.

Bréhier, Emile 1928 (1990), *La philosophie de Plotin* (Boivin, 1928), Vrin, 1990.

Butler, Samuel 1872 (1926), *Erewhon, or, Over the Range* (Trübner, 1872), J. Cape, 1926.（サミュエル・バトラー『エレホン――倒錯したユートピア』石原文雄訳、音羽書房、一九七九年）

Canguilhem, Georges 1955, *La formation du concept de réflexe aux XVII*ᵉ *et XVIII*ᵉ *siècles*, Presses universitaires de France.（ジョルジュ・カンギレム『反射概念の形成――デカルト的生理学の淵源』金森修訳、法政大学出版局（叢書・ウニベルシタス）、一九八八年）

―― 1965, *La connaissance de la vie*, 2ᵉ éd., Vrin.（ジョルジュ・カンギレム『生命の認識』杉山吉弘訳、法政大学出版局（叢書・ウニベルシタス）、二〇〇二年）

―― 1966, *Le normal et le pathologique*, Presses universitaires de France.（ジョルジュ・カンギレム『正常と病理』滝沢武久訳、法政大学出版局（叢書・ウニベルシタス）、一九八七年）

―― 1968 (1994), *Etudes d'histoire et de philosophie des sciences* (Vrin, 1968), 7ᵉ éd., Vrin, 1994.（ジョルジュ・カンギレム『科学史・科学哲学研究』金森修監訳、法政大学出版局（叢書・ウニベルシタス）、一九九一年）

―― 1977, *Idéologie et rationalité dans l'histoire des sciences de la vie: nouvelles études d'histoire et de philosophie des sciences*, Vrin.（ジョルジュ・カンギレム『生命科学の歴史——イデオロギーと合理性』杉山吉弘訳、法政大学出版局（叢書・ウニベルシタス）、二〇〇六年）

—— 2011, *Œuvres complètes*, tome 1: *Ecrits philosophiques et politiques 1926-1939*, textes présentés et annotés par Jean-François Braunstein, Michele Cammelli et Xavier Roth, Vrin.

—— 2015, *Œuvres complètes*, tome 4: *Résistance, philosophie biologique et histoire des sciences 1940-1965*, textes présentés et annotés par Camille Limoges, Vrin.

—— 2018, *Œuvres complètes*, tome 5: *Histoire des sciences, épistémologie, commémorations 1966-1995*, textes présentés et annotés par Camille Limoges, Vrin.

Cattin, Emmanuel 2001, *Transformations de la métaphysique: commentaires sur la philosophie transcendantale de Schelling*, Vrin.

—— 2003, *Schelling*, Ellipses.

—— 2010, *Vers la simplicité: phénoménologie hégélienne*, Vrin.

Cerutti, Patrick 2019, *La philosophie de Schelling: repères*, Vrin.

Cicéron (Cicero) 2002, *La nature des dieux*, traduit et commenté par Clara Auvray-Assayas, Belles Lettres.（『神々の本性について』山下太郎訳、『キケロー選集』第一一巻、岩波書店、二〇〇〇年）

Clavier, Paul 1997, *Kant: les idées cosmologiques*, Presses universitaires de France.

Cournot, Antoine-Augustin 1872 (1973), *Considérations sur la marche des idées et des événements dans les temps modernes* (Hachette, 1872), in *Œuvres complètes*, tome 4, édité par André Robinet, Vrin, 1973.

Courtine, Jean-François 1990, *Extase de la raison: essais sur Schelling*, Galilée.

—— 2013, *Archéo-logique: Husserl, Heidegger, Patočka*, Presses universitaires de France.

Deleule, Didier 2010, *Francis Bacon et la réforme du savoir*, Hermann.

Deleuze, Gilles 1953, *Empirisme et subjectivité: essai sur la nature humaine selon Hume*, Presses universitaires de France.（ジル・ドゥルーズ『経験論と主体性──ヒュームにおける人間的自然についての試論』木田元・財津理訳、河出書房新社、二〇〇〇年）

—— 1962, *Nietzsche et la philosophie*, Presses universitaires de France.（ジル・ドゥルーズ『ニーチェと哲学』江川隆男訳、河出書房新社（河出文庫）、二〇〇八年）

—— 1964 (1976), *Proust et les signes* (Presses universitaires de France, 1964), 4e éd., Presses universitaires de France, 1976.（ジル・ドゥルーズ『プルーストとシーニュ──文学機械としての『失われた時を求めて』』（増補版）、宇波彰訳、法政大学出版局（叢書・ウニベルシタス）、一九七七年）

—— 1968a, *Différence et répétition*, Presses universitaires de France.（ジル・ドゥルーズ『差異と反復』（全二冊）、財津理訳、河出書房新社（河出文庫）、二〇〇七年）

—— 1968b, *Spinoza et le problème de l'expression*, Minuit.（ジル・ドゥルーズ『スピノザと表現の問題』工藤喜作・小柴康子・小谷晴勇訳、法政大学出版局（叢書・ウニベルシタス）、一九九一年）

—— 1969, *Logique du sens*, Minuit.（ジル・ドゥルーズ『意味の論理学』（全二冊）、小泉義之訳、河出書房新社（河出文庫）、二〇〇七年）

—— 1977 (1996), *Dialogues* [Gilles Deleuze et Claire Parnet] (Flammarion, 1977), nouvelle éd., Flammarion, 1996.（ジル・ドゥルーズ＋クレール・パルネ『ディアローグ──ドゥルーズの思想』江川隆男・増田靖彦訳、河出書房新社（河出文庫）、二〇一一年）

—— 1981, *Spinoza: philosophie pratique*, Minuit.（G・ドゥルーズ『スピノザ──実践の哲学』鈴木雅大訳、平凡社（平凡社ライブラリー）、二〇〇二年）

——1983, *L'image-mouvement: Cinéma 1*, Minuit.（ジル・ドゥルーズ『シネマ1 運動イメージ』財津理・齋藤範訳、法政大学出版局（叢書・ウニベルシタス）、二〇〇八年）

——1985, *L'image-temps: Cinéma 2*, Minuit.（ジル・ドゥルーズ『シネマ2 時間イメージ』宇野邦一・石原陽一郎・江澤健一郎・大原理志・岡村民夫訳、法政大学出版局（叢書・ウニベルシタス）、二〇〇六年）

——1986, *Foucault*, Minuit.（ジル・ドゥルーズ『フーコー』宇野邦一訳、河出書房新社（河出文庫）、二〇〇七年）

——1990, *Pourparlers 1972-1990*, Minuit.（ジル・ドゥルーズ『記号と事件——一九七二—一九九〇年の対話』宮林寛訳、河出書房新社（河出文庫）、二〇〇七年）

——1993, *Critique et clinique*, Minuit.（ジル・ドゥルーズ『批評と臨床』守中高明・谷昌親訳、河出書房新社（河出文庫）、二〇一〇年）

——2002, *L'île déserte et autres textes: textes et entretiens 1953-1974*, édition préparée par David Lapoujade, Minuit.（ジル・ドゥルーズ『無人島 1953-1968』前田英樹監修、河出書房新社、二〇〇三年＋『無人島 1969-1974』小泉義之監修、河出書房新社、二〇〇三年）

——2003, *Deux régimes de fous: textes et entretiens 1975-1995*, édition préparée par David Lapoujade, Minuit.（ジル・ドゥルーズ『狂人の二つの体制 1975-1982』宇野邦一監修、河出書房新社、二〇〇四年＋『狂人の二つの体制 1983-1995』宇野邦一監修、河出書房新社、二〇〇四年）

——2015, *Lettres et autres textes*, édition préparée par David Lapoujade, Minuit.（ジル・ドゥルーズ『ドゥルーズ 書簡とその他のテクスト』宇野邦一・堀千晶訳、河出書房新社、二〇一六年）

Deleuze, Gilles et Félix Guattari 1972, *L'anti-Œdipe*, Minuit.（ジル・ドゥルーズ＋フェリックス・ガタリ『アンチ・オイディプス——資本主義と分裂症』（全二冊）、宇野邦一訳、河出書房新社（河出文庫）、二〇〇六年）

—— 1975, *Kafka: pour une littérature mineure*, Minuit.（ジル・ドゥルーズ＋フェリックス・ガタリ『カフカ——マイナー文学のために』宇野邦一訳、法政大学出版局（叢書・ウニベルシタス）、二〇一七年）
—— 1980, *Mille plateaux*, Minuit.（ジル・ドゥルーズ＋フェリックス・ガタリ『千のプラトー——資本主義と分裂症』（全三冊）、宇野邦一・小沢秋広・田中敏彦・豊崎光一・宮林寛・守中高明訳、河出書房新社（河出文庫）、二〇一〇年）
—— 1991, *Qu'est-ce que la philosophie?*, Minuit.（ジル・ドゥルーズ＋フェリックス・ガタリ『哲学とは何か』財津理訳、河出書房新社（河出文庫）、二〇一二年）
Deneys-Tunney, Anne 2010, *Un autre Jean-Jacques Rousseau: le paradoxe de la technique*, Presses universitaires de France.
Derrida, Jacques 1967a, *De la grammatologie*, Minuit.（ジャック・デリダ『根源の彼方に——グラマトロジーについて』（全二巻）、足立和浩訳、現代思潮社、一九七二年）
—— 1967b, *L'écriture et la différence*, Seuil.（ジャック・デリダ『エクリチュールと差異』合田正人・谷口博史訳、法政大学出版局（叢書・ウニベルシタス）、二〇一三年）
—— 1972a, *Positions: entretiens avec Henri Ronse, Julia Kristeva, Jean-Louis Houdebine, Guy Scarpetta*, Minuit.（ジャック・デリダ『ポジシオン』（増補新版）、高橋允昭訳、青土社、一九九二年）
—— 1972b, *Marges de la philosophie*, Minuit.（ジャック・デリダ『哲学の余白』（全二巻）、高橋允昭・藤本一勇訳、法政大学出版局（叢書・ウニベルシタス）、二〇〇七—〇八年）
—— 1987, *De l'esprit: Heidegger et la question*, Galilée.（ジャック・デリダ『精神について——ハイデッガーと問い』（新版）、港道隆訳、平凡社（平凡社ライブラリー）、二〇一〇年）
—— 1991, *Donner le temps 1: La fausse monnaie*, Galilée.

——1993a, *Spectres de Marx: l'Etat de la dette, le travail du deuil et la nouvelle Internationale*, Galilée.（ジャック・デリダ『マルクスの亡霊たち——負債状況＝国家、喪の作業、新しいインターナショナル』増田一夫訳、藤原書店、二〇〇七年）

——1993b, *Khôra*, Galilée.（ジャック・デリダ『コーラ——プラトンの場』守中高明訳、未來社（ポイエーシス叢書）、二〇〇四年）

——1994, *Politiques de l'amitié*, Galilée.（ジャック・デリダ『友愛のポリティックス』（全二巻）、鵜飼哲・大西雅一郎・松葉祥一訳、みすず書房、二〇〇三年）

——1995, *Mal d'archive: une impression freudienne*, Galilée.（ジャック・デリダ『アーカイヴの病——フロイトの印象』福本修訳、法政大学出版局（叢書・ウニベルシタス）、二〇一〇年）

——1999, *Donner la mort*, Galilée.（ジャック・デリダ『死を与える』廣瀬浩司・林好雄訳、筑摩書房（ちくま学芸文庫）、二〇〇四年）

——2003a, *Psyché: inventions de l'autre*, II, Galilée.（ジャック・デリダ『プシュケー——他なるものの発明II』藤本一勇訳、岩波書店、二〇一九年）

——2003b, *Voyous: deux essais sur la raison*, Galilée.（ジャック・デリダ『ならず者たち』鵜飼哲・高橋哲哉訳、みすず書房、二〇〇九年）

——2007, « Afterw.rds ou, du moins, moins qu'une lettre sur une lettre en moins », in *Derrida pour les temps à venir*, textes réunis par René Major, Stock.

——2018, *Geschlecht III: sexe, race, nation, humanité*, édition établie par Geoffrey Bennington, Katie Chenoweth et Rodrigo Therezo, Seuil.

Derrida, Jacques et Maurizio Ferraris 2018, *Le goût du secret: entretiens 1993-1995*, Hermann.

Descartes, René 1964-74, *Œuvres de Descartes,* 12 vol., publiées par Charles Adam et Paul Tannery, Vrin.

Diderot, Denis 1976, *Œuvres complètes,* tome 5, édition critique et annotée, présentée par John Lough et Jacques Proust, Hermann.

—— 1981, *Œuvres complètes,* tome 9, édition critique et annotée, présentée par Jean Varloot, Hermann.

—— 1987, *Œuvres complètes,* tome 17, édition critique et annotée, présentée par Jean Varloot, avec Michel Delon, Georges Dulac, Jean Mayer, Hermann.

Dixsaut, Monique 2000, *Platon et la question de la pensée: études platoniciennes I,* Vrin.

Dosse, François 2007, *Gilles Deleuze et Félix Guattari: biographie croisée,* Découverte.（フランソワ・ドス『ドゥルーズとガタリ――交差的評伝』杉村昌昭訳、河出書房新社、二〇〇九年）

Foucault, Michel 1966, *Les mots et les choses: une archéologie des sciences humaines,* Gallimard.（ミシェル・フーコー『言葉と物――人文科学の考古学』渡辺一民・佐々木明訳、新潮社、一九七四年）

—— 1969, *L'archéologie du savoir,* Gallimard.（ミシェル・フーコー『知の考古学』慎改康之訳、河出書房新社（河出文庫）、二〇一二年）

—— 1994, *Dits et écrits, 1954-1988,* édition établie sous la direction de Daniel Defert et François Ewald avec la collaboration de Jacques Lagrange, tome 1, Gallimard.（『ミシェル・フーコー思考集成』（全一〇巻）、小林康夫・石田英敬・松浦寿輝編、筑摩書房、一九九八―二〇〇二年）

—— 2008, « Introduction à l'*Anthropologie* de Kant », in Emmanuel Kant et Michel Foucault, *Anthropologie du point de vue pragmatique / Introduction à L'anthropologie,* Vrin.（ミシェル・フーコー『カントの人間学』王寺賢太訳、新潮社、二〇一〇年）

Franck, Didier 1998, *Nietzsche et l'ombre de Dieu,* Presses universitaires de France.

Colli und Mazzino Montinari, de Gruyter.

Philonenko, Alexis 1969, *L'œuvre de Kant: la philosophie critique*, tome 1: *La philosophie pré-critique et la critique de la raison pure*, Vrin.

Platon 1920-64, *Œuvres complètes*, 14 vol., Belles Lettres.

—— 2011, *Œuvres complètes*, sous la direction de Luc Brisson, Flammarion.

Plotin (Plotinus) 1924-38, *Ennéades*, 6 vol., texte établi et traduit par Emile Bréhier, Belles Lettres. (『エネアデス』(全四巻)、水地宗明・田之頭安彦・田中美知太郎訳、『プロティノス全集』第一―四巻、中央公論社、一九八六―八七年)

—— 2018, *Traité 31: sur la beauté intelligible*, introduction, traduction, commentaires et notes par Anne-Lise Darras-Worms, Vrin.

Pradelle, Dominique 2000, *L'archéologie du monde: constitution de l'espace, idéalisme et intuitionnisme chez Husserl*, Kluwer Academic Publishers.

—— 2012, *Par-delà la révolution copernicienne: sujet transcendantal et facultés chez Kant et Husserl*, Presses universitaires de France.

—— 2013, *Généalogie de la raison: essai sur l'historicité du sujet transcendantal de Kant à Heidegger*, Presses universitaires de France.

Prochiantz, Alain 2001, *Machine-esprit*, Odile Jacob.

Rousseau, Jean-Jacques 1959-95, *Œuvres complètes*, 5 vol., édition publiée sous la direction de Bernard Gagnebin et Marcel Raymond, Gallimard (Bibliothèque de la Pléiade).

Ruyer, Raymond 1952, *Néo-finalisme*, Presses universitaires de France.

—— 1958, *La genèse des formes vivantes,* Flammarion.

—— 1966, *Paradoxes de la conscience et limites de l'automatisme,* Albin Michel.

—— 1970, *Dieu des religions, dieu de la science,* Flammarion.

Saint-Sernin, Bertrand 1999, « Y a-t-il place, aujourd'hui, pour une philosophie de la nature? », in *Bulletin de la Société française de Philosophie,* 93-1 (janvier-mars 1999).

—— 2003, *La raison,* Presses universitaires de France (Que sais-je?).

—— 2007, *Le rationalisme qui vient,* Gallimard.

Schelling, Friedrich Wilhelm Joseph von 1856-61, *Sämmtliche Werke,* 14 Bde., J. G. Cotta.

—— 1980, *Œuvres métaphysiques 1805-1821,* traduites de l'allemand et annotées par Jean-François Courtine et Emmanuel Martineau, Gallimard.

—— 1992, *Le monothéisme,* traduction et notes par Alain Pernet, Vrin.

—— 1993-94, « Exposé de l'empirisme philosophique », présenté et traduit par Jean-Luc Garcia, *Philosophie,* n° 40 et 41.

—— 2000, *Exposition de mon système de la philosophie,* traduits, présentés et annotés par Emmanuel Cattin, Vrin.

—— 2009, « Sur le rapport du réal et de l'idéal dans la nature », présenté et traduit par Mildred Galland-Szymkowiak, *Philosophie,* n° 101 et 102.

Schuhl, Pierre-Maxime 1934 (1952), *Platon et l'art de son temps: arts plastiques* (Presses universitaires de France, 1934), 2e éd., Presses universitaires de France, 1952.

—— 1938 (1969), *Machinisme et philosophie* (Félix Alcan, 1938), 3e éd., Presses universitaires de France,

1969.（P－M・シュル『機械と哲学』粟田賢三訳、岩波書店（岩波新書）、一九七二年）
—— 1949, *La pensée de Lord Bacon*, Bordas.
—— 1960a, *Etudes platoniciennes*, Presses universitaires de France.
—— 1960b, *Le dominateur et les possibles*, Presses universitaires de France.
—— 1969, *L'imagination et le merveilleux: la pensée et l'action*, Flammarion.（ピエール＝マクシム・シュール『想像力と驚異』谷川渥訳、白水社、一九八三年）
Sebbah, François-David 2009, *Lévinas et le contemporain: les préoccupations de l'heure*, Solitaires intempestifs.
—— 2010, *Qu'est-ce que la « technoscience »?: une thèse épistémologique ou la fille du diable?*, Encre marine / Belles Lettres.
Sénèque (Seneca) 1882, *De vita beata*, publié avec une introduction, un argument et des notes en français par D. Delaunay, Eugène Belin.（セネカ『幸福な生について』、『生の短さについて 他二篇』大西英文訳、岩波書店（岩波文庫）、二〇一〇年）
—— 1914, *Œuvres complètes de Sénèque*, 2 vol., traduction nouvelle avec une notice sur la vie et les écrits de l'auteur et des notes par J. Baillard, Hachette.
Séris, Jean-Pierre 1990, « Bergson et la technique », in *Bergson: naissance d'une philosophie*, Presses universitaires de France.
—— 1994, *La technique*, Presses universitaires de France.
Serres, Michel 1968 (1990), *Le système de Leibniz et ses modèles mathématiques* (Presses universitaires de France, 1968), 3e éd., Presses universitaires de France, 1990.（ミシェル・セール『ライプニッツのシステム』竹内信夫・芳川泰久・水林章訳、朝日出版社（ポストモダン叢書）、一九八五年（抄訳））

Sévérac, Pascal 2011, *Spinoza: union et désunion*, Vrin.

Shakespeare, William 2016, *Œuvres complètes*, tome 7: *Comédies III*, Gallimard (Bibliothèque de la Pléiade).

Simondon, Gilbert 1958 (2012), *Du mode d'existence des objets techniques* (Aubier, 1958), nouvelle éd., Aubier, 2012.

—— 1960, « Forme, information, potentiels », in *Bulletin de la Société française de Philosophie*, 54-5 (octobre-décembre 1960).

—— 1964-89 (2017), *L'individuation à la lumière des notions de forme et d'information* (*L'individu et sa genèse physico-biologique: l'individuation à la lumière des notions de forme et d'information*, Presses universitaires de France, 1964; *L'individuation psychique et collective: à la lumière des notions de forme, information, potentiel et métastabilité*, Aubier, 1989), nouvelle éd., Millon, 2017.（ジルベール・シモンドン『個体化の哲学——形相と情報の概念を手がかりに』藤井千佳世監訳、近藤和敬＋中村大介＋ローラン・ステリン＋橘真一＋米田翼訳、法政大学出版局（叢書・ウニベルシタス）、二〇一八年（抄訳））

—— 2005, *L'invention dans les techniques: cours et conférences*, édition établie et présentée par Jean-Yves Chateau, Seuil.

—— 2014, *Sur la technique (1953-1983)*, Presses universitaires de France.

—— 2016, *Sur la philosophie (1950-1980)*, édition établie par Nathalie Simondon et Irlande Saurin, Presses universitaires de France.

—— 2018, *La résolution des problèmes*, Presses universitaires de France.

Spinoza, Baruch 1925, *Opera*, 4 Bde., herausgegeben von Carl Gebhardt, Carl Winter.

—— 2009, *Œuvres complètes*, édition publiée sous la direction de Pierre-François Moreau, tome 1, texte établi par Filippo Mignini, traduction par Michelle Beyssade et Joël Ganault, Presses universitaires de France.

—— 2010, *Ethique*, présenté, traduit et commenté par Bernard Pautrat, nouvelle éd., Seuil.（スピノザ『エチカ——倫理学』（改版）（全二冊）、畠中尚志訳、岩波書店（岩波文庫）、二〇一一年）

Tarde, Gabriel 1890 (2001), *Les lois de l'imitation: étude sociologique* (Félix Alcan, 1890), in *Œuvres de Gabriel Tarde*, deuxième série, vol. 1, Les Empêcheurs de penser en rond, 2001.（ガブリエル・タルド『模倣の法則』池田祥英・村澤真保呂訳、河出書房新社、二〇〇七年）

—— 1895 (1999), *La logique sociale* (Félix Alcan, 1895), in *Œuvres de Gabriel Tarde*, première série, vol. 2, Institut Synthélabo, 1999.

—— 1896 (1998), *Fragment d'histoire future* (V. Giard et E. Brière, 1896), Séguier, 1998.（ガブリエル・タルド『未来史の断片』田辺寿利訳、不及社（社会学研究叢書）、一九二五年）

Thomas Aquinas 1971, *Sententia libri politicorum*, in *Opera omnia*, tomus 48, Editori di San Tommasso.

—— 1976, *De principiis naturae*, in *Opera omnia*, tomus 43, Editori di San Tommasso.（トマス・アクィナス『自然の諸原理について——兄弟シルヴェストゥルに』長倉久子・松村良祐訳、知泉書館、二〇〇八年）

—— 2019, *Commentaires politiques*, textes traduits, présentés et annotés par Michel Nodé-Langlois, Artège Lethielleux.

Tilliette, Xavier 1969 (1992), *Schelling: une philosophie en devenir*, 2 vol. (Vrin, 1969), 2e éd., Vrin, 1992.

Vaysse, Jean-Marie 2007, *Dictionnaire Kant*, Ellipses.

Vuillemin, Jules 1954, *L'héritage kantien et la révolution copernicienne: Fichte, Cohen, Heidegger*, Presses universitaires de France.

—— 1955, *Physique et métaphysique kantiennes*, Presses universitaires de France.
—— 1963, *Leçon inaugurale faite le mercredi 5 décembre 1962*, Collège de France.
Wahl, Jean 1946, *Tableau de la Philosophie française*, Editions de la Revue Fontaine.（ジャン・ヴァール『フランス哲学小史』紺田千登史訳、ミネルヴァ書房、一九七四年）

邦訳文献

アリストテレス 一九九四『形而上学』岩崎勉訳、講談社（講談社学術文庫）。

—— 二〇一五『宇宙について』金澤修訳、『アリストテレス全集』第六巻、岩波書店。

シェイクスピア、ウィリアム 二〇〇九『冬物語』松岡和子訳、『シェイクスピア全集』第一八巻、筑摩書房（ちくま文庫）。

セネカ 二〇〇五—〇六『倫理書簡集』（全二巻）、高橋宏幸・大芝芳弘訳、『セネカ哲学全集』第五—六巻、岩波書店。

『ソクラテス以前哲学者断片集』（全五巻＋別冊）、内山勝利編、岩波書店、一九九六—九八年。

プラトン 一九七六『ソピステス』藤沢令夫訳、『プラトン全集』第三巻。

—— 一九九三『法律』（全二冊）、森進一・池田美恵・加来彰俊訳、岩波書店（岩波文庫）。

—— 二〇一三『饗宴』中澤務訳、光文社（光文社古典新訳文庫）。

日本語文献

上野修 二〇〇五『スピノザの世界——神あるいは自然』講談社（講談社現代新書）。
—— 二〇〇六「現実性と必然性——スピノザを様相的観点から読み直す」、『哲學』第五七号（二〇〇六年四月)。
―― 二〇一七「現実性をめぐって――スピノザの方から」、『アルケー――関西哲学会年報』第二五号。
小林道夫 一九八四「現代フランスにおける科学と認識の哲学――グランジェとヴィユマンをめぐって」、『理想』第六一六号(一九八四年九月)。
―― 二〇〇八「ヴュイユマン/グランジェ」、鷲田清一責任編集『哲学の歴史』第一二巻、中央公論新社。
近藤和敬 二〇一三「グランジェの科学認識論――「操作‐対象の双対性」、「形式的内容」、「記号的宇宙」」、金森修編『エピステモロジー――20世紀のフランス科学思想史』慶應義塾大学出版会。
坂本賢三 一九八六「技術の発生と展開」、『新・岩波講座哲学』第八巻、岩波書店。
鈴木泉 二〇〇五「ドゥルーズ&ガタリの非人間主義へ向けてのメモ」、『ドゥルーズ――没後10年、入門のために』河出書房新社(KAWADE 道の手帖)。
―― 二〇〇八「リトルネロ/リフの哲学――ドゥルーズ&ガタリの音楽論に寄せて」、『現代思想』二〇〇八年一二月号。
田口卓臣 二〇一六『怪物的思考――近代思想の転覆者ディドロ』講談社(講談社選書メチエ)。
円谷裕二 二〇〇二『経験と存在――カントの超越論的哲学の帰趨』東京大学出版会。
西川富雄 一九九四『続・シェリング哲学の研究――「自然の形而上学」の可能性』昭和堂。
花田圭介 一九八二『ベイコン』勁草書房(思想学説全書)。
原田雅樹 二〇一三「ヴュイユマンにおける〈代数学の哲学〉――ガロア理論から操作・作用の存在論、構造分析の方法論へ」、金森修編『エピステモロジー――20世紀のフランス科学思想史』慶應義塾大学出版会。
廣瀬浩司 一九九四「個体化の多様性と存在の統一のかなたに(情報・エネルギー・システム)――ジルベール・シモンドン思想の射程(1)」、『東京大学教養学部外国語科研究紀要』第四二巻第二号。

—— 一九九五「技術的対象の現象学——ジルベール・シモンドン思想の射程(2)」、『東京大学教養学部外国語科研究紀要』第四三巻第二号。
—— 二〇一七「デリダ」、加賀野井秀一・伊藤泰雄・本郷均・加國尚志監修『メルロ゠ポンティ哲学者事典』別巻、白水社。
藤澤令夫 二〇〇〇a「観ること（テオーリアー）と為すこと（プラークシス）——イソクラテス、プラトン、そしてアリストテレスの初期と後期」（一九七三年）、『藤澤令夫著作集』第二巻、岩波書店。
—— 二〇〇〇b『世界観と哲学の基本問題』（一九九三年）、『藤澤令夫著作集』第三巻、岩波書店。
松山壽一 二〇〇四『人間と自然——シェリング自然哲学を理解するために』萌書房（叢書シェリング入門）。
村田純一 二〇〇九『技術の哲学』岩波書店（岩波テキストブックス）。

あとがき

講談社編集部の互盛央さんより本書の話をいただいたのは二〇一五年六月のことだった。二〇一六年一月から執筆を開始し、最終稿が完成したのは二〇一九年一二月なので、執筆期間はちょうど四年ということになる。他の諸々の仕事と並行しての作業だったため思っていたより時間がかかってしまい、互さんをお待たせすることになってしまった。なおそのような事情によってすべてを書き下ろすというわけにもいかず、旧稿四本を改稿して本書に組み入れる形で全体を構成した。それらの初出は次の通りである（いずれも大幅に加筆している）。


「フランス技術哲学の中のベルクソン」、『思想』第一〇二八号（二〇〇九年一二月）、一五二―一七〇頁。

「自然哲学は存在し得るか――シモンドンと自然哲学(上)」、『思想』第一〇三二号（二〇一〇年四月）、三四―五一頁。

「〈一〉以上のものとしての「自然」――シモンドンと自然哲学(下)」、『思想』第一〇三四号（二〇一〇年六月）、二二六―二四三頁。

「非全体的な機械圏という自然――ドゥルーズと「自然」の概念」、『現代思想』第三九巻第一六号（二〇一一年一一月）、二一八―二三四頁。

一番古い論文が二〇〇九年のものなので、本書の実質的な起点がそこだとすれば完成までちょうど一〇年ということになり、これは筆者の四〇代初めから五〇代初めに対応している。つまり筆者のおよそ四〇代の研究は、それがすべてではないにしても、「自然」の問題を軸にして進められてきたということである。この問題も含めてやり残したことはまだまだ多く、遅々たる歩みであるが、次のステップに進むためにもここでひとまずの区切りとしておきたい。

それにしても昨今の研究を取りまく状況は洋の東西を問わないようである。フランスの大学で教える友人が出版したばかりの本を送ってきてくれたのだが、その冒頭で多くの人への謝辞が述べられた後、最後におおよそ以下のようなことが静かな怒りをにじませながら記されている。曰く、「自分はフランス文科省に感謝する気などない。それは大学人の知的生活を無用の行政文書と作業で窒息させている。政治の責任者たちが企業生活から発想を得たような下らない仕事で大学人を追いつめる一方で、大学人に創意工夫を示すよう求めるなど滑稽でしかない。知的な彫琢の時間は長期的なものであり、短期的・近視眼的な仕事によって誘惑されないことを常に必要とする」――他人事ではないどころか、こちらの社会の方が事態はより深刻かもしれない。研究者が無意味な仕事に時間を取られるだけでなく、学問そのものがその外部からも内部からも脅かされようとしているのだから。そうした趨勢に対して、哲学はその「愚かさを傷つける」こと以外に何ができるだろうか。

さて、もともとあまり社交的な性格ではなく、業界的な（?）人間関係もそれほど豊富にあるわけではない筆者だが、それでも今日まで研究を続けてこられたのは、やはり少なからぬ人たちの存在があったればこそであり、以下に感謝の意を表わしておきたい。

まず恩師の故・山形頼洋先生。山形先生から教わったことは数知れないが、何よりも自分の問題関心を徹底して突き詰めて考え、決して妥協を許さない厳格な研究態度に身近で接することができたのは、若き日の筆者にとってかけがえのない経験だった。本書執筆時は意識していなかったものの、書き終わってから思い返せば、「感情」の問題を一貫して追究しておられた山形先生のサブテーマとでもいうべきものもやはり「自然」であった。先生の考えておられた「自然」と筆者の考える「自然」は必ずしも一致するものではない――もちろんまったく無関係でもない――が、それでもやはり先生からの影響の大きさをあらためて思わざるを得ない。本書をご覧いただく機会は失われてしまったが、感謝とともに泉下の山形先生に本書を捧げたい。

次にディディエ・フランク先生。山形先生の友人でもあったフランク先生は、筆者が二〇年前に在外研究で二年間パリに滞在した折に、パリ第一〇大学（現在はパリ西大学）の客員研究員として受け入れて下さって以来、公私ともに親しくおつきあいいただいている。いろいろな面で山形先生とは好対照なフランク先生であるが、哲学の歴史の重みを真剣に受け止め、それと対峙しながら、やはり妥協することなく問題となっている事柄の核心に迫ろうとする先生の研究姿勢からも筆者は多くのことを教えられた。また本書に関しても有益な助言や温かい励ましをいただいた。大学を定年退官した現在も自らの研究を精力的に進めるフランク先生のますますの御健康を願いつつ感謝したい。

また日仏の友人たちや研究仲間。それほど社交的ではない筆者であるが、彼らの存在、彼らとの交流、そして彼らからの様々な刺激がなければ、筆者の研究および研究生活はまったく違ったものになっていたはずである。ここで個々の名前をすべて挙げることは控えるが、本書に関しては特にフランソワ、エマニュエル、ドミニクの三人に感謝しておきたい。

そして編集者の互盛央さん。本書の構想や全体の構成に関して、また各章の内容や文章に関して、互さんからは的確な御提案とアドバイスをいただいた。本書が当初構想していたものよりもレベルアップしているとすれば、それはすべて互さんのおかげである。また既に書いたように本書の話をいただいたのは互さんからであるが、そもそも本書に組み込んだ旧稿のうち最初の三本は、当時他の出版社で互さんが編集長をしておられた雑誌に掲載していただいたものだった。ということは、互さんはまさに本書の始まりから完成に至るまでの一〇年間の伴走者であり、互さんなしには本書は完成するどころか始まりすらしなかっただろう。本当に感謝しかない。

最後に妻の芳《かおり》。日々の生活上の伴走者である彼女の存在がなければ、筆者の毎日はもっと潤いがなく味気ないものになっていただろう。彼女が与えてくれている以上のものを与え返したいところだが、それにはまだまだほど遠い。反省と共に感謝を込めてここに記しておきたい。

二〇二〇年一一月

米虫正巳

米虫正巳《こめむし・まさみ》

一九六七年、大阪府生まれ。大阪大学大学院文学研究科博士課程中退。博士（大阪大学）。現在、関西学院大学文学部教授。専門は、フランス哲学。

編著に『フランス現象学の現在』（法政大学出版局）、著書に『ドゥルーズ／ガタリの現在』（平凡社）、『エピステモロジー』（慶應義塾大学出版会）、『主体の論理・概念の倫理』（以文社）（以上、共著）。

訳書に、ディディエ・フランク『現象学を超えて』（萌書房）、『他者のための一者』（法政大学出版局）（以上、共訳）。

自《し》然《ぜん》の哲《てつ》学《がく》史《し》

二〇二一年　三月　九日　第一刷発行

著者　米《こめ》虫《むし》正《まさ》巳《み》

発行者　渡瀬昌彦
発行所　株式会社 講談社
東京都文京区音羽二丁目一二—二一　〒一一二—八〇〇一
電話（編集）〇三—三九四五—四九六三
（販売）〇三—五三九五—四四一五
（業務）〇三—五三九五—三六一五
装幀者　奥定泰之
本文印刷　株式会社 新藤慶昌堂
カバー・表紙印刷　半七写真印刷工業 株式会社
製本所　大口製本印刷 株式会社

ISBN978-4-06-522866-1　Printed in Japan
N.D.C.130　478p　19cm

講談社選書メチエの再出発に際して

講談社選書メチエの創刊は冷戦終結後まもない一九九四年のことである。長く続いた東西対立の終わりはついに世界に平和をもたらすかに思われたが、その期待はすぐに裏切られた。超大国による新たな戦争、吹き荒れる民族主義の嵐……世界は向かうべき道を見失った。そのような時代の中で、書物のもたらす知識が一人一人の指針となることを願って、本選書は刊行された。

それから二五年、世界はさらに大きく変わった。特に知識をめぐる環境は世界史的な変化をこうむったとすら言える。インターネットによる情報化革命は、知識の徹底的な民主化を推し進めた。誰もがどこでも自由に知識を入手でき、自由に知識を発信できる。それは、冷戦終結後に抱いた期待を裏切られた私たちのもとに差した一条の光明でもあった。

その光明は今も消え去ってはいない。しかし、私たちは同時に、知識の民主化が知識の失墜をも生み出すという逆説を生きている。堅く揺るぎない知識も消費されるだけの不確かな情報に埋もれることを余儀なくされ、不確かな情報が人々の憎悪をかき立てる時代が今、訪れている。

この不確かな時代、不確かさが憎悪を生み出す時代にあって必要なのは、一人一人が堅く揺るぎない知識を得、生きていくための道標を得ることである。

フランス語の「メチエ」という言葉は、人が生きていくために必要とする職、経験によって身につけられる技術を意味する。選書メチエは、読者が磨き上げられた経験のもとに紡ぎ出される思索に触れ、生きるための技術と知識を手に入れる機会を提供することを目指している。万人にそのような機会が提供されたとき初めて、知識は真に民主化され、憎悪を乗り越える平和への道が拓けると私たちは固く信ずる。

この宣言をもって、講談社選書メチエ再出発の辞とするものである。

二〇一九年二月　　野間省伸

ヘーゲル『精神現象学』入門	長谷川 宏
カント『純粋理性批判』入門	黒崎政男
知の教科書 ウォーラーステイン	川北 稔編
知の教科書 スピノザ	C・ジャレット　石垣憲一訳
知の教科書 ライプニッツ	F・パーキンズ　梅原宏司・川口典成訳
知の教科書 プラトン	M・エルラー　三嶋輝夫ほか訳
フッサール 起源への哲学	斎藤慶典
トクヴィル 平等と不平等の理論家	宇野重規
完全解読 ヘーゲル『精神現象学』	竹田青嗣　西 研
完全解読 カント『純粋理性批判』	竹田青嗣
本居宣長『古事記伝』を読むI～IV	神野志隆光
分析哲学入門	八木沢 敬
ドイツ観念論	村岡晋一
ベルクソン＝時間と空間の哲学	中村 昇
精読 アレント『全体主義の起源』	牧野雅彦
九鬼周造	藤田正勝
夢の現象学・入門	渡辺恒夫
ヨハネス・コメニウス	相馬伸一
アダム・スミス	高 哲男
ラカンの哲学	荒谷大輔
記憶術全史	桑木野幸司
オカルティズム	大野英士
新しい哲学の教科書	岩内章太郎

MÉTIER

近代性の構造　今村仁司
身体の零度　三浦雅士
人類最古の哲学　カイエ・ソバージュⅠ　中沢新一
熊から王へ　カイエ・ソバージュⅡ　中沢新一
愛と経済のロゴス　カイエ・ソバージュⅢ　中沢新一
神の発明　カイエ・ソバージュⅣ　中沢新一
対称性人類学　カイエ・ソバージュⅤ　中沢新一
近代日本の陽明学　小島　毅
未完のレーニン　白井　聡
経済倫理＝あなたは、なに主義？　橋本　努
ヨーガの思想　山下博司
パロール・ドネ　C・レヴィ＝ストロース　中沢新一訳
連続講義　現代日本の四つの危機　齋藤元紀編
ブルデュー　闘う知識人　加藤晴久
怪物的思考　田口卓臣
熊楠の星の時間　中沢新一
来たるべき内部観測　松野孝一郎

アメリカ　異形の制度空間　西谷　修
絶滅の地球誌　澤野雅樹
共同体のかたち　菅　香子
アーレント　最後の言葉　小森謙一郎
三つの革命　佐藤嘉幸・廣瀬　純
なぜ世界は存在しないのか　マルクス・ガブリエル　清水一浩訳
「東洋」哲学の根本問題　斎藤慶典
言葉の魂の哲学　古田徹也
実在とは何か　ジョルジョ・アガンベン　上村忠男訳
創造の星　渡辺哲夫
なぜ私は一続きの私であるのか　兼本浩祐
いつもそばには本があった。　國分功一郎・互　盛央
創造と狂気の歴史　松本卓也
「私」は脳ではない　マルクス・ガブリエル　姫田多佳子訳
西田幾多郎の哲学＝絶対無の場所とは何か　中村　昇
名前の哲学　村岡晋一

最新情報は公式twitter　→@kodansha_g
公式facebook　→https://www.facebook.com/ksmetier/

講談社選書メチエ　世界史

MÉTIER